学問へのファーストステップ ❺

国際関係論入門

草野大希・小川裕子・藤田泰昌［編著］

ミネルヴァ書房

は し が き

　本書が読者として想定するのは，初めて国際関係論を学ぼうとする大学1年生である。ゆえに，国際関係（論）に強い関心をもっている学生のみならず，国際関係（論）は自分には縁遠い出来事（学問）と思っているような学生にも，国際関係論の重要さや面白さを理解し，実感してもらえるような教科書づくりを，当初からめざしてきた。いうまでもなく，本書が本当にそのような教科書になっているのかどうかの判断は，究極的には，読者の皆さんに委ねるしかない。しかし，編者からすれば，さまざまな試行錯誤を重ね，創意工夫を凝らしながら本書の執筆に取り組んできた執筆陣の努力により，この目標は十分達成されたように思う。

　入門書としての「わかりやすさ」を重視するのは，確かに大切である。しかし，だからといって，単なるトピックの羅列や時事問題の記述に終始してしまうのであれば，学術的な教科書としての価値は半減してしまいかねない。そこで本書は，「理論」と「争点」をバランスよく配分し，かつ，両者のつながりも十分に考慮した（理論に基づく争点の解説や分析を含む），体系的な構成と内容を心掛けた。Short Story というミネオ君を主人公とした挿話の効果もあり，本書は，全体として，一定の学問的水準を維持しながらも，国際関係論を楽しく学べる教科書になったのではないか。これが，本書の編者による偽らざる「自己評価」である。

　とはいえ，本書の出版までの道のりは，決して平たんではなかった。構想段階から出版に至るまで，4年以上の月日を要したことが，それを端的に物語る。その一因となったのが，この間に相次いで発生した国際関係上の重大な出来事である。いささか大げさな表現かもしれないが，本書は「平時」ではなく「危機」あるいは「戦時」の只中で誕生したといっても過言ではなかった。

　本書の道のりを，簡単に振り返ってみよう。編者の1人である草野が，編集担当（当時）の田引勝二さんから，本書の構想を初めて伺ったのは2019年2月のことであった。日本国際政治学会研究大会（2018年）での草野による口頭発表に関心をもたれた田引さんが，草野の研究室を訪れ，ミネルヴァ書房の新シリーズ「学問へのファーストステップ」から国際関係論の教科書を出版する構想をお話下さったのである。教科書のみならず編者を務めること自体，初めての経験であったが，当時の授業で使用していた複数の教科書（日英問わず）に必ずしも満

足していなかったこともあり，編者を引き受けることにした。2019年はトランプ米政権3年目の年であった。反グローバル化やリベラル国際秩序の崩壊が叫ばれるようになっており，やがて完成する教科書にも，そのような国際関係の新たな展開を反映させる必要性を感じている時期でもあった。

　ところが，教科書の作成が本格始動する2020年には，新たな危機が世界を襲うことになった。「前代未聞のパンデミック」として後世に語り継がれるであろう新型コロナウイルス感染症の拡大が始まり，われわれもコロナと「闘う」なかでの作業を強いられることになったのである。この年の春に草野，小川，藤田の3名を編者とすることが決まり，教科書のより具体的な構成や内容，さらには執筆陣について何度も話し合いを重ねることになったが，いずれもメールやオンライン会議という非対面的コミュニケーション手段を介してのものとなった。同年夏までには，本書のすべての執筆者が確定した。より良い教科書をめざすべく，学界をリードする若手・中堅の研究者を中心に執筆をお願いした。8月には，執筆者全員参加のオンライン会議を開催し，本書の内容や方向性を互いに議論し，確認し合うことができた。とはいえ，（当時）有効な治療法もワクチンも見つからない「未知なるウィルス」との闘いは，われわれの生活，社会，世界を大きく変えてしまい，本書の進捗にも支障をきたすようになっていった。

　2021年になると，学界（学会）でもコロナが国際関係に与えるインパクトを論じる研究が増えるようになってきた。それに合わせて，本教科書の内容の一部の変更も必要になった。日本でも同年初期からワクチン接種が始まり，コロナとの「共存」も言われるようになったが，コロナ禍の完全終息は見通せていなかった。その一方で，本書の各章の執筆は着実に進み，そのままいけば，2022年内の出版も夢ではなかった。

　ところが，2022年に入ると，今度は，第2次世界大戦後の国際秩序を根底から覆しかねない国家間戦争が勃発し，われわれの教科書の内容の一部も再考を迫られることになった。同年2月に始まったロシアによるウクライナ侵略は，欧州における戦後初の大規模な戦争となる一方，東アジアの平和にも悪影響を及ぼすものと認識され，日本の安全保障政策をも大きく変えることになった。同時にこの侵略戦争は，世界のエネルギー・食料供給をひっ迫させ，コロナ禍からの経済回復で進み始めていた物価高騰（インフレ）をさらに助長するなど，国際経済や金融にもダメージを与えることになった。この戦争の勃発により，本書のいくつかの章では，かなりの加筆・修正が必要になるなど，本書の作成過程は，現実の国

際関係と同じく，波乱に満ちたものとなったのである。

　こうして迎えた2023年に本書は，遂に刊行されることになった。ウクライナ戦争を含む国際危機は依然として継続しているので，本書の内容が今後の国際関係の変化にどれくらい耐えられるのか見当はつかない。国際関係は「動態」であり，常に変化してゆくものではあるが，本書の内容を大幅に書き換えなければならなくなるほどの国際秩序や国際関係の「暴力的な書き換え」だけは起きないで欲しい。そう切に願うばかりである。しかし，いずれにせよ，編者としては，ひとまず本書の刊行を素直に喜びたいと思う。

　そして，編者とともに，本書の作成に携わってくださった分担執筆者の先生方に，心より御礼申し上げたい。本書の分担執筆者はいずれも各分野で素晴らしい研究成果を挙げられている若手・中堅の研究者であり，先生方の深くて幅広い知見に編者は大きく助けられた。さらに，提出いただいた原稿には，その内容のみならず，非常に細かい表現にまでも手を加えさせていただくことがしばしばあったが，いずれの分担執筆者の先生方も寛大なご対応をしてくださった。コロナ禍のために分担執筆者との個別の対応もメールやオンライン面談を通してのものとなったが，このような形であっても，国際関係論にかかわるさまざまなテーマやトピックについて率直に意見を交わし，議論し，考察できたことは，編者にとっても，かけがえのない貴重な経験となった。研究・教育・学内行政・学会活動などで，多忙を極めておられるにもかかわらず，本書の作成にご協力いただいた分担執筆者に対して，改めて心より感謝申し上げる。

　最後に，本書に取り組むきっかけを与えてくださった田引さん，さらには本書の出版過程の後半で編集担当となった岡崎麻優子さん，天野葉子さんにも厚く御礼申し上げたい。とくに天野さんには，入稿段階から出版までの過程を取り仕切っていただいただけでなく，編者が投げかける無理難題に対して，いつも適切な回答とアドバイスを示していただくなど，本書の刊行にご尽力いただいた。この場を借りて，心より御礼申し上げる。

2023年3月

編者一同

国際関係論入門

目　　次

序　章
遠くて近い国際関係を学ぼう

── Short Story ──

　ミネオ君は関東地方で育ち，関西の大学に通う大学1年生です。いよいよ，今週から授業期間が始まります。履修要覧やシラバスを事前に調べてみたけれど，あまりにも多くの授業科目が存在し，一体どれを選択していいのか，どの授業が自分にあっているのか，なかなか決めることができません。ただし，オリエンテーションで，1年生のうちは「入門・基礎」に分類される科目を優先的に履修することが望ましいといわれたので，今日はそのうちの1つの科目である「国際関係論入門」の授業に出てみることにしました。

　高校時代は，世界史が比較的好きで，とくに近現代の国家間で起きた大戦争や20世紀後半の冷戦時代の話はかなり熱心に勉強した記憶があります。また，受験が終わって以降，よくチェックするようになったニュースでも，日本の国際的地位や日本を取り巻く安全保障環境が厳しくなっていることを示す記事も，しばしば目にするようになりました。英語を駆使しながら，グローバルに活躍できるような職業にも憧れているので，国際関係の知識は自分にプラスになると思い，この授業を選択してみました。教室に行ってみると，百数十名を超える学生で，教室はすでに一杯でした。

　「空いてる席がない。やっぱり入門科目は，どれも人が多いなあ」とミネオ君。辺りを見回すと，オリエンテーションの時に知り合った同じ学部のミネコさんを見つけました。
（ミネオ）「おはよう！　隣の席空いてる？」
（ミネコ）「おはよう！　どうぞどうぞ」
（ミネオ）「この授業取るんだね」
（ミネコ）「うん。たぶん。国際関係とか海外には何となく興味があるからね」
（ミネオ）「へえ。とくに興味ある国とかあるの？」
（ミネコ）「韓国かな。私，K-POP 聞くし（笑）」
（ミネオ）「あーなるほど！？」
　ミネオ君は，この授業のシラバスに韓国や K-POP を扱うとは書いていなかったように思ったのですが，担当教員が教室に入ってきたので，とりあえず教員の話を聞くことにしました。

本書が読者として想定するのは，大学に入学したばかりの新入生で，これから国際関係論もしくは国際政治学を初めて学ぼうとする方々です。国際関係論や国際学系の学部や学科に入学し，国際関係論を自分自身の「専門分野」にしたいと意気込む学生のみならず，「専門分野」にするつもりはないけれど，一般教養科目として国際関係論を学んでみたいと考えている学生にも向けた教科書です。ご存じのように，日本の高等学校では，国際関係論は１つの科目としては教えられていません。しかし，高等学校においても，「世界史」，「日本史」，「現代社会」（2022年度より「公共」），「倫理」，「政治・経済」といった科目によって，国際関係に関するいろいろな事柄が，断片的にではあれ，教えられています。皆さんも，そうした科目を通して，国際関係についての何らかのイメージや知識を，すでに持たれているのではないでしょうか。さらに，日本と外国との関係や海外での出来事といった「国際情勢」に関する日々のニュースや情報を見聞きすることで，国際関係についての知識や理解を深めてきた人も少なくないかもしれません。本書は，このように，何らかの形で国際関係に関心を抱き，さらに，その「国際関係（international relations）」を「学問（discipline）」として研究する「国際関係論（International Relations）」の世界に足を踏み入れることを決めた皆さんに，国際関係論の「見取り図」のような，入門的ではありますが体系的な知識を提供することを意図したものです。

日常に埋め込まれた国際関係

　ところで，大学生活を始めたばかりの皆さんにとって，国際関係は，どの程度，身近な存在として意識されているでしょうか。人によって温度差はあるかと思いますが，おそらく大半の人々にとって，国際関係は，自分自身とはあまり関係のない遠くで起きる現象，あるいは自国の「外」にある出来事としてイメージされているのではないでしょうか。少なくとも，国際関係を身近なものと「実感」しながら日常を送っているような人は，それほど多くはないでしょう。なぜなら，日本人のふつうの生活圏は，自宅から学校あるいは職場との間に限られるものであり，多くの人にとって，その範囲は日本「国内」にとどまるからです。確かに，最近の日本では，外国人の観光客や住民を目にする機会も多くなり，交通機関やお店の案内などでも英語，中国語，韓国語といった外国語表記が目につくようになりました。また，インターネットや SNS 上には，海外発の情報も溢れていますから，外国は，昔の日本人に比べれば，はるかに身近な存在になったといえる

でしょう。しかし，通常の買い物ではお店の人と日本語でやり取りしながら日本円を使い，ニュースやテレビ番組，インターネット上で見聞きするのも主として日本についての話題であり，天気予報で最も気になるのも自分が住んでいる日本国内の一地域でしょう。そして，定期的に行われる選挙において，日本人が投票できる政治家は，国会議員であれ地方議員であれ，日本政治の担い手に限られます。海外勤務や海外移住でも計画しない限り，多くの日本人が日常生活で最も気にするのは，やはり，日本国内で展開される政治・経済・社会・文化（エンタメを含む）などの動きなのではないでしょうか。つまり，皆さんの周りの人たちを含め，国際関係を常に身近に感じているような人は，そう多くはないでしょう。

　しかし，現実には，日本国内で暮らす私たちの日常と国際関係（国と国の間の関係）は，切っても切り離せない関係にあります。つまり，私たちが意識するかしないかにかかわらず，私たちの日常には，すでに国際関係が埋め込まれているのです。やや特殊なケースかもしれませんが，在日米軍基地の周辺で暮らす人々の日常は，「日常に埋め込まれた国際関係」がどんなものであるかを示す具体例の1つといえるでしょう。いうまでもなく，米軍は日本にとっては外国の軍隊ですが，日本はアメリカと安全保障条約を結ぶことで，日本国内での米軍駐留を公式に認めています。とくに，自国を取り巻く安全保障環境の悪化に直面する近年の日本政府にとって，他国からの攻撃を防ぐための「抑止力」としての日米同盟の重要性は高まっており，在日米軍も日本の安全保障にとって不可欠な存在と見なされています。しかしその一方で，全国の米軍専用施設面積の約7割が集中する沖縄県のように，米軍基地に起因する事件や事故，騒音や環境問題などによって住民の日常が「不安」や「危険」にさらされ，米軍基地の存在を否定的に捉えている人々がいることも確かです。たとえば，「世界で最も危険な飛行場」といわれる米軍普天間基地は，住宅や学校に囲まれた市街地のど真ん中に位置し，そこを頻繁に離発着する米軍機による爆音被害は日常茶飯事で，過去には付近の大学への米軍ヘリ墜落事件（図序‒1）や小学校への部品落下事故までもが起きました。

　日本政府は，沖縄の基地負担を軽減するために，抑止力を維持しながら米軍基地の一部を返還する等の取り組みを行っていますが，基地周辺の人々の日常的な不安を完全に取り除くまでには至っていません。その意味で，日本の安全保障にとっての「戦略的要衝」でもある沖縄（図序‒2）の人々の日常は，国家間の安全保障関係（国際関係）に翻弄されているといっても過言ではないでしょう。

図序 - 1　沖縄国際大学米軍ヘリ墜落事件

出所：「学報告第81号（2004.12.18発行）」（沖縄国
際大学ウェブサイト　https://www2.okiu.ac.jp/
gaiyou/gakuhou/gakuhou81/02.html）

注：2004年8月，普天間基地を飛び立ち訓練飛行中
だった米軍ヘリが操縦不能となり，同大学本館ビ
ルに接触し墜落，炎上した。当時，同ビル内にい
た職員を含め，キャンパス内にいた数百名の学
生・教職員等も全員無事だったが，事故発生直後
から米軍が現場を強制的に封鎖したため，本館周
辺は騒然となった。

　では，基地のない街で暮らしている皆さんの日常は，国際関係と無関係なので
しょうか。その答えは，もちろん「いいえ」です。私たちの生命を維持する上で
欠かせないものの1つは食料ですが，日本の食料自給率（供給に対する国内生産の
割合）は38％（2019年）にすぎず，その大半は外国からの輸入に頼っています。
賞味期限の切れた食料を大量に廃棄している日本ですが，もしも，食料輸入先の
相手国との関係が途絶えてしまったなら，この日本が食料危機や飢餓に陥る可能
性もゼロではありません。また，生活に不可欠な電気・ガス・ガソリンに代表さ
れる日本のエネルギー自給率（石油・天然ガスなどの自国生産割合）は，なんとわず
か9.6％（2017年）であり，他のOECD（Organization for Economic Co-operation and
Deveropment，経済協力開発機構）諸国と比較しても低い水準にあります。1970年
代の「石油危機」（イスラエルとアラブ諸国が戦った第4次中東戦争に際して，アラブ諸
国がイスラエル寄りの西側諸国に石油禁輸を行った結果，日本でも物価が高騰し大混乱に
陥った）で痛手を被った日本は，その後，中東からの石油依存の脱却（輸入先の多
元化），技術革新による省エネ商品の開発，石油備蓄の拡充（現在では約半年分）
を図り，危機に対する「強靭性（レジリエンス）」を身につけてきました。しかし，

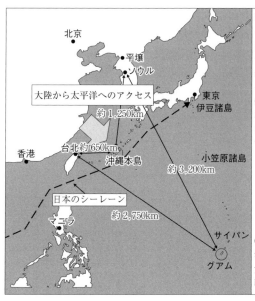

○沖縄本島は，南西諸島のほぼ中央にあり，また，日本のシーレーンに近いなど，日本の安全保障上，極めて重要な位置にある。(日本は，全貿易量の99％以上を海上輸送に依存)

○朝鮮半島や台湾海峡といった，日本の安全保障に影響を及ぼす潜在的な紛争発生地域に相対的に近い（近すぎない）位置にある。
→潜在的紛争地域に迅速に部隊派遣が可能な距離にあり，かつ，いたずらに軍事的緊張を高めることなく，部隊防護上も近すぎない一定の距離を置ける位置にある。

○周辺国からみると，大陸から太平洋にアクセスするにせよ太平洋から大陸へのアクセスを拒否するにせよ，戦略的に重要な位置にある。

北京
平壌
ソウル
大陸から太平洋へのアクセス
約1,250km
東京
伊豆諸島
香港
台北 約650km
沖縄本島
小笠原諸島
約3,200km
日本のシーレーン
約2,750km
マニラ
サイパン
グアム

図序 - 2　戦略的要衝に位置する沖縄

出所：「普天間飛行場代替施設について」（防衛省・自衛隊ウェブサイト https://www.mod.go.jp/j/approach/zaibeigun/frf/index.html）
注：日本政府は，普天間飛行場の全面返還を目指しているが，その移転先はあくまでも沖縄県内としている。その最大の理由が，ここに示した「沖縄の地理的優位性」である。なお，地図上にあるグアム（米領）にも，米軍基地が存在している。

それでも，日本の石油輸入量の88％（2018年）を依存する中東地域で大きな混乱が生じたり，中東の石油を日本へ運ぶ際の最重要海路（シーレーン）である南シナ海や台湾周辺で軍事的緊張が高まったりした場合には，私たちが，いつもと同じ生活を送れなくなるおそれも十分あります。実際に，2022年に勃発したロシアによるウクライナ軍事侵攻の影響により，長年デフレ（物価の下落）に苦しんできた日本でも，食料やエネルギー価格が上昇し，人々の生活を直撃したことは記憶に新しいでしょう。たとえ日本自身が，どこかの国と直接戦火を交えていなくても，他国で紛争の危機が高まったり戦争が勃発したりして，平和で安定的な国際関係が脅かされる事態に至れば，その影響は，食料やエネルギー供給を含む私たちの日常生活にも及んでくるのです。

　皆さんの中には，「貿易立国」という言葉を聞いたことがある人もいるかもしれません。この言葉は，海外から鉱物資源や原材料を輸入し，それらを基に製造

5

された付加価値の高い工業製品を輸出して，そこから得られた利益で国民の生活や経済を維持する国のことを指します。第2次世界大戦後の日本が，まさにその典型例でした。もっとも，日本の貿易依存度すなわち国内総生産（Gross Domestic Product：GDP）に貿易が占める割合は，諸外国に比べてそれほど高くはないので（約30%），私たちの経済的豊かさや雇用のすべてが，海外と結びついているわけではありません。しかし，その一方で，過去約30年の国際関係におけるトレンドであった「グローバル化」（国境を越えたヒト・モノ・カネ・情報の流れの拡大）の波が，日本という国家，ひいては私たち一人ひとりの日常をのみ込んできたことも，また確かでした。つまり，たとえ海外に出かけることもなく，日本国内で暮らしているだけの人であっても，国際関係の影響から完全に免れることは，もうできなくなったのです。江戸時代の日本は，人々の日常生活から国際関係を全面遮断する「鎖国」を採用していましたが，今，その政策を取れば，私たちの日常生活はひどいダメージを受けて終わるだけでしょう。国際関係は遠くにあるようで，実際には私たちの近くにある現象なのです。

　以上のような理由から，国際関係論の知識は，現実の国際関係の最前線に立つ「実務家（practitioner）」（政治家，外交官，軍人（日本では自衛隊員），国際機関職員，国際 NGO 職員など）や国際関係を報道したり研究したりする人々（ジャーナリストや学者）によってのみ学ばれ，独占されるものではなくなりました。その知識は，今挙げたような，国際関係を専門とする職業をめざす皆さんはいうまでもなく，そのような職業をめざさない皆さんにとっても，この世界で生きてゆく限り，是非とも学んでおいて欲しいものなのです。国際関係を専門とする一握りの職業人だけが，国際関係を動かす時代は終わりました。本書を読んでくれる皆さんであれば，きっと，そのことをわかってくれるはずです。

日本で学ぶ皆さんに向けた教科書としての特徴

　国際関係論という学問を生み出し，その発展を主導してきたのは，主として欧米でした。その始まりは，第1次世界大戦後の1919年に，英国ウェールズ大学で「国際政治学」の名を冠した学部（The Department of International Politics）と教授職（The Woodrow Wilson Chair of International Politics）が設けられたことでした（なぜ，ウィルソン米大統領の名前が使われたのか，その理由は本書第3章「リベラリズム」を読んで頂ければわかるでしょう）。このため，国際関係論の教科書は，日本語のみならず英語で書かれたものも含めれば，すでにかなりの数に上ります。いく

つもの優れた教科書がある中で，本書には次のような4つの特徴があります。

　第1は，私たちの日常生活と国際関係との関連性を意識した作りになっていることです。具体的には，各章の最初に，大学1年生のミネオ君を主人公とした「Short Story」という挿話を設け，各章の内容を等身大の大学生の日常会話や生活と関連づけて理解できるような工夫をしています。いうまでもなく，本書の執筆者も，国際関係論の学者であると同時に，日本に居住して日常生活を送る生身の人間です。身の回りの人間関係のほとんどすべて（たとえば，自分の家族とか大学という職場における教授同士の協調と対立とか）を考察対象にしてしまうような社会学者ほどではないでしょうが，国際関係論を専門とする私たち執筆陣も，自身の生活のなかで，国際関係の影響や国際関係論のロジックを見つけることが，少なからずあります。そのような学者の日常生活における「気づき」も反映させたのが，本書の1つの特徴です。

　第2は，初学者向けでありながらも，理論的な観点から国際関係を捉えることの重要さを伝えられるような構成になっている点です。ひょっとすると，「理論」と聞いただけで拒否反応を示してしまう人もいるかもしれません。しかし，私たちは，たとえ学者でなくても，また，対象が国際関係でなくても，何かを認識し理解する場合には，何らかの概念や理論（のようなもの）に依存していることがほとんどです（そもそも，私たちは，概念や理論のおおもとである「言葉」無くして物事を考えることすらできません）。たとえば，北朝鮮の指導者は「金正恩」という固有の名前をもった特定の人物ですが，私たちの多くは，この指導者が「独裁者」という「概念」で把握される人物であることも知っています。金正恩に限らず，ソ連のスターリン，ナチス・ドイツのヒトラー，中国の毛沢東，そして金正恩の父（金正日）や祖父（金日成）など，数々の個別・具体的な政治指導者がこの世に存在してきました。理論的な概念（独裁者）は，これらの指導者に共通する特徴や行動様式を抽象的な言葉で表現するものです（つまり，独裁者とは，「1国内で絶対的な権力を有し，かつ国家の暴力装置を独占的に使用することで，自らの意思に従って国家を統治する者」と概念定義できます）。逆にいえば，このような概念を使うことによって，私たちは初めて，これらの指導者が「何者」であるのか，またはあったのかを，より深く理解できるようになるのです。さらにいえば，このような概念があれば，この先，どこかの国で新たに登場する指導者を，「独裁者」として認識することも可能になります。このように，概念は時間と空間（場所）を超えて適用できる汎用性をもち，私たちが世界を理解するのを助けてくれるのです。

本書で紹介する国際関係論の理論とは，このような概念を用いて，国際関係に関わる事象や出来事の因果関係（「原因」と「結果」の結びつき）や特徴を一般化・抽象化したものです。より正確にいえば，本書は，リアリズム，リベラリズム，ラショナリズム，コンストラクティビズムと呼ばれる4つの「イズム」（学派）に属する複数の理論を扱います。皆さんは，「世界史」や「日本史」の勉強をとおして，歴史上の具体的な人物の行動や出来事を多く学んできたと思いますが，理論的な研究では，それらを「歴史のひとこま」としてではなく，理論の正しさを裏付ける「事例（case）」として扱うのが一般的です。たとえば，歴史研究は，1920年代のドイツ（ヴァイマル共和国）で初めて導入された民主的選挙を通して権力を掌握したヒトラーによるポーランド侵略（1939年9月開始）を，特定の日時と場所で発生した1つの偶発的な歴史的事件として扱います。これに対して，国際関係論の理論家は，この同じ事件を，時と場所を超えて観察される，国際関係上の一般化された法則や原理に当てはめることが可能な1例と考えるのです。たとえば，「成熟した民主主義国に至っていない，民主化したばかりの段階にある不安定な国家は，より攻撃的で対外戦争を起こしやすい」という「一般化された法則」を提起する「民主化戦争論（democratization and war）」は，ナチス・ドイツによるポーランド侵略を，この理論を証明しうる，複数の事例のなかの1つとして把握するでしょう（なお，「民主化戦争論」は，本章第3章で紹介する「民主的平和論」の盲点をついて提起されたものです）。おそらく，大半の皆さんにとって，国際関係論の理論を勉強するのは今回初めてでしょうが，本書を通して理論を勉強した後は，これまでとは違った世界が，きっと見えてくるはずです。

　第3の特徴は，第2とも関連しますが，国際関係論が扱うべき重要な「争点（issue）」を，国際関係論の主要理論を用いながら解説する点です。本書は，純粋に国際関係理論のみを対象にした入門書ではありません。本書がめざすのは，「理論」と「争点（現実）」の両面から国際関係にアプローチし，国際関係論への皆さんの学問的関心をより刺激することです。先にも述べたように，今や，私たちの日常生活は世界と密接に繋がっています。その繋がりを，直接的に私たちに教えてくれるのが，現代の国際関係において重視されている複数の争点や課題です。そこには，国家間の戦争と平和，内戦と平和構築，国際貿易，国際金融，開発協力，地球環境，人権，さらにはグローバル・ガバナンスといった多種多様なテーマが含まれます。本書は，こうした一連の争点を，単に「記述」するのではなく，本書の前半で紹介する国際関係理論を用いながら「分析」することも試み

ます。このような分析に触れることで，皆さんが，各争点の特徴や問題点をより
深く理解するだけでなく，理論的に国際関係の争点（事実）を捉えることの「面
白さ」や「感覚」を味わってくれることを期待しています。

　第4は，本書が日本語で書かれていることからも明らかなように，「日本」の
大学で国際関係論を初めて学ぶ学生向けの教科書であることを念頭に置いている
点です。もちろん，その意味は，「日本いいね！」キャンペーンを展開すること
でも，偏狭なナショナリズムを刺激することでもありません。本書の立場は，欧
米で誕生し発展してきた国際関係論という学問の性質ならびに現実を直視しなが
らも，本書の読者の大半が生活している日本という国家の視点や役割をも取り込
んだ内容を心掛けるというものです。第2次世界大戦で荒廃した日本は，その後，
奇跡的な経済発展を遂げ，現在でも世界第3位の経済大国です。平和憲法をもち
ながらも，日本の防衛費は，ここ数年だけでも世界の上位10番以内に位置します。
さらに，日本は，「世界の成長センター」として位置づけられながらも，中国台
頭という大きな地殻変動に直面する東アジアに位置する国です。つまり，日本自
身，国際関係のプレーヤーであると同時に，変動する国際関係から挑戦を受ける
国でもあります。本書は，国際関係論の他の教科書と同じように，その内容の多
くを欧米発の理論や学説に依拠するものではありますが，欧米国際関係論の単な
る「翻訳」や「輸入」にとどまらない，「国際関係に置かれた日本」も考え，意
識できるような教科書をめざします（なお，日本の学者が，どのように欧米の国際関
係理論を「輸入」し，日本らしい国際関係論を展開してきたのかを知りたい場合には，大
矢根聡編『日本の国際関係論──理論の輸入と独創の間』勁草書房，2016年が参考になり
ます）。

本書が重視する4つのイズム

　さて，本書で紹介される国際関係論の理論や学説の多くは，無数の学者たちに
よる研究活動の結果として蓄積され，評価されてきたものです。言い換えれば，
過去，数十年にわたって国内外で刊行された膨大な数の論文や著書の中から，国
際関係論の入門的知識として相応しいと思われる学説や理論を厳選したものです。
国際関係論の場合，ある理論（または仮説）の妥当性が他の理論（または仮説）に
よって完全に否定され，前者（古い理論）が後者（新しい理論）によって取って代
わられるようなことはめったに起きません。これにより，一定の支持を集めた理
論は，たとえ他の理論から批判を受けたとしても，国際関係論の共有知識として

残り続けることが多々あります。このため，国際関係論で生み出されてきた多種多様な理論や学説を網羅するような教科書を作りたいのならば，本書のページ数では全く足りず，百科事典並みの分量が必要となるでしょう（実際に，*The Oxford Handbook of International Relations*, Oxford University Press, 2010 は786頁もあり，日本語に訳せば本書3～4冊分に匹敵するでしょう）。その意味で，本書では紹介し切れない多くの学説や理論が存在する事実は，あらかじめ指摘しておきたいと思います。つまり，本書には，国際関係論におけるあらゆる理論や学説を紹介するものではない，という意味での「限界」があるということです。

　そのような「限界」を認めた上で，本書は4つのイズム，すなわちリアリズム，リベラリズム，ラショナリズム，コンストラクティビズムに代表される学派を国際関係論で影響力のある理論や学説を提供し続けるものと位置づけ，そのエッセンスを紹介することにしました。4つのイズムのうち，リアリズムとリベラリズムは，約100年におよぶ国際関係論の歴史において，最も古い学派として位置づけられるものです。両者の間の「大論争」は，国益や国家のパワーを重視するリアリズムの代表的学者である E. H. カーが『危機の二十年』（1939年）で，国際平和を維持するための条件（国際連盟の活用，国際裁判による紛争解決，軍縮，経済的相互依存の強化など）を提唱していた当時のリベラリズムの学者を「理想主義」と非難したことから始まります。1980～90年代には，「アナーキー（世界政府が無い状態）」と「国家間の力配分」という国際システム要因を重視し国際協調に悲観的な立場をとるネオリアリズムの学者と，「国際レジーム」という国際システム要因の作用により国際協調に楽観的な立場をとるネオリベラリズムの学者との「大論争」が学界を席巻するなど，リアリズムとリベラリズムは互いに対立しながらも，国際関係論におけるいくつもの重要な理論を提供してきました。

　これに対して，コンストラクティビズムは，比較的新しい学派です。冷戦終結後の1990年代に台頭するこの学派は，とくに国家の物質的パワー（軍事力や経済力など）にばかり注目するリアリズムを批判し，国際関係におけるアイディア，すなわち観念的要素（規範，信念，価値観，ルールなど）の重要性を説くものです。これによって，コンストラクティビズムは，国家が自己の利益やパワーばかりを追求する「わがまま」な存在ではなく，他国と同じアイディアを共有することで「社会化」されうる存在でもあることを理論的に提起しました。本書に限らず，これら3つのイズムを国際関係論における代表的学派と位置づける見方が，現代では有力であるといえます。

　しかし，本書はこれらに加えて，ラショナリズムをもう１つの独立した学派として扱うことにしました。ラショナリズムとは，直訳すれば「合理主義」となりますが，国際関係論（および政治学）におけるラショナリズムとは，主体が複数のオプションから何かを「選択」する局面における合理主義を指すため，「合理的選択論」とも訳されています。この学派は，国家であれ，企業であれ，人間個人であれ，それらが何らかの行動を選択する場合には，常に，自分自身の利得を最大化する選択肢を選ぶという基本的な前提（利己的合理性の前提）から，さまざまな議論を展開するものです。ここで重要なのは，自分の行動選択は，自分と同じく合理的な損得計算に基づき行動選択する相手との関係において行われる（この関係性を「戦略的相互作用」と呼びます），という点です。とくに1980年代以降のアメリカの学界で支持を広げたラショナリズムは，開戦の決定や貿易協定の締結など，国家が選択するさまざまな決定に合理主義の論理を適用し，国際関係についての重要な知見を提供する学派となっています。

　もっとも，本書で紹介する４つのイズムは，互いに何の共通点もない排他的な学派あるいは「カテゴリー」というわけではありません。たとえば，コンストラクティビズムが重視するアイディアや規範はリベラリズムのような他の学派の理論でも言及されることがあります。ラショナリズム（合理主義）の基本的前提は，リアリズムやリベラリズムにおける主体の行動原理の基本となっているものでもあります。したがって，本書は，４つの学派を，互いに重なりあう部分もある，ある種の「緩やかなカテゴリー」として考え，かつ，どれか１つの学派に絶対的な優位性や意義を認めるものではないことをあらかじめ述べておきます。

本書の構成

　最後に，本書の構成について述べておきましょう。本書は，序章を除き全13章，３部から構成されています。「第Ⅰ部　国際関係の構図」では，第１章を通して，国際関係の全体像を把握します。先にも述べたように，私たちの日常は国際関係と密接不可分の状態にありますが，そうかといって，学問としての国際関係論は，私たちの日常を何でもかんでも研究対象にしているわけではありません。ここでは，国際関係論の対象となる国際関係とは，そもそも，どのような現象なのかを確認します。その上で，国際関係の土台となっている「主権国家体制」についての理解を深め，最後に，国際関係の分析視角として「基本中の基本」とされてきた「３つの分析レベル」について学びます。

「第Ⅱ部　国際関係論の主要理論」では，国際関係論における代表的な学派である4つのイズムが提供するさまざまな理論を学んでいきます。各章の主題と副題は次の通りです。「第2章　リアリズム――ジャングルの世界の権力闘争？」，「第3章　リベラリズム――ジャングルを克服して平和をつくろう！」，「第4章　ラショナリズム――合理的に選択してなぜ戦争が起こるのか？」，「第5章　コンストラクティビズム――世界は「社会的に構築」できる！」。

　第Ⅱ部での学びのポイントは，それぞれのイズムはどのような「前提」（「世界観」と言ってもよいです）のもとに国際関係を説明もしくは理解しようとしているのか，それらの前提をもとに構築された，それぞれのイズムを代表する理論はどのようなものか，をしっかり押さえることです。これらの章においては，前述の独裁者の例で示したような抽象的で一般化された概念や定義が多く登場します。ゆえに，この手の議論が苦手な人にとっては一定の「覚悟」が必要になるかもしれません。しかし，執筆者たちはできる限りわかりやすく，かつ具体例も織り交ぜながら解説を試みたので，臆することなく読み進めてください。

　「第Ⅲ部　国際関係論の争点」では，現代の国際関係もしくは国際関係論において重要視されている具体的な課題や問題を学んでいきます。各章の主題と副題は次の通りです。「第6章　国家間の戦争と平和――大国間の「悲劇」は繰り返されるのか？」，「第7章　内戦と平和構築――隣人どうしが「敵」になる悲劇にどう対処するのか？」，「第8章　国際貿易――自由貿易は誰にとって得なのか」，「第9章　国際金融――国境を超えるマネーはどのように管理されているのか」，「第10章　開発協力――地球上の誰もが発展できる世界を求めて」，「第11章　地球環境――環境を「維持」するのも「壊す」のも私たち次第」，「第12章　人権と人の移動――人間としての権利をどう守るのか」，「第13章　グローバル化とグローバル・ガバナンス――世界の秩序づくりに参加しよう！」。

　第Ⅲ部の学びのポイントは，より具体的な争点から国際関係の実相に迫り国際関係の理解を拡げ深めると同時に，第Ⅱ部で触れた理論的な視点から国際関係を見る目を養うことです。第Ⅲ部は，それぞれの争点にかかわる歴史や事例の記述を基本とするものですが，随所に理論的な説明や考察を織り込むことで，第Ⅱ部で紹介した理論が国際関係の分析にどのように応用できるのかを示すものでもあります。

　以上のように，国際関係論には実に多くの理論や争点が存在しますが，それはとりもなおさず，私たちが住むこの世界が多様性と変化に富む複雑な世界である

からに他なりません。このような世界を相手にする国際関係論は，誰にとっても
チャレンジングなものでしょうが，これから，この学問を皆さんと一緒に学んで
いくのを，本書の執筆陣はとても楽しみにしています。

（草野大希，小川裕子，藤田泰昌）

第 I 部

国際関係の構図

第1章
国際関係の全体像を知ろう

── Short Story ──

　今日のミネオ君は，時間に余裕があったので，最終的に履修を決めた「国際関係論入門」の講義の教室に早めに入ることにしました。前の方の席に座っていると，そこにミネコさんがやってきました。

（ミネオ）「あ，結局，この授業とることにしたんだ。先週の先生の話だと，ミネコさんの好きな K-POP はあまり扱わないみたいだけど」

（ミネコ）「全然，大丈夫！　私，国の外交とか硬派なテーマにも関心あるから。それに，ポップカルチャー論っていう授業を見つけたんだけど，そこでは K-POP がなぜ世界の音楽マーケットで成功したかを扱う回もあるんで，すごく楽しみ」

（ミネオ）「それは良かった」

（ミネコ）「大学って，何でも学問にしちゃうんだね。それにしても，日韓の関係ってギクシャクすることが多いけど，歴史問題のせいだよね。お隣どうしなのに完全に仲良くできないのは残念っていつも思う」

（ミネオ）「国が違うと，お互い立場も文化も違うだろうし，とくに政府レベルだと，なかなか折り合うのが難しい場合も多いんだろうね」

（ミネコ）「そうなると，同じポップカルチャーをみんなが共有するようになれば，もっと仲良くなれるんじゃない」

　J-POP しか聞かないミネオ君にとって，ミネコさんの意見は新鮮に思えたものの，国どうしの関係には，もっと根深くて，容易に解消できない「何か」があるのではないか，との思いも捨てきれませんでした。そもそも，国際関係って何を指すのだろうか？　国際関係論で扱うべきテーマって何なのだろうか？

　国際関係論（International Relations）という学問分野にふさわしいレポートや卒業論文を書きなさい，と言われたら，皆さんはどのようなテーマを選ぶであろうか。「国際（international）」という言葉は，「国（nation）」と「国（nation）」の「間（inter）」を意味するものであるから，国と国の間で展開される「関係（relations）」についての事柄であれば，何でも国際関係論のテーマになる，と思う人もいるかもしれない。たとえば，日本でも人気のあるK-POPは，日本と韓国という2つの国をエンターテイメントやファッションで結びつけている。実際に，K-POPスターと日本人ファンとの間，日韓のファンどうしの間など，K-POPを介したさまざまな関係や交流が，両国の間で生まれている。ゆえに，K-POPの熱烈なファンの学生が，国際関係論の論文に「K-POPが作る日韓関係」のようなテーマを選びたくなるのは，わからないわけではない。

　しかし，国際関係論の先生が，本当にこのようなテーマを「無条件」で受け入れてくれるかどうかは定かでない。なぜなら，国際関係論には，その他の学問分野と同様に，何を考察対象とすべきかについての一定の了解が存在しており，K-POPの話題がその了解に合致するかどうかは微妙だからである。さらに，国際関係論は，その他の学問分野と同じく，私たちが選んだ考察対象を好き勝手に，すなわち自分の思い通りに論じることを許してくれるものではない。個人的な感想文あるいはネットやSNS上の書込みなどとは異なり，論文では，自らが選んだ対象をどのような視点から分析し，論じるのかが極めて重要になるからである。もちろん，自分なりの「視点」を作ることも不可能ではない。だが，ほとんどの場合，私たちは，すでに存在するさまざまな理論から何らかの視点を獲得し，自分の論を展開しなければならない。とくに，21世紀に生まれた皆さんの目前には，すでに多くの学者たちによって作られてきたいろいろな分析枠組みや理論が存在する。それらを「道しるべ」としながらも，自分自身で国際関係を考えたり，分析したり，さらには実践したりできるようになること。これが，皆さんにとっての課題であり，挑戦になる。

　本章では，皆さんが，国際関係論の具体的な理論やテーマを本格的に学ぶ「前段階」として，国際関係の「全体像」をつかんでもらいたい。まず，国際関係とは何を指すのかを知り，次に，ウェストファリア条約（1648年）を契機に広がった主権国家体制に基づく国際関係の特徴と歴史を概観し，最後に「3つの分析レベル」という国際関係を分析する際の手掛かりを理解し，国際関係論という学問に足を踏み入れてもらう。

1　国際関係とは何か——国際関係を「定義」する

国際関係論の研究「対象」を見極めよう

　国際関係論を含む社会科学は，社会現象を研究対象とする学問である。「社会現象」というと，何か得体の知れない存在のように思えるかもしれないが，実際には，私たちが日常生活で何気なく行っている活動（勉強，食事，買い物，アルバイト，信号待ち，動画視聴，投票行動など）によって形作られる身近な現象の総体のことである。このようにして形成される社会現象には，実に多様で複雑な人間活動が含まれている。ゆえに，社会現象を「丸ごと」研究することはできない。そこで，社会科学は，社会現象を丸ごとではなく，その特定の一部を切り取り，分析するような「個別」の学問分野を複数，発展させてきた。たとえば，伝統的な経済学は，さまざまな人間の活動や社会の動きの中から，「財やサービスの生産・分配・流通・消費」に関わるものを取り出し，研究対象とする学問である（経済学において，私たちは「消費者」や「生産者」として，いつの間にか考察の対象にされている）。法学は，憲法，法令，判例といった「人間が社会生活を送る上での基礎となる法規範」を直接の対象とする学問である（私たちは，法規範それ自体ではないが，「法規範により権利・義務を付与された者」として，事実上，法学の研究対象にされている）。当然ながら，経済学者の論文が，法律そのものを主たるテーマにすることはほとんどない。それとは逆に，法学者の論文が，経済活動そのものをテーマにすることもほとんどない。日本には，経済活動の一種である商取引について定めた商法（1899年公布）が存在するが，それを専門にする学者は，経済学者ではなく法学者となる。これらの例からもわかるように，社会現象を対象とする複数の学問分野は，良くも悪くも，それぞれが得意とする固有の研究対象を定め，他の分野とは一定の距離を置きつつ，場合によっては他の分野の研究は無視して，それぞれの研究を推進してきたのである。それゆえに，自分が学ぼうとする学問分野は一体何を研究対象としているのかを知ることは，国際関係論に限らず，あらゆる学問分野へのファーストステップとして，最優先に行うべきことである。

　それでは，国際関係論が対象とする国際関係とは一体何か。ここでは，皆さんが想定する具体的な事件や出来事が，国際関係論の対象として，本当に相応しいものなのかどうかを判断するための「基準」を提示しよう。その「基準」となるのが，次に説明する国際関係の「定義」である。本章では，伝統的な国際関係論

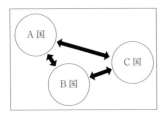

図 1-1　ビリヤードボール・モデルとしての狭義の国際関係
出所：筆者作成。

の定義ともいえる「狭い」定義と，より新しい定義としての「広い」定義の2つを紹介したい。

国際関係を「狭く」定義しよう——ビリヤードボール・モデルとしての国際関係

　第1の「狭い」定義とは，国際関係の主体を国家（政府）に限定する定義である。すなわち，国際関係を，「対外的な目標を追求し，行動しあう国家（政府）間の相互作用（interaction）やそのプロセス」と見なす定義である。国家間の政治・外交・安全保障関係に相当するものを「国際関係」の核心に位置づけるものであり，政治指導者（大統領や首相など），閣僚（大臣），外務省などの官僚機構に属する高官，場合によっては軍幹部といった，いわゆる「政策決定者」を主役に展開される国家間関係に注目するものである。よって，皆さんを含め，多くの一般人は，同じ世界に住んでいるにもかかわらず，国際関係論の直接の対象になることはめったにない。とはいえ，政策決定者が関与する出来事であっても純粋な国内政策（たとえば，大学入試制度の改革や健康保険料の値上げなど）は，国際関係論の対象にはあまりならない。主な対象になるのは，あくまでも政策決定者が，他国政府を相手として，何らかの対外的目標を追求する場合である。そこには，協調的で平和的なものから，対立的で暴力的なものまでが含まれる。互いの経済的豊かさの向上を目標に自由貿易協定を結んだり，良好な二国間関係の構築を目標に「争いの種」となっている領土問題を交渉で解決したりするのが前者の例である。自国の貿易赤字の解消を目標に貿易黒字をため込む相手国に一方的な報復関税を課したり，自国の安全確保を目標に大量破壊兵器保有疑惑のある相手国政府を武力によって打倒したりするのが後者の例である。このように，国際関係を，国家（政府）どうしの関係として捉える見方は，私たちの日常生活から，かなり遠い世界を対象としているように思えるかもしれない。だが，これこそが，伝統的な国際関係論において「王道」の研究対象と見なされてきたのである。

　それには，明確な理由がある。そもそも学問としての国際関係論は，第1次世界大戦（1914〜18年）という，未曽有の破壊と死傷者をもたらした「国家間戦争」を二度と繰り返さないという，当時の研究者や人々の願いを受けて誕生したからである。この戦争は，19世紀後半以降に発展する，「暴力装置」を独占し，自民

族中心のナショナリズムを背景に可能となった「国民徴兵制」を整えた「国民国家」どうしが，初めて大規模に衝突した世界大戦であった。交戦国は，政府による公式の「宣戦布告」によって戦争を開始し，政府主導の国民総動員体制で戦争を遂行した。ゆえに，国際関係論が戦争と平和の問題を扱う以上，国家（政府）を最重要主体として扱い，それらの間で展開される相互作用に着目した分析を行うのは，至極当然のことであり，そこにこそ国際関係論の「存在理由」があると考えられてきたのである。

　この考え方を単純化したのが図1-1に示す「ビリヤードボール・モデル」である。このモデルは，国家を1個のビリヤードボールに見立てて，国際関係をビリヤード・ボード上におけるボールどうしのぶつかり合いのようなイメージで捉えるものである。このようなイメージは，われわれが国家を「擬人化」（国家を，1人の人間のように考え，行動する主体として仮定すること）して，国家の対外行動や国際関係を論じる場合にも共有されているものである。いうまでもなく，国家には頭もなければ手足もない。実際に国家の対外政策を決定するのは生身の人間であり，しばしばそれは複数の人間によってなされる。しかしながら，どの国においても，外交や安全保障は政府の専管事項であり，その最高責任者は国家の政治指導者である。その意味は，たとえ特定の対外政策方針について，国内にさまざまな意見があったとしても，国家は，最終的には「1つの声」にまとまって対外的に行動する，というものである。とりわけ，国家が他国からの侵略や攻撃の脅威にさらされる場合には，国民は政治指導者の下に一致団結しやすい傾向にある。ゆえに，国際関係論のさまざまな理論枠組みの中でも，国家安全保障（national security）をとくに重視するリアリズム（第2章）が，「ビリヤードボール・モデル」の一番の擁護者となってきたのである。いずれにせよ，皆さんも，リアリズムをすでに知っているかどうかにかかわらず，社会科の教科書やメディアが流すニュースなどにおいて，「日本が中国に対して……」というような国名を主語にした文章を，何度も見聞きしてきたのではないか。これまであまり深く考えたことはなかったかもしれないが，このような文章が違和感なく受け入れられているのは，国際関係を動かしている有力な主体が国家（政府）であり，それらの間の相互作用が，いまだに国際関係の中心を占めているからに他ならない。

国際関係を「広く」定義しよう——非国家主体を含む国際関係
　しかしながら，このような国家中心主義（statism）的な国際関係の見方は，現

図1-2　非国家主体を含む広義の国際関係
出所：筆者作成。

代においては，かなり「狭い」国際関係の捉え方である。そこで，より「広い」
国際関係の定義を，第2の定義として提示したい。それが，国際関係を「対外的
目標を追求し，行動し合う，国家（政府）に限られない，非国家主体を含む，さ
まざまな主体間の国境を越えた相互作用やそのプロセス」と見なす定義である。
これを図示したのが図1-2である。第1のビリヤードボール・モデルとしての
国際関係との違いは，何といっても，主体の多様性である。この定義では，「非
国家主体」として分類される，国家（政府）以外の主体が，国際関係を動かす者
として明確に認識されている。非国家主体とは，国際機関（国際組織），企業，利
益団体，NGO や市民社会など，国家に属する政策決定者のような権限は持たな
いが，国際関係に一定の影響力をもつ主体を指す。図1-2のように，狭い定義
の国際関係では，A国とB国の政府どうしの関係（太字の矢印）のみが重視され
てきたが，広い定義の国際関係では，従来は自国政府のみとしか相互作用できな
かった企業，利益団体，NGO などが，国境を超えて，他国政府や他の社会のさ
まざまな主体，さらには国際機関とも色々な関係をもつことが前提となっている
のである。このような非国家主体のなかには，多国籍企業，国際 NGO，越境的
テロリストのような「脱国家的主体（transnational actors）」（国境を超えて活動する
主体）も含まれることになる。

　もちろん，この定義でも，国家（政府）は消えてなくなるわけではない。依然
として，重要な主体である。しかし，その影響力は，ビリヤードボール・モデル
が想定するほど，絶対的なものとは見なされていない（図1-2の国家が点線で囲ま
れているのは，それを意味する）。このような非国家主体の重要性が説かれるように
なったのは，1970年代のことであった。国際関係論の学派でいえば，リベラリズ
ム（第3章）がその重要性をいち早く指摘し，次いで1990年代に登場するコンス

トラクティビズム（第5章）も非国家主体の活躍を視野に入れた理論を展開した。

　よく知られているように，21世紀の世界は，グローバル化が進む場所である（第13章）。このような現代の国際関係論では，より複雑な国際関係を捉えた，第2の定義の方が，より正確であることは否定できないだろう。ところで，第2の定義では，政府以外の主体も研究対象になることが想定されているが，そうなると，国境を越えた企業活動やK-POPファンの連携といった，民間レベルで行われる国家間のあらゆる活動も，国際関係論の対象に含まれるように見えるが，それは本当に正しいのだろうか。その答えは，限りなくNOに近い。なぜなら，第2の定義でも，国家（政府）の存在は完全に否定されているわけではなく，非国家主体の活動や役割は，あくまでも国家（政府）との関係において捉えられているからである。このため，国内外の政府や政治とほとんど関係のない，純粋に非国家主体が国境を超えて展開する相互作用は，国際関係論の対象にならないのが一般的である。たとえば，A国とB国の企業どうしの間で行われる純粋な経済活動は，国際関係論ではなく，国際経済学や経営学の対象である。A国とB国のK-POPファンによる国境を越えたコミュニケーションは，社会学や国際文化学といった分野の対象であろう。

　では，企業やK-POPに関連して，国際関係論の論文を書くのは不可能なのか。その答えは，一定の条件をクリアすれば可能，となる。たとえば，特定業界に属する複数の企業が「利益団体」を構成し，自分たちの利益にかなう通商政策を政府に要求したり，企業やNGOが政府や国際機関と一緒にグローバルな公共政策（開発援助，地球環境保護，人権尊重など）の実現に関与したりするような場合には，それらの活動は，国際関係論の考察対象になる（なお，「政治」と「経済」の関連性に着目した国際関係論の一群の研究を「国際政治経済論（International Political Economy）」と呼ぶこともある）。K-POPについては，K-POPを後押しした韓国政府による対外イメージ戦略としての韓流振興政策に焦点をあてるならば，それは国際関係論の考察対象になりえるかもしれない。いずれも，国内外の政府や政治とのかかわりに着目するという条件付きで，はじめて国際関係論のテーマになるのである。実際に，皆さんが，国際関係を動かすどの主体のどのような相互作用に関心を持つことになるのかはわからないが，いずれにせよ，国家や政府という主体から，完全に離れることは難しそうであることは，理解できたのではないか。では，何ゆえに，国際関係論は，グローバル化が進む現代においても，国家という存在を完全に無視できないのか。その最大の理由は，国際関係それ自体が，基本的には

「主権国家体制」を軸に展開されてきた歴史を持つからである。次節では，主権国家体制の特徴とその歴史的展開について概説しよう。

2　ウェストファリアから世界へ——主権国家体制の誕生と拡大

主権国家体制とは？

まずは，主権国家体制を構成する「主権国家」とは何かを理解しよう。現代において，主権国家とは，①国民（人民），②領域（領土・領海・領空），③政府，④主権の4つの要素から構成される主体として定義される。

①国民とは，国家に永続的に住む人々のことであり，通常は，国籍法などの国内法によって「国民」と認められた人々を指す。②領域とは，国家が独占的に支配し，そこで生じるあらゆる事項について排他的な権限を行使できる空間を指す。③政府とは，国民や国家を代表して，国家を統治する人々から構成される機関を指す。最後の④主権（sovereignty）とは，上記の3要素とも密接に関連するものであり，対内および対外の2つの面から定義される。対内的な側面は「対内主権」または「領域主権」とも呼ばれるものであり，政府（③）が領域内（②）のすべてのヒトやモノ（①）に対して排他的な統治を行う権限を指す。他方，対外的な側面は「対外主権」または「独立権」とも呼ばれるものであり，国家が外部勢力（他国など）からの命令や支配を受けずに独立を維持できる権限を指す。この対外主権は，いわゆる「内政不干渉原則」とも結びつくものであり，主権国家は互いに相手国の内政（「国内管轄事項」とも言う）に干渉せず，互いの独立を尊重し合うことが，国際社会の基本原則になっている。換言すれば，主権国家とは，自国だけで成立するものではなく，他国による承認と尊重によってはじめて成立する国際的な存在に他ならない，ということでもある。そして，「主権国家体制」とは，このような4つの要素をすべて兼ね備えた主権国家どうしが相互作用して形成されるシステムとして定義される。

しかしながら，このような主権国家体制は，人類史の誕生と共にあったわけではない。その体制が生まれ，拡散し始めるのは，今から，約400年前のことに過ぎなかった。確かに，国どうしの関係は，太古の昔から存在していた。たとえば，20世紀はじめに現在のイラクで発見された石碑には，メソポタミアの都市国家であったウンマとラガシュとが国境紛争に関して結んだ条約の内容が刻まれているが，その条約が結ばれたのは，実に紀元前3000年頃のことであった。また，古代

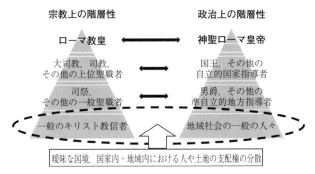

図1-3　中世ヨーロッパのキリスト教世界（11世紀初期）の構図
出所：Sørensen, Møller, and Jackson, p. 15, 1.1 を参考に筆者作成。

の日本（当時は邪馬台国や倭国と呼ばれた）が，中国を中心とするアジアの近隣国と外交を行っていたことも，よく知られている事実であろう。しかし，このような古代に見られた国家間関係は，現代国際関係の土台である「主権国家体制」には繋がらなかった。「主権国家体制」が最初に形成されたのは，あくまでも近代の欧州においてであり，そこから「主権国家体制」は日本を含む非欧州地域に拡大していくことで，普遍的なものとなったのである。

中世ヨーロッパ——主権国家体制誕生前の世界

　では，主権国家体制とは，どのような経緯で欧州に誕生したのだろうか。その経緯ならびに特徴を理解するために，主権国家体制が誕生する前の中世ヨーロッパの構図から見てみよう。中世ヨーロッパは，①国内の支配権が多様な封建領主によって行使される分権的構造と，②1つの統一的なキリスト教世界がローマ教皇や神聖ローマ皇帝の普遍的権威に基づき形成される階層的構造とを併せ持つ世界であった。単純化すれば，国内は分権的で，国際は集権的な構造によって特徴づけられていた（図1-3）。

　たとえば，①についていえば，当時の欧州の中心（現在のドイツ，オーストリア，チェコ，北部イタリアを中心とする地域）に位置していた神聖ローマ帝国（図1-4）は，皇帝，国王，大公（公爵），大司教，修道院長などの多様な王侯貴族を領主とする，大小さまざまな数百もの領邦や都市によって構成される複合的な政治体であった。加えて，領主の交代もしばしば行われ，1人の領主による複数の領地支配も稀ではなかった。つまり，この「帝国」には，皇帝を最上とする権威の序

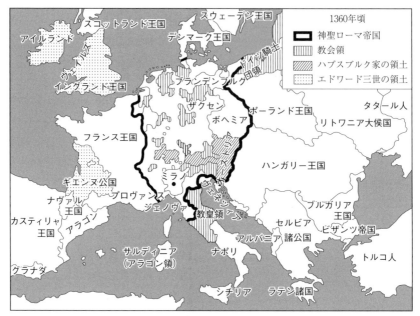

図 1 - 4　中世（14世紀）ヨーロッパの地図

出所：シューマン，61頁より。

列は見られたものの，1つの統一的権力主体（政府）が，国境によって他から区別された固有の領域を一元的に支配するような主権国家としての特徴は備わっていなかったのである。その他の王国でも，たとえば12世紀半ばから15世紀にかけてフランス国内に存在したギエンヌ公国（当地の領主であったフランス貴族とイングランド国王の結婚によってイングランド領になる）のように（図1-4），自国の領域内に他国の支配が及ぶようなことも稀ではなかった。

　その一方で，欧州全体では，聖（教皇）と俗（皇帝）の2大権威による階層的な秩序が形成されていた。周知のように，当時の欧州では，人々の日常生活はキリスト教の影響を大きく受けていた。洗礼，ミサ出席，冠婚葬祭といった人生のさまざまな場面において，教会の影響は絶大であった。神聖ローマ帝国内外の王侯貴族たちもキリスト教によって結びつけられており，皇帝や国王の戴冠も教皇や高位聖職者の手によって行われていた。さらに，ローマ・カトリック教会（および神聖ローマ帝国）の公用語であるラテン語は欧州の共通言語でもあったので，王侯貴族たちが内政（法令）や外交（文書作成や交渉）を行う場合には，ラテン語

に堪能な地元の聖職者に頼ることも少なくなかった。結果として，ローマ教皇を頂点とするカトリック教会の階層構造（教皇→大司教→司教→司祭→一般信者）が，当時の欧州全体を広く覆うことになったのである。他方の神聖ローマ皇帝の権威は，彼の実際の支配権が主として帝国内に限られていたこともあり，教皇に比べれば限定的であった。しかし，それでも，神聖ローマ帝国内外の欧州全体における皇帝の権威は高く，1国の国王といえども，儀礼的に皇帝に対して「臣従の礼」でひざまずく必要さえあった。さらに，王侯貴族たちの間にも，その地位に応じた序列が存在していた。ゆえに，「キリスト教世界」とも呼ばれた中世ヨーロッパには，少なくとも地域全体として，その後の時代とは異なる，宗教（聖）と政治（俗）上の権威による階層構造が存在していたと解釈できるのである。

ウェストファリア条約の成立——主権国家体制の形成

　このような階層構造を大きく揺さぶったのが，16世紀に始まる宗教改革であった。1517年，神聖ローマ帝国内の大学で教授職にあったルター（Martin Luther, 1483〜1546）が，資金集めのために贖宥状（罪の償いを軽減する証明書）を売りさばいていたローマ教皇庁の腐敗を糾弾し，その権威に挑戦し始めたのである。しかもルターは，「万人司祭主義」（キリスト教の信者は神の下では皆，平等とする教え）を説くことで，教皇を頂点とし，聖職者と一般信者とを厳格に区別してきたカトリック教会の階層性にも異議を唱えた。そしてルターの挑戦や教えは，帝国内外で支持を集めるようになり，結果として，ローマ教皇庁に「抵抗する人々（プロテスタント）」とカトリックとの間で，一連の激しい宗教対立を引き起こすことになったのである。そのような対立の中で最も大規模で破壊的であったのが，三十年戦争（1618〜48年）であった。この戦争は，オーストリア・ハプスブルク家のカトリック教徒であった神聖ローマ皇帝が，プロテスタント諸侯による抵抗を封じるためにボヘミアに軍を派遣したことで始まった。だが，宗教対立（カトリックvs.プロテスタント）に王朝間の勢力争い（オーストリアとスペイン・ハプスブルク家 vs. フランス・ブルボン家。ただし，両家ともカトリック）も加わり，結果的に，欧州の主要国を巻き込む長期の大戦争となった。その講和条約として1648年に結ばれたのが，ウェストファリア条約である。

　ウェストファリア条約が画期的であったのは，この条約により，主権国家を単位とする近代的な主権国家体制が，欧州主要国によってはっきりと確認されたからである。特筆すべき条約の内容は次の2点である。第1は宗教についてである。

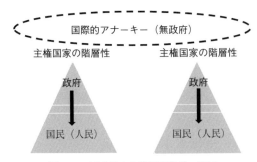

図1-5　近代的な主権国家体制の構図

出所：筆者作成。

同条約では，1555年のアウクスブルクの和議（領主が選ぶ宗派をその地で信仰される宗派とする原則であり，カトリックに加えルター派の信仰が認められた）が再確認され，カトリック（旧教）側から「異端」とされてきたプロテスタント（新教）の信仰が広く認められることになった。これにより各領主が，それまで禁じられていたカルバン派（プロテスタント）を含む宗派を自由に，かつ自立的に，他の外部勢力から干渉されることなく選択できるようになったのである。それは1世紀以上にわたる宗教対立に終止符を打つと同時に，中世以来のローマ教皇の権威の弱体化を意味するものでもあった。第2は，神聖ローマ帝国の「国制」についてである。同条約により，帝国が行う法律の制定，戦争，同盟や和平の締結などの決定には帝国議会の承認が必要とされ，神聖ローマ皇帝の権限が制約された。さらに，帝国内にあった約300の王国，公国，帝国自由都市，教会領などは独立した領邦となり，それぞれに立法権，課税権，外交権，すなわち事実上の「主権」が認められることになった。その結果，神聖ローマ皇帝および帝国は，帝国内の領域を支配する実質的な権力や地位を失うことになった。総じていえば，この条約には，上述した中世ヨーロッパのキリスト教世界を特徴づける「聖」と「俗」の権威の階層性への挑戦という側面が多分に含まれていたのである。それは同時に，欧州全体が，国内は集権的（階層的）で，国際は分権的でアナーキー（無政府）な構造によって特徴づけられる近代的な主権国家体制の論理（図1-5）を強めていくことを意味するものでもあった。

　もっとも，ウェストファリア条約によって，いきなり主権国家体制が誕生したわけではない点には注意が必要である。なぜなら，その体制は，実際には同条約に先立つ百数十年間にわたる諸国家・諸君主間の相互作用を経ながら，徐々に形成されたものだからである。たとえば，イングランド王は，1534年に制定した「国王至上法」によって，国王を最高権威者とする英国国教会を設立し，ローマ教皇や教皇庁から独立した国造りをいち早く進めていた。また，「主権」概念を体系的に論じた最初の書物である『国家論』がフランス人のボダン（Jean Bodin,

1530~96）によって出版されたのも，16世紀後半（1576年）のことであった。主権を「国家の永久，絶対の権利」と定義する彼の考えは，ウェストファリア条約以前から，欧州各国の君主の間に普及し，君主を主権者とする国家体制の追求を促していたのである。その典型例がフランスであった。三十年戦争の最中に，世界初の外務省（官僚機構）の設立，常備軍の増強，徴税システムの整備などを断行したフランスは，「国家理性」に基づく絶対君主制（主権国家）を整えながら，この戦争に臨み，そして勝利したのである。ゆえに，ウェストファリア条約とは，それ自体が新しいシステム（近代的な主権国家体制）を生んだというよりも，それ以前から進行していた古いシステム（中世的なキリスト教世界）から新しいシステムへの「移行」を象徴するものとして理解されるべきものであった。しかし，たとえそうであったとしても，この条約を機に主権国家体制への移行に弾みがついたことは確かであった。実際に，これ以降，欧州の君主たちは「主権者」として自らが支配する国家の近代化や領土の保全または拡張に奔走し，主権国家を中心とするアナーキーな国際関係がいっそう強固なものになっていくのである（一般的には，遅くとも18世紀後半までには，欧州諸国の間に主権国家体制が「確立」したと考えられている）。

グローバルに拡大する主権国家体制

　では，欧州で誕生し，発展した主権国家体制は，どのような過程を経て世界に拡大して行ったのであろうか。時系列に沿って整理すれば，おおよそ次の3段階を経て拡大したと説明できるだろう。

　第1段階（18世紀末〜19世紀前半）は，西欧の植民地であった南北アメリカ大陸における独立国家の誕生である。この段階は，15世紀末に始まる大航海時代以来，西欧が進めてきた植民地政策が，初めて大きな試練に直面した時でもあった。18世紀前期に至るまで，スペインやポルトガル，さらには英仏などが南北アメリカ大陸に広大な植民地を築いたが，18世紀末〜19世紀前半には，その大半を失うことになる。その先鞭をつけたのが，1776年に独立宣言を公布し，宗主国の英国との戦争を経て1783年に独立を達成した米国であった。当時の欧州では「君主主権」の国家こそが「標準」であったが，米国は「人民（国民）主権」の理念に基づき建国した史上初の国家となり，その後の主権国家体制のありかたにも影響を及ぼすことになった。人民主権の考え方自体は，17世紀以降の欧州の啓蒙思想家たちによって提唱されていたものであったが，北米におけるその「実践」は，王

政廃止と人民主権に基づく法治国家の実現をめざすフランス革命（1789年）にも影響を与えたからである。そして，フランス革命やその余波を受けたスペインでの革命が，今度は中南米における独立運動を刺激し，1804年のハイチ（仏の植民地）や1820年代のメキシコやブラジルといった中南米諸国（スペインやポルトガルの植民地）の独立を促進させたのである。

　なお，その後の欧州では，「革命の輸出」を掲げたナポレオン戦争（1796～1815年）とナポレオン（Napoléon Bonaparte, 1769～1821）敗北後に「君主制」に基づく欧州秩序を定めたウィーン体制の成立（1815年）により，「人民主権」に基づく国造りは「後退」を迫られる。だが，19世紀半ば以降は，ナショナリズムの高まりと相まって，「国民国家（nation-state）」としての主権国家を維持・発展させていくことが，各国家や民族の目標となった。かつて神聖ローマ帝国が存在した領域でのドイツ民族による国家統一（1871年のドイツ帝国成立）は，その最も顕著な例であった。

　第2段階（19世紀半ば前後）は，オスマン帝国，中国，日本といった非欧州（アジア）の非キリスト教国が，欧米諸国との間で主権国家どうしの関係を構築または強化し，主権国家体制に組み込まれた段階である。当時のオスマン帝国（皇帝），中国（皇帝），日本（徳川幕府）は，すでに国内に統一的権力を有していたので，対内的な主権を多かれ少なかれ実現していた国家であった。ただし，前述のように，主権には対外的な側面もあり，その場合の主権は他の主権国家による承認と尊重を伴ってはじめて実現するものであった。よって，これらのアジアの国々は，すでに欧米主導で形成されていた「国際法団体（the Family of Nations）」（国際法が適用される主権国家から成る国際社会）に加入し，主権国家として認めてもらう必要があった。

　まず，オスマン帝国は，イスラム教国でありながらも，18世紀末以降，国内の西欧化や西欧式の外交慣例の受容（欧州各国での常設大使館の開設など）を積極的に推し進め，19世紀半ばまでには複数の条約を欧州各国と締結する最も有力な非キリスト教国となっていた。とくに，クリミア戦争（オスマン帝国・英・仏・サルディーニャ連合軍とロシアとの間の戦争）後に締結された1856年のパリ条約は，国際法団体の一員としてのオスマン帝国の地位を明確にしたという点で画期的であった。なぜなら，ウィーン会議（1815年）以来初となる欧州諸国の多国間会議で締結された同条約は，第7条において締約国が，オスマン帝国の皇帝に「欧州公法および欧州協調体制の便宜への参加を許す」ことを宣言し，同帝国の「独立と領

土的一体性の尊重」を誓うものだったからである。次に，中国は，主権国家体制
とは相容れない東アジアにおける階層的秩序（華夷秩序）の中心に君臨してきた
国であったが，19世紀半ばになると，その秩序からの脱却を迫られることになっ
た。中国は，アヘン戦争での敗北を受けて英国と締結した南京条約（1842年）を
皮切りに，他の欧米諸国とも 2 国間条約を結び，近代的な主権国家としての道を
歩み始めるのである。ただし，これらの条約は，中国側の関税自主権を否定し，
相手国に領事裁判権（治外法権）を認める，いわゆる「不平等条約」であった。
当然，中国側には不満が募ったが，中国は欧米を起源とする近代国際法や国家主
権の考え方を「拒絶」ではなく「受容」し，むしろそれらを武器に，中国の主権
回復をめざすのである。同時期の日本も，中国と似た状況に直面した。長期にわ
たる鎖国政策を続けていた日本も，開国を求める欧米からの圧力を受けるように
なり，「黒船」で東京湾に来航した米国との間で日米和親条約（1854年）を締結し
たのをきっかけに，他の欧州諸国とも条約上の関係に入ることを決断したのであ
る。これらの条約も当初は，日本側に関税自主権がなかったり，領事裁判権など
の特権を欧米に一方的に認めたりする不平等条約であった。しかし日本は，この
ような差別的扱いに反発しながらも，国を挙げて欧化政策（不平等条約改正のため
に，日本の文化や制度を西欧化して，日本が「文明国」であることを欧米に示す）に取り
組み，欧米と対等な主権国家となって国際法団体の「正会員」として認められる
ことをめざしたのである。
　第 3 段階は，第 2 次世界大戦後に加速したアジア・アフリカ地域における植民
地の独立である。19世紀末から第 1 次世界大戦時にかけて台頭した帝国主義によ
り，アジア・アフリカの多くの国は，欧米諸国や日本といった，いわゆる「列
強」の植民地支配を受けることになった。ところが，第 1 次世界大戦後，欧州内
の帝国（多民族国家であったオーストリア＝ハンガリー帝国やロシア帝国）を含む世界
各地の帝国内部や植民地または従属国において「民族自決（self determination）」
（民族に政治上の自己決定権があるとする考え）の機運が高まり，その流れを汲んだ
第 2 次世界大戦後の国際社会は，より徹底した「脱植民地化」を追求することに
なった。この過程で重要な役割を果たしたのが国連（1945年成立）である。国連
は，「人民の同権および自決」を定めた国連憲章の原則や1960年に国連総会が採
択した「植民地独立付与宣言」などを指針として，植民地主義の完全かつ早急な
撤廃に尽力したのである。結果的に，第 2 次世界大戦後の脱植民地化によって，
1945年には51カ国に過ぎなかった国連加盟国数は1961年には100を超え，「アフリ

コラム1　冷戦後に顕在化した主権国家体制の「ほころび」？

　いささか逆説的ではあるが，主権国家体制が地球を覆うようになった冷戦後の世界では，主権国家体制の「ほころび」も目立つようになった。

　第1は，国際法上または対外的には主権国家として認められているにもかかわらず，実質的または対内的には主権国家の体をなしていない「破綻国家（failed state）」の存在である。破綻国家とは，国を統治すべき中央政府が十分に，または全く機能しておらず，非政府勢力による権力行使までもが放置されている国を指す。「疑似国家（quasi-state）」や「脆弱国家（fragile state）」とも呼ばれる。このような国々は，アフリカや中東などの最貧国（ソマリア，イエメン，シリア，スーダン，南スーダン，アフガニスタンなど）に集中する傾向にあり，内戦や治安悪化により人々の生活や安全は常に脅かされ，難民の流出やテロの温床にもなるなど，冷戦後の国際社会にとっての不安定要因にもなった。上述した，主権国家体制拡大の第3段階においては，（対内）主権を真に実現できる資質や能力の有無にかかわらず，多くの国が植民地からの独立を果たしたが，そのことのツケが，一部の国で顕在化するようになったのである。結果として，このような破綻した「主権」国家に対しては国際社会が介入する（事実上の主権制限）のも「やむをえない」との機運を生むことにも繋がった。

　第2は，冷戦後になって国家主権の重みが低下したことである。前述のように，すでに冷戦後期から西側先進国では経済の相互依存が進み，非国家主体や脱国家的主体の活躍も目立ち始めていた。だが，東西冷戦の終焉は，そうした動きを世界大に拡大しうる重要な機会を提供した。すなわち，東西を隔てていた「壁」（ベルリンの壁）の崩壊に象徴される冷戦終結によって，国境は「閉じる」ものというよりも「開ける」ものという雰囲気が醸成され，世界はヒト・モノ・カネ・情報の越境的な流れの増大によって規定されるグローバル化を推し進めることになったのである。それに伴い，国家主権は，以前ほど絶対視されることはなくなり，先進国の政府ですら越境する諸問題（世界経済の混乱や危機，テロ，地球環境問題，難民，感染症など）への自らの主権的管理能力の限界を認識するようになったのである。これにより，1990年代には「国家の退場（the retreat of the state）」までが論じられるようになった。

カ最後の植民地」とされたナミビアの独立が達成された1990年には，その数は約160に達した（2022年時点では193カ国）。いうまでもなく，国連に正式加盟できるのは「主権国家」のみである。ゆえに，脱植民地化の追求とは，欧州発の主権国家体制を，欧州の旧植民地を含む非欧州世界にまで拡大し，文字通り，グローバ

ルな体制とする試みに他ならなかった。実際に，冷戦後の1990年代までには，世界人口のほぼ100％の人々が主権国家に住む状態が実現し，主権国家体制は完全にグローバルなものになったのである。

　もっとも，このようにグローバルに拡大した主権国家体制は，決して頑丈で強固なものとはいえず，その「ほころび」も目立つようになった（コラム1参照）。とはいえ，こうした「ほころび」は，主権国家体制の「崩壊」までを意味するものではない。2020年初頭から世界中に蔓延した新型コロナウイルス感染症は，国民の健康を守るために国家による国境管理が重要であることを知らしめた。2022年2月に始まったロシアによるウクライナ軍事侵攻が，国境の不可侵性と国家主権の尊重がいかに大切かを思い知らせた。そして，私たちは，いまだ，主権をそう簡単に手放そうとしない国民国家の中にいる。良くも悪くも，主権国家体制が国際関係の表舞台から「退場」を迫られるようになるまでには，まだ相当な時間がかかるであろう。

3　3つの分析レベルから国際関係を見てみよう

　最後に，国際関係論では頻繁に言及される「分析レベル（the level of analysis)」について概説しよう。前節でも述べたように，国際関係を狭く定義するか，広く定義するかにかかわらず，実際の国際関係を説明したり，理解したりする場合には，国家（政府）の対外行動や政策に着目することがほぼ不可欠になる。とはいえ，いきなり国家の対外行動や政策を考察し，それらに関する因果関係を明らかにせよと言われても，多くの皆さんは戸惑ってしまうであろう。なぜなら，国際関係に限らずほとんどの社会現象は，実にさまざまな原因や要因から影響を受けているので，何らかの「枠組み」がないと，どこから手を付けてよいのか迷ってしまうからである。こうした戸惑いを和らげ，国際関係の分析をより効果的に進めるための「枠組み」の1つが，「3つの分析レベル」である。国家の対外行動や政策，ひいては国際関係現象の原因をミクロ（小）からマクロ（大）に至る3つのレベル，すなわち，個人（第1レベル），国家（第2レベル），国際システム（第3レベル）に分けて分析しようとするのが，この枠組みのポイントである（図1-6）。なお，この枠組みは，第2章でも詳しく触れるウォルツ（Kenneth Waltz, 1924～2013）によって体系的に論じられたものでもある。以下では，それぞれのレベルについて見てみよう。

図1-6　3つの分析レベルのイメージ

出所：筆者作成。

第1レベル――個人

　第1のレベルは個人である。このレベルで検討されるのは，人間・個人の特性にかかわる要因である。主な要因としては，①人間の本性（human nature），②個々の政策決定者の人格的特性が挙げられる。

　第1の「人間の本性」に着目する議論として有名なのが，「人間性悪説」や「人間性善説」に基づく戦争と平和に関する議論である。「人間性悪説」では，人間が生まれながらに持っている，利己性（自己中心性），権力欲や支配欲，攻撃的な衝動，愚かさ，といった（悪い）本性が，国家間戦争を含む人間どうしの争いを引き起こす根本原因と見なされる。これは第2章で説明する（古典的）リアリズムが支持する説でもある。このような悪い特性を持つ人物が周囲と対立したり，他人を攻撃したりする，という説明は直感的にも理解しやすいものかもしれない（場合によっては，皆さんの周りにもいるかもしれない）。とはいえ，人間の本性は実際には複雑であり，「人間性悪説」とは真逆の特性を指摘する議論もある。それが「人間性善説」である。これは，第3章で論じるリベラリズムの根底にある考え方でもある。この説によれば，人間は本来的には，理性，善良さ，思いやり，自制心といった（良い）本性を備えた生き物であるので，人々がこのような本性を十分に発揮することができれば，相手を理解し，相手との無駄な争いを避け，ともに平和に暮らすことが出来ることになる。「戦争は人の心の中で生まれるものであるから，人の心の中に平和のとりでを築かなければならない」との前文を掲げ，教育や文化を通して人間が本来もっている「善」を育成し，個人レベルで平和の原因を作ることを使命とするUNESCO（国連教育科学文化機関）は，こうした考え方を体現しているともいえよう。とはいえ，人間の本性という要因は，その「存在」を証明するのが難しく，かつその対象があまりにも一般的過ぎることもあり，特定の個別具体的な国家の対外行動や政策の分析には必ずしも適さない。

　そこで役立つのが，第2に挙げる「個々の政策決定者の人格的特性」である。いうまでもなく，政策決定者は国家の対外政策の策定や実行に直接関与する主体である。ゆえに，政策決定者が，どのような経験や能力の持ち主で，どのような

価値観や信念または世界観や歴史観を抱き，どのような外交姿勢を好むのかといった個人の人格的特性に関わる要因は，国家の対外政策や行動を左右する直接的な原因になりうるのである。いくつか例を挙げよう。たとえば，国の指導者が，政治経験ゼロのビジネス界出身の（元）有名人であったならば，「経済取引」のような感覚で慣例破りの外交を行うかもしれない。それとは異なり，国の指導者が，外交問題に精通するベテランの（元）連邦議会議員であったならば，その外交は思慮深く安定的なものになるかもしれない。もしも，人権や民主主義といったリベラルな価値観を信じる人物が国の指導者ならば，そのような価値を世界に広める外交が，国の基本方針になるかもしれない。それとは逆に，国の指導者がリベラルな価値観を嫌うような人物ならば，独裁政権との関係強化をあからさまに追求するような外交が展開されるかもしれない。もしも，「タカ派」の外交姿勢を好む政治家が国の指導者ならば，近隣諸国からの安全保障上の脅威に対して，より積極的な国防政策を実施するかもしれない。それとは逆に，「ハト派」の指導者が率いる国の外交は，どの国に対しても協調的で宥和的なものになるかもしれない。さらに，考察対象となっている指導者は損得計算のできる「合理性」をもった人物なのか（主体の合理性を前提にするラショナリズムの詳しい解説は第4章），精神状態や健康状態はどのようなものか，といった観点からの分析も，このレベルに含まれるだろう。

　実際の歴史においても，「このような個性を持った政策決定者がいたからこそ，このような出来事が発生した」と説明できるような事例は少なくない。第2次世界大戦勃発の主因としてのヒトラー（Adolf Hitler, 1889～1945）の存在は，その典型例であろう。見事な演説力で国民を魅了するカリスマ的能力を持ち，反共産主義・反ユダヤ主義を含む過激なナショナリズム思想を信奉し，強硬手段を用いてドイツを世界の覇者にすることを躊躇わなかったのがヒトラーであった。もしも彼のような人物が当時のドイツの指導者でなかったなら，おそらく歴史は変わっていたであろう。もちろん事例によっては，個人としての政策決定者の影響力が，それほど強くない場合もありえる。しかし，たとえそうだとしても，そうした個人の人格的特性がどのようなものであり，それらが国家の対外政策や行動に影響力を与えたのかどうかを確かめることは必要である。著名な国際政治学者で米国務長官も務めたキッシンジャー（Henry Kissinger, 1923～）も言うように，「外交の現場から観察すると，個人の人格によって歴史がまったく異なるものになる」ことがよくわかるからである。

第2レベル——国家

　第2レベルは国家である。このレベルが注目するのは，国家に属する政治的，経済的，社会的な構造や条件を含む「国内要因」である。第1レベルで重視した個人は，たとえそれが政策決定者であっても，自らの国内要因の影響や制約から完全に免れることはできない。たとえば，「好戦的な」独裁者（第1レベル要因）が，戦争に必要な兵器や資金を自国内で調達できないことを理由に軍事的挑発を控えるようなことが，その例である。当然ながら，政策決定に影響を及ぼしうる具体的な国内要因は数多い。以下では，数ある要因の中でも重要度の高い「政治体制」について説明しよう。

　政治体制には，大きく分けて2つのタイプがある。「民主主義」と「非民主主義」体制である。（自由）民主主義とは，ごく簡単にいえば，国民の民意に基づく体制である。複数政党制や幅広い参政権に基づく公正で自由な選挙，法による支配，三権分立（司法，行政，立法機関の相互均衡により権力の濫用を防止），表現の自由の保障などを通して，民意を十分に反映した統治をめざすのが，民主制の特徴である。他方の非民主制とは，文字通り，これらの民主的制度や特徴を欠いた体制のことをいう。より具体的には，独裁的権力者の存在により民主主義が完全に失われ，個人の自由や利益よりも「国家全体」の利益が最優先される「全体主義体制（totalitarian regime）」や，形式的には民主的な議会制をとりつつ，実質的には支配層の一部が独裁的権力を持ち，国民や議会を無視した支配が行われる「権威主義体制（authoritarian regime）」のことをいう。

　このような政治体制の特徴や違いは，政治指導者の政策選択にも影響を及ぼす。民主制の指導者は，自らの権力を維持するために，より多くの人々の支持を得られるような政策を選択する傾向にある。これに対して，国民からの広範な支持を必要としない非民主制では，指導者の権力維持に必要なごく一部の人々（政党幹部，軍部，治安組織など），もしくは独裁者本人のみの意向や利益を重視した政策が選択されやすい。たとえば，国民に多くの犠牲を強いる戦争は，民主制の下では，そう簡単に選択されることはないと考えることもできる（この点は，「戦前」と「戦後」の日本を比べてみれば，すぐに理解できよう）。万が一選択されるとしても，議会や国民世論にも十分配慮して慎重に行われることが多い。これに対して，国民の民意を反映する必要のない非民主制では，開戦への国内的ハードルは低いので，戦争や軍事的挑発は（民主制よりも）比較的容易に選択されやすいかもしれない。リベラリズムの代表的理論である「民主的平和論」（民主主義国どうしが戦

争をする可能性は低いとする理論）は，まさに政治体制という第2レベルの要因と
平和の関係性を体系的に論じるものである（第3章第3節）。

　このような民主制と非民主制の違いは，必然的に，民主制における国内要因の
重要度の「高さ」を示唆するものであろう。一般的に，自由で民主的な社会では，
さまざまな集団や個人の自由な活動が許され，人々の間には多様な利害や意見の
分布がみられる。このため，民主制では，国のあらゆる政策決定において，議会
（国会），世論（メディア），官僚機構（外務・防衛・通商・財務・環境といった専門分野
に特化した行政組織），利益団体（経営者団体，業界団体，農業団体，労働組合など），
市民団体（NGO など）といった多種多様な主体の利害や意見が考慮されるのが通
例となっているからである。とはいえ，非民主国の指導者であっても，国内主体
や国内政治過程を完全に無視した対外政策を行えるとは限らない。たとえば，ロ
シアのプーチン（Vladimir Putin, 1952〜）大統領は，2022年9月にウクライナ戦
争での兵員不足を補うために「全面的」ではなく「部分的」な動員令を発したが，
その理由は，都市部を中心にした市民の反発を恐れてのことだったと言われてい
る。

　いずれにせよ，国内における誰の，どのような利益や意見が，どのように調整
もしくは反映されて国家の対外政策が行われているのか，という第2レベルの視
点（問い）を意識した分析によって，色々な因果関係が見えてくるであろう。

第3レベル——国際システム

　第3レベルは国際システムである。多くの皆さんにとって，国際システムのレ
ベルは，3つのレベルのなかでも，最もつかみにくいものかもしれない。ウォル
ツも言うように，国際システムの要因は，国家の対外政策や国際関係に影響を及
ぼす原因としては，最も間接的なものだからである。とはいえ，国家にとっての
外的環境に等しい国際システムの要因が，国家の対外行動や指導者の政策決定を
左右しうることは確かである。ゆえに，ウォルツのように，国際システムのレベ
ルに着目した分析こそが，国際関係論における本物の研究であると考える学者も
少なくないのである。

　では，国際システムに帰属する要因とは，具体的にどのようなものか。代表的
な3つの要因，すなわち①国際的アナーキー（世界政府の不在），②大国間の力配
分の構造，③国家間で共有される制度や規範，について簡単に説明しよう。

　①は，前述した主権国家体制の帰結でもあるが，とくにリアリズムは，このア

ナーキー状態を，国家間における軍拡競争や戦争がいつまでたってもなくならないことの原因として強調する。要は，国家を上から統制する世界政府が存在しないので，国家は自分自身の手で，自国の安全，国益，国力の追求を図っていかなければならず，その結果として，国家間に不和や対立が生まれると考えるのである。②は，国家（大国）が保有するパワー（国力または能力）の配分状況によって決まる構造を意味し，大国の数に応じて 3 つの構造，すなわち 1 極（超大国が 1 国のみ），2 極（2 大国），多極（大国が 3 カ国以上）構造が存在すると仮定される。この構造を重視するのもリアリズムである。彼らは，この極構造の特徴や変化が，国家の行動選択に影響を及ぼし，国際秩序の安定や不安定が導かれると考えるのである（第 2 章）。③はリベラリズムやコンストラクティビズムによって強調される要因である。確かに，この世界はアナーキーであり，国際法を破ったあらゆる国家や政治指導者を，逮捕したり処罰したりできるような世界警察や裁判所は存在しない（国際司法裁判所は存在するが，被告を含む紛争当事国の合意なしに裁判を始められない限界がある）。しかし，同時にこの世界には，国家が合意して作った国際協調のための国際制度や国家間で共有される国際規範も存在している。こうした制度や規範も，国家レベルではなく，国際システムのレベルに存在するものとして，国家の行動や政策選択に一定の影響を与えている（第 3 章，第 5 章）。リアリズムが強調する①②は「物質的要素」によって構成される国際システムの構造であるのに対し，③は「観念的要素」によって構成される構造である。性質は異なるが，両者ともに第 3 レベルに位置する要因という点では同じである。

　繰り返しになるが，ウォルツは，第 3 レベルの優位性を主張する研究者であった。彼の議論では，国家の指導者がどんな性格の持ち主であれ（第 1 レベル），国家の政治体制や国内構造がどのようなものであれ（第 2 レベル），指導者も国家も第 3 レベル要因の影響を受けた行動をせざるを得なくなる点が強調される。たとえば，平和を愛する指導者（第 1 レベル要因）に率いられた民主国（第 2 レベル要因）であっても，極構造（大国間の力関係）の変化により自国の生存が脅かされる場合には，それに適した（武力行使を含む）対応を余儀なくされることなどが強調されるのである。もちろん，リアリズムが強調するように，国際システムの要因が強く働いたと思われる事例が存在することは確かである。だが，結局のところ，3 つのレベルのうち，どのレベルが重要なのかは，個別の分析対象に応じて異なる，と考えるのが無難であろう。当然，複数の分析レベルを同時に用いた方が，より正確に分析できることもあるだろう。いずれにせよ重要なのは，3 つの分析

レベルを意識しながら，国家の対外政策や国際関係を観察してみることである。

　本章では，まず，国際関係論が何を対象とする学問であるのかを，国家（政府）間の関係を重視する狭い国際関係の定義と非国家主体を含む多様な主体間の関係を視野に入れる広い国際関係の定義を示しながら解説した。それを踏まえて，現代国際関係の土台である主権国家体制が，いつ，どこで，どのように形成され，そして全世界に広がっていったのかを，主権国家やその体制の概念的特徴とともに確認した。最後に，国際関係論における代表的な分析視角である「3つの分析レベル」を紹介し，個人，国家，国際システムの各レベルに属する要因から，どのように国家の対外政策や国際関係を分析できるのかを示した。

　この世界で，国際関係の「分析」を行っているのは，国際関係論の学者だけではない。国の政策決定者から，国際公務員，ジャーナリスト，国際 NGO 関係者，ビジネスパーソン，そして一般市民に至るまで，国際関係に何らかの形で関与し，関心を持ち，そのあり方を考え，論じる人々も，たとえ「学術論文」の執筆までには至らなくとも，日々，国際関係を分析しているはずである。本章で国際関係の全体像を知った皆さんも，その仲間に加わった。次章以降をさらに読み進め，国際関係についての知見をもっと広げ深めて欲しい。

参考文献

ウォルツ，ケネス（渡邉昭夫，岡垣知子訳）『人間・国家・戦争——国際政治の3つのイメージ』勁草書房，2013年。

小川裕子「ロシア帝国とオスマン帝国のヨーロッパ国際体系への参入——異質な政治体制はどのように取り込まれていったのか」山影進『主権国家体系の生成——「国際社会」認識の再検証』ミネルヴァ書房，2012年。

君塚直隆『近代ヨーロッパ国際政治史』有斐閣，2010年。

シューマン，F. L.（長井信一訳）『国際政治』（上），東京大学出版会，1973年。

廣瀬和子「国際社会の変動と国際法の一般化——19世紀後半における東洋諸国の国際社会への加入過程の法社会学的分析」寺沢一ほか編『国際法学の再構築・下』東京大学出版会，1978年。

ブル，ヘドリー（臼杵英一訳）『国際社会論——アナーキカル・ソサイエティ』岩波書店，2000年。

吉川直人・野口和彦（編）『国際関係理論（第2版）』勁草書房，2015年。

Grieco, Joseph, G. John Ikenberry, and Michael Mastanduno, *Introduction to International Relations: Perspectives, Connections and Enduring Questions*, Third Edition, Bloomsbury Publishing, 2022.

Sørensen, Georg, Jørgen Møller, and Robert Jackson, *Introduction to International Relations: Theories and Approaches*, Eighth Edition, Oxford University Press, 2022.

Viotti, Paul R, and Mark V. Kauppi, *International Relations Theory*, Rowman & Littlefield Publisher, 2019.

さらに読み進めたい人のために

小川浩之・板橋拓己・青野利彦『国際政治史——主権国家体系のあゆみ』有斐閣，2018年。
　＊近代ヨーロッパに誕生した主権国家体制が，世界中に拡大し，受容されていく長期の歴史的過程を描いた教科書。宗教改革からトランプ米政権誕生に至るまでの約5世紀にわたる国際関係史を，コンパクトに，わかりやすくまとめている。

高澤紀恵『主権国家体制の成立』山川出版社，1997年。
　＊本章でも言及した，中世ヨーロッパからウェストファリア条約成立までの約1世紀半の歴史を，詳しく，かつ平易な言葉で解説。地図や絵画も豊富な約80頁の分量であるので，初学者にとっても読みやすいだろう。

ナイ，ジョセフ・S／デイビッド・ウェルチ（田中明彦・村田晃嗣訳）『国際紛争——理論と歴史（原書第10版）』有斐閣，2017年。
　＊世界中の大学生が使っている国際関係論の定番教科書の1つ。ペロポネソス戦争からグローバル化まで幅広いトピックを網羅すると同時に，本章でも紹介した3つの分析レベルから，第1次世界大戦，第2次世界大戦，冷戦の原因を分析した章も含む。

広瀬佳一・小笠原高雪・小尾美千代編『よくわかる国際政治』ミネルヴァ書房，2021年。
　＊国際関係論／国際政治学における重要な理論，分野，争点を網羅した入門書。わかりやすい解説に加え，充実した用語解説とクロスリファレンスを整えており，本教科書と並行して読み進めると，国際関係論の基礎知識はより強固になろう。

ラセット，ブルース／ハーヴェイ・スター／デヴィッド・キンセラ（小野直樹・石川卓・高杉忠明訳）『世界政治の分析手法』論創社，2002年。
　＊国家を含む世界政治に参加する主体が，どのようなレベルのどのような条件によって影響を受け，行動選択を行っているのかを，6つのレベルから体系的にまとめた著作。国際関係を社会科学的に分析する手法も学べる。

（草野大希・藤田泰昌）

第Ⅱ部

国際関係論の主要理論

第2章

リアリズム

──ジャングルの世界の権力闘争?──

─ Short Story ─

　サークル選びに悩んでいるミネオ君とミネコさんは，ともに関心のある語学サークルの勧誘イベントに参加しました。サークル代表によると，このサークルは歴史も古く，インカレのスピーチ・コンテストでの優勝経験も豊富な「学内随一」の文系サークルだそうです。その分，練習はハードかもしれないが，就活にも必ず有利なので，入って絶対に損はない，とのことでした。ミネオ君は，代表の「熱弁」に心を動かされましたが，ミネコさんはそうでもなさそうです。

（ミネオ）「あんまり反応良くなさそうだね」

（ミネコ）「うん。代表の話を聞いてたら，高校時代の部活のことを思い出して，少し不安になっちゃって……私がいた部活の部長も，ああいう熱血タイプで，しかも能力も高かったから，顧問にも認められていて発言力があったの。でも，態度が高圧的なところもあったから，それに反発した一部の子たちが副部長を中心に派閥を作って，結局，部長派 vs. 副部長派みたいな対立関係が出来ちゃって大変だった」

（ミネオ）「すごいね。そんなことあったんだ。ミネコさんはどっち派だったの?」

（ミネコ）「私は「中立」みたいな感じで柔軟に対応してたけど，大会出場選手の選考の時とか，すごくもめて，物事を決めるのにも本当に苦労した」

（ミネオ）「でも，このサークルでも同じことが起きるとは限らないでしょう」

（ミネコ）「ねえ，今 SNS で見つけたんだけど，このサークルも内部対立あるみたい」

（ミネオ）「代表は "権力欲のかたまり" とか，ひどいこと書いてあるね」

（ミネコ）「本当かどうかわからないけど，私はトラウマもあってか，ちょっと警戒しちゃうなあ。そういえば，次回の国際関係論のテーマって，国家間の権力闘争みたいな話だったよね?　そういう話って，サークルとか会社でも起きるところでは起きるでしょう」

　ミネオ君は，ミネコさんの話に完全に納得したわけではありませんでしたが，サークルの代表に対する第一印象が少し変わってしまったことだけは確かでした。

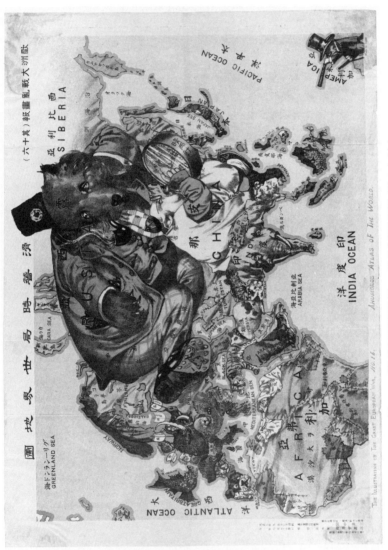

図 2-1　「滑稽時局世界地図──欧州大戦乱画報（其の十六）」

（写真提供：ユニフォトプレス）

　前頁の図2-1の地図を見てみよう。一見して通常の地図とは異なることがわかる。これは1914年，つまり第1次世界大戦が勃発した年に東京は神田の尚美堂画店から出版されたものである。これを眺めて，どう思うだろうか。ユーラシア大陸の本来それぞれの国や地域を表すべき部分が動物で表現されている。本来ロシアがあるべきところには巨大な熊が悠然と寝そべりパイプを吹かして東・中欧を足蹴にしているように見える。ドイツは猪だろうか。気の毒なことにロシア，イギリス，フランス，日本を示す矢が刺さっている。これは，ドイツが第1次世界大戦でこれらの国々から攻撃を受けていることを示しているのだろう。さらに，中国は豚，インドは象，イギリスは醜い顔をした魚のような生き物として描かれている。日本はカワウソだろうか。一方，アメリカはここではこうしたユーラシアを遠くから傍観する存在として描かれている。少なくともこの地図では，それぞれの国というか動物が互いにひしめき合っており，全体としてあまり友好的な印象は与えないのではないか。もしかしたらこれは，世界はジャングルのように，多くの動物がひしめき合う弱肉強食の世界であるという，当時の日本人が抱いていた世界観や国際政治観を示しているのかもしれない。

　さて，一般にリアリズムやリアリストもしくは，現実主義や現実主義者と言う場合，どんなイメージが浮かぶだろうか。たとえば，「あの人は現実的である」という場合，人生において愛や夢，そして正義といった理想的なものより，カネ，出世，地位や権力といった即物的なものを求める人の傾向を示すことが多いのではないか。平たく言えば「愛や夢とか言っても，結局人生で重要なのは，カネ，地位，権力だよな」ということかもしれない。そこには次のようなニュアンスがある。夢や愛などは理想的ではあるものの，目の前の現実に対応する上ではすぐには役に立たない。これに対して，金銭や権力はすぐに役に立ち，自分もしくは自分の家族など近しい人達の利益に直結する。国際関係におけるリアリズムは，このような一般的な現実主義と似ている部分もあれば，異なる部分もある。本章では，国際関係におけるリアリズムについて考えてみよう。

1　リアリズムの基本的考え方

　国際関係論におけるリアリズムには，3つの特徴がある。第1に国際関係における主体として「国家」を中心に考える，第2に国家が優先的に追求する国益（national interest）と物質的パワーを重視する，そして第3に国際関係を国家間の

権力闘争の場として捉える，である。以下では，それぞれにつき，詳しく見てみよう。

　第1に，リアリズムは，国際関係における主体として主権国家を中心に考える傾向が強い。国家，中でも大国（great powers）を中心に考えるのは，国家のみが軍事力を含む暴力を正当に独占できる主体であり，こうした暴力を独占するがゆえに，国際関係の動向や変化に最も強い影響力を持つと考えるからである。しかし，近年，非政府組織（NGO）や非営利団体（NPO），諸国家から構成される国際機関，国境を越えて活動する企業，テロ組織や個人などの「非国家主体」も国際関係に影響を与えるようになっているのも事実である。したがって，このように影響力を増しつつある主体を主要な分析対象としないリアリズムに対しては，分析の枠組みとしての不十分さが批判されることもある。これに対してリアリストは，確かに国際関係の特定分野，たとえば，国際貿易や金融，開発，環境，人権分野では多国籍企業，NPO や NGO が活躍するようになっているものの，いまだ国際関係で最も影響力を持つのは国家であると考える。なぜならリアリズムでは，（内戦を含む）戦争と平和に関わる安全保障分野を，上に挙げた非安全保障分野より重視する傾向が強く，安全保障分野ではテロ組織といった非国家主体の影響力も無視できないものの，依然として国家が果たす役割が決定的であると考えるからである（第1章第1節）。

　第2に，リアリズムは，国家が追求する国益とパワー，とくに物質的パワーを重視する。国益とは，国家にとっての最良の利益であり，国家，とくに政治指導者が追求すべき目的をいう。具体例としては，政治的独立，領土の保全，国民の安全，内政不干渉，経済の発展，海外での資源や市場の確保，自国のイデオロギーや理念の維持と拡大，国家の威信などがある。中でも，政治的な独立，領土の保全，国民の安全は，国家の生存に本質的に関わる重要性を持つ。

　そして，国益という「目的」を追求する「手段」が，国家の保有するパワーである。パワーという言葉には色々な意味があるが，この文脈におけるパワーとは，「パワー・リソース」や「国力」という言葉で表現される。具体的には，軍事力，経済力，領土，人口，科学技術力など，主に物理的なパワーにより構成される。国家はこれらのパワーを「手段」として用い，自国の領土を守るといった国益の達成をめざす。

　中でも，軍事力と経済力は，国家のパワーに直結するものとして重視される。軍事力の典型例は，陸海空軍の兵力と装備である。また，国防予算や防衛支出額

も各国の軍事力を示す指標としてよく使われる。たとえば日本の防衛費は，米ドルベースで約540億米ドル（2021年），中国は約2,900億米ドル（2021年），アメリカは約8,000億米ドル（2021会計年度）であり，中国は日本の約５倍，アメリカは中国の３倍弱の防衛費となっている。他方，経済力を示すものとして，国内総生産（GDP）や工業生産高などが使われる。

　もちろん，領土や人口も国家が持つパワーに影響を与えるが，経済力や軍事力ほどパワーの大きさを直接決定するものではない。たとえば，人口が多い国であれば，多くの兵員を供給できる可能性や，潜在的な経済力も高まるが，必ずしも多くの人口を有する国が経済や軍事の面で大国であるわけではない。たとえば，バングラデシュやナイジェリアは，人口では世界のトップ10に入るものの，経済や軍事の面で世界的な大国とは考えられていない。また，領土が大きいことは，領域内に多くの人口や資源を有する可能性が高まるという点で有利かもしれないが，その反面，多くの国と国境を接し，また，国境線が長くなり，より多くの防衛力が必要となるという不利な面もある。このようにパワーはさまざまな要因により構成され，各国のパワーの大きさを厳密に測定することは難しい。したがって，国際関係論では比較的容易にパワーを計測できる指標として，経済力や軍事力に関わる指標が使われることが多い。

　第３に，リアリズムは，国際政治を「権力闘争」の場として捉える。先述のように，仮に国家が自国の生存などの国益（のみ）を重視するのであれば，パワーそれ自体は国益という「目的」を追求するための「手段」にすぎないはずである。だが，たとえば，パワーの正確な計測が難しいといった理由や，他国に対する疑心暗鬼から，パワーの増強それ自体が目的となってしまうこともある。また，一部のリアリズムは，国家は本来，自己のパワーの増強それ自体を目的とすると考える。この場合，他国に比べて，少しでも優位なパワーを獲得しようとすると，これに反応する形で他国も同じように自国のパワーの増強に努める。結果として，諸国家の間には激しいパワーをめぐる闘争（パワー・ポリティクス）が展開される。これを「国際政治の本質」と考えるのがリアリズムである。したがって，国家間においては，協力よりも競争や対立が起きやすい，あるいは国益の実現ためには他国を裏切ることも厭わないといった，国際政治に対する暗くて冷たいイメージが付きまとうのである。冒頭に示した動物がひしめき合うジャングルのような世界地図も，こうしたリアリスト的な国際政治観を持った人々の考え方を示しているのかもしれない。

　このように，国際関係におけるリアリズムは，国家を中心に，国益と物質的パ
ワーに重きを置き，国際政治を権力闘争の場として捉える点で共通する。しかし，
リアリズムとされる考え方の中でも，以下に見るように異なる部分も少なくない。
　次節では，リアリズムの中で見られるいくつかの主要な相違点に着目し，リア
リズムに対する理解をさらに深めたい。

2　古典的リアリズムとネオリアリズム

古典的リアリズム

　古典的リアリズムを代表するモーゲンソー（Hans Morgenthau, 1904〜80）は，
政治権力を求めることは「人間の本質（human nature）」であり，国家がパワーを
追求するのも「国家の本質」と考える。権力を「目的を達成するために他者の考
え方や行為に影響を及ぼすこと」と定義するならば，国内の政治権力とは，個人
や集団の考えや行動に影響を及ぼすことである一方，国際政治における権力とは，
国家が他の国家や国家群およびこれらに属する個人や集団の考えや行動に影響を
与えるものと理解できる。そのためにパワーを追求するということである。
　こうした考え方は，国家間における権力闘争の究極の形である「戦争」すら肯
定するように聞こえるかもしれないが，必ずしもそうではない。むしろ，古典的
リアリズムの主眼は，人間や国家の本質を厳に見極めた上で受け入れて初めて，
戦争を防止する道筋が見えるという考え方である。とくに，古典的リアリズムは，
「国際政治は善と悪からなる倫理的世界」ではないという点を強調し，特定の国
や集団の道義，倫理そして価値観を他国に押し付け，世界中に広めようとする試
みが，かえって全面戦争に繋がってしまうことに警鐘を鳴らした。たとえば，冷
戦初期のアメリカでは，自由主義＝善，共産主義＝悪と捉える傾向が強く見られ
たが，こうした考え方や態度はソ連との「妥協」を困難にするとして古典的リア
リズムは批判的であった。なぜなら，ソ連の共産主義体制を悪と決めつけてしま
うと，体制そのものを力により「退治」するほかなくなってしまうからである。
国際政治を善と悪ではなく，むしろ国家間のパワーをめぐる闘争と定義すること
で，そもそも国家は互いにパワーを求めて対立するものであり，そうした対立を
前提にしてこそ，交渉や妥協を通じて紛争の回避や共存が可能になると考えたの
である。古典的リアリズムの意義は，アメリカ外交が往々にして理念や使命を強
調するあまり，理想主義や道徳的傾向を強めすぎることを懸念し，イデオロギー

色の強い外交ではなく，パワーと国益の視点から自他の行動を客観的に分析し，より冷静に外交政策を立案し，実施することを主張したところにある。

　このように古典的リアリズムは，国際政治を価値観やイデオロギーから解放することで，国際政治を冷静かつ客観的に分析することを可能にした反面，具体的な理論や仮説を提示するものではなく，理論化の面では十分とはいえなかった。

ネオリアリズム

　ネオリアリズムは，「古典的リアリズム」とは異なり，「国際システム」という要因を強調し，国際関係の理論化に貢献した点に特徴がある。ネオリアリズムを代表する研究者であるウォルツ（Kenneth Waltz, 1924～2013）は，国家の行動に影響を与える要因として，人間の本質，国家の特性，そして国際関係の構造的特質を挙げ，その中でも構造的特質を重視している（第1章第3節）。具体的には，ウォルツは，戦争の原因を人間の利己的な欲望が戦争を引き起こすと考える場合，仮に人間の本質が「善」であるならば啓発や教育によって，「悪」と考えるならば懲罰などを通じて人間の本質的悪を制度的に抑圧することで，戦争を防ぎ平和が可能になるという。この考え方は人間の本質を重視しており，古典的リアリズムに通じるものである。しかし，人間の本質に戦争の原因を求める考え方の問題点は，人間の本質が善であるか悪であるかを判断することはそもそもできない以上，人間の本質による戦争の原因の分析も不可能になってしまう点である。次に，国家の政治体制などその特性が，国家の行動に大きな影響を及ぼすと考えるならば，たとえば，政府が自由かつ平等な国民の自由意志によって構成される民主主義国家は，基本的に平和を志向すると考えられるかもしれない。そしてこの考え方に従えば，民主政を世界に広めることで世界の平和が可能になるということになる。しかし，民主主義国家の盟主と言われるアメリカの国際関係史を多少でも勉強すればわかることではあるが，アメリカはこれまでに非常に多くの紛争や戦争に介入もしくは関与しており，民主主義国家は本質的に平和愛好的であるとの命題を支持することは難しい。

　以上を踏まえ，ウォルツは，国際システムに有力な戦争の原因を求めた。国際システムの構造として，2つを挙げた。1つは，「アナーキー」（無政府状態）という構造である。多数の主権国家からなる国際システムには，国内政治における中央政府のように合法的に暴力（もしくは武力）を独占的に保有し，行使できる世界政府のような中央権力機構が存在しない。ウォルツは，各国家の行動を上か

ら統制できるような中央権力機構を欠いた「アナーキー」（無政府）の状態に，国際システムの特性を見出している。ホッブス（Thomas Hobbes, 1588〜1679）の言葉を借りれば，「万人の万人に対する闘争」の自然状態に近い状況といえるかもしれない。そして，このアナーキーという構造的特性は，国家の行動に大きな影響を与え，国家の行動には一定のパターンが見られると考える。詳しくは後述するが，たとえば，国際政治のアナーキーという特性から，①互いに疑心暗鬼が生じることで他の国家との協力が困難になり，②加えて，自国の生存や安全保障を確保してくれる中央権力機構の欠如から自助（自分の身は自分で守る）に頼らざるをえず，③結果として自国の安全保障を確保しようとする行為が他国の脅威となり，「安全保障のジレンマ」（後述）に陥り紛争や戦争に至ってしまうことが挙げられる。このようにアナーキーという構造的特質に着目し，この特質が国家に及ぼす影響を考察し，国家の行動に一定のパターンを見出し，理論化したところにネオリアリズムの意義がある。

　ウォルツは国際システムのもう1つの構造として，「能力配分の構造（distribution of capabilities）」を挙げる。ここでいう能力とは，上述した国力やパワー・リソースといった「物質的パワー」に等しいものであり，この能力が国家間でどのように配分されているか（「大国」と呼べる国は何カ国あるか）により，その時々の国際システムの構造が決まると考えた。ウォルツはこの構造を「極（polarity）」という言葉で説明した（極は大国と考えてよい）。そして，国際システムの構造を極，つまり大国の数によって，多極構造と2極構造に分けた。多極とは3つ以上の大国が存在する場合の構造であるのに対し，2極とは2つの大国（超大国）が存在する場合の構造を指す。

　そして，ウォルツは，このような極構造の違いから，いわゆる「2極安定論」を主張した。つまり，国際関係は，多極構造に比べて2極構造の時の方が「安定する」（つまり大国間の戦争の可能性が低くなる）と考えたのである。ネオリアリズムと対照的に古典的リアリズムは，バランス・オブ・パワー（後述）の変化に応じて，各国家が連合や同盟を形成するなど自由に行動し，最大の脅威に対して柔軟に勢力均衡を形成できる多極構造が最も安定的であると考えた。そして，その例としてナポレオン戦争後に形成されたウィーン体制を含む，第1次世界大戦までの約100年間を挙げる。多極構造が続いたこの時期の欧州は，大きな戦争が少なかった比較的平和な時代であった。しかし，ネオリアリズムは，多極体制では体制内に多くの大国が存在し，国際関係は複雑かつ予測困難なものとなり，不安

表 2 - 1　主要なリアリズム理論の基本的考え方

	人間性（古典的）リアリズム	ネオリアリズム	
		防御的（ディフェンシブ）リアリズム	攻撃的（オフェンシブ）リアリズム
国家にパワーを求めさせる原因は？	・本来，国家に備わるパワーへの欲望	・システムの構造	・システムの構造
国家はどれだけのパワーを欲しがるのか？	・最大限得られるだけ。 ・国家は相対的なパワーを最大化し，最終的な目標は覇権達成にある。	・持っているもの以上のものは求めない。 ・国家は，既存のバランス・オブ・パワーの維持に集中。	・最大限得られるだけ。 ・国家は相対的なパワーを最大化し，最終的な目標は覇権達成にある。

出所：ミアシャイマー，43頁をもとに，筆者が一部修正・追加。

定になるのに対し，2極体制は大国の数が少ない分，予測可能なものとなり安定すると考える。たとえば，第1次世界大戦勃発時のように，多極構造が2つの陣営にブロック化すると，同盟国による寝返りや離脱により，むしろブロック間の関係を敵対化かつ硬直化させ，不安定なものにしたという。その一方で，冷戦期のアメリカとソ連によって構成された2極構造では，超大国とその同盟国の間に圧倒的な力の差があったので，超大国は同盟国の動向を気にせずに柔軟に政策を決定できたと考える。また，国際システムに超大国が2つしか存在しないことで，超大国間の2国間関係さえ管理すればよく，多極構造で多国間関係を管理する場合よりも，困難や複雑さを惹起する可能性が低く安定しやすいとした。したがって，冷戦期の米ソ2極構造を持続的かつ安定的な構造として積極的に評価する。

　しかし，以上の議論に対しては，後述する覇権安定論の立場から，2極構造よりもむしろ覇権国家を中心とする1極構造の方が安定するとの指摘もある。リアリズムは長らく，1極構造は安定的な国際システムとはならないとしてきた。それは，仮に何らかの理由で，ある1カ国の国力が突出し，一時的に1極構造が出現しても，強大なパワーを有する覇権国家に脅威を感じた他の国家が，自国のパワーを増強する，もしくは他の国家と同盟を形成して覇権国家に対抗しようとするからである（これは，後述する「勢力均衡」のメカニズムが働くことを意味する）。結果として，覇権国家はいずれ挑戦国にパワーの面で追いつかれる，もしくは，同盟国による連合により封じ込められてしまうと考えたのである。

　しかし，覇権安定論は，覇権国家は国際的な公共財の提供を通じて国際システムの安定を実現できるとする（本章第6節）。また，国家，とくに大国にとっては，

唯一の覇権国家になることが，自国の安全を最も高め，他国との関係でも自国を最も優位にすることから，大国は2極構造に決して甘んじることはなく，パワーの極大化や覇権国家をめざすとする考え方もある。このような，2極構造を受け入れず，あくまでも覇権をめざす国家の攻撃的姿勢に着目する考え方を攻撃的リアリズムと呼ぶ。その一方で，1極構造は既述の通り，他国の反発と抵抗を招くことから本質的に不安定であり，2極構造を安定的なものと考え，大国といえどもこれを受けいれると考える従来のネオリアリズムを防御的リアリズムと呼ぶ。

3　アナーキーの重要性

　国際政治は本質的に国内政治とは異なり，合法的に暴力（もしくは武力）を独占し行使できる中央権力機構を欠くため，国家の行動を統制できない「アナーキー」（無政府状態）を，ネオリアリズムが重視していることはすでに述べた。それでは，アナーキーであるとなぜ国家は権力闘争に陥り，対立や紛争，そして戦争へと至ってしまうのか。

　アナーキーの特性を理解するには，いわゆる「囚人のジレンマ（prisoner's dilemma：PD）」ゲームと呼ばれるモデルを使うとわかりやすいので，本書のラショナリズム章で詳しく解説している PD ゲームの部分（第4章第1節）をまずはよく読んでほしい。本章では，同章同節にある PD ゲームの例のA氏をA国，B氏をB国に置き換え，そして「非協力」は，わかりやすくするために「裏切り」としよう（「協力」はそのままとする）。PD ゲームの本質的な問題は，A国とB国は互いに協力できれば，本来それぞれがより大きな利得を得られるにもかかわらず，両国は互いに協力できない点にある。この問題を考える際のポイントは，第1にA国とB国はともに完全に合理的に行動していることである。A国とB国はいずれも相手国が採るだろう戦略に合わせて，自国が最も高い利得を得られる戦略を選んでいる。つまり，A国とB国が選択した戦略は，その国のリーダーが判断を誤ったわけでも，また，対立や紛争を引き起こす突発的な事件や事故に不運にも見舞われたわけでもない。両国の判断は相手の出方を熟慮した結果得られたものである。第2に，このゲームでは，A国が相互の利益を考えて，「協力」という戦略を選択しようとしても，B国が「協力」するという確信が持てないという点が重要である。なぜならB国は，A国が協力を選択した場合に裏切ることに成功すれば，B国にとって最も大きな利得を得られてしまうからである。これ

は，仮にA国とB国の間で意思疎通ができ，相互に協力するという約束を両国が交わした場合でも，両国が「協力」を共に選択することが難しいことも意味する。A国とB国は，相手が約束を守ることをどの程度信頼できるのか。裏切った場合の利得が大きければ大きいほど約束の効果は薄れる。国の生存や安全といった重大な問題に関わる場合はなおさらである。たとえば，戦争状態にある2カ国が停戦に合意したにもかかわらず，どちらかが一方的に裏切り，攻撃を再開した場合，あるいは核兵器を相互に削減もしくは撤廃することに合意したにもかかわらず，一方が約束を履行せず核兵器の保有を続けた場合など，約束を破った方は圧倒的優位に立てる一方，約束を守った方は国家存亡の危機にさらされてしまう。したがって，国家間の相互協力を実現するには，相手国が疑いなく協力を実行するという信頼できる状況を作ることが重要になるのである。

　このような「囚人のジレンマ」的状況は，国際政治のアナーキーと主に2つの理由から類似する。第1に，そもそも国際政治では，国家間相互の円滑なコミュニケーションは容易ではない。確かに，意思疎通に時間がかかった20世紀以前の古典外交の時代に比べて，21世紀の現代では通信・運輸技術の進展によりコミュニケーションに要する時間は大きく減った。とはいえ，国家もしくは国を代表するリーダーの真意を確かめることは引き続き困難を伴う。たとえば，北朝鮮のような閉鎖的な国家は，内部で何が行われているか，外の国家にはわからない。第2に，国内政治と異なる国際政治では，2国間の合意や国際法への違反があった場合でも，それらの約束や義務を履行させる，もしくは，違反に対して罰則や制裁を科す，国内政治における政府や裁判所のような中央権力機構が存在しない。とくに違反をしたのが大国であれば，国際約束や国際法上の義務を履行させることはいっそう困難になる。上記のPDゲームでもA国とB国が協力することに対し報酬を提供する，もしくは，裏切りに対し罰則や制裁を科す存在があれば，両国が協力する可能性は高まる。しかし，国際政治では，国家間の意思疎通が難しく，約束や合意の執行を確実にする機関や制度が欠如しているため，他国の不信を招き，仮に国家が熟慮の末に合理的に行動したとしても，相互に協力することが妨げられてしまうのである。このように，国際政治のアナーキーは，相互協力を困難にし，基本的に自国の平和や国民の安全を，自国のパワーに拠って，つまり自助を通じて確保する方向に促すと考えられるのである。

　その結果生じるのが，「安全保障のジレンマ」である。アナーキー下にある国家（国家A）は，安全保障上の不安を抱え，不安を解消するために，軍事力を増

強するかもしれない。だが，国家Aによる自らの生存や安全保障のための軍事力増強は，近隣諸国など他の国家（国家B）の平和と安全を脅かしうる。この時，国家Aの意図が仮に「防衛的」だとしても，両国間の意思疎通が完全ではないゆえに，国家Bはその意図を「攻撃的」と認識（誤解）し，脅威を感じるかもしれない。こうして脅威を感じた国家Bは，「防衛的」な意図から，自国の平和と安全のために軍備増強で対応するかもしれない。しかし，それにより今度は，国家Bの意図を「攻撃的」と認識（誤解）する国家Aの安全が脅かされる。こうした国家間の作用・反作用が，軍拡競争を引き起こし，国家間関係を緊張させ，国際システム全体を不安定にする。すなわち，国家Aの安全保障のための行動が，国家Bやシステム全体の安全保障を不安定にし，再び国家Aの安全を脅かす結果になってしまう展開が，まさに「ジレンマ」なのである。

4　勢力均衡

勢力均衡状態と勢力均衡政策

それでは，無政府状態で自助に頼ることが基本となる国際政治で，平和や安定の実現はどうすれば可能になるのか。この問いに対する1つの有力な答えが，勢力均衡，つまり，バランス・オブ・パワーである。なぜなら，勢力均衡が他国の脅威となりうる大国の出現を阻止する，もしくは，大国が他国へ侵略，または他国の国益を侵害することを「抑制」することで，平和と秩序の維持が可能になると考えられるからである。

既述の通り，国家はパワーを活用して，資源の獲得や領土の拡張といった自らの国益を追求する。そして，国益を追求する中で，それぞれの国益が相反し，時にはぶつかり，紛争や戦争に至ることもある。そうしたプロセスの中で，対立する国家間のパワー，とくに軍事力が均衡もしくはそれに近い状態となり，紛争や戦争が起こらない比較的安定した状態が生じることがある。この状態を勢力均衡と言う。この場合は，各国家がそれぞれの国益を追求し，行動した，意図されざる結果として生じる勢力均衡といえる。

しかし，勢力均衡は，各国が自国の国益を追求する中で半ば偶然に生じるだけでなく，各国が勢力均衡状態の実現を意図的に作り出すことをめざした外交政策や軍事的措置により生まれることもある。具体的には，強国が出現した場合に，自国の生存や安全を確保する手段として，自国の軍事力や経済力を増強する，ま

たは，他国と同盟を組むことで，強国が秩序を乱す行動をあらかじめ抑止する，もしくは有事の際には物理的に対抗することなどである。この場合の勢力均衡は，各国が自らの平和と安全を確保する手段として採るものであるから，勢力均衡政策と言い換えることもできる。

19世紀ヨーロッパにおける勢力均衡政策

　歴史的にも勢力均衡政策は外交政策や防衛政策として頻繁に用いられた。とくにヨーロッパでは，ナポレオン戦争後の1815年に開かれたウィーン会議で，当時の5大国（イギリス（英），フランス（仏），オーストリア（墺），ロシア（露），プロイセン）が，絶対王政の維持とフランスを抑えることを目的として，神聖同盟や四国同盟を結成し，協調的な勢力均衡政策を実施した。具体的には，同盟形成によりフランスに対して力の均衡を維持するとともに，フランスの参加も得つつ大国間の協調を維持することに成功した。これ以後，ヨーロッパは比較的戦争や紛争の少ない安定した時代を迎えたため，この勢力均衡政策に基づく国際システムを「ウィーン体制」や「ヨーロッパ協調」と呼ぶ。

　その後，プロイセンの宰相であったビスマルク（Otto von Bismarck, 1815〜98）は，英仏墺露の大国を相互に牽制させつつも，大国間の協調を基本的には維持する中で，ドイツの統一（1871年），発展そして拡大を意図し，その実現に成功した。具体的には，ドイツは基本的には墺露との協調を維持しつつ，また，時にはイギリスの協力も得つつ，ヨーロッパ大陸での協調を維持する「誠実な仲介者」としての外交政策を進めた。これも勢力均衡政策の1例である。だが，ヨーロッパ大陸での勢力均衡を維持することに腐心したビスマルクも，あくまでドイツの国益を中心に考えていた点には留意する必要がある。ビスマルクの富国強兵政策や外交政策は，道徳や理想を排し，現実の利害と国益のために政治を行い，必要であれば権力を行使してでも実現するものであり，リアルポリティークと呼ばれる。そして，当時小国の集まりに過ぎなかったドイツを統一し拡大させる過程で，近隣の大国から警戒される，または対独包囲網が形成されないようにする手段として，ヨーロッパでの勢力均衡政策を進めたという側面もあった（第6章第1節）。

　ナポレオン戦争以後のイギリスも，ヨーロッパ大陸での勢力均衡を重視し，やがて「光栄ある孤立」という，ヨーロッパ大陸での大国間の均衡が崩れた場合にのみ，イギリスが介入し，ヨーロッパ大陸における力の均衡を回復するという政策を実践した。これも勢力均衡政策の1つといってよい。ただし，イギリスには

ヨーロッパ大陸の安定が，自国の海外植民地の拡大と海上覇権の獲得と維持に資するというしたたかな国益の計算があったことにも注意する必要がある。このように，ドイツのビスマルクにしろ，ナポレオン戦争後のイギリスにしろ，勢力均衡政策とそれぞれの国の国益は密接に関係していたのである。

　つまり，各国が国益の計算に基づき行動する以上，それぞれの国益が一致することが保証されないので，勢力均衡政策が長期間安定した平和と安定をもたらすかは，定かではない。勢力均衡政策が安定的なものとなるか否かは，勢力均衡政策を主導する国家のみならず，関係する国家がその勢力均衡政策を妥当なものとして受け入れる（協調する）必要がある。以上の例でいえばナポレオン戦争後のイギリスとビスマルクのドイツの両者がヨーロッパ大陸での勢力均衡と維持することに共通の利益を見い出していたことが，ウィーン体制以後の欧州大陸での安定が継続する1つの要因になったといえるだろう。したがって，どのような場合に勢力均衡政策が安定する可能性が高いかについては，協調をもたらす要因についてより深く考える必要がある。

第1次世界大戦とその後の勢力均衡

　政策としての勢力均衡は，未曽有の規模の被害を出した第1次世界大戦の反省も踏まえ，アメリカの第28代大統領ウィルソン（Woodrow Wilson, 1856〜1924）により不道徳とされ忌避された。なぜなら，ヨーロッパでの勢力均衡政策は，結局三国同盟と三国協商の硬直的な対立へと導き，戦争を防ぐどころか，むしろ戦争を拡大させたからである。つまり，第1次世界大戦は勢力均衡政策の「破綻」を如実に示すものとされたのである（第6章第1節）。

　したがって，第1次世界大戦の戦後処理と戦後の国際関係を規定したヴェルサイユ体制は勢力均衡には頼らず，戦争の違法化，経済制裁，国際世論による圧力といった非軍事的な措置が中心となった。具体的には，軍縮，民族自決，集団安全保障（国際連盟）の設立などの，いわゆるウィルソン主義を色濃く反映した極めて理想主義的なものであった（第3章第1節，第5節）。しかし，歴史が示す通り，ヴェルサイユ体制はわずか20年足らずで崩壊し，第1次世界大戦以上の被害を出した第2次世界大戦へと至ってしまう。ヴェルサイユ体制が破綻した主因の1つとしては，戦争を違法化し，集団安全保障の仕組みさえ作れば平和を実現できるとし，英仏独ソなどの当時の主要国間の力の均衡やヨーロッパ大陸における関係国間の地政学的なバランスを考慮しなかったことが挙げられる。

冷戦期の2極体制

　第2次世界大戦により，大戦前に大国とされていた英仏独日などは疲弊し，大戦後は大戦による被害をほとんど受けなかったアメリカと，比較的復興が早く資源が豊富で生産力や軍事力の高かったソ連を中心として対立する，いわゆる2極体制（構造）が成立した。もっとも，この2極体制下で厳密に勢力均衡が成立していたといえるかについては，議論の余地がある。軍事力のみならず経済力も併せて考えた場合，アメリカの総合的な国力が，とくに冷戦初期にはソ連を大きく上回っていたからである。しかし，冷戦期全体としては，米ソの2超大国に勢力が分かれており，そして，ウォルツやキッシンジャー（Henry Kissinger, 1923～）が，この2極体制を安定した国際秩序として高く評価したように，第2次世界大戦後から冷戦終結までの約45年間，世界は大戦争の再来を回避できたのである。

　こうして欧米を中心にした近現代の国際関係史を眺めてみると，ナポレオン戦争以後のヨーロッパや冷戦期の米ソ2極体制のように勢力均衡が比較的機能し，大きな戦争の少ない相対的に安定した国際関係の時代が続いたこともある一方，第1次世界大戦のように勢力均衡に基づく同盟政策が国家間関係を硬直化させ，かえって戦争の被害を拡大させたことも事実である。こうした歴史的経験が示す重要な点は，大国間の経済力や軍事力の釣り合いという意味での勢力均衡だけでは，国家間，とくに大国間の持続的な平和や安全保障を実現するには十分ではないということである。しかし，それは同時に安定した平和や安全保障の実現のためには勢力均衡が不要であることを意味するわけではない。むしろ，必要である。つまり，持続的な平和や安全保障を実現するためには，勢力均衡に加え，それ以外のどのような要因，たとえば，経済的な相互依存や共通の価値観といった要因（第3章，第5章）が必要であるのか，これらの要因が相互にどのように影響を及ぼし合っているのかを検討する必要があることを歴史は示している。

5　同盟

多様な同盟

　同盟は以上に述べた勢力均衡を実現するための手段でもあり，また，第2次世界大戦後の日本の安全保障政策でも日米同盟が重要な役割を果たしていることから，国際関係論を学ぶ上でも重要なテーマである。

　同盟とは，一般には複数国家が広く安全保障上の協力を約束する関係のことを

いう。同盟の具体的な内容はさまざまであり，危機に陥った場合に共同行動をとると政治的に宣言するだけに留めるものから，同盟国の領域内に軍隊を派遣し駐留させる，同盟国に施設を提供する，共同演習や軍事援助を行う，共通戦略や共同作戦計画を策定する，さらには，加盟国の軍隊を単一の指揮命令系統に統合するものなどがある。このように，同盟の内容は多岐にわたるが，同盟の主な目的は第三国からの武力攻撃に対する共同防衛であることが多く，共通の脅威に直面した国家が共同で対応するために同盟を形成するのが一般的である。NATO（North Atlantic Treaty Organization，北大西洋条約機構）は，平時から加盟国の軍隊を統合し，巨大な軍事同盟機構を構築しているという意味で，特殊な例である。また，こうした同盟に関わる約束は，条約や協定として明文化されることが多いが，アメリカとイスラエルの関係のように条約に基づかない「事実上の同盟」もある。

同盟の形成要因

国家はなぜ，同盟関係を結ぶのか。勢力均衡論によれば，国家は生存と安全を確保するために，自らの生存を脅かす強大な国家の出現を防ぐために，国家間の「力の均衡」を維持するというものであり，国家が同盟を形成し，必要に応じて強化するのも「力の均衡」を維持するための1つの手段ということになる。

しかし，国家の生存に対する脅威となるのは，必ずしも国力が大きい国家に限られるわけではない。たとえば，第2次世界大戦直後，アメリカは世界各地に軍事力を展開し，世界の富の約半分を保有するなど物資的パワーの面では圧倒的に優位な立場にあった。ゆえに，「力の均衡」論に忠実に従うのであれば，本来アメリカ以外の国家は，突出した力を持つアメリカに対して同盟を形成し均衡を図るはずである。しかし，実際は，西欧や一部のアジアの国は，アメリカではなくソ連を中心とする共産主義国に対する同盟を形成した。このように，国家が脅威と見なすものには，単に軍事力や経済力といった物質的なパワーだけでなく，相手国の（攻撃的な）意図や認識，相手国との地理的な距離といった地政学的状況も含まれる。こうした脅威の多様性に着目した議論を「脅威の均衡」論と呼ぶ。

脅威に対抗する1つの手段としての同盟

国家は対外脅威に直面した場合，常に同盟を形成するわけではなく，実際にはさまざまな戦略を採りうる。たとえば，国家は脅威に対抗するために，①自国の

表 2 - 2　国家が脅威に直面した際に採りうる戦略の例

脅威に対抗する戦略	①自主防衛	・他国の支援を得ることなく，自国の国力だけを用い，脅威に対抗する。
	②同盟形成	・他国と共同して，共通の脅威に対抗する。
	③バックパッシング	・自国は直接関与することはなく，他の国家をうまく利用して脅威に対抗させる。
脅威に対抗しない戦略	④中立	・脅威となる国に対抗することも，また与することもなく，第三者としての立場を維持する。
	⑤宥和	・脅威となる国の要求に対して，妥協してある程度受け入れる事によって問題の解決を図ろうとする。
	⑥バンドワゴニング	・脅威とのなる国に気に入られるように行動し，脅威となる国と同盟関係を結ぶ。

防衛能力を強化して自国のみで脅威に対抗する（自主防衛），もしくは，②同じように脅威にさらされた国家と協力して脅威に対抗する（同盟形成），さらに，③自国は直接には関与せず他の国家をうまく利用して脅威に対抗させる（バックパッシング戦略）（①②③はバランシング戦略）。他方で，国家は対外脅威に直面しても脅威に対抗しない戦略を採ることもある。具体的には，④中立を宣言したり，⑤脅威となる国の要求をある程度聞き入れ妥協する宥和策を試みたり，さらには，⑥脅威となる国に対抗するのではなく，反対に脅威となりうる国におもねって同盟を結ぶ（バンドワゴニング戦略）こともありえる。これらの戦略をまとめると概念的には以上の表 2 - 2 のように分類できる。

　このように国家はさまざまな戦略を採りうるが，個々の戦略には，一長一短がある。たとえば，中立を一方的に宣言しても，脅威となっている国が中立を尊重する保証はないし，宥和やバンドワゴニングといった戦略は，脅威となっている国の対外膨張政策をかえって助長し，結局は強大になった国の意のままに従わざるをえず，最終的には支配下に置かれてしまうといった危険をはらむ。また，バックパッシング戦略は，成功すれば自らはコストを負担せずに，もしくは低いコストで，他国を対外脅威に対抗させて自国の安全保障を実現できるという利点があるが，思惑通りに他国が脅威に対抗する役割を引き受けてくれる保証はない。反対に，自主防衛の場合，同盟の場合のように同盟国の動向を心配する必要はなくなる半面，脅威に対抗するコストを自国で全て負担しなければならない。同盟形成はその意味でバックパッシング戦略と自主防衛戦略の中間にあるといえるか

もしれない。同盟を形成すると，対外脅威に対抗するコストを分担できる長所がある一方，同盟を組むパートナーが自国の期待通りに，有事の際に本当に遅滞なく支援に駆けつけてくれるかという信頼性の問題が残るからである。

同盟のジレンマ

このように，国家は同盟形成により，抑止力や防衛力を強化し，また，防衛コストを他国と分担できるという長所がある反面，同盟関係に特有の問題もある。具体的には，同盟関係にある国家は自国が危機に陥った際に，同盟国が確実に自国の支援に駆けつけるよう同盟関係を強めたいと考えるかもしれないが，関係を強化しすぎるとかえって，同盟のパートナーは関係するが，自らは望まない戦争に巻き込まれる可能性が高まってしまう（「巻き込まれ」の不安）問題である。そして「巻き込まれ」の不安を解消するべく，今度は同盟国との関係を弱めすぎると反対に，自国が危機に直面した際に，パートナーが自国を見捨てるのではないかという不安が生じる（「見捨てられ」の不安）。この「巻き込まれ」と「見捨てられ」の問題は「同盟のジレンマ」と呼ばれ，つまるところ，同盟国をどのくらい信用できるかという同盟の信頼性の問題に行きつく（コラム2）。同盟の信頼性に関する2003年の研究では，1816年から1944年の間に締結され，同盟の約束が発動される状況になった同盟のうち約75％で約束が果たされたものの，約25％は約束が十分果たされなかったという（Leeds 2003）。つまり，同盟を結んだにもかかわらず，約4分の1のケースで同盟国から必要な支援が得られなかったということになる。ただし，この数字は攻撃が未然に抑止されたケースを最初から除外しており，同盟の効用全体を論じることには限界もある。その意味でこの数字をどのように評価するかには議論の余地があるものの，同盟の信頼性の問題を解消することの難しさを示すものである。つまり，安全保障に関する約束の成否が国家の生存を左右することを鑑みた場合，同盟国の双方が完全に納得できる同盟関係を築くことは容易ではないことが，この研究からも理解されるのである。

非対称性の同盟

同盟の中には，「非対称性の同盟」と呼ばれる同盟国間のパワーの格差が大きい場合がある。対外脅威に対抗する，とくに軍事的に対抗することが同盟の主な役割と考えるならば，国家は力の強い（物質的パワーが大きい）国と同盟を結ぶ方が良いはずであるが，実際には国力の大きい国が小さい国と同盟を締結するケー

コラム2　日米同盟における「見捨てられ」，「巻き込まれ」の問題

　「見捨てられ」と「巻き込まれ」の問題は，日米同盟では旧安保条約が締結された時からつきまとっていた。1950年代の朝鮮戦争や台湾海峡有事の際には，これら紛争に「巻き込まれる」懸念が高まったし，1960年に安保条約が改定された際にも，改定反対派の主な議論は，日本と米国が対等な地位となり，同盟関係を強化すれば，日本がアメリカの戦争に「巻き込まれ」るというものであった。そして，その後ベトナム戦争がエスカレートした時にも「巻き込まれ」の懸念は高まった。

　冷戦が終わり，アメリカがアジア太平洋地域での軍事コミットメントを低下させると，反対に「見捨てられ」の懸念が日本側で強まった。1991年の湾岸戦争の際には，イラクによるクウェート侵攻に対する多国籍軍への軍事面での協力が，憲法上の制約から困難であった日本政府は，アメリカからの「見捨てられ」を懸念して，130億ドル以上の莫大な資金協力を行った。にもかかわらず，国際社会からの評価が芳しくなかったこと（いわゆる「湾岸ショック」）は，日本の外交防衛政策の転機ともなったのである。

　「湾岸ショック」後，自衛隊は国際貢献の名の下，カンボジアを始めとするさまざまな国連の平和維持活動（PKO）に参加するようになった。また，2001年のアメリカでの9.11同時多発テロをきっかけとして，アメリカがアフガニスタンやイラクで実施した軍事作戦に，日本政府は特別措置法を制定して自衛隊を派遣している。さらに，2015年には集団的自衛権に関する憲法解釈を変更し，限定的（日本の存立が脅かされ，国民の生命，自由および幸福追求の権利が根底から覆される明白な危険がある場合という条件つき）ながらもそれまで行使できないとされていた集団的自衛権（自国と密接な関係がある外国に対する武力攻撃を，自国が直接攻撃されていないにもかかわらず，実力をもって阻止することが正当化される権利）の行使に道を開いた。こうした自衛隊や日本政府によるアメリカに対する積極的な協力姿勢も，アメリカから「見捨てられ」ることの懸念から生じているのかもしれない。

スもよく見られる。それでは，大国はなぜ国力が小さい国とも同盟を結ぶことを望むのか。国力の小さい国はパワー，とくに軍事力による貢献という点では，大きな貢献は期待できないが，たとえば基地，港湾，飛行場の提供，または政策協調を通じて，国力の大きい同盟国の活動範囲や行動の自由を拡大できるからである。こうした便宜を提供する見返りとして，国力の小さい国は大国から安全を保障してもらうのである。たとえば，NATO加盟国であるアイスランドや日米同

盟が良い例である。アイスランドは軍事力を保有しないが，大西洋の要衝にある
地理的条件を活かして自国内にある基地や施設を提供し，米軍の駐留も認め，同
盟国として重要な役割を果たしてきた。その一方で NATO 加盟国として集団防
衛の恩恵を受け，自国の安全保障を確保している。

　日米同盟もいまだに非対称性が残る同盟であり，旧日米安保条約が締結された
当時（1951年）から非対称性が強かった。第2次世界大戦直後のアメリカは，世
界の富の半分近くを占める経済力を持ち，軍事力でもソ連を圧倒していた。一方，
日本は戦争による被害と経済の疲弊により，日米の国力の差は歴然としていた。
さらに日本の政府や国民が軍事力の保有や行使に消極的だったこともあり，旧安
保条約の内容も相互防衛義務を伴わないものとなった。

　しかし，アメリカ側は非対称な同盟を望んでいたわけではない。むしろアメリ
カは，日本が再軍備を進め，自国の防衛と将来的には広く極東地域の安全保障に
も貢献するよう求めており，時に日本は米国の安全保障の傘に「ただ乗り」して
いるとして批判することもあった。また，日本では集団的自衛権を保有するもの
の，憲法上の制約により行使できないという解釈が定着したことも，同盟上の相
互防衛の実現を難しくした。こうして，アメリカが日本に対して安全保障面での
積極的な貢献求める一方，日本は消極的態度をとるという構図が定着した。その
後，高度経済成長を経て日本の経済力は大きくなり，近年では集団的自衛権の解
釈も限定的に変更されたものの（コラム2），日米間の相互防衛が完全に実現され
たとは言えない。

6　覇権

覇権とは？

　国際関係における覇権（hegemony）の定義は，1カ国が軍事的，政治的そして
経済的にも他国より優越するパワーを有し，他の国家を支配もしくは他の国家の
行動に大きな影響を及ぼすこととされ，否定的に捉えられることも多い。しかし，
覇権の意味をより積極的に捉え，覇権を持つ国家，つまり，覇権国家を他の国家
より圧倒的なパワーを持ち，国益に沿って国際システムを構築し維持できる国家
とし，覇権国家が発揮するリーダーシップを前向きに評価する意味もある。つま
り，覇権には否定的な意味と積極的な意味が併存する。

　こうした覇権の定義は，あたかも覇権国が地球上の全ての地域や国で軍事的，

政治的そして経済的にも他の国より優越する国力を有し，支配するかのような印象を与えるが，パワー，とくに軍事力による世界制覇という意味でグローバルな覇権を実現することは現実的ではない。歴史的にも，ローマ帝国やナポレオンはヨーロッパ大陸を超えて広域の支配を実現したが，その支配は世界全体に及んでいたわけではない。そこでミアシャイマー（John J. Mearsheimer, 1947～）は，覇権を地域覇権とグローバル覇権に分け，グローバルな覇権を従来とは異なる意味で考える。具体的には，地域覇権を，世界の主要な大陸の1つで覇権を確立することとし，アメリカはすでにアメリカ大陸での地域覇権を達成しているとする。その上で，アメリカにとっての最適戦略は，アメリカ大陸以外の大陸，とくにユーラシア大陸で他の国が覇権を獲得することを阻止することであるという。ユーラシア大陸では，歴史的にも露・中・仏・独・日など地域覇権をめざす国が出現しており，ユーラシア大陸での覇権国の出現の阻止が重視される。つまり，他の地域覇権国家の出現を阻み，アメリカが「地球上で唯一の地域覇権国家」となることで，結局グローバルな覇権を実現できるというものであり，これまでアメリカはこの戦略を実践してきたと主張する。

覇権安定論

　ネオリアリズムの箇所で論じたように，国際関係論では，1カ国の大国しか存在しない覇権（1極）体制が，国際秩序として安定的なものとなりうるかについての論争がある。防御的リアリズムによれば，1カ国が突出したパワーを持った場合，周辺国や関係国が共同して対抗し，均衡を図ろうとするので1極（覇権）体制は持続しないと考える。しかし，覇権国家は自国に従う国家を単にパワーにより支配するだけでなく，普遍的なルールや自由貿易といった国際的な公共財の提供を通じて，他の国家からの積極的な同意や参加を得て，国際システムの安定を実現することも可能であるとの考え方もある（第8章3節，第9章第2節）。このような覇権国の特別の地位と役割を強調するリアリズムの理論を「覇権安定論」といい，覇権国のように突出したパワーを有する国家の存在により国際システムは安定するとする。このような考え方は，1カ国のパワーが突出する場合には，他国による国力増強や同盟形成を招き，いずれは力の均衡に至るとする，勢力均衡の考え方とは異なる点にその特色がある。

　しかし，すべての覇権国家が安定的な国際システムを構築できるとは限らない。実際，16世紀のポルトガル，17世紀のオランダなどは覇権国家とされるものの，

安定的な国際システムを構築したわけではなかった。安定的な国際システムを実現した例として，古くはローマ帝国，パックス・ブリタニカ（Pax Britannica），そして現代のパックス・アメリカーナ（Pax Americana）などが挙げられる。たとえば，パックス・ブリタニカは，19世紀から20世紀にかけて海上覇権を実現した大英帝国が，航行の自由と自由貿易体制を維持することで実現した安定的な国際政治経済秩序である。パックス・アメリカーナは，国際金融の面では国際通貨基金（IMF）や世界銀行から成るブレトンウッズ体制，国際貿易の面では GATT（General Agreement on Tariffs and Trade，関税および貿易に関する一般協定），軍事面では世界各地に張り巡らされた米軍基地と同盟ネットワークを基盤とする，第2次世界大戦後に形成された国際政治経済秩序である。

　それでは，なぜ覇権国は国際システムを安定させることができるのか。覇権国は，自国の国益を追求し，最大化するために国際システムを構築する。しかし，その国際システムが，覇権国以外の国家も排除せず利用できる公共財としての性格を持ち，他の国の利益にもなるのであれば，覇権国が構築する国際システムに参加する国は増えるだろう。公共財とは本来，誰かが消費しても，他の誰かが消費することができなくなることもなく（非排除性），また，得られる効用や便益が低下するわけでもない（非競合性）財のことを意味する。国際公共財とは国際関係における公共財のことをいう。具体例は，航行の自由や自由貿易体制などである。覇権国は国際システムを構築し，維持するために大きなコストを負う一方，覇権国以外の国は国際システムの構築と維持のためのコストは支払わずに「ただ乗り」するか，もしくは，低いコストで国際システムからの利益を受けられることとなる。このように，覇権国が提供する国際システムが，参加国にも利益になる限り，利益を受ける国は，覇権国が構築した国際システムを受け入れ，覇権国に対して挑戦することはないだろう。また，覇権国にしても，自らが構築したシステムを他の国が受け入れ，自らが負担したコスト以上の利益を得られるならば，こうした負担を負うことに異存はないだろう。つまり，覇権国と参加国双方の利害が一致する結果，国際システムは安定すると考えられる。

覇権の循環と覇権戦争

　しかし，覇権国が自国の利益に適った国際システムを構築したとしても，国際システムを維持するためのコストが，そのシステムから得られる利益より高くなると，覇権国の衰退が始まる。たとえば，覇権国は貿易や通商ルートの安全確保

表2-3　15世紀以降の覇権をめぐる対立の内容とその結末

	時期	覇権国	挑戦国	対立のあった分野・領域	結果
1	15世紀末	ポルトガル	スペイン	世界帝国と貿易	戦争回避
2	16世紀前半	フランス	ハプスブルク家	西ヨーロッパにおける陸の覇権	戦争
3	16〜17世紀	ハプスブルク家	オスマン帝国	中央・東ヨーロッパにおける陸の覇権と地中海における覇権	戦争
4	17世紀前半	ハプスブルク家	スウェーデン	北ヨーロッパにおける陸の覇権と海の覇権	戦争
5	17世紀半ば〜末	オランダ	イギリス	世界帝国，海の覇権，貿易	戦争
6	17世紀末〜18世紀半ば	フランス	イギリス	世界帝国とヨーロッパにおける陸の覇権	戦争
7	18世紀末〜19世紀初め	イギリス	フランス	ヨーロッパにおける陸の覇権と海の覇権	戦争
8	19世紀半ば	フランス，イギリス	ロシア	世界帝国，中央アジアと東地中海における影響力	戦争
9	19世紀半ば	フランス	ドイツ	ヨーロッパ大陸における陸の覇権	戦争
10	19世紀末〜20世紀初め	中国，ロシア	日本	東アジアにおける陸の覇権と海の覇権	戦争
11	20世紀初め	イギリス	アメリカ	世界経済の支配と西半球における海の覇権	戦争回避
12	20世紀初め	イギリス（フランスとロシアが支援）	ドイツ	ヨーロッパにおける陸の覇権と世界的な海の覇権	戦争
13	20世紀半ば	ソ連，フランス，イギリス	ドイツ	ヨーロッパにおける陸の覇権と海の覇権	戦争
14	20世紀半ば	アメリカ	日本	アジア太平洋地域における海の覇権と影響圏	戦争
15	1940年代〜1980年代	アメリカ	ソ連	世界の覇権	戦争回避
16	1990年代〜現在	イギリス，フランス	ドイツ	ヨーロッパにおける政治的影響力	戦争回避

出所：アリソン，325頁。

のために海外に軍事力を展開し維持するなど，対外関与の行き過ぎにより費用が利益を大きく上回ってしまうことがある。その一方で，覇権国以外の国は，覇権国が構築した国際システムから得られる利益を享受しても，その維持のために積極的にはコストを分担しようとしないかもしれない。加えて，覇権国の軍事力ないし経済力の支えとなる科学技術が拡散し，覇権国以外の国が後発国の利点を活かして急速に競争力を高め，高い経済成長を実現すると（このような国を「新興国（rising power）」と呼ぶ），覇権国の経済的または軍事的な優位が崩れてしまうこともある。さらに，覇権国以外の国が国力を高め，既存の国際システムから得られる利益より，国際システムを修正もしくは変更することで得られる利益が高くなると，覇権国が構築した国際システムの変更に挑むかもしれない。「挑戦国」の出現である。こうして，衰退する覇権国（「現状維持国」ともいう）と台頭する挑戦国（「修正主義国」ともいう）との間で国際システムのあり方をめぐって対立が起こる。その対立は，武力衝突すなわち「覇権戦争」といわれる大きな戦争となることもある。アリソン（Graham Allison, 1940〜）の研究によれば，15世紀以降の16の覇権争いのうち戦争に至ったのは12ケースである（前ページの表2-3）。このように，ある国が覇権を獲得し，自らの利益に沿った国際システムを構築し，一定の期間優位を保てたとしても，いずれ衰退し，新興国の挑戦を受けるという覇権循環を辿るのが歴史の教えるところである。

　以上のアリソンの研究結果を踏まえた場合，現在進行中の米中対立の行方は決して明るいものではない。しかし，今後の重要な課題は，アリソンの研究をもとにどのような場合に覇権をめぐる争いが戦争に至り，どのような条件が揃えば戦争，とくに大規模な戦争を避けられるかを冷静かつ客観的に分析することである。

　リアリズムの意義は，アメリカの外交が理念や使命を強調する理想主義や道徳的傾向が強いことを懸念し，国際関係を客観的かつ冷静に分析し，外交を実施することを主張した点にある。しかし，古典的リアリズムは，国際関係の冷静かつ客観的分析を可能にした反面，理論化の面では不十分であった。そして，この国際関係の理論化という面で，大きな貢献をしたのがネオリアリズムである。とくに，国際政治のアナーキーという構造的特質に着目し，この特質が国家に及ぼす影響を考察し，国家の行動に一定のパターンを見つけ，理論化したところに意義がある。

　リアリズムはこのように国際関係の客観化，理論化に大きな貢献してきた反面，

66

問題点や課題もある。リアリズムを的確に理解するためにも，こうした問題点や課題を把握しておくことは重要である。まず，リアリズムではパワーが重要な役割を果たすが，パワーを正確に測定することは実際には困難なことも多い。たとえば，勢力均衡を考える場合，パワーの測定が容易ではないがゆえに，勢力が均衡しているのか，それとも不均衡の状態にあるのかを判断することは極めて難しく，実際は客観的な分析というよりもむしろ指導者や政策当局者の認識によるところが大きい。したがって，ある国が軍事的に劣勢にあると認識し，勢力均衡の回復を意図して軍備拡大政策を採ったとしても，それを脅威と感じて軍備を拡大する国が出現すれば軍拡競争へと発展し，「安全保障のジレンマ」に陥ってしまうこともある。

　また，ネオリアリズムが，国際政治の特質としてアナーキーという構造に着目したのは慧眼であった一方，アナーキーという構造的特質は，そもそも客観的に存在するのかという問題提起もコンストラクティビズム（第5章）の考え方からなされている。この考え方に従えば，国際政治がアナーキーの特質を持つか否かは，各国のリーダーや政策決定者がどのような認識を共有しているかに影響される。つまり，各国の政治指導者の認識や価値観が変われば，国際構造も変化しうるということになる。

　そして，仮にアナーキーを国際政治構造の特質として認めるにしても，アナーキーにより生じるさまざまな問題，たとえば，意思疎通の困難さや相互信頼性の向上といった問題は，本当に克服できないのかという疑問も提示されている。国家間では相互信頼の欠如から，相互協力が難しい場面も見られる反面，国際関係は疑心暗鬼ばかりで，「裏切り」に満ちているわけではない。実際，リベラリズムが強調するように，多くの2国間条約や多国間協定が結ばれ，政治のみならず経済，環境，通信等，さまざまな分野で国際協力が実現している（第3章）。したがって，こうした多くの国際協力は，アナーキーの問題を克服できる可能性があることを示しているのである。

　最後に，既述の通り，これまでの歴史や研究は安定的な国際関係を実現するためには，力の均衡の実現だけでは不十分であることを示している。つまり，本当に持続的な平和や安全保障を実現するためには，力の均衡に加え，経済的な相互依存や共通の価値観など他のどのような要因が関係するか，これらの要因が相互にどのような影響を与えているかを検討することも，国際関係論の重要な課題である。

参考文献

アリソン，グレアム（藤原朝子訳）『米中戦争前夜——新旧大国を衝突させる歴史の法則と回避のシナリオ』ダイヤモンド社，2017年。

ウォルツ，ケネス（河野勝・岡垣知子訳）『国際政治の理論』勁草書房，2010年。

ウォルツ，ケネス（渡邉昭夫・岡垣知子訳）『人間・国家・戦争——国際政治の3つのイメージ』勁草書房，2013年。

ウォルト，スティーヴン・M（今井宏平・溝渕正季訳）『同盟の起源——国際政治における脅威への均衡』ミネルヴァ書房，2021年。

ギルピン，ロバート（納家政嗣監訳）『覇権国の交代——戦争と変動の国際政治学』勁草書房，2022年。

キンドルバーガー，チャールズ・P（石崎明彦・木村一朗訳）『大不況下の世界——1929-1939』岩波書店，2009年。

ケネディ，ポール（鈴木主税訳）『大国の興亡』上・下，草思社，1988年。

ミアシャイマー，ジョン・J（奥山真司訳）『完全版　大国政治の悲劇』五月書房新社，2017年。

モーゲンソー，ハンス（原彬久訳）『国際政治——権力と平和』上・中・下，岩波書店，2013年。

Leeds, Brett Ashley, "Alliance Reliability in Times of War: Explaining State Decisions to Violate Treaties," *International Organization,* 57 (4), 2003.

さらに読み進めたい人へ

カー，E. H.（原彬久訳）『危機の20年——理想と現実』岩波書店，2011年。
＊国際政治学におけるリアリズムの古典的名著である。第1次世界大戦への反動から生じたユートピアニズムを厳しく批判し，国際政治を冷徹かつ客観的に分析する必要性を訴えた，今なお読み継がれている傑作である。

キッシンジャー，ヘンリー（岡崎久彦監訳）『外交』上・下，日本経済新聞社，1996年。
＊17世紀から冷戦の終焉までのヨーロッパおよびアメリカの近現代外交史を緻密かつ丁寧に描いた名著である。400年間近くに及ぶ期間を1人でこれほど詳細にわたり記述できる能力は圧巻というほかない。

ファーガソン，ニーアル（仙名紀訳）『文明——西洋が覇権をとれた6つの真因』勁草書房，2012年。
＊国際関係論というよりは文明論といった方が良いが，中国が台頭する中，近現代においてなぜ西洋が文明の中心的存在となりえたかを論じた良書である。21世紀の中国台

頭の行方についても論じており，興味深い1冊である。

（西田竜也）

第3章
リベラリズム
――ジャングルを克服して平和をつくろう!――

― Short Story ―

　ミネオ君は，高校からの友人であるリョウヘイ君とミネコさんと一緒にランチをしました。リョウヘイ君（情報工学を専攻）は，今年から開寮となった留学生と日本人学生が共同生活する学生寮で暮らしています。ミネコさんが，この学生寮についての話を聞きたいというので，今回のランチを設定しました。リョウヘイ君が入居を決めたのは，生活費も安く，食堂もあり，外国人の友達も多くできることを期待したからでした。しかし，自分の部屋には，それなりに満足しているものの，共同生活に伴うトラブルも発生しているようです。

（ミネオ）「リョウヘイの学生寮，新築だから住み心地よさそうだよね」

（リョウヘイ）「そうだね。ただ，自分の部屋はかなり気に入っているけど，いろいろトラブルもあってね。たとえば，たまに夜遅くでも騒いだり大音量で音楽流したりする学生がいたり，ゴミの分別がメチャクチャだったり，共用スペースの使い方もひどい時がある。最近は，共用の冷蔵庫に入れていた飲み物がなくなった！　って騒いでいた寮生もいたなあ」

（ミネコ）「本当に？」

（ミネコ）「それはかなりカオスだねえ。ルールとかあるはずだよね？　なんでそうなるの？」

（リョウヘイ）「いや，わからない。一応，寮生活のルールを記した冊子は配布されているけど，読んでない寮生もいるでしょう。それに，国も文化も違う学生が世界中から集まっているから，感覚的に迷惑行為が理解できない学生もいるのかも。そもそも日本人にだって協調性のない人もいるしね。みんなで協力して平和に暮らすって，簡単なことじゃないよ」

（ミネオ）「なんだか，国際関係みたいだな（笑）」

（ミネコ）「私もそう思った！　（笑）」

（リョウヘイ）「は？　国際関係のことはよくわからないけど，寮の運営も始まったばかりだし，今後，寮生どうしの交流が深まっていけば，トラブルも減っていくのかもしれないね」

　リベラリズムから国際関係はどのように見えるのだろうか。前章で扱ったリアリズムから見た国際関係は，国家どうしが争う弱肉強食の世界であった。実際に，過去数百年の歴史を振り返れば，幾度となく戦争が発生し，そして今でも，国家間の紛争や対立が繰り返されていることがわかる。このような国際関係の「現実」は，リアリズムが国際関係を正確に捉えていることの「証」のように思える。しかし，他方で，国家どうしが協調し，平和な関係を築いたり，貿易を行ったりすることも決して稀ではない。さらに，国際連合（以下，国連）に代表される国際組織（国際機関）や NGO などの「非国家主体」が，平和構築，開発援助，環境保護，難民支援，人権保護といったグローバルな課題に取り組み，世界をより良くしようと努力を重ねてもいる。本章で扱うリベラリズムが着目するのは，まさに，このような国家間協調や非国家主体の活躍が見られる国際関係である。

　リアリズムとリベラリズムは，同じ国際関係を観察しているにもかかわらず，その着眼点や世界観は対照的である。このような両者の相違は，一体，どこから生まれてくるのだろうか。これらの見方のうち，どちらが正しい見方なのか。はたまた，どちらも間違っているのか。本章では，無秩序なジャングルのようにも見える国際関係が克服され，そこに平和が創出される条件を真正面から考察してきたリベラリズムの見方を紹介し，これらの問いを考えてみよう。まずは，リベラリズムの基本的考え方を確認する。次に，本章を貫くキーワード「平和をつくる三角形」を提示し，その三角形を構成する「民主主義」，「経済的相互依存」，「国際組織」を取り上げ，それぞれがどのように国際協調や平和を促すのかを考察する。

1　リベラリズムの基本的考え方

リベラリズムの基本的前提

　ここでは，リベラリズムを理解するための第一歩として，リベラリズムの基本的前提を確認しよう。

　国際関係論において，リベラリズムはリアリズムと対立する理論として位置づけられてきた。なぜなら，両者には，国際関係を考察する際の基本的前提に，次のような顕著な違いが見られるからである。すなわち，リベラリズムは，次の3点——①主体の多様性，②争点領域の多様性，③国内要因の重視——において，リアリズムとは異なる前提から，国際関係を捉えようとしてきたのである。

　リベラリズムの第1の前提は，主体の多様性である。前章で説明したように，リアリズムは，国際関係の主体として国家を中心に位置づける。これに対してリベラリズムは，国家のみならず，国際組織，NGO，企業などの「非国家主体」を国際関係の重要な主体と位置づける。実際に今日の国際関係では，国家（政府）だけでなく，国連や人権NGOのような非国家主体が，紛争の解決や人道支援といった平和や安全保障に関わる分野においても，大きな役割を担うようになった。また，国境を超えて経済活動を展開する多国籍企業には，国家間の経済的相互依存を高め，それらの国々の間に「友好関係」を維持する動機を与える役割もある。リアリズムは，国家，とりわけ「大国」にばかり焦点をあてるが，リベラリズムは，平和を導く条件を考察する上でも無視しえない非国家主体の存在にも光をあてるのである。

　第2の前提は，争点領域の多様性である。リアリズムにとっては，軍事安全保障こそが，最も重要な争点である。これに対してリベラリズムは，経済，環境，社会領域など，軍事安全保障以外の多様な争点にも焦点をあてる。かつての国際関係論では，軍事安全保障領域を「高次政治（high politics）」とし，それ以外の争点を「低次政治（low politics）」と位置づけるような見方が有力であった。しかし，リベラリズムは，早くから，すなわち1960年代頃から，当時の西側諸国で高まりつつあった経済統合や経済的相互依存といった新たな現象に注目し，軍事安全保障領域を「頂点」に据えるリアリズム的な争点領域の階層的認識を相対化してきたのである。これにより，軍事安全保障に限らない，より多様な争点を国際関係論の「正統な」考察対象とした。

　第3は，上記の第1とも関連するが，国内要因の重視である。リベラリズムは，リアリズムとは異なり，国家を「合理的な一枚岩の主体」とは考えない（ただし，後述するネオリベラル制度論のような例外はある）。その代わりに，リベラリズムは，国内社会に存在する多様な主体が国家（政府）の対外政策や国際関係に与える影響を重視する。それは，リベラリズムが，政治体制としての自由民主主義（liberal democracy）や主体としての「個人」を重んじる思想的伝統に支えられた理論だからである。実際に，自由民主主義国では，国内政策のみならず対外政策においても，さまざまな国民の声（選好）が，非自由民主主義国に比べて，反映されやすい。つまり，国益や国家の外交政策には，政府のみならず，利益団体，企業，世論，個人といった国内社会の多様な主体の価値や利害が何らかの形で反映されることが多いのである（第1章第3節）。ゆえに，リベラリズムは，国家

（とくに自由民主主義国）の対外行動や外交政策を説明する際に，国内要因にも着目する必要があることを力説してきたのである。

　国内要因を重視するリベラリズムの前提は，彼らが国際平和や秩序を維持するメカニズムとして国際法や国際制度を重視する姿勢にもつながっている。もちろん，リベラリズムも，国際システムが国内とは異なるアナーキーな（無政府）構造によって規定されていることは認識している。しかし，リベラリズムは，国内統治（秩序）の実現に必要不可欠な法や制度のようなメカニズムは，たとえ国内と全く同じ形ではなくとも，国際関係にも十分適用できる（これを「国内類推（domestic analogy）」と呼ぶ）と考える傾向が強いのである。

古典的リベラリズムの思想

　次に，古典的リベラリズムの思想を紹介する。

　前述の3つの特徴を持つ国際関係論におけるリベラリズムは第1次世界大戦後に発展するが，その起源は17世紀以降の欧州に登場するリベラル思想にまで遡ることができる。そもそも，「リベラリズム（自由主義）」と一口に言っても，その意味は極めて多様である。ここでは，国際関係論におけるリベラリズムが，どのような意味で「リベラル」としての特色があるのかを知るために，それらのバックボーンである古典的リベラリズムの代表的思想を紹介しておこう。

　第1は，共和制リベラリズム（republican liberalism）である。共和制とは，世襲によって権力を引き継ぐ君主ではなく国民を主権者とし，国民が自ら統治者を選ぶ政治体制を指す。現代の自由民主主義体制にほぼ等しい。17世紀の欧州では，君主が臣民を支配する絶対王政の国家が主流を占め，そこでは一般の人々に政治的自由は認められていなかった。このような状況を打破するために登場したのが，共和制リベラリズムの思想家である。彼らは，国家という権力から個人を「解放（liberate）」，つまり「自由」にし，個人の自由が保障され，さらに自由を獲得した各人がお互いに共存できるような統治のあり方を模索した。その先駆者の1人が，ロック（John Locke, 1632～1704）である。彼は『統治二論』で，当時優勢であった「王権神授説」（君主の絶対的支配権は神から授けられたものとする思想）を否定し，本来の権利（自然権）保持者である人々の合意と契約によって樹立された，「個人」の生命・自由・財産を保障する政府（国家権力）こそが正統な政府である，との斬新な主張を展開した。もともと，英国の名誉革命（1688年）を正当化するために考えられたロックの思想は，その後のアメリカ独立革命（1776年）やフラ

ンス革命（1789年）にも影響を及ぼし，近代的な自由民主主義の世界的な拡散を促す原動力にもなった。

　第2は，商業的リベラリズム（commercial liberalism）である。18世紀から19世紀にかけて，リベラリズムは「国家」と「市場」（経済活動）の観点からも論じられるようになった。当時の欧州では，政治体制が絶対王政であることにより，経済活動でも個人の自由が国家によって大幅に制限されていた。貿易を含む経済活動は，あくまでも国家（王家）の力の増強や富の増大のために営まれるべき，との考え（これを「重商主義」と呼ぶ）から，高関税政策や植民地貿易の独占といった「輸出最大化（輸入最小化）」政策が当然のように採用されていた。輸出超過の方が，自国により多くの貴金属や貨幣が蓄積されると考えられていたからである。これに対してリベラリズムの思想家は，国家による市場への介入は，むしろ経済活動を停滞させ，社会全体の経済的利益や幸福を損なっていると主張して，経済活動を国家の支配から解放し，自由にする「自由放任主義」の立場を提示した。そのような思想家の代表例がスミス（Adam Smith, 1723〜90）である。彼は『国富論』において，輸入を敵視する重商主義的な貿易政策を批判した。スミスによると，人々は，安くて良質な輸入品の消費によって豊かになれるのであり，輸出増や貿易黒字の拡大だけを貿易の目的とするのは「間違い」なのであった。さらに，重商主義が，個人や国家間に「団結や友好」をもたらすはずの貿易を，「不和と敵意」を増幅させる原因に貶めている点にも批判的であった。つまり，スミスは人々の経済的利益や幸福を向上させる観点からだけでなく国際平和をつくる観点からも，自由貿易を含む経済活動の自由化が必要である，と主張したのであった。

　第3は，リベラルな国際平和思想である。この思想を代表するのがカント（Immanuel Kant, 1724〜1804）である。彼の『永遠平和のために』は，そのタイトルが示す通り，国際平和をつくる条件を直接的，かつ体系的に考察した古典的名著である。同著が指摘する平和を導く具体的な条件は複数あるが，現代の国際関係論において注目されるのは，次の3点，すなわち①共和制（民主主義），②国際法と国際的連合（国際制度），③商業・通商（自由貿易）である。①は，「各国における市民体制は，共和制でなければならない」という形で第1確定条項に明示されている。この条件は，開戦の決定に国民の同意を必要とする共和制を敷くことで，戦争によって苦しむことになる国民の「反対」によって，戦争の開始が困難になる点を指摘したものである。

②は，「国際法は，自由な諸国家の連合に基礎を置くべきである」との第2確定条項に明示されている。この条件は，国家間関係を規律する法や制度，すなわち国際法や国際制度を整備することによって，国家が「戦争」に訴える可能性を低下させようとするものである。ただし，カントは，国家を上から統制したり，各国に国際法の遵守を強制したりできるような世界政府を構想したわけではなかった。そのような構想は「非現実的」と考えた彼は，各国の「同意」を基礎に締結および遵守される国際法と各国の主権を維持したまま形成される緩やかな国際的連合体としての「平和連合」に，「すべての戦争を終わらせる」望みを託したのである。

③は，戦争と両立しない「商業精神」や通商が「永遠平和を保証」することを説いた第1補説に明示されている。具体的にカントは，さまざまな民族間でなされる通商によって，「彼らは初めて互いに平和な関係を結び，遠く隔たった民族とも互いに協調し，交際し，平和な関係を保つようになった」との見解を示している。「お金の力」こそが，国家権力にとって最も信頼できる力となりうる。ゆえに，各国間で商業精神や通商が広がれば，諸国家は平和の促進と戦争の防止を強いられるだろう。これが，スミスに代表される商業的リベラリズムの流れも継承するカントの思想であった。

後述のように，国際関係論におけるリベラリズムは20世紀以降に発展する。そこでは，国家間協調や国際平和を導く要因として，民主主義，経済的相互依存，国際組織といった要因に焦点があてられ，それらに関する個別の理論が提起されていく。しかし，本項で見たように，そのような理論の知的基盤は，20世紀以前のリベラルな思想家たちによって作り上げられたものであった。それらを継承し，理論的に発展，精緻化させる試みが，国際関係論におけるリベラリズムにとっての主要な課題となったのである。

国際関係論におけるリベラリズムの展開

次に，これらを受けて始まった国際関係論におけるリベラリズムの展開について手短に説明しておこう。第1次世界大戦後に誕生する国際関係論の黎明期においては，リベラリズムの学説が支配的な地位を占めた。なぜなら，リベラリズムは，（当時としては）史上最悪の戦争被害に苦しむ世界大戦後の社会の期待に応えるものだったからである。世界大戦前，一般の人々は国際関係にほとんど関心を寄せず，国際関係は専ら政治指導者，外交官，軍部などの政府関係者によって牛

耳られていた。しかし，国民を総動員して行われた世界大戦によって軍人と同程
度の民間人が犠牲となり，国際関係は，一般市民の生死に直接関わる事柄となっ
た。これを受けて高まった，再び戦争を起こしてはならないという一般市民の熱
望を背景に，学問としての国際関係論が（英国の大学を中心に）生まれたのである。
ゆえに，この戦間期リベラリズムには，「平和」を唱える古典的リベラリズムの
考え方が強く反映され，「国際協力の促進と各国間の平和安寧の完成」を主目的
として設立された国際連盟を強く擁護したり，戦争の廃絶に向けたさまざまな構
想を提起したりするものが多かった。具体的には，国際連盟の有効活用，強制管
轄権（各国の同意なしに国家を裁くことのできる権利）をもつ国際的な司法裁判所や
国際警察軍の創設，大規模な軍縮，ナショナリズムを克服する国際教育の拡充な
どが提唱された。

　しかし，それらはかなり理想的な構想を含むものであったため，英国の外交官
でありリアリズムの学者として有名になる E. H. カー（Edward Hallett Carr,
1892～1982）によって，「理想主義（utopianism）」として批判されることになった。
そして，結局のところ，戦間期（1920～30年代）を経て，リベラリズムの構想は
完全に実現しなかったばかりか，世界恐慌や第2次世界大戦の勃発によって，リ
ベラリズムは，急速にその力を失ってしまうのである。これと対照的であったの
が，リアリズムである。カーを始めとするリアリストは，国家間の国益のぶつか
り合いや権力闘争を重視する視角から，戦間期後期（1930年代）以降の対立的な
国際関係をより良く説明できた。これにより，冷戦対立が本格化する第2次世界
大戦後の国際関係論では，「理想主義」と揶揄されたリベラリズムに代わって，
リアリズムが大きな影響力を持つことになるのである。

　1960年頃になると，リベラリズムは，リアリズムなどの他の国際関係理論とと
もに，科学的方法に基づく分析や実証を重視する，行動科学主義の影響を受ける
ようになる。戦間期のリベラリズムは，恒久平和を実現するために必要と思われ
る国家や人々の義務を論じる「規範論」の性格が強かった。これに対して，行動
科学主義の影響を受けた第2次世界大戦後のリベラリズムは，観察可能なデータ
に基づいて，時には定量的（統計的）解析などの科学的手法を駆使して，国際平
和を導く条件や仮説（理論）を客観的に分析する「実証研究」としての志向性を
強めることになったのである。なお，「ネオ（新しい）リベラリズム」とも呼ばれ
る「ネオリベラル制度論」は，意識的に合理的選択論を採用し，ネオリアリズム
と同じ前提（一枚岩の合理的利己主義者としての国家）から自らの理論を構築したの

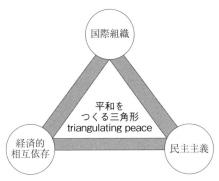

で，ネオリアリズムと合体した理論という意味で「ネオ・ネオ統合」（の一部）として呼ばれることもある。

2　平和をつくる三角形
──リベラル・ピース

　以上のように，リベラリズムとして括られる理論にも，さまざまなものがある。ゆえに，どれか1つの理論だけに，リベラリズムを代表させることは難しい。しかし，1つは不可能でも，

図 3 - 1　平和をつくる三角形

出所：Russett and Oneal（2001），p. 35 を基に筆者作成。

前述したリベラリズムの思想的伝統も踏まえ展開されてきた，複数の代表的理論を提示することは可能である。それらに該当するのが，民主的平和論，経済的相互依存論，国際制度論の3つである。実際に，リベラリズムの著名な学者であるラセット（Bruce Russett, 1935～）とオニール（John R. Oneal, 1946～）は，平和をつくる三角形（triangulating peace）という概念によって，これら3つの理論を総合したリベラル・ピース論を展開している。それによると，民主主義，経済的相互依存，国際組織というリベラリズムが重視してきた要因が，互いに強化，補完し合うことで，より確固たる平和が構築されているという（図3-1）。いうまでもなく，これらの3要因は，カント『永遠平和のために』でも言及されていたものであるから，「平和をつくる三角形」は「カント的平和」と言い換えることもできよう。

　本章で取り上げる民主主義による平和とは，民主主義が世界に広まることで平和がつくられることを意味する。国内の政治体制に着目するリベラリズムの特徴が，ここに反映されている。経済的相互依存による平和とは，経済分野での相互依存の深まりによって戦争が回避されることを意味する。経済という軍事安全保障以外の領域に着目して平和を論じる点に，リベラリズムとしての独自性が見られる。国際組織による平和とは，非国家主体によって国家間の協調や平和がつくられることを意味する。主体の多様性を前提とするリベラリズムの特色が，ここに示されている。ラセットによれば，とくに1989年の冷戦終結以降の数十年間にわたり，「民主主義」，「経済的相互依存」，「国際組織」の影響が全世界に広がる

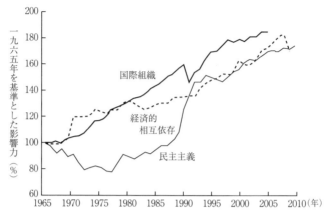

図3-2 「民主主義」「経済的相互依存」「国際組織」の影響力の拡大

出所：Russett（2016），p. 72. を基に筆者作成。

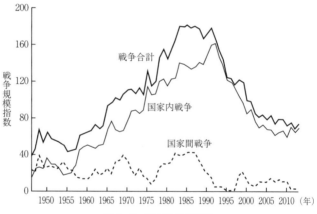

図3-3 武力紛争の傾向

出所：Russett（2016），p. 71. を基に筆者作成。

とともに（図3-2），国家間戦争を含む武力紛争が減少する傾向（図3-3）が見
られたという。すなわち，「平和をつくる三角形の進展」と「戦争の減少」の両
者が連動していることが，統計データによっても確認できるのである。次節から，
この三角形を形作るそれぞれの要因が具体的にどのように平和をつくるのかを，
順に見ていこう。

3　民主主義国家どうしがつくる平和——平和をつくる三角形 (1)

民主的平和論の基本命題

どうすれば戦争のない世界がつくれるのか。この問いに対するリベラリズムの1つの答えは，国内要因，すなわち政治体制に着目することで平和が構築できるというものである。それが民主的平和論と呼ばれる理論である。

　民主的平和論が掲げる基本的な命題は，「民主主義体制の国家どうしでは，ほとんど戦争が起きない」である。換言すれば，「民主主義国家と非民主主義国家，または，非民主主義国家間では，より頻繁に戦争が生じる」となる。この命題を定量的に検証した先駆的研究が，ラセットの『パクス・デモクラティア』である。彼は同著において，国家の政治体制の違いが戦争の発生確率にどのように影響するのかを，過去の戦争データの定量的解析によって解明した。その結果，上記の命題の正しさが確認された。それは同時に，世界で民主主義国の割合が高まれば高まるほど，国家間戦争の可能性は減少し，やがてすべての国が民主主義国となれば，世界から戦争がなくなる可能性を示唆するものでもあった。

　民主的平和論の基本命題は，学問的な関心を集めたのみならず，1990年代以降の米国の対外政策，すなわち民主化支援にも適用されることになった。たとえば，「民主主義の拡大」を外交政策の柱にしたクリントン (Bill Clinton, 1946〜) 米大統領は1994年に，「われわれの安全を守り，恒久平和をつくるための最善の戦略は，他国の民主主義の前進を支援することである。民主主義は互いを攻撃しない」と明言している。

　それでは，なぜ民主主義国は，非民主主義国と争うことはあっても，民主主義国どうしでは戦争をしないのだろうか。以下では，民主主義が持つ①非暴力の規範，②政治制度，③透明性から，その理由を説明してみたい。

非暴力の規範

　民主主義国どうしの戦争が稀である1つ目の要因として，非暴力の規範の共有が挙げられる。規範とは，特定のグループによって共有された適切な行為に関する価値観や判断基準を指す。通常，民主主義国では，国内の統治や政治の運営において暴力の行使が抑制，または否定されている。民主主義国では，それぞれ異なる目標や利害を持つ政党が議席や政策をめぐり激しく対立することもあるが，

議席は自由で平和的な選挙と投票によって配分が決まり，政策論争も政治家どう
しのみならず，メディアや市民社会も含め，暴力を伴わない討論や熟議を通して
行われる。つまり，一般的に民主主義国では，政治的な対立は「暴力」ではなく
「交渉」と「妥協」によって解決されるべき，との規範が国内において浸透して
いるのである。そして，民主主義国の市民や政治指導者は，他の民主主義国も，
これと同様の規範に基づき国内秩序を維持していることを認識している。これに
より，民主主義国どうしであれば，紛争を平和的に解決するという規範は，国内
のみならず，相手国との関係にも適用されると見込めるのである。結果として，
仮に民主主義国どうしが何らかの問題で対立を深めたとしても，それが戦争にま
でエスカレートする可能性は極めて低くなるのである。

　これに対して，非民主主義国では，暴力を伴う支配や国民の自由を大きく制限
するような強権的統治が行われていることが多い。反体制派のみならず一般市民
も警察や治安維持組織といった「暴力装置」から厳しい監視を受け，たとえ体制
派の政治エリートであっても権力者に歯向かう場合には命の危険さえ伴う。この
ような国では，問題の解決手段として非暴力や平和的解決策が優先されていると
は言い難い。つまり，非民主主義国は，国内のみならず他国に対しても，暴力の
使用を躊躇うような規範的制約を十分に受けていないといえる。

　もしも，暴力を抑制する規範を共有していない国家間で紛争が生じた場合には，
それが戦争に至る可能性は高くならざるをえないだろう。このような2国間のう
ち，一方が民主主義国であった場合でも，他方が非民主主義国である以上，後者
が問題の解決手段として率先して武力を行使する可能性は排除できない。そうな
れば，民主主義国の側も，相手を警戒して，武力行使へのハードルを下げてしま
うことも避けられない。結果として，「民主国—非民主国」という組合せにおい
ては，「民主国—民主国」の組合せに比べて，戦争の可能性は高まらざるをえな
いのである。この組み合わせが「非民主国—非民主国」の場合は，両者ともに最
初から非暴力の規範は有していないので，もとから戦争のハードルが低いことは
いうまでもない。

政治制度

　2つ目の要因は，代議制民主主義という民主主義国の政治制度である。代議制
民主主義とは，国民が選挙を通じて政治指導者（代表）を選び，その代表者が国
民の代理人として政治を運営する体制のことをいう。この制度の下では，当然な

がら，戦争という重大な政治決定においても，国民の支持を取り付ける必要に迫られる。なぜなら，代議制民主主義は，間接的に国民の意思を反映，実現するための政治制度であり，政治指導者の一存で戦争を開始することを許していないからである。さらに，戦争への意思を問われる国民は，一般的に戦争の犠牲者になりうるので戦争を嫌う傾向が強いことも見逃せない。多くの国民が反対する中で戦争を開始することは非常に難しいため，民意を反映しなければならない代議制民主主義という制度それ自体が，戦争の歯止めになるのである。加えて，万が一，民主主義国が戦争を開始する方向に傾いたとしても，戦争の実施には，事前に定められた制度（手続き）を経る必要がある。そのため戦争開始の意思決定と実際の開戦の間に時間差が生じる。この意思決定と行動の間に生まれる時間は，平和的解決を模索する機会を提供しうる。民主主義国どうしは，お互いが同様の制度による制約を受けていることを認識しているので，国民の戦争への同意獲得の困難性や戦争開始までに時間的猶予があることを想定できる。このような，民主主義国の制度的特徴によってもたらされる一連の効果によって，戦争が回避される可能性が高まると考えられるのである。

　これとは逆に，非民主主義国は，戦争を「容易」にするような制度的特徴を持っているといえる。その典型例が独裁国家である。独裁国家では，事実上，その意思決定を独裁者1人で行っているため，戦争を開始するために議会や国民から同意をえる必要はない。戦争という国家の重大事項ですら，独裁者1人の判断で好き勝手に決定できる。さらに，独裁者が戦争を決定すれば，即座に攻撃を開始することも可能であるため，民主主義国どうしの間で見られるような「平和的解決を模索する機会」は当然，少なくなる。したがって，民主主義国がこのような独裁国家と対峙する場合には，相手が民主主義国である場合とは異なる結果，すなわち戦争の可能性が高まってしまうのである。

透明性

　3つ目の要因は，民主主義国に特有の「透明性」がもたらす効果である。民主主義国では，一般的に，政治の透明性を高めることが求められている。すなわち，政府による意思決定を，できる限り国民に対して公開し，特定の決定が本当に国民の利益や意思に沿うものなのかどうかを国民に対して説明することが求められている。

　このような民主主義国における透明性の確保は，民主主義国どうしの平和にも

コラム 3　民主的平和の後退？

　21世紀に至るまで世界における民主主義国の数は，ハンチントン（Samuel Huntington, 1927〜2008）が『第三の波』で指摘したように，基本的には増加傾向を示してきた。すなわち，民主化の第1の波が19世紀〜1920年代初頭に起こり，第2の波が第2次世界大戦期〜1960年代初頭に生じ，そして第3の波が1970年代に始まったことで，民主主義国の数は着実に増加してきた。この展開を見れば，民主的平和論が説く戦争のない世界が，間もなく実現するかのようにも思える。しかし，気になる動向も，近年垣間見られるようになった。フリーダムハウスの自由度調査によると，自由な国の数が2005年に比べ2020年には減少し，自由でない国の数が増加しているのである（下記グラフ参照）。つまり，民主主義が世界中で後退しているようにも見えるのである。今後，世界で非民主的な国が増加し，その影響力が増した場合，国際平和は維持されるのか。民主的平和論は，日本を含め各国の民主主義や政治体制に注目する必要性を，われわれに教えてくれるのである。

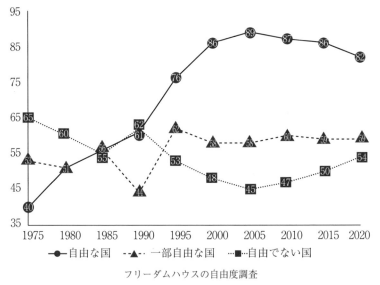

フリーダムハウスの自由度調査

出所：FreedomHouse ウェブサイト（https://freedomhouse.org/）の資料を基に筆者作成。

影響を与える。なぜなら，透明性の高い民主主義国の意思決定過程は他国によっても観察可能であり，それによって，戦争の一因になりえる国家間の相互不信を低減もしくは解消できるようになるからである。つまり，他国は，民主主義国の予想外の行動や裏切りの可能性を恐れることなく，比較的安心して民主主義国との協力関係を築くことができるのである。双方が民主主義国であれば，透明性がもたらす，これらの効果によって相互信頼が確立され，疑心暗鬼に陥らず冷静な判断と行動を行えるようになり，それが戦争回避に繋がっていくと考えられる。

　これに対して，非民主主義国，とくに独裁国の意思決定は公開性が低く，外部から観察することは極めて難しい。言論の自由や報道の自由は制限されているか，ほとんど無きに等しい。つまり，非民主主義国が本当に何を考えているのかを知るのは容易ではない。その結果，非民主主義国を相手にする場合には，他国は，最悪の事態を想定して行動（たとえば，相手国は，表向きは「平和的意図」を表明しているが，実際には「攻撃的意図」を持っていると仮定して行動する）することを強いられやすい。そのため，相手国（もしくは両国）が非民主主義国の場合には，予想外の行動や裏切りの可能性を十分考慮した関係，すなわち非友好的で対立的な関係が発生しやすくなるのである。

4　経済的相互依存がつくる平和——平和をつくる三角形 (2)

相互依存とは何か——経済的につながり合う国家

　どうすれば戦争のない世界がつくれるのか，という問いに対するリベラリズムの2つ目の答えが，「経済的相互依存（economic interdependence）」の深化である。国家間で相互依存が進んで行くと，なぜ，どのように平和な国際関係が構築できるのだろうか。その基本的なメカニズムを説明する。

　相互依存論の代表的論者であるコヘイン（Robert Keohane, 1941～）とナイ（Joseph Nye Jr., 1937～）は，『パワーと相互依存』で「相互依存」を次のように論じた。相互依存とは，「相互的な依存」を意味し，国家間あるいは異なる国家に属する主体の間での「相互に与えるインパクト」によって特徴づけられる関係を指す。このようなインパクトは，「国境を越えた，カネ，モノ，ヒト，情報の流れという国際的な交流」によって生じる。簡単にいえば，国際関係における相互依存とは，国家などの主体が相互作用し，お互いがお互いを必要としている状態を指す。ゆえに，依存相手に何かが起こった場合には，そのインパクトは自分

にも波及してくる（その逆もしかり），ということである。

　たとえば，A国は，すべての衣料品をB国からの輸入に頼っており，B国は，すべての食料品をA国からの輸入に頼っている極端な状態を想定してみよう。この場合，もしもA国で天候不順が発生し，食料生産が減少したならば，そのインパクトはB国における食料不足として顕在化するだろう。もしも，両国の相互依存関係が何らかの理由で遮断されてしまったならば，A国では衣料品がなくなり，B国は食料品がなくなり，国民生活は立ち行かなくなるだろう。

　注目すべきは，この相互依存によって，両国の国家としての自律性が低下し，お互いの行動が一部制約される点である。たとえば，国家の自律性が高い（相互依存していない）場合，A国およびB国は，共に衣料品や食料品を自国で賄うことができるので，相手国を必要とせず，それぞれ自由に国家を運営できる状態にある。他方，相互依存関係の下では，相互依存している相手国の政策や状況を常に考慮に入れる必要が生じる。相互依存国との関係を踏まえて，自国の政策判断や行動を決定しなければならないので，自由な行動が制約されるのである。この影響は経済分野のみならず安全保障にも及びうる。前章で見たリアリズムの前提では，国家は自国の安全が脅かされた場合には，相手国を攻撃することもいとわない，とされた。しかし，自国の安全を脅かす国との間に相互依存関係がある場合，そう簡単に相手を軍事的に威嚇したり，ましてや攻撃したりするような愚を犯すことはしないだろう。なぜなら，軍事的対立によって相互依存が断ち切られるコストは，国家運営を困難にするほど甚大で，国内の利益団体からも大きな反発を招くことは必至だからである。

　とくに，海外直接投資（FDI）による相互依存の深化（資本市場のグローバル化）は，国家が依存相手と軍事的に対立するのをますます困難にしている。FDIの拡大によって，相手国の国内に，自国の投資で経営される会社や工場，あるいは店舗が次々と作られ，相手国の安全を守ることが自国の経済的利益にも適うような状況が出現しているからである。実際に，第2次世界大戦後の紛争データを統計分析した研究によって，資本市場が高度に統合された国家間ほど戦争に至る可能性が低くなる傾向にあることが示されている（Gartzke 2007）。

　このように，経済的相互依存の高まりは，国家に戦争を回避し，平和を維持させる強いインセンティブを与え，国際平和の実現に大きく貢献していると考えられるのである。

敏感性と脆弱性

　経済的相互依存は，お互いに依存し合うことによって，ともに経済的利益を獲
得できるというのが大前提である。逆にいえば，そのような共通利益，いわば
「Win-Win の関係（双方が勝つ）」が存在するがゆえに，経済的相互依存関係にあ
る国家間では，互いの武力行使を控え，平和的な関係を維持，発展させようとす
るのである。しかし，そこには，一定のリスクも存在する。コヘインとナイは，
そのようなリスクまたはインパクトを，「敏感性（sensitivity）」と「脆弱性
（vulnerability）」という2つの概念によって説明した。

　「敏感性」とは，相互依存している一方の国の政策や環境の変化，またはそこ
で生起した事象が，他方の国に，どの程度の影響を，どのくらいの速度で及ぼす
かによって決まるものである。たとえば，欧州のギリシャで金融危機が生じた場
合の日独の反応の違いを考えてみよう。当然ながら，ギリシャにおける金融危機
の発生は，同じ EU（European Union，欧州連合）加盟国であり，かつ地理的にも
近いドイツに対して，深刻かつ速い速度で影響を及ぼすことになる。他方，EU
非加盟国であり，地理的にも遠い日本にとっての影響は，ドイツほどではないだ
ろう。つまり，ギリシャにおける金融危機に対する敏感性は，日本よりもドイツ
の方が高い，ということになる。このように，国家は，ある国で起きた同じ事象
に対して，同じ敏感性をもっているわけではない。それぞれの国家が持つ相互依
存の関係性（敏感性）によって，その影響やそれに対する国家の反応は異なる。
いずれにせよ，ここでのポイントは，相互依存が進むと，国家が他国における特
定の事象や変化に対する敏感性を高める局面が増えてくる点である。

　次の，「脆弱性」とは，相互依存が遮断されたときに被る損害の大きさによっ
て決まるものである。脆弱性は，敏感性の存在を前提とするが，敏感性があるか
らといって脆弱性も高いというわけではない。たとえば，1973年の石油危機を例
に挙げよう。石油危機（第4次中東戦争を受け，アラブ諸国が原油の供給制限と輸出価
格の大幅引き上げを行い，世界の石油供給量の14%が減少した）は，各国経済に大きな
影響を与えた（敏感性があった）。しかし，その脆弱性には違いがあった。たとえ
ば，日米間には，石油消費量に対する輸入割合に大きな差があった。米国の30%
に対し，日本は99%（うち8割が中東産）を輸入に頼っていたのである。日米両国
とも，石油危機によって物価上昇に直面するなど経済は大混乱したが，米国より
も日本の脆弱性の方がはるかに高かったのである。

　もっとも脆弱性は，このような数値で測れる相手への依存度だけで決まるもの

ではない。実際の脆弱性は，相互依存が遮断されたときに被る損害をどれだけ減らせるのかによっても変わってくる。その対応として，とくに重要なのが「代替物」と「多様な供給源（依存先）」の確保である。「代替物」とは，自国にとって脆弱性の高い輸入産品の代替品を指す。実際に，石油危機に苦しんだ後の日本政府は，「石油代替エネルギー」の開発や促進を進めた。結果として，1973年にエネルギー源の76％を占めていた石油は2018年度には40％弱に低下し，石炭，天然ガス，原子力，再生可能エネルギーといった代替物の割合が高くなり，この点での脆弱性は低下した。他方の「多様な供給源」の確保とは，自国にとって脆弱性の高い輸入産品の輸入先を限られた国に頼るのではなく，複数国に分散し，多様化することである。この点についても，日本政府は石油危機後，意識的に，化石燃料の輸入先の多様化を図ってきた。しかし，資源エネルギー庁によると，日本は，天然ガスでは多様化を実現させた（輸入先が20カ国に及ぶ）が，石油では相変わらず中東依存が続き（2019年度で約88％），脆弱性は高いままとなっている。

　このように，経済的相互依存にある国々は，単にその関係性から経済的利益をえるだけでなく，敏感性と脆弱性といったリスクにも晒される。そして，国家は，そのリスクを回避しようと試みる。とはいえ，そこで追求される戦略は，代替物や多様な依存先の確保であり，他国との相互依存自体を完全に諦めるものでは決してない。つまり，石油危機で自国の脆弱性を痛感した日本のエネルギー政策のように，経済的相互依存のリスクを懸念した国家による代替物や多様な依存先の追求によって，世界全体としては，以前にも増して経済的相互依存関係の網の目が広がることもありえるのである。もしも，より多くの国が，このような相互依存関係で結ばれていくとすれば，それは，より多くの国が，その関係を維持することに経済的利益を見出し，戦争ではなく平和を好むようになることをも意味しよう。経済的相互依存は，たとえそこに敏感性や脆弱性が伴うとしても，結果的には，国家間における武力行使の可能性を減らし，国際平和の構築に貢献しうることを示唆しているのである。

5　国際組織がつくる平和——平和をつくる三角形（3）

集団安全保障——勢力均衡とは異なる安全保障の方式

　本節では，平和をつくる三角形の最後の要因である「国際組織」がどのように平和に貢献するのかを，3つの視角から検討しよう。はじめに，国際連盟や国連

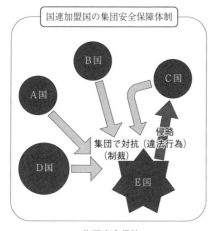

集団安全保障

仮想敵国は存在せず，集団内部の違法行為に
対して集団で対抗（制裁）

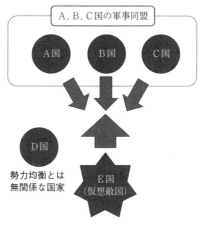

勢力均衡

軍事同盟によりA，B，C国とE国の力が
均衡する

図3-4　集団安全保障と勢力均衡

出所：筆者作成。

によって体現されてきた集団安全保障（collective security）を取り上げる。

　集団安全保障とは，加盟国である世界のほぼすべての国家が，戦争を集団全体
の平和と安全を脅かすものと共通に認識し，加盟国が共同で国際の平和と安全を
維持しようとするものである。集団安全保障が生まれる以前，すなわち第1次世
界大戦前までは，国家はそれぞれ独自に軍備を増強したり，もしくは同盟関係を
作ったりして，敵国（潜在的な脅威）に対抗し，国家の安全を守ることが一般的
であった。しかし，このような「勢力均衡」は，「武力と不安定な競合的利益の
均衡により決定され，嫉妬深い警戒心と，敵対的な利益により維持される」
（1918年12月の米大統領ウィルソン（Woodrow Wilson, 1856～1924）の演説より），極め
て危ういものであった。そこで（ウィルソンを含む）リベラリストは，第1次世界
大戦を防げなかった勢力均衡に代わる新しい安全保障の方式として，普遍的な国
際組織に基づく集団安全保障を推進したのである。集団安全保障は，国際連盟と
いう形で史上初めて誕生し，第2次世界大戦後は国連に引き継がれ，現在に至っ
ている。

　この集団安全保障の特徴は，勢力均衡と対比すると理解が容易となる（図3-
4）。勢力均衡は，対立する国家または国家群（仮想敵国）の存在を前提とし，国

家単独あるいは軍事同盟を形成するなどして，敵国との力（軍事力をはじめとする国力）の均衡を図り，均衡が崩れた際には武力を行使して敵国に対抗する特徴を持つ。これに対して，集団安全保障は，仮想敵国の存在を前提にせず，相対立する国家をも含む多くの国家（国連の場合は，事実上，世界のすべての国家）で１つの集団を形成し，戦争や侵略を違法化するルールを確立して，集団内で生じた違法行為に集団で対抗（制裁）することで，平和の回復を図る特徴を持つ。勢力均衡と集団安全保障は，国家の安全を確保しようとする目的は共通しているが，その行動様式は異なっているのである。

　今日の集団安全保障体制で中心的役割を果たしているのが，国連である。国連は国連憲章において，「国際の平和と安全の維持」という主目的を掲げ，「平和に対する脅威の防止および除去と侵略行為その他の平和の破壊の鎮圧とのため有効な集団的措置をとること」（第１条１項）を定め，「武力による威嚇またはその行使」を禁止（第２条４項）し戦争を違法化した。その上で，国連安全保障理事会（安保理）に，「平和に対する脅威」，「平和の破壊」，「侵略行為」を認定すること，それらを行った加害国に対して，他の国連加盟国が集団で，非軍事的または軍事的な制裁を科すことを「許可（authorize）」する権限を与えたのである（これらの規定は国連憲章第７章に明記）。

　とはいえ，国連が，国際の平和と安定の維持に十分貢献できているのかどうかについては，議論の余地があることも事実である。とりわけ，安保理常任理事国（P5：米英仏露中）の存在は，安保理の限界を示すものとして理解されてきた。P5は，自らの国益と相容れない安保理決議を否決できる権限（拒否権）を持っているため，安保理は P5 の利害に関わる安全保障上の問題に十分関与できないからである。実際に，2022年にウクライナを侵略したロシアに対して，安保理が非難決議すら可決できなかったことは，記憶に新しいだろう。このような安保理の「機能不全」は，国連創設当初の冷戦時代からすでに顕在化しており，冷戦期に安保理が機能したとされる事例は，1950年代の朝鮮戦争で展開された朝鮮国連軍くらいであった（安保理は，北朝鮮の支援国であるソ連が偶然欠席している中で，北朝鮮による韓国への攻撃を「平和の破壊」と認定し，米軍を主力とする朝鮮国連軍の創設を要請した）。しかし，冷戦後は状況が変化し，国家間紛争のみならず各国の内戦に安保理が関与する機会も増えることになった。たとえば，冷戦後の湾岸戦争（1991年）では，安保理決議に基づき多国籍軍が編成されたのに加え，ボスニア紛争やリビア内戦などでも人道的介入および保護する責任による措置が安保理決議

によって実行された（第7章第3節参照）。また，世界各地の紛争地帯における平和維持活動（Peacekeeping Operations：PKO）でも安保理は重要な役割を果たしており（第7章第4節参照），今後も，国際の平和と安定を実現する上での国連の役割が消滅することはないであろう。

機能主義——人々のニーズを満たす国際協調

　次に特定領域の国家間協力が国際組織の設立を促す点に着目する機能主義を紹介する。これまで見てきた国際連盟や国連は，どちらも軍事安全保障問題に直接対応するために設立された国際組織であった。これとは異なり，「非軍事・非政治的分野」（郵便，国際河川，公衆衛生など）の特定領域における国際組織の設立と国家間協力の深化によって，国際平和を促そうとするリベラリズムの考え方もある。それが，ミトラニー（David Mitrany, 1888～1975）が提唱した機能主義（functionalism）である。機能主義は，人々のニーズを満たす行政サービスを提供する国内の役所と同列の国際的な専門機関の設立が不可欠になった点に着目し，このような行政面（軍事・政治ではない）での国際協調を進めることで，間接的に（軍事・政治に関わる）国際平和の可能性を高めることをめざすものであった。

　その実例とされたのが，19世紀以降，欧州を中心に設立された国際行政連合と呼ばれる国際組織である。19世紀の欧州では，産業革命や科学技術の進展により，1国だけでは処理できない問題が表面化していた。たとえば，国際河川では，河川の通過に関する規則が各国で異なると，今後の増加が見込まれた船舶の通行に著しい障害が発生することが予想された。郵便領域では，国内だけでなく国境を越えて手紙や荷物を届ける必要性が高まっていたが，郵便規則は各国で異なっており，郵便料金や荷物の規格などさまざまなルールをどのように適用するのかが問題として浮上した。感染症の問題を扱う公衆衛生領域では，各国の検疫体制の違いにより，船舶の遅延，船員や乗客の隔離に関わる問題が生じていた。欧州諸国は，このような非軍事・非政治的分野の問題を話し合うために，たびたび国際会議を開催するようになった。その結果として，会議の「常設機関化」が提案されるようになり，ライン川（1815年）やドナウ川（1856年）国際河川委員会，万国郵便連合（1874年），公衆衛生国際事務局（1907年）など，国際行政連合と呼ばれる特定の問題を処理する「機能」を持つ国際的な行政機関が誕生したのである。

　EUの成立や展開も，この機能主義から説明できる。EUは，第2次世界大戦後，欧州の復興や協調をめざして，石炭鉄鋼共同体（ECSC），経済共同体（EEC），

原子力共同体（Euratom）という特定の領域の協力関係を構築することから始まった。その後，これらの領域を統合する形で1967年に欧州共同体（European Communities：EC）が成立する。EC 諸国は，さらに高度な協力関係をめざして1993年にマーストリヒト条約（欧州連合条約）を成立させた。それにより安全保障，共通通貨（ユーロの導入），域内の移動の自由化（シェンゲン協定）の協力を軸とする現在の EU となり，加盟国も27カ国に拡大した。つまり EU の成立・発展過程においては，石炭，鉄鋼，経済などの特定領域の協力が領域間の統合を促し，それによって共通の安全保障や域内の移動の自由化といった軍事・政治的分野における協力関係の強化にも繋がってきたように見えるのである。ハース（Ernst B. Haas, 1924～2003）は，この過程に着目して，機能的協力は，その影響がさまざまな領域に広がる「波及効果（spill-over）」を持つことを主張し（この点を重視する考えを「新機能主義（neo-functionalism）」と呼ぶ），そこからさらなる協力の深化を予想した。しかし，実際の EU の統合過程は，新機能主義の予想とは異なる道筋を辿っている。近年では，欧州憲法条約が国民投票で否決され，さらには英国が EU から離脱（Brexit）した（2020年1月）。EU の統合が漸進するのと同時に，さまざまな課題も生じている。

　機能主義には，協力の深化や発展を過度に楽観視しているとの批判も確かにある。だが，機能主義は，第2次世界大戦後の独仏関係に象徴されるように，欧州に存在する複数の国際組織が国家間協力を維持，強化することで，戦争のない平和な関係を作り出していることを説明できるのである。

ネオリベラル制度論

　最後に，ネオリベラル制度論から国家間協調が達成される条件を論じる。1980年代に登場するネオリベラル制度論も，機能主義と同じく，国際制度（組織）下における国家間協調に着目したが，機能主義とは異なり，協調を「囚人のジレンマ（PD）」の観点から説明しようとした。PD とは，前章でも触れたように，お互いに「協調」すれば，双方ともに利益が得られるにもかかわらず，相手が「裏切る」可能性を恐れ，（自己利益の最大化の観点から）それぞれが「裏切り」を選択してしまうことにより，双方とも不利益を被ってしまうジレンマを指す。なぜ，ネオリベラル制度論は，PD にこだわったのか。その理由は，（ネオ）リアリズムが主張するように，PD は国際協調の「失敗」を上手く説明するものとされてきたからである（第2章第3節）。ネオリベラル制度論は，PD ゲームやリアリズム

の前提である「国家を利己的・合理的主体とする仮定」から議論を始めたとしても，そこに「国際制度」が介在すれば，国際協調は「成功」しうることを示そうとしたのである。

　この理論を支える国際協調の成功の鍵となる国際制度とは何か。国際制度とは，各主体の役割を規定し，特定の活動を抑制し，主体の期待を形成するような，永続的で相互に関連した，公式または非公式の規範やルールの集合として定義できる。国際制度と似た概念として「国際レジーム」（国家間の関係を統御する規範やルールの集合）というのもあるが，両者はしばしば互換的に使われる用語である。ただし，国際制度もレジームも，単なるルールや規範だけではなく，ルールや規範を含む国際条約に基づいて成立した「国際組織」を含む，広い概念として理解するのが一般的である。そして，本書の他章でも扱うように，現代の国際関係では，貿易，金融，開発，環境，人権などのさまざまな分野において国際制度（レジーム）が形成され，その下で当該分野の国際協調が展開されているのである。

　それでは次に，なぜ国際制度が存在すると，PDゲームとして理解される国際関係に協調が生まれるのかを考えよう。その理由は比較的単純である。すなわち，国際制度は，協調の「失敗」を招く「1回きりのPDゲーム」ではなく，その「成功」を導く「繰返しPDゲーム」のような環境を国家間に作り出すものに等しいからである。繰返しPDゲームの詳細は，第4章第1節を参照して欲しいが，要点は，(1)両者が「応報」戦略（初回は「協調」で始め，それ以降は，相手の前回の選択を真似する）を採用し，(2)その上でPDゲームが同じプレーヤーによって繰り返し行われるならば，「裏切り」で得られる短期的な利益よりも，「協調」を続けて得られる長期的利益の方がはるかに大きくなるので，「協調」が両者によって選ばれる，というものである。ネオリベラル制度論の先駆者であるコヘインが『覇権後の国際政治経済学』で述べたように，国際制度に参加する国家は，通常，相手が規範やルールに違反していることを発見すれば，協調の決定を覆せる（つまり(1)の応報戦略が採用できる）。さらに，国際制度下における国家間の交渉は，通常，ある期間に繰り返し行われ，場合によっては，将来まで無限に続くことも想定される（つまり(2)の状況をつくる）。このように，さまざまな分野に広がる国際制度は，共通利益を有する国家間の裏切りを防止し，協調を達成できる環境を作り出していると，ネオリベラル制度論は考えるのである。

　最後に，国際制度が，具体的にどのような形で国際協調を促すのかを見てみよう。ここでは，①基準の設定，②履行監視，③意思決定のコスト低減，④紛争解

決，⑤イシュー・リンケージの促進，に着目する。

　第1の基準設定とは，国家がなすべき／なすべきでない行動基準を明確に設定することで，国家の判断や行動の曖昧さを減少させ，国家が迷うことなく協調行動を行えるようになることを指す。これらの基準がルールや規範を通して設定されることで，自分自身のみならず相手が協調しているのかどうかも明確になるので，相手が非協調の場合の制裁（応報戦略）も行いやすくなる。逆にいえば，このような基準が設定されているので，国家は安心して（相手の裏切りを心配せずに）協調に臨むことができるのである。

　第2の履行監視とは，国際制度によって，各国がルールや規範を履行（協調）しているのか否かに関する情報が十分に提供されることをいう。国家間の合意に基づき，ある行動基準が設定されたとしても，それを国家が履行しているのか検証できなければ，基準設定の効果は半減してしまう。それを防止するために，多くの国際制度では，履行状況の自己申告を含む何らかの履行監視メカニズムが導入されている。たとえば，核不拡散レジーム（原発の利用は認めるが核兵器の拡散は認めないことを主目的とする国際制度）下で行われる，IAEA（国際原子力機関）による非核保有国の原子力施設への査察などは，この典型例である。

　第3の意思決定のコスト低減とは，多国間での集団的な決定を容易にする国際制度の役割に着目したものである。国家に限らず，何らかの集団内で意思決定する場合，はじめにどのような集合的な意思決定方法を用いるのかを決める必要がある。あらかじめその方法が定められていれば，決め方自体の「無駄な」論争や対立を省略（意思決定のコストを削減）して，「本丸」の議題内容それ自体に取り組むことができる。国連であれ世界貿易機関（WTO）であれ，多くの国際制度では，集合的な意思決定の方法が定められており，余計な時間や労力を使うことなく，国際協調を進めるための実質的な意思決定が行える体制を整えている。

　第4の紛争解決とは，国際制度それ自体が，国家間紛争を解決するメカニズムを提供し，それによって協調を促すことをいう。たとえ国際制度が何らかの行動基準を定めていたとしても，その解釈をめぐる対立が国家間で生じることは避けられない。これを解決するメカニズムがあれば，国家は他国との無用な対立（一方的な経済制裁の応酬など）を回避し，協調を継続できる。その典型例がWTOである。WTOは，加盟国間で生じた貿易紛争を第三者の立場から解決するという，ある種の司法的制度を有しており，国家間の「平和的な紛争解決」を主導する役割を担っている（第8章第3節参照）。

　第5に，国際制度は国家間にイシュー・リンケージ（争点連携）の機会を提供
し，協調を促進させることもある。争点連携とは，2つ以上の異なる争点を同時
に議論し，お互いに相手の要求に応じることで，相互に目的を達成（協調）しよ
うとする交渉戦術を指すが，国家間に定期的で継続的な交渉の場を提供する国際
制度が介在することで，その成功確率の向上が期待できる。実際に，GATT の
ような国際貿易制度において，相手国の工業製品の関税引き下げを望む国と，相
手国の農産品の関税引き下げを望む国とが，これら2つの異なる争点（分野）を
連携させて，互いに相手が求める分野の関税引き下げに応じる形で貿易の自由化
を達成する例があった。このように国際制度が国際協調を促す場面は，多数指摘
できる。

　リベラリズムの理論から国際関係を観察すると世界はどのように見えただろう
か。国家は絶えず争っているわけでなく，国家を含むさまざまな主体が協調し，
問題解決を試みる場面を発見することができたのではないだろうか。リベラリズ
ムは，平和をつくる三角形がもたらす効果に着目して国際関係がより平和な状態
へ変化していく側面に光をあてる理論を提供するものであった。国際関係をリベ
ラリズムから見ることの利点は，一見，法則性もなく弱肉強食のジャングルのよ
うに見える世界の中に，「民主主義」，「経済的相互依存」，「国際組織」といった
平和をつくるさまざまな仕組みが組み込まれていることを発見し，その変化を分
析できるようになる点にあるだろう。
　とはいえ，リベラリズムが提起する「理論」と国際関係の「現実」とが，必ず
しも一致しない場面に遭遇する可能性があることには留意が必要である。たとえ
ば，トランプ現象やロシアによるウクライナへの軍事侵攻を見れば，民主主義国
内の地殻変動，経済的相互依存と軍事侵攻の関係性，国連の役割など，リベラリ
ズムが描写する国際関係に疑問を投げかけることもできるだろう。つまり，リベ
ラリズムであれ，本書で紹介する別のイズムであれ，どの理論も国際関係のある
側面を究明できるが，どれか1つだけで国際関係のすべてを理解できるわけでは
ないのである。1つの理論では捉えきれない複雑な国際関係の中に私たちは生き
ているといえる。リベラリズムが教えてくれるのは，私たちが住む世界が小さな
協力や進歩（変化）を積み重ねていくことで平和がつくられると信じ，それを実
現させていくことの大切さである。

参考文献

スミス，アダム（水田洋訳）『国富論』河出書房新社，1963年。

カー，E. H.（原彬久訳）『危機の二十年——理想と現実』岩波書店，2011年。

コヘイン，ロバート（石黒馨・小林誠訳）『覇権後の国際政治経済学』晃洋書房，1998年。

コヘイン，ロバート・O／ジョセフ・S・ナイ（滝田賢治監訳／訳）『パワーと相互依存』ミネルヴァ書房，2012年。

ハンチントン，サミュエル・P（坪郷実・中道寿一・藪野祐三訳）『第三の波——20世紀後半の民主化』三嶺書房，1995年。

ラセット，ブルース（鴨武彦訳）『パクス・デモクラティア——冷戦後世界への原理』東京大学出版会，1996年。

ロック，ジョン（加藤節訳）『完訳　統治二論』岩波書店，2010年。

Frieden, Jeffry A., David A. Lake and Kenneth A. Schultz, *World Politics: Interests, Interactions, Institutions,* Fourth Edition, W. W. Norton & Company, 2019.

Gartzke, Erik, "The Capitalist Peace," *American Journal of Political Science,* 51 (1), 2007.

Russett, Bruce, "Liberalism," In Tim Dunne, Milja Kurki and Steve Smith ed, *International Relations Theories: Discipline and Diversity,* Fourth Edition, Oxford University Press, 2016.

Russett, Bruce and John Oneal, *Triangulating Peace,* W. W. Norton & Company, Inc., 2001.

さらに読み進めたい人のために

カント（宇都宮芳明訳）『永遠平和のために』岩波書店，1985年。

＊カントは，同著で国際平和をつくる具体的な諸条件を提示し，その実現について論証を試みた。本章で言及した民主主義，国際制度，自由貿易の他に常備軍の廃止など，さまざまなアイディアが盛り込まれたコンパクトな古典的名著。

フリーデン，マイケル（山岡龍一監訳，寺尾範野・森達也訳）『リベラリズムとは何か』筑摩書房，2021年。

＊オックスフォード大学 Very Short Introductions シリーズの訳書。同著は政治学を中心にリベラリズムの歴史や特徴を論じている。国際関係論のリベラリズムの背景を整理するのに最適。

最上敏樹『国際機構論講義』岩波書店，2016年。

＊国連に代表される国際組織は，いかに誕生し，どのような意義を持っているのか。さまざまな国際組織の歴史，その構造や機能を論じ，国際組織の理論化を試み，その可

能性を展望している。より深く国際組織について勉強したい人向け。

山本吉宣『国際レジームとガバナンス』有斐閣，2008年。

　＊同著では，「レジーム」と「制度」を同義のものと位置づけ，安全保障や経済分野を
　　事例に国際制度（レジーム）を理論的に分析し，グローバル・ガバナンス論と架橋す
　　ることを試みている。リベラリズムとグローバル・ガバナンスの関係を学習するのに
　　お勧め。

（山越裕太）

第4章
ラショナリズム
——合理的に選択してなぜ戦争が起こるのか？——

── Short Story ──

　ミネオ君は，最近，ミネコさんのことが気になっています。いろいろな話をしていると，お互いに趣味が合うことがわかり，今度の休みに一緒に出掛けることになりました。しかし，会う日時は決まったものの，行き先はなかなか決まりません。SNSでやり取りした結果，最近公開されたばかりのアクション映画を見に行くか，有名アーチストの展覧会が開かれている美術館に行くかの2択に絞られてきました。なお，お互い所持金が限られているので，両方には行けません。

　実はミネオ君は，その映画は既に見てしまっていたので，美術館をより好んでいます。他方，ミネコさんは，アクション映画を見に行くのをより好んでいます。ミネオ君としては，「2人で一緒に自分の好きな所（美術館）へ行く」のが最善ですが，「1人で自分の好きな所（美術館）へ行く」ことになるなら，「2人で一緒に相手の好きな所（映画館）へ行く」方がよいと思っています。ミネコさんも，映画館と美術館の優先順位は異なりますが，同じように考えています。2人にとっての好ましい順序を記号「<」で表すと，以下のようになります。

> ミネオ：1人で美術館<2人で映画館<2人で美術館
> ミネコ：1人で映画館<2人で美術館<2人で映画館

　会う日も迫ってきたので，ミネオ君は，自分にとって最善な「2人で美術館」に行けるよう知恵を働かせました。そこでミネオ君が考えたのは，美術館のチケットを先に購入してしまうことでした。2人の所持金が限られている以上，この行動は，映画の選択肢を消すことを意味します。しかし，それによって，かえってミネオ君の「交渉力」（意見を押し通す力）は増すのです。ミネコさんからすれば，最善の選択肢（映画）を消された形になるものの，次善の選択肢（美術館）は残っているので，ミネオ君の行動を受け入れるのは決して非合理ではないからです。ミネコさんの反応が少し気になったミネオ君でしたが，アクション映画は女性には「かなりキツイ」内容である一方，美術館は一般的に女性が好みそうな場所でもあり，さらに，行く先を率先して決めることで「頼りがいのある人（男）」と思われるかもしれないとの期待から，美術館の2枚組チケットを購入することにしました。

　本章では，国際関係論におけるラショナリズムについて紹介する。ラショナリズムは，合理的選択論（rational choice theory）とも呼ばれるものであり，国家や個人といった主体の合理性（rationality）を仮定して，主体がどのような選択や行動を行うのか，そしてそれがどのような結果をもたらすのかを説明しようとするものである。Short Storyで紹介したのも，主体の合理性を前提とした「両性の争い（battle of the sexes）」と呼ばれる（ていた）ゲームの一種である（近年では社会的配慮から設定や表現に変更が加えられているが，ここでは第5章の Short Story との兼ね合いからあえて「昔ながらの設定・表現」を用いている）。ラショナリズムは，国際関係論に限らず，経済学や社会学といったさまざまな学問分野においても採用されてきた。国際関係論においては，本書で既に紹介したリアリズム（第2章）やリベラリズム（第3章），とくにネオリベラル制度論（第3章第5節）においても，ラショナリズムに基づいた理論が展開されてきた。ゆえに，ラショナリズムは，リアリズムやリベラリズムと対立するものではなく，むしろ，それらが提供する「実質的な理論（substantive theories）」を補強する「方法論的アプローチ」として理解されるべきものである（Fearon and Wendt 2002）。

　ラショナリズムがリアリズムやリベラリズムと必ずしも対立しないのであれば，なぜわざわざ独立した章を設けて，それを紹介する必要があるのだろうか。その最大の理由は，「リアリズム」や「リベラリズム」という括りではなく，「ラショナリズム」の立場から国際関係を説明しようとする一群の研究が存在するからである。その傾向は，北米における国際関係論でとくに強い。実際に，戦争研究の分野では，ラショナリズム的発想に立つ「戦争の交渉理論（bargaining theory of war）」が主流となっている。

　そこで，本章では，戦争の発生・回避をめぐる主体間の「戦略的相互作用（strategic interaction）」に焦点を絞ってラショナリズムの理論を紹介したい。まず，合理的な選択を行う主体とは，具体的に何を意味するのかを確認する。次に，主体が合理的な選択を行っても戦争が起こってしまうのはなぜかを考える。合理的な主体であれば膨大なコストがかかる戦争を避ける方が得策だということがわかりそうなものなのに，なぜ戦争に至ってしまうのだろうか。この点につき，交渉に失敗するがゆえに戦争に至るという見方を紹介する。最後に，なぜ合理的な主体が交渉に失敗するのかについて，3つのメカニズムを紹介する。そして，このメカニズムに対処する方法はあるのかどうかを考える。

1　国や人は合理的？──合理的選択という仮定

主体の合理的選択

　まずは，ラショナリズムの特徴である「主体の合理的選択」や「主体間の戦略的相互作用」といった言葉の意味を正確におさえよう。その際，合理的な主体間における戦略的相互作用の一種であり，かつリアリズムやリベラリズムの章でも触れた「囚人のジレンマ（prisoner's dilemma：PD）」ゲームについて詳しくみていくこととする。

　なぜ，A国とB国との間に戦争が起こるのか。こうした特定の現象の発生原因を，それに関わる意思決定主体の特定の「選択」に着目して説明しようとするのがラショナリズムである。つまり，ラショナリズムにおいては，冒頭の問いを，たとえば「なぜ，A国はB国との交渉打ち切りを選択し，戦争に至ってしまったのか」といった問いに直して答えようとする。「戦争に至るような選択をするなんてありえない」と考える読者もいると思われるが，ラショナリズムは，あえて，戦争に至ってしまう意思決定主体を合理的な主体と仮定して，その選択の理由を探ろうとするのである。

　合理的な主体とは，一般的には，ある目的を達成するうえで最適な選択肢を選ぶ主体を指す。そのため，ラショナリズムの理論は合理的選択論とも呼ばれるのである。国際関係論でラショナリズムが用いられる際には，主体の目的は「自己の利益の最大化」であるという，利己主義的な仮定が置かれることが多い。たとえば，主体が国家であれば，国益の最大化が目的となる。

　このような仮定に対しては，国家は自国の利益のみならず，「世界全体の利益」の最大化をめざすべきではないか，というような倫理的な観点からの批判もありえよう。しかし，そうした批判は，本章においては深掘りしない。他方で，自己利益の最大化という理論上の仮定を受け入れても，現実にどれほどの国や人が合理的に行動しているのか疑問に思う読者もいるかもしれない。また，次章で紹介するコンストラクティビズムのように，国や人にとっての自己利益の具体的な中身が何であるかは決して自明ではない，との立場もある。このような見方に対して，ラショナリズムは，国や人は合理的に行動するとの仮定を置き，それらが追求する自己利益の具体的な中身が何であるかは自明であるとの前提で議論を立てるのである。

主体間の戦略的相互作用——「囚人のジレンマ」ゲーム

　合理的な選択は，1カ国または1人だけで行うものではない。それらと関わりのある他の国や人も同様に，合理的選択を行なうことが想定される。その際，相手の出方をうかがいながら，自己の利益をできるだけ大きくするように，相手との「駆け引き」を行なう。このような「駆け引き」を互いに行い合う合理的な主体間の相互関係を，「戦略的相互作用」と呼ぶ。以下では，このような戦略的相互作用に着目したラショナリズムの代表的理論を論じてゆく。

　戦略的相互作用の最大の特徴は，自己の目的の実現が「相手」の選択に大きく依存している点にある。この状況について考えるには，Short Story でも言及したゲーム理論が有用である。ここでは，数あるゲームの中でも最も基本的な PD ゲームを用いて，戦略的相互作用の特徴を考えてみよう。PD ゲームは，お互いに協力し合えばお互いにとって望ましい結果になるにもかかわらず，相手の非協力（裏切り）を懸念して，お互いに非協力を選択してしまうという状況をモデル化したものである。

　PD ゲームは，次のようなストーリで構成される。まず，A氏とB氏という窃盗の容疑者が登場する。2人は盗品を所持しているところを警察に逮捕された。警察は2人が窃盗の共犯者だと疑っている。だが，警察は，2人が盗品を盗んだことまでは証明できていない。それができなければ，2人は単なる盗品所持の微罪処分になってしまう。警察は窃盗まで証明して禁錮刑に処したいが，それには2人の自白が必要である。そこで，警察は，2人を別々に取り調べて，それぞれに司法取引をちらつかせることにした。「相棒は黙秘している。もしおまえが自白すれば無罪放免にしよう。逆に，おまえが黙秘して相棒が自白すれば，おまえの罪はもっと重くなるだろう」。警察施設で囚われの身となったA氏とB氏にとって，あり得る結果は，無罪放免，微罪処分，軽い禁錮刑，重い禁錮刑の4つである。

　このとき，A氏とB氏の選好順序は，「重い禁錮刑<軽い禁錮刑<微罪処分<無罪放免」である。選好順序というと堅苦しく聞こえるが，要は，「選」り「好」みの順序である。Short Story でも記したように，X<Y は，Y が X よりも好ましいことを意味する。なお，「<」は量の大小を表す「＜」とは異なることに注意してほしい。たとえば，ゾウがネズミよりも大きいことは「ネズミ＜ゾウ」と表せるが，ネズミの方がゾウよりも好ましい場合は「ゾウ<ネズミ」と表す。

　以上のことをゲーム理論では次のような升目の表を使って考える。表4-1は，

表4-1　「囚人のジレンマ」ゲームの利得表

		B氏	
		黙秘（協力）	自白（非協力）
A氏	黙秘（協力）	(3, 3)	(1, 4)
	自白（非協力）	(4, 1)	(2, 2)

表4-2　「囚人のジレンマ」ゲームのナッシュ均衡(右下のマス目)

		B氏	
		黙秘（協力）	自白（非協力）
A氏	黙秘（協力）	(3, 3)	(1, ④)
	自白（非協力）	(④, 1)	(②, ②)

行プレーヤー（この例ではA氏）と列プレーヤー（この例ではB氏）の戦略の組み合わせと両者の利得（payoff）を示したものである。戦略は「黙秘」（協力）と「自白」（非協力／裏切り）という2択になる。（　）内は左側が行プレーヤー，右側が列プレーヤーの利得に当たる。たとえば，A氏＝自白，B氏＝黙秘の組み合わせである（4, 1）とは，A氏が4，B氏が1の利得を得ることを意味する。ここでは，無罪放免の利得を4，微罪処分の利得を3，軽い禁錮刑の利得を2，重い禁錮刑の利得を1としている。

　このとき，A氏からすれば，B氏が黙秘（協力）を選択した際に自分も黙秘をすれば得られるのは3であり，自白（非協力）をすれば4である。したがって，自白を選択するのが合理的である（表4-2左下の〇は，B氏が黙秘する場合のA氏にとって最も望ましい選択を示す。以下，同様に〇は各場合の最適な選択を示す）。B氏が自白を選択した際には，A氏も自白をすれば得られるのは2であり，黙秘をすれば1である。したがって，自白を選択するのが合理的である。今度は，B氏の視点から考えてみよう。A氏が黙秘を選択した際に自分も黙秘をすれば得られるのは3であり，自白をすれば4である。したがって，自白を選択するのが合理的である。A氏が自白を選択した際にはB氏も自白をすれば得られるのは2であり，黙秘をすれば1である。したがって，自白を選択するのが合理的である。

　表4-2で〇が重なる右下は，A氏・B氏ともに自白を選択する場合であり，この組み合わせが実際に起きる状態となる。このような，相手の戦略を予想して自己の利得を最大化する戦略（最適応答戦略）の組み合わせを，最初に考えたナッシュ（John Forbes Nash Jr., 1928〜2015. 米国出身の数学者で映画「ビューティフル・マインド」の主人公のモデル）の名前をとってナッシュ均衡という。一方，「社会的」に望ましいのは，A氏・B氏ともに黙秘を選択する左上の（3, 3）の場合である（ただし，ここでの「社会的」な望ましさとは，A氏とB氏という「窃盗犯が形成

する集団」の観点から望ましい，つまりA氏とB氏の利得の合計が最大になることを指すにすぎない。このシナリオでは，窃盗犯は適切に処罰されないことになるので，「法に則った適切な処罰」を理想とする「社会全体」の観点からは全く望ましくない点には注意）。このような2人の選択状態を，最初に考えたパレート（Vilfredo Pareto, 1848〜1923. イタリア出身の経済学者・社会学者）の名前をとってパレート最適という。つまり，個人が自己利益の最大化のために合理的に行動すると，ナッシュ均衡という「現実」に至ってしまい，パレート最適という「理想」にはたどり着けないことになってしまうのである。だからといって，自己利益最大化をあきらめることは，ゲームの仮定上（2人が合理的である限り）A氏にもB氏にもできない。これが，ジレンマのジレンマたるゆえんである。

　ここで重要なのは，たとえ交渉の当事者間にコミュニケーションの機会があったとしても，結果は変わらないということである。仮にA氏とB氏にコミュニケーションの機会があって，互いに黙秘することを約束したとしよう。実はこの場合でも，相手が約束を守る限り，自分が一方的に約束を破った方が，自分にとっては得になるのである。A氏からすれば，B氏が黙秘の場合，黙秘（利得3）よりも自白（利得4）の方が得である。B氏からしても同様である。このため，2人の間の戦略的相互作用だけでは，A氏もB氏も約束を守らない結果に落ち着いてしまうのである。ただし，A氏，B氏のボスであるC氏が登場すると状況は一変する。A氏とB氏の両者から恐れられているC氏が，両者に黙秘を命じるような場合，つまり第三者からの強制がある場合には，約束が守られる可能性が出てくる。

　ここまでのA氏，B氏をA国，B国，「黙秘」を「軍縮」，「自白」を「軍拡」と読み替えれば，これと似たゲームが，国際関係でも展開されていることに気づくだろう。すなわち，国際関係でしばしば起こる国家間の軍拡競争は，A国，B国双方が自己利益の最大化のために合理的に行動し，選択した結果として説明できる現象なのである。なお，このような軍拡競争を避けるために，両国がコミュニケーションをとれる場を設けるべき，との政策提言がなされることが多い。コミュニケーションの場が重要なのはいうまでもないが，先述のように，それが万能の解決策ではないことをPDゲームは教えてくれるのである。軍拡競争回避のためには，A氏，B氏のボスであるC氏のような存在，すなわち両者に約束を守るよう強制できる存在が必要となろう。だが，アナーキーな国際関係においては主権国家の上位に世界政府は存在しない（第1章第2節参照）ので，そのような

ボスの存在を期待することは難しい。したがって，国際関係においては，軍縮に限らず，国家間の合意が必ずしも守られるとは限らないのである。

　では，自己利益の最大化を追求する合理的主体は，まったく協力することができないのだろうか。たしかに，PD ゲームでは，2者間で黙秘，すなわち協力することがナッシュ均衡とはならない。ただし，ゲームが「1回きり」ではなく「繰り返し」行なわれる場合には，黙秘（協力）がナッシュ均衡になりえる。以下では「繰り返し囚人のジレンマ（repeated prisoner's dilemma）」ゲームを紹介しよう。

　アクセルロッド（Robert M. Axelrod, 1943〜）は，繰り返し PD ゲームで最もよい戦略は何かを探るため，コンピューター・シミュレーション選手権を開催した。その結果，優勝したのは「応報（tit-for-tat）」戦略を採用した選手であった（「しっぺ返し」という表現が用いられることが多いが，「悪い行動」に「悪い行動」で応じるのみならず「良い行動」に「良い行動」で応じることも含まれるので，ここでは「応報」という訳語をあてる）。この戦略は，第1ラウンドはひとまず協力（黙秘）し，それ以降は相手の前の回の行動を真似するというものである。たとえば，第1ラウンドで相手が協力しなければ，裏切りを罰する意味で第2ラウンドでは自分も協力しない（自白する）。第1ラウンドで相手が協力すれば，第2ラウンドで自分も協力で応じる。こうしたシンプルな戦略が優勝したのである。

　表4-1の利得表が示す通り，第1ラウンドで自分だけが裏切って協力しなければ4の利得が得られる。これは，短期的には最大の利得である。しかし，第2ラウンド以降は裏切りを罰する意味で相手も裏切るため，裏切りを続ける限り2しか得られ続けない。このため，長期的には，裏切り続けるのは不利益なのである。一方，第1ラウンドで自分も相手に協力し，第2ラウンド以降も協力を続ければ，3が得られ続ける。将来の利得の現時点の価値，すなわち「将来の影（shadow of the future）」が十分に大きければ，協力を選択し続けることが合理的なのである。

　なお，ゲームのラウンドが無限（厳密にいえば，有限であったとしても，プレーヤーにとってゲームがいつ終わるのかがわからない場合。つまり，プレーヤーの認識としてラウンド数が不定の場合）であることが協力成立のために重要となる。いくら繰り返しのゲームであっても，最終ラウンドがいつかが確定している場合には，最終ラウンドでは裏切ることが最適となるからである。第n（最終）ラウンドで相手に裏切られることが予想されるならば，第n-1ラウンドでこちらも裏切る方

が得策となる。同様に，第 n-2，n-3，n-4……ラウンドでも裏切る方が得策となるので，結局初回から協力しない方が合理的となるのである。

　繰り返し PD ゲームのような関係が国際関係においても実現できるのならば，たとえ国家に約束の遵守を強制できるような世界政府が存在しない状況にあっても，国家間協力の可能性は高まるのではないか。リベラリズムは，この可能性に着目してネオリベラル制度論を発展させていった。国際制度が形成されれば国家間の取引が無限に（不定回）繰り返されることになるため，協力が促進されると考えたのである（第3章第5節）。

2　合理的な主体による戦争？——交渉の失敗としての戦争

「愚か者」だけが戦争を起こすのか？

　「主体の合理的選択」や「主体間の戦略的相互作用」について学んだところで，合理的な行動を選択しても戦争が起こってしまうのはなぜかを考えよう。キーワードは，①「交渉の失敗としての戦争」，②「意図の伝達」，③「強制」，④「安心供与」である。

　読者にとって，戦争を引き起こすような指導者は，狂気に満ちた人物に思えるかもしれない。しかし，戦争の発生は常に合理性を欠いた愚かな国や人が起こすものだと決めつけ，そうした「愚か者」を単に非難するだけでは，戦争を十分に理解したことにはならない。なぜなら，たとえ合理的な国や人が行う選択であっても戦争の発生を招いてしまうようなメカニズムが，国際関係には潜んでいるからである。合理的な主体の間で働くそのようなメカニズムを理解するうえで，ラショナリズムの仮定は有用なのである。

　もちろん，主体に合理性が欠如しているがゆえに戦争に至ることもある。ただし，その場合でも，ラショナリズムの議論は無力というわけではない。合理的主体を想定した議論は，現実に採用されたある選択が，いかに非合理であったかをあぶりだすことにも繋がるからである。「もし合理的な政策がとられていたとすれば，どういった結果になっていただろうか」とあえて歴史に if を持ち込み，当時の政策選択の妥当性を問いなおすことが可能になるのである。

交渉の失敗としての戦争

　まず，国家間の対立や問題を戦争によって解決しようとするのは非合理である

ことを確認しておこう。もしも，わずかなコストで戦争に勝利でき，相手から価値ある戦利品を楽に得られるのであれば，戦争はとても合理的な政策といえるだろう。しかし，現実には，（とくに現代では）国家が武力に訴えることには大きなコストがかかる。戦闘に伴う直接的なコストはもちろんのこと，戦闘で勝利を収めた後に相手国の領地を占領し，統治することにもコストがかかる。また，戦争に伴う「機会費用（opportunity cost）」も無視できない。機会費用とは，ある行動を選択したためにあきらめた別の行動から得られたはずの利益を指す。たとえば，A国とB国とが全面戦争を選択し，それが4年間続いたとする。この間，両国の軍人や市民は，何らかの形で戦争に動員され，多くの時間と労力を戦争に割くことになる。もしも，大学1年生の時に兵士として戦場に送られたのならば，4年もの間，戦闘行為に従事することになるかもしれない。この場合，この学生は，戦争がなければ享受できたであろう，4年間の大学生活によってもたらされる多くの利益（勉学で得られる知識や友人と過ごす時間など）を失うことになるのである。個人単位でみても戦争は大きな損失になるが，国家レベルでみれば，戦争に伴う機会費用はさらに膨大なものになる。たとえば，相手国と戦争を選択してしまえば，平和な状態において促進される貿易や人的交流などから得られたであろう，さまざまな利益を失うことになるのである。

　こうした点を踏まえ，国家間の対立や紛争は，相対的に大きなコストがかかる「戦争」よりも「交渉」によって解決を図る方が得策であるはずだと考えるのが，戦争の交渉理論の出発点である。つまり，合理的な主体が開戦に至るのは，対立する相手との交渉に失敗したからである，とラショナリズムは考えるのである。

　この仮定は，それほど現実離れしたものではない。米国の統合参謀本部議長と国務長官を歴任したパウエル（Colin Powell, 1937～2021）の言葉を借りれば，「戦争を避けるべきだというのは前提だ。政治的手段，外交的手段，経済的手段，金融的手段などのあらゆる手段を講じて……目的を達成すべく努力する」ものなのである。

　ここで「交渉」という言葉の意味を確認しておこう。戦争の交渉理論においては，2種類の交渉を扱う。第1が明示的な（explicit）交渉であり，第2が暗黙的な（tacit）交渉である。明示的な交渉とは，お互いが対面で話し合うような，誰しもが簡単にイメージできる交渉を指す。これに対し，暗黙的な交渉とは，当事者が互いの行動を観察することで（自分の行動が相手によって観察されていることも想定しながら）相手の次の行動を予測しながら駆け引きをすることである（シェリ

ング 2008)。たとえ
ば，2001年10月に米
国とアフガニスタン
との間で開戦に至っ
たのは，9.11同時多
発テロ事件等の容疑
者であるビン・ラ
ディ ン（Osama bin
Laden, 1957～2011)
の引き渡しをめぐる
米国とアフガニスタ

表4-3　アフガニスタン戦争関連年表

日時	出来事
1999年10月15日	国連安保理決議1267号（ビン・ラディン容疑者引き渡し要求）採択
2000年12月19日	国連安保理決議1333号（ビン・ラディン容疑者引き渡し再要求）採択
2001年9月11日	9.11同時多発テロ事件
2001年9月20日	米国，アフガニスタンにビン・ラディン容疑者の引き渡し要求 →アフガニスタン，要求に応じず
2001年10月7日	米国主導の有志連合軍とタリバン政権，開戦

ン（タリバン政権）との間の「暗黙的な交渉」が失敗した（アフガニスタンが米国の要求に応じなかった）からだと捉えられる（表4-3）。

意図の伝達

　では，なぜ，合理的主体は交渉に失敗するのであろうか。この点は本章の後半において「交渉失敗の3つのメカニズム」という形で提示するが，その前に，「意図の伝達」，「強制」，「安心供与」といったキーワードについて学んでいこう。これらは，交渉失敗の3つのメカニズムを理解するうえで必要な概念だからである。

　まずは，「意図の伝達（communication of intentions）」，すなわち自分の意図を交渉相手に伝えることについて確認しよう（シェリング 2018）。第2章で学んだ「安全保障のジレンマ」は，この意図の伝達がいかに困難であるかを示している。安全保障のジレンマとは，相手国の軍備強化に脅威を感じ，それに対応して軍備を強化すると，相手国からは脅威に映り，相手国がさらに軍備を強化するといった形で互いに不安を高めあってしまうことをいう。ここでのポイントは，たとえ軍備強化が相手を攻撃するためではなく自国を防衛するためであったとしても，攻撃目的で軍備を強化しているのだと相手国が考えてしまえば，相手国に脅威を与えてしまう点である。相手国の力（軍備強化）は目に見えるため外から観察できたとしても，目に見えない相手国の意図（攻撃目的か防衛目的か）までは外から観察できない。ゆえに，防衛のための軍備強化は，互いの疑心暗鬼をまねきかねないのである。

表4-4　「鹿狩り」ゲームの利得表

		B氏	
		鹿（協力）	兎（非協力）
A氏	鹿（協力）	(3, 3)	(0, 2)
	兎（非協力）	(2, 0)	(1, 1)

表4-5　「鹿狩り」ゲームのナッシュ均衡(左上と右下のマス目)

		B氏	
		鹿（協力）	兎（非協力）
A氏	鹿（協力）	(③, ③)	(0, 2)
	兎（非協力）	(2, 0)	(①, ①)

　ここで，「鹿狩り(stag hunt)」と呼ばれるゲームを用いて，意図の伝達の困難さについて説明しよう。「鹿狩り」ゲームには，A氏とB氏の猟師2人が登場する。いま2人の前に1匹の鹿と1匹の兎が現れた。鹿は大きいので（量を6としよう）2人がかりでないと狩れないが，兎は小さいので（量を2としよう）1人でも狩れる。2人で協力して鹿を追いかけ，狩ることのできた鹿を折半すれば，ともに利得は3となる（表4-4）。いずれか1人のみが協力して鹿を追いかけ，他方が協力せずに兎を追いかけた場合は，協力した方の利得は0（1人では鹿は狩れないので），協力しなかった方の利得は2（1人でも兎は狩れるので），となる。いずれも協力せずに兎を追いかけた場合は，1匹の兎を2人で折半することになるので，ともに利得は1である。

　相手が協力する場合，協力しない場合それぞれの最適な選択に○を付したものが表4-5である。このとき，A氏からすれば，B氏が協力して鹿を追いかけた際に自分も協力して鹿を追いかければ得られるのは3であり，協力せずに兎を追いかければ2である。したがって，協力を選択するのが合理的である。他方で，B氏が協力せずに兎を追いかけた際には，A氏が協力して鹿を追いかけることで得られるのは0であり，協力せずに兎を追いかければ1である。したがって，非協力を選択するのが合理的である。今度は，B氏の視点から考えてみよう。A氏が協力して鹿を追いかけた際に自分も協力して鹿を追いかければ得られるのは3であり，協力せずに兎を追いかければ2である。したがって，協力を選択するのが合理的である。他方で，A氏が協力せずに兎を追いかけた際にはB氏が協力を選択して得られるのは0であり，協力せずに兎を追いかければ1である。したがって，非協力を選択するのが合理的である。

　ここで○が重なるのは，つまりナッシュ均衡は，A氏・B氏ともに協力の場合と非協力の場合の2通りある。パレート最適は，両者が協力を選択した場合であ

り，非協力の場合ではない。つまり，「鹿狩り」のゲームには，「両者協力」という「良い均衡」と「両者非協力」という「悪い均衡」とが存在するわけである（先のPD ゲームには，「悪い均衡」しかない）。

ここで疑問が生じる。「良い均衡」があるにもかかわらず，なぜ「悪い均衡」に陥る場合があるのか。言い換えれば，協力し

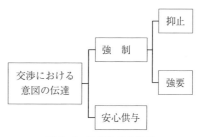

図 4 - 1　強制と安心供与

て鹿を追いかけることがA氏・B氏の共通の利益であるはずなのに，なぜ協力が選択されないことがあるのか。その一因は，意図の伝達に失敗することである。すなわち，たとえお互いに相手と協力して鹿を追いかける意図を持っていたとしても，その意図がきちんと相手に伝わらなければ，実は相手は兎を追いかけようとしているのではないかとの疑心暗鬼が生まれ，互いに非協力を選択してしまうのである（Kydd 2005）。

強制と安心供与

実際の国家は，日常的にさまざまな形で意図の伝達を行っているが，ここでは代表的な意図伝達の手段である「強制（coercion）」と「安心供与（reassurance）」について解説しよう（図4-1）。

第1の強制とは，相手にとって最悪な事態となりうる行動も辞さないという威嚇によって，自分にとって最善の事態（戦争回避を含む）につながる行動を相手に選択させることをいう。端的に言えば，相手を脅して，自分が望むことを相手に強いる行為である。

強制は，さらに「抑止（deterrence）」と「強要（compellence）」とに分けることができる（図4-1）。「抑止」とは，武力による威嚇によって，相手が本来であれば「実行したいことを自制させる」ことである。たとえば，他国の領土への侵攻を望んでいる国に対して，武力による威嚇を行い，侵攻を思いとどまらせることである。威嚇をしたにもかかわらず侵攻がなされた場合には，抑止に失敗したこととなる。

もう一方の，「強要」とは，武力による威嚇によって，相手が本来であれば「実行したくないことを実行させる」ことである。たとえば，他国の領土を侵攻した相手国に対して，第三国が武力による威嚇を行い，その領土からの撤退を求

コラム4　強制と安心供与の組合せとしての日本の安全保障政策

　強制と安心供与を組み合わせた安全保障政策の具体例として，日本の例を見てみよう。日本政府は，自衛隊や日米同盟の強化を通じて抑止力の向上を図ってきた（強制の側面の強化）。一方，日本政府は，そうした防衛力整備や同盟国との関係強化は，あくまでも日本国憲法第9条（平和主義）に反しない範囲内でのみ行なわれるとの見解も，国会の場などを通して繰り返し表明してきた。つまり日本は，他国の攻撃から自国を防衛するための実力行使は認められるとしつつも，その発動が許される局面（日本に対する急迫不正の侵害があり，自衛権発動以外の適当な手段がないとき）や程度（必要最小限度の実力行使）に厳しい縛りをかけてきたのである。政府見解は，国民への説明であると同時に，国外に向けた表明ともなる。自衛隊や日米同盟の強化は日本の軍事能力の向上を意味し，かつ「自衛」の概念も拡大解釈の余地がある（自衛の名の下に侵略戦争がなされてきた歴史がある）ため，周辺国の不安を招きかねない。そこで，日本政府は，そうした不安を払拭するべく「平和主義」や「専守防衛」の意図を対外的に度々伝えてきたのである（石田 2014；福島 2019）。これは，まさしく，安心供与の効果を狙うものであったと理解できる。

　ただし，最近では，2014年7月の閣議決定による新たな憲法解釈と2015年9月成立の平和安全法制によって，日本が集団的自衛権を限定的に行使し，日本が直接攻撃されていない有事であっても自衛隊が米軍を軍事的に支援することが可能になった。2022年12月に決定された国家安全保障戦略では，日本自身が，相手（敵）国の領域を直接攻撃できる「反撃能力」（敵基地攻撃能力）を保有することが表明された。いずれも，いざという時の態勢を整えていることを相手国に示して，相手国の攻撃を未然に防ぐこと（抑止）が狙いであるという。強制の側面をさらに強化しようとする政策だと理解できるが，安心供与との兼ね合いがより重要な課題となるであろう。

めることである。脅しにもかかわらず撤退がなされない場合には，強要に失敗したこととなる。

　一般的に，抑止や強要を受ける国家の立場からすれば，「現状維持」（不作為）を求められる抑止に比べて，「現状変更」（作為）を求められる強要は受け入れることがより難しい。先の例で考えてみよう。抑止の場合は，当事国にとって，それがいかに不本意ではあっても，その時点ではまだ開始していない侵攻をあきらめればよいだけの話である。他方，強制の場合は，その時点で既に行っている侵攻を，「撤退」という「新たな行動」によって修正しなければならないので，当

事国にとって，その負担はより受け入れ難いのである。

　次に，意図を伝達する第2の手段としての安心供与について見てみよう。安心供与とは，自分の要求が受け入れられればそれ以上の譲歩を相手に迫ることはないと約束することで，相手の不安を払拭することである。威嚇ではなく約束によって相手の同意を得ようとする点で，強制とは対照的な概念であるといえる。

　ただし，「強制」と「安心供与」は，概念としては別物であっても，相手国との交渉においては，両方同時に組み合わせて使われることが望ましい。「一歩でも動けば撃つ」という威嚇（強制）は，「止まれば撃たない」という約束（安心供与）が伴っている時に，より効果を発揮すると考えられるからである。逆にいえば，安心供与なき強制は，単に相手を追い詰めるだけであって，本来の目的である相手からの譲歩を引き出し，自分の要求を相手に受け入れてもらうことには必ずしも繋がらない，ということでもある。

　なお，安心供与は，あくまでも自分の安全を確保するという目的達成のための手段であり，相手を安心させること自体が目的ではない点には注意してほしい。敵対関係にある国の不安を払拭するような外交は，一見すると「弱腰外交」のように感じられるかもしれないが，これは，相手国から同意を引き出し自国の目的を達成するための「知恵」として理解されるべきものなのである。

3　合理的主体による交渉失敗？──交渉失敗の3つのメカニズム

強制の失敗と安心供与の失敗──威嚇の信頼性と約束の信頼性

　ここまでの「交渉の失敗としての戦争」という見方や「意図の伝達」，「強制」，「安心供与」に関する議論を踏まえ，合理的主体が交渉に失敗してしまうメカニズムをさらに検討しよう。具体的には，強制や安心供与に失敗するがゆえに交渉に失敗する点を「威嚇と約束の信頼性（credibility）」をキーワードとして確認したうえで，①「争点の分割不可能性」，②「情報の不完備性」（主に威嚇の信頼性の問題），③「コミットメント問題」（主に約束の信頼性の問題）といった，交渉失敗の3つのメカニズムについて学んでいこう。

　強制や安心供与といった手段がありながらも，なぜ交渉における意図の伝達はしばしば失敗し，戦争となってしまうのだろうか。ここでは，威嚇と約束の信頼性に着目し，再び2001年10月に米国とアフガニスタンとが開戦に至った経緯を例として考えてみよう（表4-3）。

　軍事力を背景としたビン・ラディン容疑者の引き渡し要求は，米国がアフガニスタンに行った強要であったといえる。結局は開戦となったことが示すように，米国の威嚇は，決して単なる「はったり（bluff）」ではなかった。にもかかわらず，なぜ強要は失敗したのだろうか。当時のラムズフェルド（Donald Rumsfeld, 1932〜2021）国防長官は，次のように推測する。1998年にもビン・ラディンは爆破事件を起こしていたが，その際に米国はアフガニスタンへの軍事介入を断行しなかった。それゆえ，タリバン政権は，アフガニスタンの厳しい地形ゆえに米国が実際に攻撃をしてくることはないと想定したのではないか。つまり，同長官は，米国はアフガニスタンへの威嚇の信頼性を欠いていたがゆえに強要に失敗し，開戦へ至ったと理解しているのである。

　また，タリバン政権側の少なくとも一部で，ビン・ラディン容疑者の引き渡しに応じたところで米国はさらなる譲歩を迫ってくるという意見があったことも知られている。容疑者引き渡しはあくまでも口実に過ぎず，引き渡しに応じたところで米国はさまざまな人権問題を持ち出して批判を強めたり，さらにはイスラム色の強い自分たちの政権を転覆して親米政権を擁立したりする恐れがあると受け止められていたのである。つまり，米国は，たとえアフガニスタンへの威嚇の信頼性が高かったとしても，「ビン・ラディン容疑者を引き渡したら，タリバン政権の転覆まではしない」という約束の信頼性を欠いていたがゆえに安心供与に失敗し，開戦へ至ったとも理解できるのである。

　このように，超大国でさえも交渉に失敗することがある。力は外から観察できたとしても（本当の）意図は外から観察できない以上，大きな力を有している国家でも威嚇の信頼性を欠く場合があるのは避けられないのである。だからといって，威嚇の信頼性が増すような行動をとれば，今度は約束の信頼性を確保しにくい。威嚇と約束のトレードオフ，すなわち強制と安心供与の組み合わせに伴う難しさゆえに，意図の伝達は困難を極めるのである（シェリング 2018；Jervis 1976；石田 2009）。戦争という互いにとって最悪の事態を招くことなく相手から自分の望むような形で譲歩を得るには，威嚇と約束双方の信頼性を高めることが必要となる。逆に言えば，威嚇や約束の信頼性が損なわれては，強制や安心供与の失敗によって交渉が破綻し戦争に至ってしまいかねないのである。

争点の分割不可能性

こうした議論を踏まえ，1990年代以降の戦争の交渉理論では，交渉失敗のメカ

ニズムを3つに整理して考えるようになってきている（Fearon 1995）。以下，順にみていこう。

第1は，争点の分割不可能性である。戦争で争いの対象（争点）となるものには，領土，資源，政治権力，宗教，イデオロギーなどさまざまなタイプがある。ここで重要なのは，これらの争点が，相手との交渉によって分割可能か否かである。もしも，自分の取り分が4割，相手の取り分が6割といったように，争点が分割可能であれば，戦争ではなく交渉で対立を解決する可能性が高まる。これに対し，争点が分割不可能な場合は，交渉は難航しやすい。なぜなら，そもそも争点が分割不可能であれば，意図の伝達に成功するかどうかという以前に，交渉で妥協できる着地点が存在しないことになるからである。

直感的には，領土，資源，政治権力は分割しやすいのに対し，宗教やイデオロギーは分割しにくいように思われる。領土や資源，政治権力（たとえば，閣僚の人数）であれば，交渉によって「5：5」や「6：4」といった形で互いの取り分を決めることができる。他方，宗教やイデオロギーが争点となる場合は，自分が信奉する宗教やイデオロギーに絶対的な価値があると信じる者同士が争うことになるので，相手との妥協は困難にならざるをえないのである。

ただし，領土，資源，政治権力についても，当事者の主観としては分割不可能だと認識されることがある。たとえば，相手に絶対に譲れない「固有の領土」や「神聖な土地」であると当事者が認識すれば，それは分割しにくい争点となり，交渉がまとまりづらい。

このように，争点の分割不可能性に着目すると，交渉で解決しやすいケースとしにくいケースがあることを理解できる。ただし，争点が分割可能であっても交渉が失敗し開戦に至るケースがある以上，他の原因も検討しなければならない。

情報の不完備性

そこで，第2に，情報の不完備性（自分と相手との情報の非対称性）について考えてみよう。情報が不完備であるというのは，互いに相手の戦争への「決意（resolve）」（どの程度のコストまで受け入れるつもりなのか）や「力」（戦争遂行に必要な軍事力や経済力）の程度がわからないことを意味する。主体の真の決意や力が何であるかを知っているのは本人（私）のみである，という意味で，これらの情報を「私的情報（private information）」と呼ぶ。この私的情報ゆえ，もし相手の戦争への決意を過大評価（実際には「弱気」なタイプを「強気」なタイプと誤認）して

しまうと，戦争を避けようと不必要な譲歩（例：領土割譲）をすることになる。逆に，それらを過小評価（実際には「強気」なタイプを「弱気」なタイプと誤認）してしまうと，自分も相手に強く出てしまい，互いに衝突して戦争に至ることもありえる。

　加えて，自分も相手も，このような情報の不完備性を利用して，相手に自分に関する偽りの情報を伝えて，相手からより多くの譲歩を引き出そうとする場合もある。たとえば，本当は「弱気」なタイプであるにもかかわらず，わざと「強気」なタイプであると相手に見せかけて（誤認させて），それを恐れた相手からより多くの譲歩を引き出そうとする試みが考えられる（第6章第2節，ドイツのヒトラー政権による外交を参照）。ただし，駆け引きを行う相手の側も，自分が「強気」なタイプを装っている可能性を認識しているので，自分の思い通りに事が運ぶ保証はない。結局のところ，情報が不完備な状況では，互いの意図についての「誤認」が生じるのは避けられず（つまり，威嚇の信頼性が低い），それにより交渉が失敗する可能性も高まってしまうのである。

コミットメント問題

　交渉が失敗し開戦に至るメカニズムとして最後に扱うのが，コミットメント問題である。コミットメントとは，将来特定の行動しか行わないことを事前に表明し，それを確実に実行すると約束しておくことである。たとえば，紛争の平和的解決や国境の不可侵といった原則に従うと表明し，その履行を約束することである。ただし，時間が経つと，交渉当事者の一方にとって，事前に表明していた通りに行動することが最適ではなくなることがある。そうしたとき，相手は約束が反故にされるのではないかと疑い，コミットメントの信頼性（約束の信頼性）は低下してしまう。すなわち，コミットメント問題がある状況とは，信頼される形で意図を伝達することが極めて難しい状況なのである。その結果，戦争に至ってしまうこともある。そうした例を2つ紹介しよう。

　1つは，「強者」の予防戦争（preventive war）である。予防戦争とは，対立または敵対するする相手の力がより強大になったり，その脅威がより深刻になったりするのを事前に防ぐために行われる戦争を指す。このような戦争は，現時点での強国（A国）が新興国（B国）に対して仕掛けるものである。このような戦争が起きるのは，たとえ現時点でA国がB国に対して力関係で有利であったとしても，時間の経過とともにB国の力が急激に増すのならば，A国にとっては自国に

余裕のある現時点で戦争を起こすのが得策となるからである。もちろん，コストの伴う戦争を避けて，互いの懸案事項を交渉で解決する方がより望ましいのはいうまでもない。しかし，力を増した後のB国が両国の約束を守り続けてA国の弱みにつけこんだりしないことが確証されない場合，つまりB国による約束の信頼性が低いとA国が感じるとき，A国が戦争に訴えることもありえるのである（第6章第1節，最後の段落を参照）。たとえば，2003年のイラク戦争は，「強者」である米国の予防戦争であるとも理解できる。米国からすれば，イラクが大量破壊兵器を完成させてしまえば，現在よりも不利な条件で戦争をする羽目になる。米国にとっては，イラクの査察受け入れ表明も単なる時間稼ぎとしか映らず，交渉が失敗したのである。

　2つ目は，「弱者」の予防戦争である。典型例として，新しい国家の誕生過程で発生する内戦を挙げてみよう。新しい国で多数派となったA派は，自らが主体となって新政府を形成しようとする。このとき，A派は，少数派のB派に対しても一定の政治権力や利益を配分するといった配慮をみせる。だが，今後時間が経つにつれてA派がますます勢力を拡張する可能性を考慮すると，B派は，将来もB派に配慮し続けるというA派の約束が破られることを懸念せざるをえない（つまり，A派の約束の信頼性は低い）。結局，B派は，将来不利な立場に追い込まれることを恐れて武力に訴えることになる（第7章第1節を参照）。たとえば，旧ユーゴスラビアからのクロアチア独立に際してセルビア人による分離独立運動が武力紛争化していったのは，「弱者」であるセルビア人の予防戦争であるとも理解できる。少数派のセルビア人からすれば，多数派のクロアチア人主導の新政府が形成されれば，自分たちの立場が弱まることが容易に予想されたため，交渉が失敗したのである。

争点の分割不可能性への対処——サイド・ペイメント

　ここからは，以上の「交渉失敗の3つのメカニズム」への対処法を考えていこう。まずは，争点の分割不可能性への対処についてである。

　宗教やイデオロギー，「固有の領土」や「神聖な領土」といった分割しにくいように思われる争点に関しても，サイド・ペイメントという方法によって，交渉がまとまり戦争を避けることが可能になりえる。サイド・ペイメントとは，相手が自分の主張を受け入れてくれたら，その代償を相手に提供することである。たとえば，資金を供与したり，他の争点では相手の主張を受け入れたりすることに

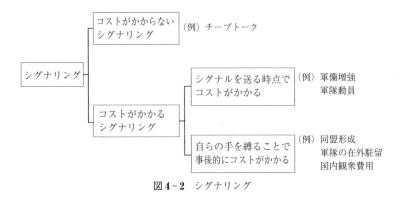

図4-2　シグナリング

　よって，相手の妥協に報いるわけである。サイド・ペイメントは常に成功するわけではないが，工夫次第では分割不可能な争点に関しても交渉をまとめることが不可能ではないことを確認しておきたい。

情報の不完備性への対処——威嚇の信頼性の向上

　情報が不完備な状況で，私的情報を相手にうまく伝え，相手から譲歩を引き出すには，「威嚇の信頼性」を高める必要がある。ここでポイントとなるのが，「コストがかかるシグナリング（costly signaling）」である。そもそも，シグナリングとは，私的情報の発信に，その私的情報に密接に関連していて，かつ他者が容易に確認できるような情報を用いることである。身近な例としては，就職活動において自らの業務遂行能力（私的情報）を伝えるために，学歴（私的情報に密接に関連していて他者も容易に確認できる情報の一種）を示すことが挙げられる。

　シグナリングには，「コストがかからないもの」と「コストがかかるもの」とがある（図4-2）。コストがかからないものとしては，言葉を発するだけの行為が挙げられる。「言うは易し（talk is cheap）」ということわざにちなんで「チープトーク（cheap talk）」と呼ばれている。コストがかからない利点があるものの，相手からは口先だけだと思われてしまいかねない。

　他方でコストがかかるシグナリングとしては，①軍備増強，②軍隊動員，③同盟形成，④軍隊の在外駐留，⑤国内観衆費用（domestic audience cost）の5つが挙げられる。これらは，さらに「シグナルを送る時点でコストがかかる（sinking costs）」ものと，「自らの手を縛ることで事後的にコストがかかる（tying hands）」

ものとに分けられる。①②は前者，③④⑤は後者に当たる（図4-2）

　まず，①軍備を増強したり②軍隊を動員したりすることには，当然ながら，か
なりの金銭的・人的コストがかかる。このため，「弱気」なタイプには難しい行
動であり，自分が本当に「強気」なタイプであることを相手に示すことができる。
つまり，軍備増強や軍隊動員自体が「強気」なタイプを示すシグナリングであり，
それを送る時点でコストがかかっているといえる。

　他方で，自らの手を縛ることになる③同盟形成は，事後的にコストがかかるも
のである。同盟を結んでおきながら，いざという時に同盟相手国を守らなければ
自国の評判に傷がつく。このため，相互的な軍事協力を定めた同盟を形成するこ
とは「弱気」なタイプには難しい。自国の評判低下という事後（守らなかった場
合）のコストを織り込みながら形成するのが同盟の1つの特徴であり，そうであ
るがゆえに同盟の形成は，その仮想敵国に対して強いシグナルを送ることになり
えるのである。

　④外国（通常は同盟国）に自国軍を駐留させる国家は，当該国（外国）が第三国
から攻撃を受けた場合に，当該国を支援して第三国に反撃することが不可避にな
る。なぜなら，第三国による攻撃は，当該国に駐留する自国兵をも半ば自動的に
危険にさらすからである。ゆえに，軍隊の在外駐留も，やはり「弱気」なタイプ
には難しい。ここでのポイントは，外国が有事になって初めて軍隊を送るのでは
なく，平時から軍隊を駐留させておくことである。自国兵をいわば「人質」とし
て同盟国に常駐させておくこの行為は，事後の（外国支援の）コストを自国に課
すことに等しい，「強気」な姿勢の表れなのである。その意味で，日本を含む世
界各国の在外米軍基地に駐留している米軍の存在は，米国が自らの同盟国を守る
強い決意を示すシグナルとして解釈できるのである。

　⑤国内観衆費用——国民（政治を観察している国内観衆）の支持を失った政治指
導者が被るコスト（損害）——の大きい民主主義国の政府は，相手国を威嚇する
場合に，自分が強いタイプであることを，より明確に伝えやすい。なぜなら，選
挙や国民世論の反応に敏感な民主主義国の指導者は，おいそれと武力による威嚇
を行なうことはできず，彼らが威嚇を行うような場合には，「相当の決意」を固
めている場合がほとんどであると想定できるからである。さらに，いったん，威
嚇を行った民主主義国の指導者が，相手国の譲歩を引き出すこともないままに，
その威嚇を後から撤回することも容易ではない。なぜなら，そのような指導者は，
国民によって指導力の欠如を非難され，場合によっては，支持率低下，辞任，選

挙での落選といった損害を被るからである。ゆえに，国内観衆費用の大きい民主主義国の指導者があえて行う威嚇には，そうでない指導者に比べて，より高い信頼性が伴うと考えられるのである。

　これら（③④⑤）は，いずれも，あえて自らの手を縛るような行動によって相手に強い決意を示すものである。Short Story で紹介したゲームと同じく，あえて自らの行動の選択肢を狭めることが，自国を有利にするというわけである。ただし，シグナリングにかかるコストと得られる利益が見合うように，適切なレベルのシグナリングを選ぶ必要がある

コミットメント問題への対処──約束の信頼性の向上

　コミットメント問題を緩和するには，時間の経過が自分に有利な形で働いても相手にさらなる譲歩を迫ることはないという「約束の信頼性」を高めなければならない。大まかには2つの方法が考えられる。第1に，コミットメントに反した行動をとることができないようにすることである。交渉の時点で将来の再交渉の可能性をあらかじめ封じることができれば，時間の経過が不利な形で働く側も安心することができる。第2に，コミットメントに反した行動をとった側が多大な損害を被るようにすることである。コミットメント違反に制裁を加える仕組みが整えられれば，時間の経過が不利な形で働く側もやはり安心できる。再交渉の可能性をあらかじめ封じることも，制裁の仕組みを整えることも，決して容易ではないが，こうした約束の信頼性を向上させる努力がコミットメント問題の緩和，ひいては戦争回避につながる点を確認しておきたい。

　なお，コミットメント問題は，いつでもどこでも決定的に重要になるわけではない。相手の約束を信じられるかは，それぞれの国・地域の歴史的な背景によって変わってくると考えるのが自然だろう（石田 2004）。現実を分析するには，ラショナリズムの抽象的な議論に加えて歴史・地域研究が示す具体的な文脈についても意識し，両者を常に往復しながら考えることが重要である。

　本章では，ラショナリズムに基づく理論について，戦争の発生をめぐる戦略的相互作用に焦点を当てて紹介してきた。むろん，ラショナリズムも，他のあらゆる理論・方法論がそうであるように，万能ではない。たとえば，ゲーム理論のように抽象的なモデルから戦略を説明し，考えているだけでは，やがて現実の戦争被害に関する感覚が麻痺してしまいかねないとの批判もある。ただし，ゲーム理

論が冷戦の真っ只中より国家間の「協力」が実現するための条件についても模索してきた点は心に留めておきたい。ラショナリズムを妄信することも毛嫌いすることもなく，それが国際問題の理解に効果を発揮する範囲で道具として用いるのがよいだろう。

参考文献

アクセルロッド，ロバート（松田裕之訳）『つきあい方の科学——バクテリアから国際関係まで』ミネルヴァ書房，1998年。

石田淳「内政干渉の国際政治学——冷戦終結と内戦」藤原帰一・李鐘元・古城佳子・石田淳編『国際政治講座＜4＞国際秩序の変動』東京大学出版会，2004年。

石田淳「人権と人道の時代における強制外交——権力政治の逆説」日本国際政治学会編（大芝亮・古城佳子・石田淳責任編集）『日本の国際政治学＜2＞国境なき国際政治』有斐閣，2009年。

石田淳「安全保障の政治的基盤」遠藤誠治・遠藤乾編『シリーズ 日本の安全保障＜1＞安全保障とは何か』岩波書店，2014年。

福島啓之「敗者の安心供与としての日本国憲法第九条」『国際政治』193，2019年。

Fearon, James D., "Rationalist Explanations for War," *International Organization*, 49 (3), 1995.

Fearon, James D., "Commitment Problems and the Spread of Ethnic Conflict," In David A. Lake and Donald Rothchild, eds., *The Spread of Ethnic Conflict: Fear, Diffusion, and Escalation*, Princeton University Press, 1998.

Fearon, James D. and Alexander Wendt, "Rationalism v. Constructivism: A Skeptical View," In Walter Carlsnaes, Thomas Risse and Beth A. Simmons, eds., *Handbook of International Relations*, Sage, 2002.

Jervis, Robert, *Perception and Misperception in International Politics*, Princeton University Press, 1976.

Kydd, Andrew, *Trust and Mistrust in International Relations*, Princeton University Press, 2005.

さらに読み進めたい人のために

シェリング，トーマス（河野勝監訳）『紛争の戦略——ゲーム理論のエッセンス』勁草書房，2008年。

＊戦争の交渉理論は1990年代に発展したが，その礎は1960年刊行のシェリングの著書で

既に築かれていたといってよい。本書は，その翻訳書。本章で引用した箇所もあるが，著書全体に是非直接あたってみていただきたい。

シェリング，トーマス（斎藤剛訳）『軍備と影響力——核兵器と駆け引きの論理』勁草書房，2018年。

＊こちらも本章で引用したシェリングの古典的作品。1966年に刊行された著書の翻訳書であり，上記とあわせて読みたい。第2章「コミットメントの技法」で展開される論理についてとくに確認してみていただきたい。

中西寛・石田淳・田所昌幸『国際政治学』有斐閣，2013年。

＊第3章，第5章4節，第7章1節でラショナリズムに基づく分析が数式を用いることなく，他の理論との関係を意識しながら展開されている。政治の本質を関係者からの「同意確保の技術」と見定める視角から，国際政治学黎明期よりフィアロン以降に至るまでの議論が整理されており，上級者向け。

松原望・飯田敬輔編『国際政治の数理・計量分析入門』東京大学出版会，2012年。

＊第1章から第10章でゲーム理論（本章は非協力ゲームの一部のみ扱っているが，他の非協力ゲームや協力ゲーム，ベイジアン・ゲームについても扱われている）の国際政治への応用例を挙げながら平易な文章で解説されている。数式を用いたテキストに進む前に読んでみていただきたい。

鈴木基史・岡田章編『国際紛争と協調のゲーム』有斐閣，2013年。

＊ゲーム理論を用いて国際政治の具体的な問題について分析したテキスト。武力紛争のみならず貿易や金融，軍縮といった幅広いイシューを例として学べる。数式が用いられており，上級者向け。

（中村長史）

第5章
コンストラクティビズム
──世界は「社会的に構築」できる！──

─── Short Story ───

　ミネオ君が美術館のチケットを先に購入したことで，ミネオ君と一緒にアクション映画ではなく美術館に行くことになったミネコさんですが，どうやらあまり機嫌が良くないようです。

（ミネオ）「あれ？　美術館はあんまり好きじゃなかった？　あの映画の内容，かなり暴力的で女性にはキツイかなあ，って思って。それに，これから行く美術館ってお洒落で女性向けかなって思ったんだけど……」

（ミネコ）「うーん，どうだろう。そもそも，女性だからといってみんなが美術館に行きたいわけじゃないし，映画の内容がキツイかどうかも性別を理由に勝手に判断してほしくないなあ。あと，一方的に交渉力を得るようなやり方は，あんまり『フェア』じゃないかも」

　ミネオ君はビックリしてしまいました。ミネコさんには，自分がそれまで「常識」と思っていたことが通じないばかりか，自分が「頼りがいのある男」ではなく「強引な男」であると認識されてしまったからです。

（ミネコ）「あ，ごめんなさい。少し言い過ぎちゃったかも。でもミネオ君は，ちょっと古風な考えが強いのかな。最近は野球とかサッカーとか，男性中心だったスポーツでも女性選手が増えてるし，夫婦別姓に賛成する人も増えてるよね。社会の常識って時と場所で変わるモノよ。さあ，行こう！」

　ミネオ君は，個人の考えが社会の常識と必ずしもイコールとは限らないこと，そして社会の常識は変化しうることを痛感させられました。ともあれ，こうして2人は，仲良く美術館で展覧会を楽しむことができたのでした。

　本書のこれまでの章を通して，リアリズム（第2章），リベラリズム（第3章），ラショナリズム（第4章）について学んできた皆さんの中には，次のような疑問を持った人もいるかもしれない。中央政府が存在しない（つまりアナーキーな）国際社会において，すべての国家が同じようにパワーや国益の最大化をめざして行動するのだろうか。国家が追求する国益の中身は，あらかじめ決まっていて変化しないものなのだろうか。国際社会の主体は，常に利己的な選択をするのだろうか。

　これから紹介するコンストラクティビズムも，1980年代後半，このような疑問を既存の理論に投げかけるところから出発した。とくに，当時の国際関係論で勢いのあったネオリアリズムとネオリベラリズムが軽視していた，主体のアイデンティティや利益に焦点を当て，それらの特徴を真剣に検討した。その際，コンストラクティビズムは社会学の知見を積極的に援用し，国際関係についての新たな見方を示そうとした。

　本章は，まずコンストラクティビズムが他のイズムにどのように挑戦し，国際関係をどのように捉えようとしているのかを整理し，次にコンストラクティビズムの基礎的な理論的視座を提示する。そのうえで，国際規範の拡散と展開に関するコンストラクティビズムの具体的な議論を紹介したい。

1　コンストラクティビズムによる挑戦

　コンストラクティビズムは，本書がこれまで扱ってきた3つのイズム（リアリズム，リベラリズム，ラショナリズム）に共通してみられる，2つの前提に挑戦した。すなわち，①物質主義に偏った世界観と②合理主義に偏った主体観である。これらを順に見ていこう。

物質的な要素だけが重要か

　前章までで学んだように，リアリズムだけでなくリベラリズムも，物質的（material）要素が国際関係において重要だと考えてきた。リアリズムは大国が持つ軍事的・経済的パワー（国力）を重視し，リベラリズム（たとえば相互依存論）は国家間の経済的利益に着目して，戦争や国際協調の問題を説明してきた。こうした見方に対してコンストラクティビズムは，パワーや利益に「意味」を与えるアイディア，より厳密には観念的（ideational）要素の重要性を指摘する。すなわ

ち，彼らは，国際関係における規範やアイデンティティといった非物質的な観念的要素の意義を説くのである。

　前者と後者の違いは，「物質主義（materialism）」と「観念主義（idealism）」の違いから説明できる。リアリズムやリベラリズムが依拠する物質主義は，社会の基盤にある最も根本的な部分を，むき出しの物質的パワーを中心にして理解する。軍事力や経済力，天然資源，科学技術，地理といった物質的要素そのものが，国際関係を含む社会の構造を決定し，それによって，国家をはじめとする主体の行動が制約されると考えるのである。確かに，社会には観念的要素も存在するが，それらは2次的なものにすぎず，社会を根本から規定するものではない。このように考えるのが物質主義である。

　これに対して，コンストラクティビズムが依拠する観念主義は，社会の基盤にある最も根本的な部分を，主体の間で共有される社会意識を中心にして理解する。社会意識はしばしば，規範やルール，制度といった観念的要素の形をとって，国際関係を含む社会の構造を決定し，それによって，主体の行動が制約されるだけでなく，主体のアイデンティティや利益が構成されることもあると考えるのである。観念主義によれば，物質的要素はそれ自体としては何の意味も持たない。物質的要素が社会において重要になるのは，観念的要素によってそれらに何らかの意味が与えられた時である。つまり，物質的要素は2次的なものにすぎず，観念的要素の存在によって初めて物質的要素の理解や解釈が可能になる。加えて，物質そのものは簡単には変化しないが，物質をどのように理解し解釈するか，すなわち物質に意味を与える観念的要素は時代や文化，あるいは主体間の関係性の違いによって変わりうる。このように考えるのが観念主義である。

　では，物質的要素よりも観念的要素を重視して捉えられる国際関係とは，具体的にどのようなものなのだろうか。ここでは，リアリズムが得意分野とする核兵器をめぐる安全保障について考えてみよう。ここ数年の日本の安全保障にとって，北朝鮮の核開発は深刻な脅威と見なされてきた。北朝鮮は，2006年に初めて核実験を行って以降，核弾頭やミサイルの開発や保有を着実に進めてきたからである。一方で，核兵器の数だけで見ると，北朝鮮の脅威はそれほど自明のものではない。なぜなら，20発程度とされる北朝鮮の核弾頭数に比べて，米国はおよそ5,400発もの核弾頭を保有しており（2022年1月時点。SIPRI, *SIPRI Yearbook 2022*, https://www.sipri.org/yearbook/2022），核兵器の量（物質面）では米国の方が北朝鮮よりもはるかに脅威といえるからである。しかし，日本にとって米国の核兵器は通常，

脅威とは見なされていない。なぜだろうか。

　ここでカギになるのが，日本と米国および北朝鮮との関係に影響を与えている観念的要素である。皆さんも知っているように，日本は，米国とは日米安全保障条約によって同盟関係を構築するほど友好的で親密な関係を築く一方，北朝鮮とは国交を結ぶことすらなく敵対的な関係を続けている。国家のアイデンティティの面でも，日本は，米国とは自由民主主義国家としてのアイデンティティを共有しているが，全体主義的独裁国家の北朝鮮とはアイデンティティを共有してはいない。要するに，核兵器の保有という物質的条件を同じくする米朝（実際は米国が北朝鮮を圧倒している）は，日本にとって，それぞれ「友」と「敵」という真逆の意味を持つ国家なのである。さらに，北朝鮮による核開発は，世界のほとんどの国が加盟する核兵器不拡散条約（NPT）に反する違法行為であり，国際連合（国連）の安全保障理事会（安保理）によって，「国際の平和と安全に対する脅威」と認定されている点も無視できない。つまり，北朝鮮の核兵器は，国際社会のルールに反しているために，日本を含む国際社会にとっての脅威を構成しているといえるのである。

　このように，コンストラクティビズムが重視するのは，核兵器そのものやその数といった物質的な事実というよりも，各主体がお互いをどのように認識しているか，つまり観念的な側面である。また，その場合の観念的要素とは，個人が持つ私的なアイディアや信念ではなく，特定の社会において共有された価値や規範を指す。コンストラクティビズムは，物質的要素の存在を完全に否定するわけではないが，こうした要素が社会でどのように認識されているのかを重視する。そのため，そのような社会的認識に影響を及ぼす社会の規範やアイデンティティといった非物質的な要素を，より重要と考えるのである。

主体は常に利己的で合理的か

　リアリズムや（とくにネオ）リベラリズム，ラショナリズムは，利己的で合理的な主体の存在を前提にそれぞれの理論を展開する。そこでの主体は，自己利益の追求に主要な関心を持つという点で利己的であり，また自己利益を実現するために，最も効果的で効率的な（最小の費用で最大の便益を得る）方法をとることができるという点で合理的である。このような前提に立つ合理的選択論では，軍事力の強化や経済的富の増大といった主体の利益はあらかじめ決まっているため，その利益を得るためにどのような戦略を採用すればよいのかが中心的な問いにな

る。つまり，個々の主体の選択が重視される主体中心の理論を展開するのである。

　これに対してコンストラクティビズムは，次の2つの疑問を投げかけた。1つは，ラショナリズムは主体の利益を事前に決まったもの（所与）と見なすが，そもそもなぜ特定の利益が追求されるのかを問う必要があるのではないか，という疑問である。なぜなら，先ほど指摘したように，規範などの観念的要素や主体間の社会的関係によって物質的要素の「見方」が変わるなら，主体が追求する（物質的）利益もこうした観念的要素によって変わる（形成される）はずだからである。であれば，国家の合理性を前提にパワーや安全の最大化を国家にとって不変で絶対的な利益であるかのように扱う議論（たとえばリアリズム）は，どのような場合でも妥当するわけではない，とコンストラクティビズムは考えるのである。たとえば，日本にとって，「北朝鮮の非核化」は自国の利益である一方，「米国の非核化」が自国の利益ではないのはなぜだろうか。それは，日本にとって米朝はどちらも核保有国ではあるが，観念的要素によって構築された社会的関係（共通の価値観や条約の有無によって決まる友敵関係）の違いにより，日本が米朝それぞれに望む行動（日本の利益）も異なってくるからである。このように，主体の利益は物質的要素の存在のみで自動的に決まるのではなく，物質的要素に観念的要素が何らかの社会的意味を与えることによって初めて決まるのである。

　もう1つは，主体はいつでも自分の利益だけを追求するのだろうか，との疑問である。上述のように，観念的要素によって主体の利益が形成されるということは，主体が常に自己利益だけを追求するのではなく，社会全体にとって望ましいとされる利益にも貢献する可能性があることを示唆する。なぜなら，そもそも規範などの観念的要素は，ある主体が主観的・個人的に認識しているものではなく，他者をも含む「社会全体」で共有されているものだからである。ラショナリズムが想定するのは自己利益を最大化する選択肢を選ぶ主体であるため，自己利益の最大化を妨げるような選択肢は，たとえそれが社会的に望ましいものであったとしても選ばれることはない（第4章第1節）。確かにラショナリズムも，観念的要素が主体の選択や行動を制約しうることは認めている。たとえばネオリベラル制度論は，自己利益を追求する国家同士であっても，それらが国際制度によって制約を受ければ，お互いに裏切りではなく協調を選択するようになることを示した。ただし，その場合でも，国家が協調を選択するのは自己利益に照らして合理的であると判断するからだ，とネオリベラル制度論は主張するのである（第3章第5節）。これに対してコンストラクティビズムは，国家とはいえ，自己利益よりも

社会的に望ましい利益を追求する場合もありうることを強調するのである。

　主体が常に利己的に行動するわけではないことは，私たち一般人の感覚からすれば当然のことだろう。募金を例に考えてみよう。日本ではしばしば一部の地域が地震や大雨で甚大な被害を受けるが，そうした時，被災地域の復旧・復興に役立てようと募金活動が行われることがある。皆さんの中には，実際に募金の呼びかけに応じたことがある人もいるかもしれない。ではなぜ，呼びかけに応じたのだろうか。誰かから強制されたからだろうか。募金に応じることで，何らかの見返りを期待したからだろうか。多くの場合，そうではないだろう。自分に直接的な利益をもたらすわけではないと知りながらも，困っている人や地域を救うために自分のお金から募金したという人がほとんどではないだろうか。あるいは，知り合いが募金に応じているのを見て，自分もやってみようと思った人もいるかもしれない。こうした行動は，自己利益の最大化という観点からは説明が難しい。むしろ，困っている人がいたらみんなで助ける，知り合いの行いを見てその大切さに気づくといった，社会的な望ましさに影響を受けた非利己的な行動といえるものだろう。

　似たような例は，国際関係でも観察される。海外，とくに途上国で大規模な自然災害や紛争などの人道危機が発生すると，日本政府はしばしば緊急の人道支援を提供する。もし日本が自国の経済的利益を増やすことだけを考えるなら，こうした被災国に提供する経済支援は国内に回した方がはるかに合理的だろう。しかし，実際の日本は，そのような合理的あるいは利己的な行動はしない。なぜなら，世界第3位の経済大国である日本には被災国支援を担う役割があるとする国際社会の期待があり，日本はこうした国際社会からの期待に応えようとするからである。また，日本自身が第2次世界大戦後に，国連児童基金（UNICEF）や世界銀行の支援を受けて自らの復興や経済発展を成し遂げた歴史的経験から生じる，「義務感」も影響しているかもしれない。このように，国家の「利益」は常に利己的なものであるとは限らず，国家が置かれた社会的・歴史的文脈によっては利他的なものになりうる，というのがコンストラクティビズムの立場なのである。

2　コンストラクティビズムの理論的視座

　既存の国際関係理論に対して前節で示したような疑問を抱いたコンストラクティビズムは，具体的にどのような国際関係の見方を提示したのだろうか。ここ

では，コンストラクティビズムの基本的特徴を反映した4つの理論的視座，すなわち①社会的事実と社会的構成，②規範，③アイデンティティと利益，④構造と主体の相互作用を紹介したい。いずれも，前節で指摘した観念的要素の重要性と主体の社会性を取り込んだ視点である。

社会的事実と社会的構成

コンストラクティビズムがまず重視するのは，国際関係における「社会的事実（social fact）」の存在である。社会的事実とは，個人の行動や考えに影響を及ぼす慣行，風習，文化といった社会構造を指す。もともと社会的事実という概念は，物質とは違って，直接目にしたり手で触れたりすることのできない，（主として国内における）社会構造の存在を可視化するために，社会学者が提唱したものであった。国際関係理論としてのコンストラクティビズムは，社会的事実に相当するものが国際関係にも存在しうることを主張したのである。

　ここで重要なのは，社会的事実が，人々や国家といったさまざまな主体の無数の行動や思考を経て，「社会的に構成（socially constructed）」される点である。コンストラクティビズムによれば，私たちが見ている世界は，単に物質的なものとして存在しているのではなく，社会的に構成される知識や価値観といった観念的要素を通して，初めて成立するものだという。コンストラクティビズムが時に「社会構成主義（social constructivism）」と呼ばれるゆえんは，まさにここにある。

　あるモノ（X）が社会的に構成されている状態とは，次のような状態を指す。まず，特定の社会で生きている私はXを知っている。同じ社会に生きているあなたもXを知っている。さらに私は，あなたがXを知っていることを知っている。そしてあなたも，私がXを知っていることを知っている。要するに，社会の人々それぞれがXの存在を知っているだけでなく，Xがみんなに知られていることを人々がお互いに認識し，了解し合っている。このように，人々の相互了解や共通認識に支えられて形成され存在している点が，社会的事実の基本的性質である。その性質はしばしば，主観（人）と主観（人）の間で共有されているという意味で，「間主観性（intersubjectivity）」と呼ばれることもある。

　国際関係に限らず，私たちの身の回りは，社会的に構成されたモノで溢れかえっている。たとえば，日本では家の中で靴を脱ぐのは当然視されているが，このような慣行も社会的事実の1つである。日本人としての自分は，家の中で靴を脱ぐという慣行を知っているし，日本に住んでいる他の人もそのことを知ってい

る。しかも，他の人がそれを知っていることを当人に直接確認したわけでもないのに，自分は，他の人がそれをすでに知っていると確信してもいるのである。そして日本人であれば，自宅はもちろん，他人の家ではなおのこと，土足のまま家に上がるようなことはしない。このように，間主観性を帯びるようになった社会的事実は，岩やコンクリートといった物質的存在に匹敵するような「客観的事実」となって，私たちに迫ってくる。道の途中に岩が立ちはだかっていれば，私たちはそれを迂回して進まなくてはならないのと同じように，特定の行動を禁じる慣行が社会に存在するのであれば，私たちはそれが禁じる行動を回避して生活しなければならないのである。

　現実の国際社会でも，物質的な実体が存在しなくても，国家間で結ばれる合意が社会的事実となって主体の行動を左右することがしばしばある。たとえば，2015年9月に国連で採択された「持続可能な開発目標（SDGs）」は，それが記された文書は存在するものの，それ自体は物質的な実体を持っているわけではない。しかし，日本国内を見ても，今では政府だけでなく企業や大学の多く，あるいは個人までもが SDGs を客観的に存在するものと認識し，貧困削減や環境保護といった SDGs 関連の活動に積極的に取り組むようになっている。日本での SDGs の取り組みは，最初は限られた範囲のものにすぎなかったが，その後の活動と認知の拡大によって，今や SDGs は間主観性を持つようになったともいえるのである（第10章第4節，第11章第5節）。

規範とは何か

　コンストラクティビズムは，彼らが重視する観念的要素をさまざまな用語や概念を使って説明しようとするが，それらのうちで最も多用されるのが「規範（norm）」である。この規範も，社会的に構成されるモノの1つである。規範とは，特定の社会の構成員（主体）の間で共有された，適切な行為についての期待や基準を意味する。規範は，集団の中で当たり前の原理として広く共有され，社会においてふさわしい振る舞いとふさわしくない振る舞いを区別する際の指針となるものである。コンストラクティビズムは，法や制度として明文化された規範だけでなく，慣例や道徳などの明文化されていない規範も含めて「規範」として論じてきた。

　観念的要素である規範の存在や働きは，物体に比べると捉えにくいものかもしれない。では，コンストラクティビズムは，どのように規範の存在や働きを確認

するのだろうか。そこで注目されるのが，主体の「言説」と「繰り返しの実行」である。すなわち，主体が何らかの行動を起こす際に特定の規範に言及し，その規範に沿った行動を繰り返しているのであれば，その規範の存在や働きを確認できるという。逆に，規範に違反した行為が行われた場合でも，他者がその違反を批判したり罰したりすれば，その規範は社会に存在し（続け）ていると判断できる。たとえば，日本で土足のまま家に入れば，周りから靴を脱ぐように注意されるだろう。この「注意」という行為によっても，日本では家に上がる際には靴を脱がなければならない，という規範の存在を確認できるのである。

　ところで，国際関係論において規範の働きを論じたのは，コンストラクティビズムだけではなかった。ネオリベラル制度論も，国家間協調を導くメカニズムとして規範やルールに着目していた。では，両者が捉える規範は具体的に何が違うのだろうか。まず，ネオリベラル制度論は規範を国家の行動を制約し規制するもの（「規制的規範」と呼ぶ）として考えるのに対し，コンストラクティビズムは規範を国家のアイデンティティや利益を構成するもの（「構成的規範」と呼ぶ）と考える。ラショナリズムに依拠するネオリベラル制度論では，国家が規範に従うのはあくまでも国家の費用便益計算，つまり自己利益を最大化する損得計算の結果にすぎないとされる（「結果の論理」に基づく規範の遵守ともいう）。この場合の国家は，依然として合理的な利己主義者であることに変わりはなく，規範を守った場合と破った場合の損得を考慮し，表向きの行動を変えたにすぎないと考えられるのである。企業イメージが向上し商品の売上増が期待できるからとか，就職活動に有利だからといった理由でSDGsに熱中する主体は，「結果の論理」に基づきSDGs規範に従っているといえよう。

　これに対してコンストラクティビズムは，国家（主体）が規範に従うのは，それが自分の利益にかなうからというよりも，規範に従うことそれ自体が適切な行為と意味づけられているから（「適切さの論理」に基づく規範の遵守ともいう），と考える。規範を，損得計算に関わる要素の1つとして表面的に扱うのではなく，自らの内側に取り込んだ国家を想定している。要するに，この場合の国家は純粋な利己主義者とは異なり，そもそも規範に反するような行為を行う動機を持たない主体に変わっているのである。国際社会の一員であり経済大国でもある日本が貧困削減や環境保護に取り組むのは当然だ，という理由で日本がSDGsを推進するなら，こうした理解が当てはまるだろう。もちろんコンストラクティビズムも，現実の国家が「結果の論理」に基づいて行動することを否定するわけではない。

しかし，「適切さの論理」に着目することで，国家が常に利己的な計算を行うとは限らず，規範の働きによってふさわしい行動をとる場合もありうることを明らかにしたのである。

アイデンティティと利益

　規範が主体の行動様式を規定するというコンストラクティビズムの視点は，主体の成り立ちに関わるアイデンティティについての深い洞察にもつながっている。アイデンティティとは，自分は何者であるかについての自己理解であり，社会における自分の地位や他者との関係を指し示すものである。アイデンティティの成立には，主体自身の主観的な自己理解に加えて，他者の存在や認識も必要となる。そのため，アイデンティティは必然的に間主観性を伴うものとなる。たとえば，日本人というアイデンティティは，日本人としての社会的・文化的行動様式や役割に関する共通理解のうえに成り立つものである。コンストラクティビズムがアイデンティティを重視するのは，アイデンティティが主体の利益の内容を決めると考えられるからである。

　一例として，欧州連合（EU）について考えてみよう。EUというと，経済統合の側面ばかりが強調されがちだが，実際には人権や民主主義を尊重し，法の支配を実践する自由民主主義国家としてのアイデンティティを共有する諸国から成る共同体でもある。EUへの加盟を希望する国は，加盟の条件として，自由民主主義の価値や規範を遵守することが求められる。EUに加盟することを通じて，それまでの人権や民主主義に反する行動を改め，積極的に自由民主主義の規範を守る姿勢を示し，EUの一員という新たなアイデンティティを獲得していく。こうして「EUアイデンティティ」を獲得した加盟国は，自国やEU域内のみならず，他国との関係においても，人権や民主主義の促進を自らの利益と位置づけるようになるのである。

　別の例として，G7（主要7カ国）の一員としての日本を見てみよう。2022年2月のロシアによるウクライナ侵攻を受け，日本はロシアに対して幅広い経済制裁を科した。ロシアは日本にとって，石油や天然ガスの輸入先であり，かつ北方領土問題の解決のためにも重要な相手国である。そのため，ロシアとの良好な関係から得られる経済的・政治的な利益を考えれば，日本が対露制裁を行うのは得策ではない。しかし，日本は，これらの利益を犠牲にしながらも，G7の一員として対露制裁への参加を決めたのである。もちろんこの背景には，ロシアの侵略を

許すと，日本が安全保障上の脅威と見なす中国や北朝鮮の強硬姿勢を助長しかねないとの懸念もあっただろう。一方で，日本がG7構成国と足並みを揃えて対露制裁に踏み切った点には，西側のアイデンティティ（自由，民主主義，法の支配の擁護）を他のG7諸国と共有する日本の姿勢が示されていたことも確かだろう。

　もっとも国家のアイデンティティは，私たち個人と同じように，複合的になりうる点には注意が必要である。つまり，同じ日本であっても，「平和国家」「唯一の戦争被爆国」「経済大国」「G7の一員」「アジア地域の一国」「国際社会の一員」といった複数のアイデンティティを同時に持つことはありうる。現実には，それぞれのアイデンティティごとに期待される役割が異なるため，さまざまな状況や相手と向き合うなかで日本が追求すべき利益も変化することになる。このように，国家を含む主体のアイデンティティに注目することによって，特定の主体が認識し追求する利益が，ラショナリズムが想定するよりもはるかに多様であることが理解できるようになるのである。

「構造」と「主体」の相互作用

　最後に，「構造」と「主体」の関係性を「相互作用」の観点から捉えるコンストラクティビズムの見方を紹介しよう。これまで見てきた，社会的事実，間主観性，規範といった存在は，いずれも社会構造の一種として把握できるものでもある。主体がルールや規範に従ったり，規範や間主観的理解から自らのアイデンティティや利益を認識して行動したりする場合には，構造から主体への作用が生じていることになる（図5-1の矢印①）。しかし，コンストラクティビズムは，構造が主体に作用するだけでなく，それとは逆の，主体が構造に作用する側面にも注意を払う（図5-1の矢印②）。この方向の作用には，主体が構造を生産し，強化し，変化させる側面が含まれている。このように，コンストラクティビズムは，構造と主体は相互に作用し合い，その相互作用の繰り返しによって，それぞれの作用が循環する展開を明示したのである。

　これら2つの作用のうちとくに説明が必要なのは，主体から構造への作用（図5-1の矢印②）だろう。論点は2つある。1つは，主体による構造の「再」生産についてである。そもそもあらゆる社会構造は，最初は主体によって作られる。自分自身が形成に関与したわけではなくても，私たちの目の前にある社会構造が，最初は他の主体によって生産されたものであることは疑いない。ここでのポイントは，主体がそのようにできあがった構造に沿って行動することによって，構造

129

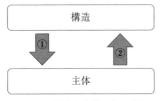

図5-1　構造と主体の相互作用

そのものの維持や強化に貢献している点である。たとえば，日本人（主体）が慣行（構造）に従って玄関で靴を脱ぐ行為（図5-1の矢印①）を続けるならば，今後もその慣行は維持（再生産）され続ける（図5-1の矢印②）ことになるのは，容易に想像できるだろう。国際社会においても同様である。たとえば，現代の国際社会にはどの国も破ることが許されない「強行規範」（侵略禁止，奴隷取引禁止，ジェノサイド禁止など）が存在しているとされるが，日本を含む各国家は，これらの規範を守ることによって，同時にそれらを支え続け強化してもいるのである。

　もう1つは，主体が構造の再生産ではなく変化をもたらす場合についてである。主体はあらゆる構造を，常に，あるいは永遠に適切であると考え，受け入れ続けるわけではない。何らかのきっかけで，従来の構造の適切さに疑問を持つ主体が登場し，その構造を変えようと試みる場合がある。この主体が他者を説得するなどして支持を拡大し，新しい構造の方がより適切だとの認識が社会で広く共有されるようになれば，既存の構造は変化することになる。先ほど例に挙げた強行規範は，このような意味での変化の末に誕生した新しい規範でもあった。たとえば，侵略戦争を禁止する規範は17世紀頃の国際関係の成立（第1章第2節）とともに存在したのではなく，第1次世界大戦という未曽有の被害をもたらした殺戮の末に形成され始めたものであった。大戦前までは，戦争によって他国の領土を奪うことは必ずしも不適切とは見なされていなかった。このような侵略戦争を「おかしい」と感じた多くの主体が声を上げ，運動を展開したことにより，国際連盟規約，不戦条約，国連憲章の成立を通じた戦争の違法化が進み，侵略戦争を許してきた従来の国際社会の構造（規範）が変わったのである。

　このように，国際，国内を問わず，主体はいつでも構造に従うだけの無力な存在であるわけではない。時には，社会構造を変える大きな力にもなりうる。コンストラクティビズムが構造と主体の相互作用への着目によって示そうとしたのは，このような社会や世界を動かすダイナミズムなのである。

3　国際規範の拡散──規範のライフサイクル

これまで指摘してきたことからもわかるように，コンストラクティビズムは，

国際関係における観念的要素の働きに強い関心を抱いてきた。観念的要素は実際に目で見て手で触ることができない場合が多いが，コンストラクティビズムはそれらを，物質的要素の場合と同じように客観的に分析しようと試みてきた。ここでは，コンストラクティビズムが最も中心的に取り組んできた規範研究に注目し，国際規範のダ

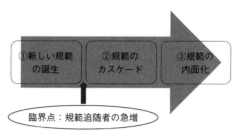

図5-2　規範のライフサイクル

出所：Finnemore and Sikkink（1998）をもとに筆者作成。

イナミックな展開を理解するためのモデルや知見を紹介しよう。

　国際社会における規範の拡散を捉えるために最も頻繁に利用されてきたのが，フィネモア（Martha Finnemore, 1959〜）とシキンク（Kathryn Sikkink, 1955〜）が開発した規範のライフサイクル・モデルである。このモデルは，国際規範の拡散を3つの段階，すなわち規範の①誕生，②カスケード，③内面化に分け，それぞれの段階で働くメカニズムや主体を提示したものである（図5-2）。つまり，規範の発展プロセスを，誕生から受容までの1つのライフサイクル（一生）と捉えたのであった。各段階で具体的に何が起こるのか，順を追って見ていこう。

第1段階——新しい規範の誕生

　コンストラクティビズムが構造と主体の相互作用を重視することからもわかるように，国際社会で新しい規範が生まれるには主体の存在と働きが重要である。一方で，主体が新たな規範を提示するに至るには，社会に大きな衝撃を与えるような出来事の発生を伴う場合が多い。このような出来事には，甚大な被害をもたらす戦争や自然災害，経済恐慌，ジェノサイドなどの深刻な人権侵害，科学技術の進展といったさまざまなものが含まれる。これらの衝撃的な出来事が発生すると，その対処や解決にとって役に立たない従来のやり方や規範は時代遅れだとして疑問視され，新しい規範を求める声が大きくなる。その結果，それまで広く共有されていた規範が問い直されるようになり，その代わりとなる新たな規範が社会において模索されていくのである。

　こうした社会の要請に応える形で，新たな規範を提示し，その規範の正統性を他の主体に訴えて規範の拡散を追求しようとする主体が「規範起業家（norm entrepreneur)」である。確かに，歴史的に新たな国際規範を作るうえで大きな役割を果たしてきたのは，大国である。しかし，コンストラクティビズムは大国よりも，中小国や NGO といった物質的パワーの弱い主体を規範起業家として重視する。これらの主体は，軍事力や経済力を背景に他国に対して影響力を行使できる大国とは異なり，主に規範に内在する価値の適切さを訴える，すなわち「観念的な力」を行使することで，新しい規範への支持を拡大していく。コンストラクティビズムが想定する規範起業家は，他者への共感や他者の利益を優先する姿勢（利他主義），価値への信奉といった動機に基づき，他の主体に対して規範を支持するよう説得を試みる。こうした点から，規範起業家の性質は，リアリズムが考えるような大国の性質とは大きく異なるといえよう。

　それでは，具体的にどのような主体が規範起業家として考えられるのだろうか。第1に，大国ほどではないが相応の国際的な影響力を持つ国家主体が挙げられる。日本やカナダ，オーストラリアなどのいわゆるミドルパワーの国々だけでなく，ノルウェーやデンマーク，フィンランドといった北欧の小国も，国際規範の形成において主要な役割を果たすとされる。たとえばカナダは，NGO や市民社会組織とも協働しながら，冷戦終結後の世界における人道規範の拡散に大きく貢献し，対人地雷禁止条約の成立や国際刑事裁判所（ICC）の設置などにおいて大きな存在感を示した。先進国の中でも経済や人口の規模が比較的小さい北欧諸国は歴史的に，持続可能な発展や紛争の平和的解決，途上国支援の充実などを重視する対外政策を打ち出すことが多く，環境や平和，人権，開発に関わる規範の拡散を後押ししてきた。

　第2に，国際機関や NGO，市民社会組織，個人といった非国家主体が挙げられる。これらの非国家主体も，人道・人権規範，あるいは地球環境保護を推進する国際規範の誕生に貢献することが多い。たとえば，上記の対人地雷禁止条約では，民間人を犠牲にする対人地雷の非人道性を訴えた NGO の世界的ネットワークである「地雷禁止国際キャンペーン（ICBL）」も，規範起業家として大きな役割を果たした（第13章第3節）。NGO はこれ以降も，他の兵器を禁止する国際規範（条約）の制定において先導的な役割を果たしていく。たとえば，2017年7月に国連で採択された核兵器禁止条約では，「核兵器廃絶国際キャンペーン（ICAN）」というNGOが，広島や長崎での戦争被爆者の実態などを紹介し，核兵器の非人道性を訴えてその成立を促した。

　他方で，赤十字国際委員会の提案者デュナン（Jean Henri Dunant, 1828～1910）

のように，個人の規範起業家として活躍した人物もいる。スイス人の実業家であったデュナンは，イタリア統一戦争（1859年）の激戦地ソルフェリーノで多数の傷病兵が放置されていたのを目撃し，傷ついた兵士は同じ人間として救わなければならないとの人道的信念から，彼らの救護に尽力した人物である。スイスに帰国後は，戦争犠牲者の悲惨な状況を伝えるとともに，戦場の負傷者と病人は敵味方の区別なく救護すべきだとの新しい規範を提示し，その普及に努めた。結果として，デュナンの訴えは主要な欧州諸国にも受け入れられ，傷病兵の保護を定めた世界初の赤十字（ジュネーブ）条約が1864年に成立した。同条約は，その後に発展する国際人道規範（法）の基礎となった。

　規範起業家の役割を果たす非国家主体の他の例としては，「知識共同体（epistemic community）」というのも存在する。知識共同体とは，特定の問題についての専門知識を共有し，各国政府や国際機関の政策決定に影響を与えようとする専門家から成るネットワーク集団を指す。知識共同体の「武器」は，軍事的・経済的な資源ではなく「知識」である。すなわち，各分野における専門家としての権威や専門知識の信頼性，さらには専門知識に基づく主張の説得力を背景として，規範の誕生に貢献する場合が多い。たとえば，1988年に気候変動の専門家集団をもとに作られた「気候変動に関する政府間パネル（IPCC）」は，地球温暖化に関する最新の科学的知識を提供することで，温暖化対策の必要性や義務を訴える国際規範の形成を先導してきた知識共同体として有名である（第11章第3節）。

第2段階——規範のカスケード

　規範起業家が新たな規範を考案すると，今度はそれを他の主体へ広めていく段階に入る。この段階では，規範起業家に加えて「規範主導者」と呼ばれる主体も必要な役割を果たすようになる。規範主導者とは，起業家が作成した規範に早くから賛同し，起業家とともに他の主体へ規範を広める役割を担う主体のことである。規範起業家は，規範を確実に普及させるために，多くの規範主導者をまず集める必要がある。そのうえで，起業家と主導者が一緒になって，さまざまな主体に対して規範を受け入れるよう説得し，規範に賛同する「規範追随者」を増やしていくことになる。

　この段階では，規範が滝のように急速かつ広範に拡散する「カスケード」が発生する。カスケードが発生するためには，次の2つの条件が必要とされている。1つは，社会全体の3分の1の構成員（主体）が規範を受け入れるということで

ある。2つ目は，規範の実質的な目標を達成するために不可欠な主体がその規範を受け入れるということである。たとえば，核兵器の不拡散と軍縮および原子力の平和利用を定める NPT は，カスケードが発生した事例の1つといえる。なぜなら，NPT は，条約の目標達成に大きく関わる主体，すなわち米露英仏中といった核兵器国に加え，高い原子力技術を持ちながらも核兵器は持たない日独のような有力な非核兵器国を含む多数の主体が参加する，普遍的な条約だからである（2022年10月時点の締約国は191カ国・地域）。このように，量的および質的な条件の2つを満たすと，規範は「臨界点」を越えたと見なされ，規範は大きな推進力を獲得し，社会全体へさらに普及していくという。

　規範のカスケードを促すメカニズムとしては，「社会化」と「制度化」が挙げられる。まず，社会化とは一般に，社会に新規参入した主体がその社会の規範を身につけ，規範に沿った望ましい行動をとるようになるプロセスをいう。国際規範の普及においては，主に規範主導者が，これまで規範に無関心であった他の主体に働きかけて彼らの社会化を促し，彼らを規範追随者へと導く。国際関係では，外交的な称賛や非難が国家に社会化を促す場合があり，物理的な制裁や刺激が与えられることによってさらに多くの国の社会化が進む場合もある。とくに国際機関は，加盟国が国際的な基準をきちんと守っているかを監視することで，それら加盟国の社会化を促す役割を果たしている。また，NGO や多国籍企業，市民社会組織などは，規範に背を向ける主体に社会的圧力を掛けたり，ロビー活動や説得を通して多くの主体の認識に働きかけたりして，国際社会における規範への支持拡大をめざすことがある。

　社会化に応じる主体は，社会の一員という自己のアイデンティティを確立したいと願っている場合が少なくない。国際社会においては，国家が自らの国際的な立場を高めたいとか自尊心を満たしたいといった動機に突き動かされて，社会化する場合が多い。つまり，社会化されやすいのは国際社会における評判を気にする主体といえよう。多くの国がこのような社会化を経験すれば，国際社会で共有される規範に従って行動することが，ますます適切であると見なされるようになる。こうして多くの国家の社会化に成功すると，国際規範のカスケードがさらに促進されることになる。

　規範のカスケードを促すもう1つのメカニズムが，制度化である。ここでの制度化とは，多国間の合意や国際機関の決定などを通じて規範を明文化することを指す。それまでは規範起業家や主導者の発言や非公式の文書などで言及されるに

すぎなかった規範が，国際レベルで公に認められたことを意味する。制度化は，規範の正統性を高めるとともに，規範をめぐる主体間の共通理解をはっきりと示すものとなる。つまり制度化は，ある規範が国際社会においてより強固な間主観性を獲得し，確立された規範として広く認識されたことを示す1つの証拠であるといえよう。

第3段階——規範の内面化

　国際規範の拡散の第3段階が，規範の内面化である。この段階では，規範が国際レベルで広範に認められるようになり，それにつれて各国が規範に沿った行動をとるようになったり，自国の国内レベルでその規範を根づかせるような措置を導入したりするようになる。まず，規範起業家や主導者によって社会化された主体が，規範を自らの行動指針の1つとして理解し「内面化」する。内面化とは，主体が規範の適切さを学習し，それに従った行動をとることが望ましく当然であると判断して，自分のアイデンティティを再構成することである。内面化された規範は主体にとっては当たり前の存在となり，それに沿った行動が誰からも疑問視されないために，規範に反した行動は非常に難しくなる。また，内面化した主体は，その規範に従うかどうかを真剣に検討したり議論したりすることもなくなる。多くの主体が規範を内面化し，規範に沿った行動が繰り返されることで，社会全体の慣習となり，規範がますます定着していくのである。

　内面化を促すメカニズムには，「（国内での）制度化」と「慣習」がある。制度化については先ほど紹介したが，内面化の段階での制度化は主に各国内で専門家や官僚組織を通じて行われるものである。規範を国内の法制度の中に導入するだけでなく，医者や科学者，弁護士といった国内の法制度の運用に直接関わる専門家が，自分たちの専門知識をもとに自国民を規範に沿った行動へと社会化することも含まれる。一方，慣習のメカニズムは，規範に則した行為が繰り返されることで生じる。主体が特別に規範を意識することなく，もはや当たり前の存在として，自分のアイデンティティに規範を組み込んだ状態を指す。

　主体による国際規範の内面化が起こり，国内への浸透が進むかどうかは，国内規範との関係に依存することが多い。具体的には，国際レベルで制度化された規範が国内に存在する規範や法制度とどの程度合致するかが，主体による規範の受け入れに影響するという。基本的には，国際規範が国内規範と合致するかどうかによって，主体が国際規範を受容するか拒絶するかが決まるという二者択一が想

定されている。つまり，国際規範と国内規範が完全に，あるいはほとんど問題なく一致すれば，主体は国内に国際規範を導入する。他方で，国際規範と国内規範がまったく一致せずに対立するようであれば，主体は国際規範を拒絶し，国内に導入することはない。

　国内への規範の受容をさらに細かい段階に分けて説明したのが，スパイラル・モデルである（Risse, Ropp, and Sikkink 1999）。このモデルは，国際規範に抵抗する国が，NGO の国際的なネットワークや国際機関などと相互作用することで，対応を変化させていくプロセスを示したものである。まず，ある国で深刻な人権侵害が発生すると，NGO が国際的なネットワークを通してこの問題を国際化する。しかし，人権侵害国の政府は，最初は人権侵害の事実を否定し，人権尊重という国際規範を無視する。これを受けて NGO のネットワークは，他の国々や国際機関などを巻き込んで，人権侵害国に対する圧力を強めていく。その結果，人権侵害国は人権を尊重する発言をし始めるようになるなど，徐々に強硬な姿勢を和らげていく。NGO や国際機関などの圧力がさらに続けば，当該国は国内の制度化などを通じて人権保障の具体的な措置をとるようになり，人権侵害が是正される。このように，最終的には NGO などの活動が奏功し，規範が国内に受け入れられることが想定されている。

　もちろん，あらゆる人権侵害国にこのモデルが適用できるわけではない。たとえば，北朝鮮のような，国際 NGO が入り込む隙もない極端な抑圧国家では，国際的な規範的圧力は効果を発揮しないだろう。とはいえ，第12章第3節でも言及する冷戦末期の東欧諸国のように，このモデルが想定するような形で人権規範が広がった例も存在することは確かである。

4　国際規範の多様な展開

　前節で紹介した規範のライフサイクル・モデルは，規範の国際的な拡散をシンプルに捉えていた。つまり，規範起業家が提示した規範が，起業家や主導者の説得を通して一直線に支持者を増やし，最終的には広く受容されていくというプロセスが想定されていた。しかし，実際の国際規範の拡散は，これほど単純に展開するとは限らず，さまざまな紆余曲折を伴うこともある。本節では，国際規範の拡散プロセスでみられる多様な展開について理解を深めよう。

規範の変化と現地化

　規範起業家が提示した規範は，中身を変化させることなく普及し，そのまま多くの主体に受け入れられていくのだろうか。コンストラクティビズムは当初，起業家によって提唱された規範が，まるで「完成品」としてその内容を変化させずに広まるかのような見方をしていた。しかし，現実の国際社会は多様な歴史や文化を持つ複数の国家によって成立しているため，規範が普及する過程でその中身が変化することも十分ありうるだろう。

　ここでまず重要なのは，規範を「プロセス」または「製作途中の未完成品」と捉える視点である（Krook and True 2012）。つまり，規範起業家が提示する規範は「完成品」ではなく，規範の中身も最初は不完全で曖昧なため，国際的に普及する過程でさまざまに変化しうると考えるということである。なぜなら，各主体が個々に重視する社会的・文化的価値に基づき規範を解釈することにより，最初に提示された規範の中身が修正され変化していくからである。たとえば，1948年に世界人権宣言が国連総会で採択されて以降，人権は国際的な規範の1つとして広く認識されてきたが，具体的な人権の中味についてはさまざまな論争があった。女性や性的少数者の権利にとどまらず，経済的な発展の権利や平和の権利，最近では健康的な環境へのアクセスも人権に含めるべきだという主張が展開されてきたのである。

　また，国家が国内に規範を導入する際には，「現地化（localization）」という動きがみられる場合もある（Acharya 2009）。現地化とは，規範を受け入れる国家が，国内にすでに存在する理念や慣行と一致するように国際規範を再構成して導入することを指す。つまり，特定の国際規範について国内の規範や制度に合致する部分があれば問題なく導入し，矛盾が生じそうな部分は修正したり除外したりするなど，国家や現地主体による取捨選択が行われるのである。たとえば，日本は女子差別撤廃条約（1981年発効）を批准しているが，他国のように選択的夫婦別姓を採用するのではなく旧姓の通称使用の拡大にとどめることで，日本固有の家族観や戸籍制度に沿って同条約の内容を再構成しているといえよう。

新しい規範の拡散に抵抗する勢力

　当然ながら，この世界には，規範起業家や主導者が提示する新しい規範に賛同しない主体も存在している。起業家の活動に抵抗したり，新たに普及しつつある規範に疑問を投げかけたりする主体を「規範抵抗者（norm antipreneur）」と呼ぶ

コラム5　規範の拡散における非欧米（non-Western）主体の活躍

　規範起業家や主導者として国際規範を推進するのは，主として欧米の主体であると考えられてきた。コンストラクティビズムの研究でも，人道・人権規範に象徴される欧米由来の規範が主要事例とされ，対象となる主体も欧米の各国政府や NGO，個人であることが圧倒的に多かった。欧米以外の主体はほぼ常に，欧米発の規範に追随するだけの受動的な存在か，欧米発の規範に反発する抵抗勢力として描かれてきた。しかし現実には，国際規範を推進する能動的な役割を担う，非欧米の主体も存在する。

　具体例として，各国の選挙などで議員に占める女性の割合を一定数に定める「クオータ制」を紹介しよう。この制度は，基本的人権の尊重の一環として男女平等を実現することになりうるため，一見すると欧米先進国で誕生し，世界に広まったもののように思うかもしれない。しかし実際には，アルゼンチンやペルー，メキシコなどの中南米諸国で1990年代半ばに法制化され，その後，アフリカやアジアなどの地域へ波及したものである。フランスやスペインなど一部の欧州諸国では同様の制度が導入されているが，米国のように法制化が公に議論されない欧米の国も存在する。クオータ制が中南米諸国で最初に導入された背景には，この地域で女性の地位向上を求める市民運動が活発であったことが挙げられる。さらに，国際機関や NGO などがこの制度を取り上げたことで，他の地域でも導入されるようになっていった。

　日本の例も見てみよう。日本はこれまで，貧困や紛争といった多様な脅威から人々の生活や生存を守ることを重視する「人間の安全保障」の規範を国連で広めるために，指導力を発揮してきた。具体的には，日本は1990年代後半から政府や外務省を中心に人間の安全保障の推進に熱心に取り組み，その結果，2012年には国連総会で人間の安全保障に関する決議がコンセンサスで採択されるという成果を得た。このプロセスで日本が行ったのは，人間の安全保障に賛同する国だけでなく懐疑的な国の主張も聞き入れ，すべての国連加盟国が人間の安全保障を受け入れやすいように再構成するということであった。つまり，この時の日本は，欧米諸国や NGO が反対派を懐柔して賛同国を増やすのとは異なり，異論が出ないように全方位に配慮するという，いわば「日本流」の方針で臨み，成功を収めたのである。

（Bloomfield and Scott 2017）。すでに定着した古い規範を守る主体という意味で，「規範守護者」と呼ばれることもある（足立 2015）。こうした規範抵抗者や守護者は，どのようにして新たな規範の拡散に抵抗するのだろうか。

　まず，「執念深い抵抗」が挙げられる。こうした抵抗を受ける規範の具体例が，

冷戦終結後に誕生した人道的介入や「保護する責任（Responsibility to Protect：R2P）」を推進する新しい国際規範である。この規範は，深刻な人道危機が発生している国に対して国際社会が積極的に介入することを正当化するものである（第7章第3節）。R2P規範の拡散に反対する代表格が中露やキューバ，北朝鮮といった国々であり，彼らは規範抵抗者として，国連憲章にも明記された内政不干渉原則といった伝統的な規範を尊重すべきだと繰り返し主張してきた。彼らは，仮に R2P が国際社会に普及し定着してしまえば，西側の大国が発展途上国に恣意的に介入する事態を招くと警鐘を鳴らし，旧来の規範に基づく現状維持を強く主張しているのである。

　次に，規範抵抗者が国際社会の意思決定を左右する存在，いわゆる「拒否権プレイヤー」になる場合が挙げられる。たとえば，国連安保理常任理事国（P5）がこれに該当する。米英仏中露から構成される P5 は国連憲章上，安保理の決定を単独で否決できる拒否権を有している。先ほどの R2P は，深刻な人道危機が放置されている場合には安保理が積極的に行動するよう求めているため，拒否権を持つ常任理事国の意向や利害の影響を強く受けることになる。実際に，近年のシリアやミャンマーなどで生じた人道危機に対しては，中露が拒否権を行使するなどして安保理の決定を阻んでおり，拒否権プレイヤーという自らの制度的立場を生かして，R2P という新たな規範に基づく実行が積み重なるのを阻止しようとしている。

規範の衰退と消滅

　本章の締め括りとして，国際規範の衰退と消滅について触れておこう。本章第2節（「構造」と「主体」の相互作用）でも述べたように，現実の国際社会では古い規範が新しい規範へと変化する場合もあるため，特定の（古い）規範が衰退することは当然起こりうる。その条件として指摘されるのが，①規範の妥当性や存在そのものへの直接的な異議申し立てが行われること（Deitelhoff and Zimmermann 2020），②このような申し立てに主要な主体を含む多くの主体が賛同すること（Panke and Petersohn 2016），である。この2条件に該当したのが，日本自身が当事者でもあった国連憲章上の「旧敵国条項」である。

　「旧敵国条項」とは，日独伊といった第2次世界大戦時の連合国にとっての「敵国」に対しては，安保理の決定がなくても，加盟国の自主的な判断で武力行使を含む強制措置を発動できるとした差別的条項のことをいう。国連憲章が，内

政不干渉，武力不行使，加盟国の主権平等といった原則を旧敵国には適用しないことを例外的に認めている条項であり，現在も国連憲章に明記されている。しかし，この「旧敵国条項」は，日本がその不当性を強く訴えた，すなわち規範の妥当性に異議申し立てを行ったことなどにより，1995年の国連総会で「時代遅れ」と決議され，可能な限り早い時期に削除することが合意された（①の条件）。

　さらに，この決議が，キューバ，北朝鮮，リビアの３カ国を除く（いずれも棄権），155カ国の圧倒的な賛成を得て採択された点も重要であった（②の条件）。欧米主要国だけでなく，中露やインド，ブラジル，イラン，韓国，エジプト，南アフリカなども賛成するなど，地域を越えた世界的な支持により，「旧敵国条項」の妥当性が否定されたのである。その後，2005年には，憲章の「敵国」への言及を削除することを改めて確認した国連総会首脳会合の成果文書が，加盟国の総意（コンセンサス）で採択された。実際の「削除」には憲章の改正手続きが必要なため，文言としては未だに削除されていないが，以上の経緯を経て，「旧敵国条項」という「古い規範」は現在の国際社会から事実上，その姿を消したといえよう。

　本章で学びを深めた皆さんは，国際関係をより良く理解するためには，物質中心で主体の合理性や利己性を重視した見方だけでなく，観念的要素や主体の社会性に着目した見方を知ることの大切さにも気づいただろうか。国際社会も国内社会と同じように，さまざまな規範や原則，制度といった観念的要素から構成されている。もちろん，国内社会に存在する中央政府や法を執行する警察組織は国際社会には存在しない。それでも，国際社会が軍事力や経済力を前面に押し出した，暴力的で物欲的な世界にすぎないとはいえそうもない。複雑な国際関係を単純化しすぎることなく，ニュアンスのある理解を心掛けることが大事である。

　現代の社会で私たちは，インターネットや SNS の普及によって，各国の政治家や実務家，国際機関や NGO の職員，さらには海外に住む一般の人々とも簡単に交流することができるようになった。これらのツールを使って国境を越えた接触が容易になった現代世界では，これまでとは異なる国際社会が形成されるかもしれない。人々が相互作用することで新たな価値観や規範が生まれ社会も変化していくならば，私たちも国際社会の一員として，より良い未来に向けた変化を促す役割を担っているといえる。こうした現在の世界の姿を捉えるうえでも，コンストラクティビズムの見方が大いに役立つだろう。

参考文献

栗栖薫子「規範と制度——コンストラクティヴィズム」村田晃嗣・君塚直隆・石川卓・栗栖薫子・秋山信将『国際政治学をつかむ［第3版］』有斐閣，2023年。

政所大輔・赤星聖「コンストラクティビズム研究の先端——規範のライフサイクル・モデルを越えて」『神戸法学雑誌』67（2），2017年。

山田高敬・大矢根聡編『グローバル社会の国際関係論［新版］』有斐閣，2011年。

Acharya, Amitav, *Whose Ideas Matter? Agency and Power in Asian Regionalism*, Cornell University Press, 2009.

Bloomfield, Alan, and Shirley V. Scott, eds., *Norm Antipreneurs and the Politics of Resistance to Global Normative Change*, Routledge, 2017.

Deitelhoff, Nicole, and Lisbeth Zimmermann, "Things We Lost in the Fire: How Different Types of Contestation Affect the Robustness of International Norms," *International Studies Review*, 22 (1), 2020.

Finnemore, Martha, and Kathryn Sikkink, "International Norm Dynamics and Political Change," *International Organization*, 52 (4), 1998.

Krook, Mona Lena, and Jacqui True, "Rethinking the Life Cycles of International Norms: The United Nations and the Global Promotion of Gender Equality," *European Journal of International Relations*, 18 (1), 2012.

Panke, Diana, and Ulrich Petersohn, "Norm Challenges and Norm Death: The Inexplicable?" *Cooperation and Conflict*, 51 (1), 2016.

Risse, Thomas, Stephen C. Ropp, and Kathryn Sikkink, *The Power of Human Rights: International Norms and Domestic Change*, Cambridge University Press, 1999.

Wendt, Alexander, *Social Theory of International Politics*, Cambridge University Press, 1999.

さらに読み進めたい人のために

足立研幾『国際政治と規範——国際社会の発展と兵器使用をめぐる規範の変容』有信堂高文社，2015年。

　＊規範のライフサイクル・モデルを批判的に検討して構築した分析枠組みをもとに，兵器使用に関する規範の変容を分析した1冊。国家の存在を中心とする国際社会と規範との歴史的な相互作用を明らかにしている。

大矢根聡編『コンストラクティヴィズムの国際関係論』有斐閣，2013年。

　＊コンストラクティヴィズムの理論的な展開や特徴をまず整理したうえで，事例分析に応

用した教科書的な書籍。安全保障や対外支援，地球環境といった幅広い国際関係の問題の分析に加え，地域研究や国際法学などの隣接分野との対話も行われている。

クロス京子『移行期正義と和解——規範の多系的伝播・受容過程』有信堂高文社，2016年。

＊紛争後の和解を進める「移行期正義」の規範が国際的にどのように普及してきたのか，主に各国地域社会での現地化のプロセスに着目して明らかにした1冊。国境を越えて活動する主体が現地化に影響を及ぼす態様を知ることができる。

西谷真規子編著『国際規範はどう実現されるか——複合化するグローバル・ガバナンスの動態』ミネルヴァ書房，2017年。

＊国際規範がどのように生成し，展開して変容するのかを，コンストラクティビズムとともにグローバル・ガバナンス論に依拠しながら分析した論文集。安全保障や開発，人権などの諸問題，国際機関や NGO の役割など，幅広く学ぶことができる。

政所大輔『保護する責任——変容する主権と人道の国際規範』勁草書房，2020年。

＊深刻な人道危機からの人々の保護を国家と国際社会に求める「保護する責任」規範の国際的な展開について，コンストラクティビズムの視座から分析した1冊。国際委員会や国連事務総長が規範起業家として果たした役割についても知ることができる。

（政所大輔）

第Ⅲ部

国際関係論の争点

- Short Story -

　自宅で寝ていたミネオ君は，スマホや外から鳴り響く警報音で目覚めました。緊急地震速報かと思いスマホを見たミネオ君でしたが，なんとそこには「日本が他国からのミサイル攻撃を受け武力攻撃事態に突入」とあり，しかも「成年男子には出国制限と兵役義務が課せられる」との告知も。「何だこれ！？　戦争が始まったってどういうこと？　しかも俺，徴兵されるの？　そんなの無理！」

　徴兵されれば大学には通えず，せっかく仲良しになったミネコさんや友達にも会えなくなります。戦場で命を落とす危険すらあります。実家にいる親の顔も浮かんできて，心臓の鼓動が激しくなってきました。

　するとミネオ君は再び目を覚ましました。ベッドから飛び起き，慌ててテレビをつけ，ネットも確認しましたが，どこを探しても日本が攻撃されたとの情報は見当たりません。スマホにも，出国制限や兵役に関する告知はありませんでした。窓を開けると，ごく日常的な朝の風景が広がっているだけでした。ミネオ君は，寝る前に旧日本軍の「神風特攻隊」を題材にした映画をネットで見入ってしまったので，その影響が夢にあらわれたようです。

　「夢かあ，びっくりした。さすがに今の日本で徴兵とか学徒出陣はないよね。万が一日本が攻撃されたとしても，自衛隊や米軍が守ってくれるんだろうし」と妙に安心してしまったミネオ君。しかし，少子化で自衛隊も人員充足に苦労していることや，国際世論調査（世界価値観調査：2017～20年）で「戦争になったら自国のために戦うか」との質問に「戦う」と答えた日本人がわずか13％（57カ国中，最低）しかいなかったことを思い出し，「いざとなった時，兵員は足りるのかな？」とぼんやりとした不安も。今のところ戦争を身近に感じることはないけれど，国家が戦争を行ってきた歴史はいくらでもあるから，将来はわからないのかなあ……そんなことを思いつつ，いつものように朝食の準備を始めたミネオ君でした。

出所：陸上自衛隊ウェブサイトより，「自衛隊記念日・観閲式」

　国家間の戦争と平和は，人類全体にとっての重要課題であり続けている。そもそも国際関係論が誕生したのは，第 1 次世界大戦の戦禍を再び起こさないために，どのようにすればよいのかという問題意識からであった。すなわち，国家間，とくに大国間の戦争は，人類に甚大な被害をもたらすことにより，それをどう制御するかが，当初より国際関係論の重要テーマとされてきたのである。

　大国間戦争は，17世紀までの頻度が高く，18世紀以降，減少傾向となり，19世紀にはその頻度がかなり低くなった。20世紀末以降に関していえば，ほぼ発生しておらず，大国間の戦争はもはや「時代遅れ」のものだとする考えも存在した。だが，2010年代後半以降の国際社会では，忘れられていた大国間競争が復活した。中露が米国主導の国際秩序への挑戦を試み，米中間，米露間の大国間戦争ですら心配され始めた。そして，2022年のロシアによるウクライナ侵攻は，その可能性をより現実的なものにしている。当然ながら，このような状況は，日本，さらには読者の皆さんにとっても，決して他人事ではない。

　本章では，約400年以上に及ぶ国際関係史の中でも，私たちにとって最も身近な20世紀以降の大戦争および大国間平和に焦点をあてる。主な考察対象は，①第 1 次世界大戦，②第 2 次世界大戦，③「冷戦」という名の平和，④冷戦後の平和である。

　もちろん大国間の戦争や平和は単純な現象ではなく，さまざまな要因によって引き起こされる複合的な現象である。しかし，紙幅の制限もある本章では，それらの要因すべてを網羅することはできない。そこで本章では，過去100年にわたり展開されてきた大国間の戦争と平和に関する基本的，かつ重要な出来事を紹介するとともに，これまでの章で説明してきた国際関係理論（とくにリアリズムやラショナリズム）によって，戦争と平和をどのように説明できるのかを示すことにしよう。

1　第 1 次世界大戦

戦争の展開と被害

　第 1 次世界大戦は，1914年 7 月から1918年11月にかけて起こった，初めての世界規模での戦争であった。その直接の契機は，1914年 6 月28日にボスニア（セルビア人，クロアチア人，イスラム教徒など多民族が住む地域）の州都サラエボで発生した，オーストリア皇太子暗殺事件である。犯人は，オーストリアによるボスニア

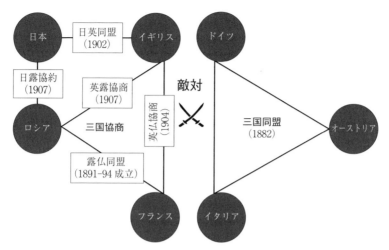

図6-1　第1次世界大戦勃発時における同盟関係

出所：筆者作成。

併合（1908年）に強い不満を抱いていたボスニア出身のセルビア人青年であった。
これを受け，ドイツの支持を得たオーストリアは同年7月，事件への関与が疑わ
れるセルビアに宣戦布告するに至る。対するセルビアは，汎スラブ主義（スラブ
系諸民族の連帯・統一を謳うナショナリズム運動）の立場より，同じスラブ系民族で
あるロシアから支援の約束を得た。ドイツは，三国同盟（独墺伊）に基づき露仏
に宣戦布告を行い，英国も三国協商（英仏露）に基づきドイツと開戦したことよ
り，欧州の大国すべてが参加する大規模な戦争となった（図6-1）。さらに，戦
争は列強の植民地が存在したアフリカやアジアにも広がり，1917年4月には米国
も参戦するに至ったため，その規模は大きく拡大した。第1次世界大戦には，英
国と同盟関係にあった日本も参戦した。日本にとっては，主要国が欧州での戦闘
に集中する間隙を突いて，アジア太平洋地域における利権と影響力を増加させる
機会となった。日本は，中国（青島）や太平洋（独領南洋諸島）におけるドイツの
権益を武力によって獲得したのに加え，中国に21か条の要求（山東省や南満州での
日本の権益の承認などを含む）を突きつけ，その多くを認めさせた（1915年）。
　第1次世界大戦は国民を総動員して戦われる初の「総力戦」となった。徴兵制
による兵役や軍需工場での労働など，「前線」に加え「後方（銃後）」でも，多数
の一般国民の参加が強制された。さらに，毒ガス，機関銃，戦車，飛行機，潜水
艦といった破壊力の大きい近代的兵器が次々と開発され，使用されたことによっ

て，戦争は長期化し，その被害もきわめて甚大になった。結果として，全世界で約7,000万人もの兵士が動員され，そのうち約1,000万人が命を落とす悲劇となった。

第1次世界大戦の原因

このように世界規模で多大な犠牲をもたらした第1次世界大戦はなぜ起きてしまったのだろうか。その原因としては，欧州各国で見られた自民族中心のナショナリズムの勃興（他民族を敵視する傾向），帝国の崩壊を恐れたオーストリアの国内政治，対外強硬政策を支持するドイツ国内政治（軍主導の政策決定）など，さまざまな要因が考えられる。ここでは，リアリズムとラショナリズムの理論から，この戦争の原因を説明してみよう。まず，（ネオ）リアリズムは，大国間における力の配分構造を重視する（第2章第2節）。換言すれば，勢力均衡が保たれていないとき（大国間の力関係が不均衡であるとき），国家間の戦争は起きやすいと考える。第1次世界大戦前の欧州の状況はどうだったのだろうか。

第2章第4節でも触れたように，第1次世界大戦前の約100年間の欧州では，大国間戦争の少ない，安定した国際関係が実現していた。その背景には，19世紀初頭のウィーン体制の成立後，欧州では，比較的同等な力を持った国々が共存する安定した勢力均衡が実現されていたことがあった。その均衡が崩れ始めるのは，1871年のドイツ帝国の誕生によってである。プロイセン（普）が，自国周辺に存在した複数のドイツ人領邦を統合したドイツ人国家の建国を主導し，建国の障害となっていたオーストリア（1868年）・フランス（1870～71年）との戦争にも勝利して，人口4,000万人超の大国を欧州の中央に誕生させたのである。しかし，当時のドイツ宰相ビスマルク（Otto von Bismarck, 1815～98）は，巧みな外交によって，欧州の主要国間の勢力均衡状態の「維持」に努めようとした。その最たる例が，ビスマルクが作り上げた同盟網（図6-2）である。普仏戦争で敗北しドイツに激しい敵意を抱くフランスがドイツに敵対する同盟を作らないように，ドイツ自身が，英国とは友好関係を維持し，墺伊露とは複数の同盟や条約を結ぶことによって，欧州全体における勢力均衡の維持を図ったのである。さらに，大国間の対立（アフリカでの植民地獲得競争など）を調停する役割も積極的に果たすことで，欧州大国間の関係を安定化させた。ビスマルク自身の抑制的な政策（領土・植民地の拡張や軍拡を控える）も相まって，ドイツは統一によって欧州における力の配分構造を変え始めたにもかかわらず，欧州における大国間戦争を抑制するような

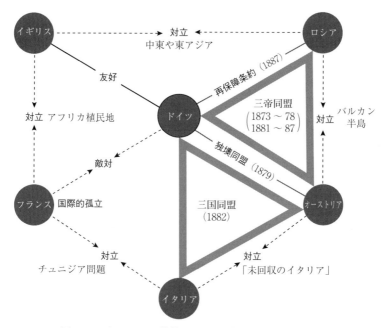

図 6-2　ビスマルクが構築したドイツを中心とする同盟関係
注：ドイツと同盟関係にあった墺伊露の間にも対立の火種が存在したが，当時の欧州で
　は，ドイツのみが仏を除くすべての欧州主要国と同盟・友好関係をもつ唯一の国家で
　あった。
出所：筆者作成。

状態を（一時的にではあったが）もたらしたのである。

　しかし，1890年 3 月に，ビスマルクが皇帝ヴィルヘルム 2 世（Wilhelm II,
1859~1941）と対立し，辞職すると，ドイツの政策が一変する。ドイツは，「パ
ワーの強大化」を露骨に追求するようになったのである。海外植民地を求める帝
国主義的政策の開始に加え，海軍の飛躍的発展をめざした1898年の艦隊法を皮切
りに，英国との間で激しい建艦競争を繰り広げるようになった。1890年以降のド
イツの工業力や貿易量の増大も，それまで優位であった英国の地位を次第に脅か
していった。これらにより，20世紀に入ると，欧州における勢力均衡はますます
不安定化した。そして，台頭するドイツの力を封じるべく，英仏露が新たな同盟
を形成するに至ったのである。英国は，従来の「栄光ある孤立」政策（どの国と
も同盟を結ばない）を放棄してまで，仏露との連携（1904年の英仏協商，1907年の英
露協商）を図った。ドイツ台頭を恐れる露仏間には，すでに露仏同盟が結ばれて

いたため，ここにドイツを仮想敵国とする英仏露間の三国協商が成立したのである。他方，英仏露の３国に包囲されつつあると感じたドイツは，既存の三国同盟の構成国（とくに墺）との関係を強化してゆく。結果として，20世紀初めにはビスマルクの同盟網はもろくも崩れ去り，その代わりに，「三国協商」と「三国同盟」という２つの互いに敵対しあう同盟体制が登場したのである（図6-1参照）。このように，ドイツ台頭による力関係の変化は，欧州大国間の敵対関係を固定化する同盟体制へと繋がり，各国は，何らかの突発的な出来事が起きた場合には，一気に衝突しかねない危うい状況に陥ることになった。結局のところ，力の配分構造を重視するリアリズム的な説明によれば，ドイツの台頭こそが大国間の勢力均衡を崩し，第１次世界大戦の勃発を「不可避」にした主要因と言えるのである。

　とはいえ，なぜ，ドイツはサラエボ事件の後，ロシアを含む関係国との外交交渉を十分模索することもなく戦争を選んだのか，という疑問は残るだろう。第４章（ラショナリズム）でも説明したように，国家間の対立を解決する手段としては，戦争よりも交渉を用いた方が合理的なはずだからである。それは，たとえ力配分が不均等な２国間関係であっても変わらない。対立する２国間で力配分が不均等ならば，その不均等な割合に合わせて，力の強い国に有利な合意内容を結べば良いだけのことである（たとえば，２：１の比率で力に差があるならば，２：１の利益配分で双方が妥協すればよい）。その方が，戦争を行うよりも（戦争費用がかからない分）望ましいはずだからである。

　それにもかかわらず，なぜドイツはロシアとの戦争を選択したのか。その答えの１つが，ラショナリズムがいうところのコミットメント問題であった（第４章第３節）。第１次世界大戦前，ドイツは隣国ロシアの台頭（＝勢力バランスの変化）を強く懸念していた。当時，ロシアは重工業や鉄道網を整備し，経済的に大きく発展していたからである。もしもそのままロシアの国力増大を許せば，いずれ台頭したロシアによる領土拡大を招きかねない。このようなドイツの懸念を解消する方法としては，ロシアの国力が増大する前に，ロシアが将来にわたり領土を拡大しないことを信頼できる形で合意／約束するのもありえたかもしれない。だが，国力が増大する「前」に結んだ合意／約束を，国力が増大した「後」のロシアは本当に守るのだろうか。ドイツよりも強大になった後のロシアは，その合意／約束を破るのではないか。そのような事態を招かないようにするためには，ロシアが台頭する前にロシアを叩いておく必要がある。このような「予防戦争」の論理が，ドイツがロシアとの戦争を決断した背景にあったと考えられるのである。

2　第2次世界大戦

戦間期の国際秩序

　第1次世界大戦後，ヴェルサイユ体制とワシントン体制という新たな国際的枠組みが成立した。ヴェルサイユ体制とは，連合国とドイツとの間で結ばれたヴェルサイユ条約（1919年6月）によりもたらされた新しい国際秩序である。そこには，人類初の集団安全保障機構として設立された国際連盟も含まれていた。ただし，その立役者であった米国は，米議会での支持を得られず，国際連盟には参加できなかった。他方のワシントン体制とは，米国の呼びかけで開催されたワシントン会議（1921〜22年）の結果もたらされた国際秩序を指す。具体的には，日英米仏伊の間で主力艦の保有トン数制限を定めた海軍軍縮条約，太平洋諸島の現状維持を定めた四カ国条約，中国の主権尊重と領土保全を約した九カ国条約を基礎にしてアジア・太平洋地域の平和と安定を実現しようとするものであった。両体制のいずれも，新しい国際組織や国際法を通して世界平和を実現するという，リベラリズムの発想に基づく国際秩序であった（第3章第4節）。これらの新しい試みに象徴される国際協調主義の機運は，国際紛争を解決する手段として戦争に訴えないことを誓う不戦条約が結ばれたことで（1928年），最高潮に達した。

　しかし，1930年代以降，当初からヴェルサイユ体制に大きな不満を抱いていた敗戦国のドイツに加え，中国大陸における領土的野心を捨てきれない日本も，この秩序に挑戦してゆくことになる。すなわち，日独が「現状維持国」ではなく「修正主義国」として行動したことにより，第1次世界大戦後の20年間は「平和の20年」ではなく，次の世界大戦に繋がる「危機の20年」となってしまったのである。

大戦の展開と被害

　第2次世界大戦は，欧州とアジア太平洋地域における戦争が融合したものとなったが，その発端は欧州にあった。1939年9月，ポーランドに侵攻したドイツに対し，英仏が宣戦布告したことにより戦争が始まった。ドイツは，この直前（同年8月），ソ連と互いに攻撃し合わないことを約束（密約として両国でポーランドを分割占領することも合意）した独ソ不可侵条約を締結し，近隣国への侵略戦争を開始したのである（第2次世界大戦時の主要国間の関係性については図6-3を参照）。

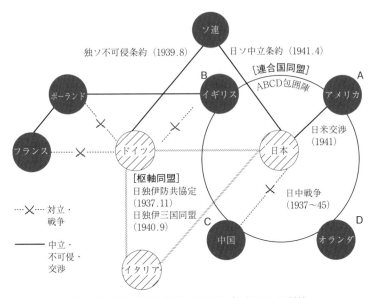

図 6-3　第 2 次世界大戦時における主要国間の関係性

出所：『詳説　世界史図録』山川出版社，2021年，236頁を基に筆者作成。

　戦争当初はドイツの快進撃が続いた。1940年 4 月にはデンマークやノルウェー
を，5 月にはオランダ（蘭）やベルギーを，そして 6 月にはパリ（仏北部）を破
竹の勢いで攻撃，占領するに至り，7 月には仏南部に対独協力政権（ヴィシー政
府）を樹立することに成功して，大国フランスを支配下に置いた。ドイツの快進
撃はさらに続き，1941年春までにハンガリー，ルーマニア，ブルガリアを（日独
伊で構成される）枢軸国側に引き入れた。また，イタリアとともにユーゴスラビ
ア，ギリシャを制圧した。さらにドイツは，1941年 6 月には，独ソ不可侵条約を
破る形でソ連にまで侵攻し，首都モスクワに迫る勢いであった。

　しかし，ドイツをはじめとする枢軸国側の優勢は長くは続かなかった。1941年
12月の日本による真珠湾攻撃（後述）によって米国が連合国側に立ち参戦し，形
勢が逆転したからである。また，1943年初めに，ソ連に侵攻した独軍がスターリ
ングラードの攻防戦で大打撃を受け，退却を開始したことは，連合国側の優勢を
印象付けた。9 月には，米英連合軍がイタリア本土に上陸したことにより，イタ
リアが無条件降伏するに至る。さらに，1944年 6 月には，連合国軍がフランスの
ノルマンディーに上陸し，8 月にはパリを解放したことにより，ドイツの敗戦が

濃厚になった。翌年5月，ソ連がベルリンを制圧したことで，ドイツは無条件降伏することとなった。

　アジア太平洋地域では，1937年に始まる日中戦争が長期化する中，欧州戦線でのドイツの快進撃に刺激された日本が，「大東亜共栄圏」（欧米帝国主義国の支配から東アジア（東亜）諸国を解放し，日本を中心とした共存共栄の広域経済圏を作ることを目的とした考え）を掲げて東南アジアにも軍事侵攻するに至った。その先駆けが1940年9月の北部仏印（現：ベトナム北部）への進駐であった。さらに，米英蘭との戦争も視野に入れ始めた日本は，同月に日独伊三国同盟を形成し，米英蘭を牽制しようとした。翌年4月には日ソ中立条約を締結し，日本の北方の安全を確保して（ソ連からの脅威を減じて），東南アジア進出を加速させようとした。41年初頭から，日本のアジアでの軍事行動に批判を強める米国との交渉も本格化するが，中国における「領土保全，内政不干渉，機会均等，太平洋地域の現状不変更」を求める米側との溝は埋められなかった。その後，7月に日本が南部仏印（現：ベトナム南部とカンボジア）進駐を強行すると，米国は在米日本資産の凍結，対日石油輸出の全面禁止といった経済制裁を実施した。米国は11月，日本に全面譲歩を迫る内容（日独伊三国同盟からの離脱，仏印および中国からの撤退など）の「ハル＝ノート」を日本側へ提示するに至り，日米交渉は完全に行き詰まった。これを受け，日本政府は対米英蘭戦を決意する。

　12月8日，日本がハワイ真珠湾を攻撃し，太平洋戦争が勃発した。こうして戦線は太平洋にまで拡大し，米国が日本のみならず独伊とも戦うことになったことにより，戦争は文字通り世界大戦になった。日本は一時期，マレー・フィリピン・ジャワを含む東南アジアのほぼ全域，そして南太平洋の島々を占領し，豪州にまで迫る勢いであった。しかし，1942年6月のミッドウェー海戦を契機に米軍が優勢となり，その後，日本は次々に敗戦を喫し後退することとなる。激しい戦闘の末，1945年6月に沖縄が米軍に占領され，また，日本本土への空襲も激化し，日本の敗戦が濃厚になる中，7月には，日本に無条件降伏を迫るポツダム宣言が出された。当初，同宣言を無視した日本であったが，8月の広島・長崎への原爆投下，そしてソ連の対日参戦を経てこれを受諾し，ついに降伏するに至った。

　第2次世界大戦は，死者が5,000万を超えるなど人類史上最大の犠牲を伴うものであった。死者の7割近くは民間人であったが，それは戦争が約1億500万人をも動員する総力戦であったこと，ホロコースト（ナチスによるユダヤ人大量虐殺）や原爆のような大量殺戮兵器の使用が伴ったことなどに起因する。

第2次世界大戦の原因

　第1次世界大戦という未曾有の悲劇を経験していたにもかかわらず，なぜ世界は，再び大戦に突入したのだろうか。その原因として，しばしば指摘されるのが，1929年に始まる世界恐慌による経済社会の崩壊と，その結果としての日独における軍国主義の台頭である。当時の日独は，議会制民主主義の道を歩み始めたばかりであったが，大不況によって誘発された政治・社会不安から，強い指導者や政治体制の下で「現状打破」をめざす全体主義的国家に変貌してしまった。この体制下では，軍拡や侵略によって恐慌からの脱出が図られることになり，それが他国との戦争に繋がったのである。

　他方で，リアリズムとラショナリズムの理論からは，第2次世界大戦の勃発を次のように説明することも可能である。まず，リアリズムの観点からは，戦後の秩序維持を国際連盟という脆弱な国際組織に依存し過ぎたことの誤りが指摘できよう。第1次世界大戦の反省から設立された国際連盟であったが，その集団安全保障措置には欠陥があった。たとえば，集団安全保障措置の適用には全ての加盟国の同意が必要であり，1カ国でも反対したら制裁できないことになっていた。また，制裁の発動に関しては，事実上，国際連盟の決定が強制力を持たず，各加盟国の自発的な協力に依存していた。加えて，当時，世界最大級の国力を有していた米国は不参加であった。つまり，リアリズムが強調するように，物理的なパワーを欠いた弱い国際組織としての国際連盟には，大国間の戦争を防げるような十分な機能が備わっていなかったのである。実際に，1930年代の日本による満州事変やイタリアによるエチオピア侵攻をめぐる危機において，国際連盟の集団安全保障は十分機能せず，日伊が自らの侵略的行動を改めることもなかったのである。このように国際連盟が機能不全に陥る中で勃発したのが，第2次世界大戦であった。

　とはいえ，集団安全保障が機能しないことと，戦争が勃発することの間にはギャップがあることも確かであろう。当時の日独のような修正主義国にとっても，米英のような現状維持国にとっても，戦争で対立を解消するよりは交渉で解決した方が合理的なはずだからである。それにもかかわらず，なぜ第2次世界大戦は起きてしまったのか。その理由を，ラショナリズムが強調する不完備情報の問題から説明しよう（第4章第3節）。互いに相手の戦争への「決意（resolve）」や「力」の程度がわかっていれば，すなわち不完備情報の問題がなければ，互いの対立を「戦争」ではなく「交渉」で解決する可能性は高まる。たとえば，A国と

同盟を組むＢ国がＡ国の防衛に「強い決意」を持っていることが本当に確認できる状態（完備情報下）にあれば，Ｃ国はＡ国への侵略を断念し，Ａ国との問題を交渉で解決する可能性が高まるだろう。しかし，それとは逆の不完備情報下にある場合には，Ｃ国がＢ国の決意を（実際よりも）低く推測し，すなわちＢ国はＡ国を防衛する強い決意を欠いた「弱虫」であると判断し，自らの要求を武力によって実現しようとする可能性を高めてしまうかもしれない。

　このような情報不完備の問題が，当時のドイツと英仏との間に存在したことが，第2次世界大戦勃発の一因であったと考えられている。先述のように，大戦の直接の引き金となったのは，ドイツがポーランドに侵攻し，それを受けて英仏が対独宣戦布告を行ったことであった。ではなぜ，そもそもドイツはポーランドに侵攻したのか。実は，ドイツは，自国がポーランドに侵攻しても，英仏はそれを見逃すだろうと（誤って）考えていたことが明らかになっている。つまり，ドイツと英仏の間には情報不完備の問題があったのである。

　1933年に誕生したドイツのヒトラー（Adolf Hitler, 1889〜1945）政権は，その誕生以来，修正主義的な外交を実践していた。たとえば，国際連盟からの脱退（1933年），ヴェルサイユ条約を破棄した上での再軍備（1935年），ロカルノ条約により禁止されていたラインラントへの軍隊進駐（1936年），オーストリア併合（1938年）などを実行に移していった。だが，英仏はドイツとの戦争を恐れ，既存の国際秩序に挑戦するこれらの行動を黙認し続けたのである。ちなみにドイツのラインラント進駐は，自分の「強さ」を偽って相手に伝える「はったり（bluff）」であったと考えられている。なぜなら，ラインラント進駐を実行したドイツ軍には，もしも敵軍に直面したら退却せよという指令が出されていたからである。ドイツは，自らの戦う「決意」を誇張して伝えたことで，英仏から，より多くの譲歩を引き出すことができたのである。そしてヒトラーは1938年に，民族自決を理由として，チェコスロバキア領内にあるドイツ系住民が多く住むズデーテン地方の自国への割譲を要求した。この問題を話し合ったミュンヘン会談では，またもやドイツとの戦争を恐れた英仏が，ドイツの要求を受け入れてしまったのである。実はこの時も，ヒトラーはドイツの実際の軍事力が英仏の軍事力に及ばないことを知りつつ，会談では強い姿勢で臨み，相手から譲歩を勝ち取ってしまったのである。

　情報不完備の問題は，ドイツと米国との間にも存在していたといえる。上述のように，国際連盟に加入できなかった米国は，欧州の安全保障には，ほとんど何

の関与もしていなかった。当時の米国は軍事的・経済的な大国であったが，孤立主義（対外「不」関与を良しとする米国の立場）の強い影響を受け，ドイツの修正主義的行動が重なっても，それらに対抗する動きをまったく見せなかったのである。たとえば，1937年（ラインラント進駐の翌年）に至っても，米国内では，あらゆる国への武器売却を「禁止」する中立法が制定される有様であった。既述のように，米国は1941年末になってようやくドイツの侵略を阻止するために参戦するが，ポーランド侵攻を開始する時点のヒトラーにとって，そのような（将来の）米国の決意を知ることは不可能であり，米国は英仏と同じような「弱虫」として認識（誤認）されていたに等しかったのである。

　以上のように，1930年代を通じて弱腰姿勢の英仏（米）を観察していたドイツは，彼らの「戦争への決意」を実際よりも低く見積もっていた。つまり，たとえ自国がポーランドに侵攻したとしても，英仏（米）が軍事的に対抗してくるとは思わなかったのである。もしもミュンヘン会談で英仏がドイツの要求を拒否していれば，あるいは米国が当初から欧州における現状変更を決して許さない強い決意を示していれば，ドイツのポーランド侵攻，ひいては第2次世界大戦は起こらなかったかもしれない。第2次世界大戦後，侵略者や修正主義国と宥和することの本来的な危険性を示す言葉として「ミュンヘンの宥和」が使われるようになったゆえんは，まさにこの点にある。

3　「冷戦」という名の平和

冷戦の展開

　2度の凄惨な大戦を経て，世界は平和になるものと期待された。第2次世界大戦末期の1945年2月，米英ソの首脳がクリミア半島のヤルタで会談し，戦後処理や国際連合（国連）の創設等に関する協定を結んだ。その後，大戦が終わると平和を達成するべく新たな国際組織，すなわち国連が設立された（1945年）。国連の集団安全保障体制は，国際連盟の失敗を教訓にして，より強力かつ効果的なものにすることがめざされた。だが，後述する米ソの政治的対立のために，集団安全保障体制は冷戦期においてはほとんど機能しなかった。その代わりに，米ソ両陣営は，「集団的自衛権」（国連憲章第51条）に基礎を置く「同盟」をより重視し，自身の安全を追求することになったのである。

　第2次世界大戦をともに戦った米ソであったが，両国の対立は大戦末期から始

まっていた。具体的には、ソ連が東欧から中欧にかけて衛星国（自らの支配下にある共産主義政権）を樹立するとともに、トルコやイランにも勢力拡大の動きを見せたことに対し、米国が反発を示すようになったのである。他方、ソ連も、米国が終戦直後に対ソ武器支援を即座に停止したことや、米国が自国の核占有を実質的に温存するような国際的な核管理案を示したことなどに反発した。さらに、敗戦国ドイツは、戦後、米英仏ソにより分割占領されることとなったが、その占領政策をめぐり米ソの対立が激化するようになった。

　このような米ソの対立が公然化するのは、トルーマン（Harry Truman, 1884～1972）米大統領による議会演説（1947年3月）を通してであった。この時、米国は、共産主義者やソ連からの脅威を受けていたギリシャとトルコへの援助を決定するが、トルーマンはこの支援を「全体主義の脅威から自由主義を守るための戦い」として位置づけたのである。「トルーマン・ドクトリン」として知られるようになるこの演説は、米国が従来の孤立主義を脱し、平時においても世界の自由を守るために全体主義（ソ連）勢力と対決する姿勢を鮮明にした画期的な演説であった。同時に米国は、ソ連の勢力拡張の「封じ込め（containment）」を基本戦略とすることも決めた。

　1949年には、冷戦対立を固定化する大きな出来事が起きる。まず4月には、ソ連の脅威から西側を防衛するため、米国主導の軍事同盟であるNATO（北大西洋条約機構）が成立し（ソ連は1955年に自らが主導する軍事同盟であるワルシャワ条約機構を東欧諸国とともに結成）、東西の軍事的対抗関係が決定的になった（図6-4）。8月にはソ連が核開発に成功し、それまでの米国による核の独占状態に終止符が打たれた。これは米国の予想よりも早い段階での成功であり、西側陣営に大きな衝撃を与えた。10月には共産党が支配する中華人民共和国が成立し、アジアにおいても、共産主義（東側）陣営と西側陣営との対立が先鋭化することになった。

　1950年6月に勃発した朝鮮戦争は、「冷戦」期に起きた「熱戦」として、冷戦対立にいっそうの拍車をかけた。戦争は、北朝鮮（1948年建国）軍が38度線を越えて韓国（同年建国）に侵攻したことにより始まった。米国は自国軍を中心とする「朝鮮国連軍」を編成し韓国を支援する一方、北朝鮮は中国義勇軍の支援を受けて戦い（ソ連は北朝鮮を支持したが実戦には参加せず）、軍人・民間人を含む数百万人が犠牲となった。1953年7月に休戦協定が成立するが、朝鮮半島における南北の分断は続き、いまだに対立は解消されていない。

　1960年代に入ると、米ソ核戦争の一歩手前にまで至ったキューバ危機が発生し

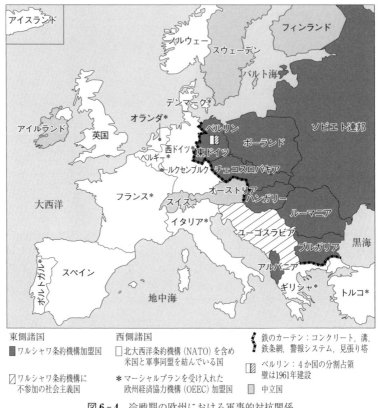

図 6-4　冷戦期の欧州における軍事的対抗関係

東側諸国
■ ワルシャワ条約機構加盟国

☒ ワルシャワ条約機構に
　不参加の社会主義国

西側諸国
□ 北大西洋条約機構 (NATO) を含め
　米国と軍事同盟を結んでいる国

＊マーシャルプランを受け入れた
　欧州経済協力機構 (OEEC) 加盟国

◆ 鉄のカーテン：コンクリート，溝，
　鉄条網，警報システム，見張り塔

▨ ベルリン：4か国の分割占領
　壁は1961年建設

▨ 中立国

注：東西を隔てる国境は「鉄のカーテン」とも呼ばれた。なお，西欧や北欧の一部の国
　　は中立国，ユーゴスラビアはワルシャワ条約機構に不参加の社会主義国であった。
出所：筆者作成。

　　た。共産主義革命を経て成立したキューバのフィデロ・カストロ（Fidel Castro,
1926〜2016）政権は，親米独裁政権を倒して成立した経緯もあり，当初から米国
の敵視政策に直面した。実際，米国は1961年4月に，亡命キューバ人による
キューバ侵攻作戦（ビッグス湾事件）を実行し，同政権の打倒まで試みた（作戦は
失敗）。そこでキューバが頼りにしたのがソ連であった。ソ連は，キューバにミ
サイル基地を建設し，キューバ防衛を支援するとともに，ソ連周辺に米国が設置
したソ連向けミサイルに対抗しようとしたのである。
　　しかし，1962年10月14日に，キューバへの偵察活動によってミサイル基地建設

の事実を確認した米国は，これを決して許さなかった。ケネディ（John F. Kennedy, 1917〜63）米大統領は，キューバ近海を海上封鎖して，ソ連からのミサイル搬入を阻止する強い措置に出たのである。また，米国がキューバからのミサイル攻撃を受けた場合には，ソ連に報復するとの強いメッセージも発し，ソ連の譲歩を促した。結局，フルシチョフ（Nikita Khrushchev, 1894〜1971）は同月27日，米国がキューバに侵攻しないことおよびトルコに配備中の米国製ミサイルを撤去することを条件に，キューバからのミサイル撤去に応じたのである。こうして危機は13日で去ったが，この間，米ソ両軍は高度な警戒態勢に置かれ，27日にはキューバ上空で米軍の偵察機が撃墜されるなど，両者は一触即発の状況に陥っていた。しかし逆説的ではあるが，キューバ危機は，結果として米ソ関係の改善をもたらした。核戦争が目前に迫る現実を経験した米ソは，協調の必要性を強く認識したからである。キューバ危機後，米ソ間にはホットライン（直通専用回線）が設置され，部分的核実験禁止条約が調印（1963年）されることとなった。

　1960年代末以降，冷戦はデタント（緊張緩和）の基調を強めることとなった。米国のニクソン（Richard Nixon, 1913〜94）政権は，ベトナム戦争（同国の共産化阻止をめざす米国が，南の親米政権を支援し，北ベトナムと南ベトナム民族解放戦線と戦った戦争）の失敗によって低下した国力や影響力を補うべく，新たな外交によって，米国に有利な国際的立場を維持しようとした。それが，結果的にデタントをもたらした。ニクソン外交の大きな成果は2点ある。第1は米中接近である。1960年代以降の中ソ対立を受けて，ソ連を恐れる中国が米国からの関係改善の申し入れに応じたのである。これにより1972年2月のニクソン訪中が実現し，東アジアの緊張が緩和された（公式の米中国交正常化は1979年）。同年9月には，日中の国交も正常化した。その代わりに日米は，台湾との外交関係を断絶した。第2は軍備管理における米ソ協調である。上述の米中接近をみたソ連が，対米関係の改善に傾いたのである。それまでの軍備管理交渉の成果として，1972年に戦略兵器制限暫定協定（SALT I 暫定協定）や弾道弾迎撃ミサイル（ABM）制限条約が調印されたのである。これらによって，戦後初めて，米ソが互いの核戦力の保有上限を条約によって管理する体制が構築されたのである。

　しかし，デタントは長くは続かなかった。1979年12月，ソ連がアフガニスタンに軍事介入したことを皮切りに，新冷戦と呼ばれる米ソ対立が再燃したのである。ソ連がアフガニスタンに介入した理由は，同国のイスラム勢力から脅威を受ける親ソ政権を支援することであった。ソ連は，1970年代半ば以降，極東や欧州での

ミサイル配備を進めていたこともあり，米国や日本をはじめとする西側諸国は，この軍事介入を深刻に捉えた。米国は，ソ連の拡張主義的行動を非難し，米国の軍事費の増加，ソ連への禁輸措置，モスクワ五輪への不参加呼びかけなどの対抗措置を取った。1981年に発足した米国のレーガン（Ronald Reagan, 1911～2004）政権は，ソ連との対決姿勢をいっそう鮮明にし，大規模な軍拡を行った。他方，ソ連はアフガニスタン介入後，米国から援助を受けたイスラム勢力との闘いに勝利できず，紛争が泥沼化する中で，その負担が重くのしかかり，国力を低下させることになった。また，計画経済に基づく社会主義的な経済の停滞も，ソ連の国力低下に拍車をかけた。

冷戦の「開始」と「継続」の原因

　このように始まり，展開した「冷戦」の原因は，どのように説明できるのだろうか。そもそも，なぜ，米ソは冷戦を始めることになったのか。次に，なぜ，このような激しい米ソ対立は，両国の直接の軍事衝突である熱戦（第3次世界大戦）に至らず，いわゆる「長い平和」をもたらしたのか。これら2つの問いに対して，とくにリアリズムの理論からは，次のような説明がなされる。

　まず，冷戦の「開始」は，戦後に2大強国となった米ソ間の「安全保障のジレンマ」（第2章第3節）の結果として説明できる。すなわち，米ソ両国が自らの安全を強化するべく取った行動が，相手国に脅威と映ってしまい，それぞれが互いに対する対抗措置を取ることで，両者の緊張が次第に高まっていった，ということである。具体的に，いつ，どこから，このジレンマが始まったのかを明確に特定することはできないが，互いの意図に対する疑いをとくに強めた冷戦初期の出来事として，以下の2点が指摘できよう。1つは1946年2月のスターリン（Iosif Vissarionovich Stalin, 1878～1953）演説である。ソ連の指導者であった彼は，この演説で資本主義体制が存続する限り「平和的国際秩序」は不可能であると断言し，自国防衛の必要性と強化をソ連国民に強く訴えた。スターリンの発言の真意は，ソ連中央政府による国内支配体制の正当化や対外関係における防衛的意図の表明であったといわれている。だが，米国をはじめとする西側諸国は，この発言をソ連の対外的な攻撃的意図を示すものだと捉え，対ソ警戒心をいっそう強めたのである。他方，1947年に米国が発表したトルーマン・ドクトリンやマーシャル・プラン（1947年7月に公表された西欧諸国に対する経済復興援助計画）も，欧州に共産主義が拡大することに対する米国の不安を反映した防衛的な意図に基づくもので

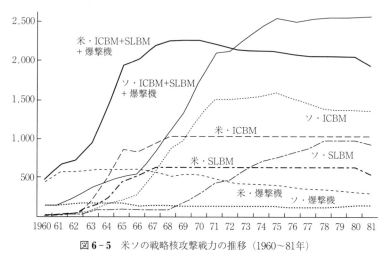

図6-5 米ソの戦略核攻撃戦力の推移（1960〜81年）

注：1960年代以降，米ソ両国は，核弾頭に加え，相手国本土を直接狙える運搬手段とし
ての戦略爆撃機，ICBM（大陸間弾道ミサイル），SLBM（潜水艦発射弾道ミサイ
ル）を競って増強し合い，互いの核戦力における均衡を図ろうとした。

出所：有賀貞・宮里政玄編『概説アメリカ外交史――対外意識と対外政策の変遷（新
版）』有斐閣，1998年，167頁より。

あったが，ソ連はこれらを米国の攻撃的意図の表れと捉えたのである。このよう
な互いの意図への不信と互いに対する対抗措置が増幅したことで，緊張が高まり，
冷戦につながったと考えられるのである。

　次に，なぜ冷戦は「継続」し，米ソの直接の軍事対決という熱戦には至らな
かったのだろうか。リアリズムは，次の2点を強調する。第1は，米ソ2極構造
下での勢力均衡がうまく機能したことである。第2章でも説明したように，国際
システムにおける大国の数が増えれば増えるほど，戦争が起こる蓋然性は高まる。
なぜなら，大国の数が増えると，各国の政策決定者が処理すべき情報量が増え，
それに伴う不確実性も増加するために，潜在的な敵国の意図や行動を誤認する可
能性が高まるからである。そしてそのような誤認は，戦争の発生に結びつく可能
性があるからである。これに対して，冷戦期の2極の国際システムにおいては，
超大国は米ソだけであり，各々は，相手国の意図や行動のみに注目すればよく，
処理すべき情報の量が少ないために，誤認も生じにくかった。このような条件下
で，米ソは，相手国が軍備増強を行った場合には，それに合わせて自国も軍備増
強を行なうという「バランシング（自主防衛）」によって，2国間の勢力均衡状態

コラム6　拡大抑止——日米安保体制を例として

　拡大抑止とは，自国ではなく，自国の同盟国や自国と密接な関係にある国家への第三国からの攻撃を抑止することである。日本では，第三国による核攻撃の抑止を意味する言葉として使われることが多い。いわゆる「核の傘」である。日米同盟を例にすると，米国保有の核により，非核保有国である日本への第三国による核攻撃を思いとどまらせることを指す。すなわち，米国は，日本と日米安保条約を締結していることにより，万が一日本が攻撃された場合には，日本に代わり相手に報復攻撃を行うことを暗黙に保証しているのである。このような「保証」によって，核保有国が日本を攻撃することを未然に防ぐ，というのが拡大抑止の核心である。

　冷戦期には，日本を取り巻く安全保障環境がさほど厳しくなかったことや，東アジアにおける通常戦力・核戦力の面で西側が優位な状況であったことなどから，日本側が，米国の拡大抑止の信頼性に不安を感じることはあまりなかった。しかし，冷戦後，北朝鮮の核・ミサイル開発が進展したことを受け，日本側の不安が高まることとなった。とりわけ，北朝鮮が長距離ミサイルを開発したことにより，米国本土が直接攻撃される可能性が出てきた。これによって，日本が攻撃された場合，米国は本当に，自らも攻撃される危険を冒してまで北朝鮮に報復してくれるのか，という日本側の不安が高まり，米国の拡大抑止の信頼性にさらなる疑問が呈されることとなったのである。また，オバマ（Barack Obama, 1961～）政権の「核なき世界」政策やトランプ政権の「アメリカ第一」も，日本側の不安を掻き立てた。

　このような不安を解消するべく，日本は，米国の拡大抑止の信頼性向上のために，自衛隊と米軍との協力関係を強化する姿勢を見せるようになる。2010年の「防衛計画の大綱」は，このような協力姿勢を政府文書で初めて示した点で重要であった。また，同年より，日米拡大抑止協議が年2回ずつ開催されるようになったのに加え，2013年の国家安全保障戦略にも「日米同盟の抑止力」という考え方が盛り込まれることとなった。さらに，第2次安倍晋三（1954～2022）内閣において成立した，2015年の「日米防衛協力のための指針」や安全保障関連法制も，日米同盟の抑止力を高めることを狙ったものでもあった。他方，米国も，日米首脳会談や日米安全保障協議委員会（通称「日米2＋2」）にて米国の拡大抑止の不可欠な役割を確認するなど，信頼性向上に向けた姿勢を見せている。

を保ったのである（図6-5参照）。

　第2に，第1の点とも関係するが，戦争コストを極度に上昇させる核兵器の登場により，米ソ間に「恐怖の均衡」とも呼ばれた，相互核抑止が成立したことで

ある。核兵器は，従来使用されていた通常兵器と比較して，桁違いに大きな破壊力を持つ。もし，核戦争を行えば，相手国のみならず自国をも消滅させる程度の破壊も可能となる。これにより，米ソは，戦争において積極的に核攻撃を「行い」，相手に勝利するよりも，相手に核攻撃を「行わせない」（抑止）ことを確実にし，未然に核戦争の勃発を防ぐという「（相互核）抑止」の重要性を強く認識することになったのである。1950年代以降に激しくなる米ソの核軍拡競争は，このような抑止戦略の一環として追求されたものであった。また，先述の通り，キューバ危機後にデタントがもたらされたのも，この危機で，核戦争が起きた場合の甚大なコストを米ソ両国が強く認識したからでもあった。

冷戦の終焉

　冷戦の終焉過程は，1980年代後半の米ソの緊張緩和により始まった。1985年3月に54歳の若さでソ連共産党書記長に選出されたゴルバチョフ（Mikhail Gorbachyov, 1931～2022）は，国内ではペレストロイカ（建直し）やグラスノスチ（情報公開）と呼ばれる自由化改革を断行する一方，外交では「新思考外交」という斬新な政策を追求し始めた。「新思考外交」とは，共産主義の勝利をめざす従来のイデオロギー外交から脱却して，全人類の価値，相互依存，共通の安全保障を重視し，東西両陣営の平和的共存をめざす新しいアイディアに基づく外交であった。米国も，このようなソ連の新しい動きを受け入れた。米国のレーガン政権は，1981年に発足以来，ソ連に対して強硬な政策を取り，軍拡を進めたため，国防費が増大し，財政赤字が深刻化していた。よって，ソ連の新たな動きは歓迎すべきものであった。こうして米ソ間の緊張が緩和し，1985年のジュネーブでの首脳会談を皮切りに，軍備削減交渉が急速に進展した。この軍備削減交渉は，1987年12月の中距離核戦力（INF）全廃条約の調印に結びついた。このような米ソ間の緊張緩和の流れは，次に，米ソ間の戦略核兵器の削減交渉（START）を進展させることにもつながった。

　また，「新思考外交」という新しい政策により，ソ連は東欧諸国で進んでいた民主化に対しても，従来とは異なる姿勢を見せるようになった。従来は，個々の社会主義国が持つ主権は絶対的なものでなく，各国の主権より「社会主義圏全体の利益」が優先され，それが害される場合には，ソ連による他国への軍事介入も許されるとする「ブレジネフ・ドクトリン」と呼ばれる考えを取っていた（実際，ソ連は1968年に，チェコスロバキアの民主化運動「プラハの春」を武力で弾圧した）。こ

れに対して，「新思考外交」下のソ連は，このような介入はせず，東欧諸国の民主化の成り行きを静かに見守ったのである。その結果，ポーランド，チェコスロバキア，ブルガリアなどで相次いで民主化が進展し，社会主義政権が次々と崩壊した（東欧革命）。また，東ドイツでは，改革派の政権が誕生し，1989年11月には東西ドイツを分断する「ベルリンの壁」までもが遂に崩壊した。

　こうした状況を受け，1989年5月に米国のブッシュ（George H. W. Bush, 1924～2018）大統領は，従来の対ソ封じ込め政策を転換することを明らかにした。さらに，12月には米ソ首脳間でマルタ会談を開き，そこで「冷戦の終結」が宣言されたのであった。続く1990年10月には，冷戦によって東西に分断されていたドイツが統一した。その後，1991年6月に，東側の経済相互援助会議（COMECON），そして7月にワルシャワ条約機構が解体されたことで，冷戦期に西側陣営と対峙してきた東側陣営が完全に消滅した。極めつけは，同年12月のソ連崩壊であり，これにより米ソ冷戦構造は完全に崩壊した。

冷戦終焉の原因

　冷戦は，欧州やアジアでの勢力圏争い，国内政治体制をめぐる対立，そして核兵器をはじめとする軍拡競争まで伴う，激しい米ソ対立であったにもかかわらず，上述のように，大戦争も伴わず「平和的」に終焉した。それはなぜなのだろうか。ここでは，リアリズムとコンストラクティビズムによる説明を紹介しよう。

　リアリズムの議論では，ソ連の国力の相対的低下が重要であったと説明される。この時期のソ連はアフガニスタン侵攻に代表される自らの影響力の「過剰拡大」に走り，経済力の4分の1以上を外交・防衛費に割かなければならない状況に陥っていた。このことがソ連の財政を圧迫し，西側との競争を続ける余力を失わせ，ソ連の指導者に西側への敵対姿勢を改めさせる主要因となった。つまり，ソ連の軍事的・経済的力が衰退し，2極構造が米国優位の1極構造に傾く中で，ソ連は政策変更を余儀なくされたのであった。

　ただし，このような国力に着目する説明だけでは，次の疑問が残る。第1に，なぜソ連は西側に「友好的」な政策を取るに至ったのだろうか。西側への敵対姿勢を改めることと友好的な政策をとることの間にはギャップがあるのではないか。第2に，なぜこのタイミングで，このような政策変更がなされたのだろうか。ソ連の相対的な国力は徐々に生じた現象である以上，政策変更のタイミングはもっと早くても，あるいはもっと遅くても良かったはずである。

こうした疑問に対して，コンストラクティビズムは，このタイミングでソ連書記長に就任したゴルバチョフが「新思考外交」という「新しいアイディア」を提示したことが重要であったと考える。なぜなら，ゴルバチョフが「新思考外交」を採用したことで，ソ連指導者に対する西側諸国の「認識」が変わり，西側にとってソ連は，もはや敵国ではなく，ともに新しい友好関係を築くことのできる，信頼のおけるパートナーとして見なされるようになったからである。すなわち，単なる力関係の変化ではなく，ソ連のゴルバチョフが「改革派」の新指導者として提起したアイディアの変化こそが，冷戦の平和的な終焉を，あのタイミングでもたらしたというわけである。

4　冷戦後の世界──1極時代から大国間競争の復活へ

米国の1極時代

米ソ2極構造の終焉は，米国を唯一の超大国とする1極時代の到来を意味した。これまで見てきたように，過去数百年の国際システムの構造は多極か2極の形を取ってきたが，冷戦後の世界は1極という構造に規定されることになった。第2章第6節でも説明したように，冷戦期にも，当時の米国を「覇権国」と見なし，その国際的な指導力を肯定的に評価する「覇権安定論」も存在した。しかし，その覇権が及ぶ範囲は，主として西側世界に限られていた（つまり東側世界はソ連が覇権国であり，世界全体では2極であった）。ところが，ソ連が瓦解した冷戦後は，米国だけが唯一の超大国として残り，その覇権が世界大に広がる勢いを見せるようになったのである。

ここで問題となったのは，大国「間」の政治というよりも，1極の頂点に立った米国が世界においてどのように振舞い，それが戦争と平和の問題にどのように影響するのかであった。第2章でも紹介したように，当時，1極構造が安定的か否かについては，リアリストの間でも意見は一致していなかった。しかし，1極構造の存在によって，国家間戦争，とくに大国間の戦争の発生が抑制され，結果として，平和な世界が到来するとの見方もなされるようになった。覇権国とそれ以外の（大）国との力の差は歴然であり，その他の国が覇権国に力で対抗するような可能性は低く，その他の国は覇権国に従い，その恩恵にあずかるバンドワゴニングのような行動を取ることが多くなると思われたからである。

また，このような1極構造は，米国が望ましいと考える理念に基づく国際秩序

をもたらすことにもなった。すなわち，米国主導のリベラル国際秩序が世界に拡大していったのである。リベラル国際秩序とは，①民主主義や人権，②自由貿易，③多角主義（国際機関やルールに基づく対外政策）を重視した国際秩序を指す。冷戦終結は，ソ連に対する米国の力の勝利を意味したが，それは同時に米国が掲げてきたリベラルなアイディア（自由民主主義や市場経済を重視する考えや価値観）の勝利でもあった。世界的な1極構造下の米国は，冷戦期においては西側に限られていたリベラル国際秩序を，他国に邪魔されることなく，世界大に広げられるような圧倒的力を手にしたのである。

　実際に，1990年代の米国の対外政策はリベラル色の強いものとなった。1991年の湾岸戦争（前年にクウェートを侵攻したイラク軍を同国から撤退させるための戦争）では，国連安保理決議の下，米軍率いる多国籍軍が編成され，多国籍軍は2カ月あまりで勝利を収めることになった。米国は，国連の集団安全保障体制を機能させる形でイラクの違法な侵略を制裁し，国際平和を回復することに貢献したのである。また，1990年代には，世界各地で頻発する内戦に国際社会が人道的な観点から介入することが行われるようになったが（第7章），これらの介入でも米国は国連やNATOを活用した多角主義に基づく軍事作戦を重視した。加えて，1990年代に進展する自由貿易のグローバルな拡大においても，米国は先導的役割を果たした。NAFTA（北米自由貿易協定），APEC（アジア太平洋経済協力），WTO（世界貿易機関）といった多角的枠組みの成立や推進を通して，米国は自由貿易の促進を図ったのである（第8章）。

　しかし，2000年代に入ると，米国主導のリベラル国際秩序が揺らぎ始める。米国は，唯一の超大国としての自信を背景に単独主義（他国と協調することなく自国のみで行動しようとする考え）の傾向を強めたからである。そのきっかけは，2001年9月11日に発生した同時多発テロであった。イスラム過激派テロ組織アルカイダによって引き起こされたこのテロでは，ハイジャックされた大型旅客機がニューヨークの超高層ビルなどに突入，3,000人近くの犠牲者を出した。これを受け米国は，「対テロ戦争」の名のもとに，アルカイダ幹部を匿っていたアフガニスタン（2001年10月開始）に加え，大量破壊兵器（WMD）の保有疑惑もあったイラクとの戦争（2003年3月開始）を開始したのである。とくにイラク戦争は，国連安保理の許可を得ることもなく，かつ独仏を含む米国の同盟国や国際世論から強い反対があったにもかかわらず強行された単独主義的な武力行使となった。加えて，開戦後は，米兵によるイラク人捕虜の虐待（人権侵害）が明るみになる一

方，開戦理由とされたイラク政府による WMD 保有やテロとの繋がりも立証されなかったことから，リベラルな超大国としての米国の威信とイメージは大きく傷つくことになった。

　結局のところ，米国は，アフガニスタンとイラクの治安維持のために長期の米軍駐留（前者は2021年8月まで，後者は2011年12月まで）を強いられ，自らの国力を消耗することになった。しかも，いずれの国でも，米国が理想とした「自由民主主義」が実現するには至らず，自由や民主主義を，武力を用いてでも世界中に広めるという米国の外交方針は，次第に米国民の支持を失っていったのである。

大国間競争の時代へ

　冷戦後しばらく1極の地位にあった米国だが，とくに2010年代以降，その国力の相対的衰退が顕在化してきた。その背景には，対テロ戦争の失敗や2008年のリーマン・ショック，そして何よりも中露という非民主国家（権威主義国家）の台頭があった。リアリズムによれば，このような力の配分構造の変化は，（最悪の場合は「覇権戦争」を経て）国際秩序に大きな変化をもたらすと予測される。実際，リベラル国際秩序は台頭する中露からの挑戦を受けるようになった。とくに，急速な経済発展により，軍事力を拡大した中国は，南シナ海や東シナ海などにおいて強引な海洋権益の拡大に努めるなど，米国が中心となって支えてきた秩序に挑戦する動きを見せるようになった。その傾向は，2012年に始まる習近平（1953～）体制以降，顕著になったといえる（たとえば，南シナ海では，周辺国と領有権を争う島や岩礁などの実効支配や軍事化を強化）。他方でロシアは，2014年，親ロシア派住民の保護を名目にウクライナ東部に介入し，南部のクリミア半島を自国領に併合する挙に出た。これらの行為は，既存の領海や国境線を自国に有利な形で一方的に変えてしまおうとする「力による現状変更」の試みであり，国際社会のルールに反するものである。こうした事態を受けた米国政府は，大国間の競争が戻ってきたとの認識を強め，中露を，米国の「戦略的競争相手」として明確に位置づけるようになった（国家安全保障戦略，2017年）。

　その一方で，トランプ（Donald Trump, 1946～）政権下（2017～21年）では，米国自らが，リベラル国際秩序を損なう動きを見せる事態に至った。具体的には，「アメリカ第一（America First）」を掲げ，NATO をはじめとしたリベラルな価値を共有する米国の同盟国を軽視し，環太平洋パートナーシップ（TPP）やパリ協定などの多国間枠組みからも次々と離脱した。また，民主主義や人権を尊重せず，

各国の独裁的指導者との関係を積極的に強化した。さらに，通商政策では，前述のＴＰＰ離脱に加え，多額の貿易赤字を抱える中国には「関税戦争」を仕掛けるなど，保護主義（反自由貿易）路線を追求した。

　2021年1月に誕生したバイデン（Joseph Biden, 1942～）政権は，トランプ政権とは異なり，民主主義や人権，多角主義を重んじる姿勢を鮮明にし，リベラル国際秩序の再建を図ろうとしている。ただしバイデン大統領は，自由貿易の恩恵を実感できない労働者や中間所得層への配慮から，その促進にはおよび腰である。さらに，2022年2月にはロシアがウクライナに全面的な軍事侵攻を開始するに至り，バイデン大統領は大きな試練に直面することとなった。「権威主義」の大国としてロシアとの関係強化を図る中国も，軍事的・経済的な力で米国を圧倒することを諦めておらず，リベラル国際秩序の前途はますます不透明になった。このようなリベラル国際秩序の動揺は，日本にとっても決して他人事ではない。2022年12月，日本政府は「国家安全保障戦略」「国家防衛戦略」「防衛力整備計画」からなる安保3文書を閣議決定し，戦後の防衛政策の大転換を図った。すなわち，防衛費の大幅増（GDPの2％分に引き上げ），「反撃能力」（敵基地攻撃能力）の保有，サイバー安全保障の強化などの新たな施策によって，「戦後最も厳しく複雑な安全保障環境」に対応していくことを決意したのである。

　本章では，第1次世界大戦以降の大国間の戦争と平和に関する重要なトピックを概説してきた。同時に，本書のこれまでの章で解説してきた，いくつかの国際関係理論を用いて，大国間の戦争や平和をどのように説明できるのかも示してきた。もちろん，本章で触れることができたのは，数百年におよぶ膨大な国際関係史のごく一部に過ぎない。もしも，皆さんが，本章を手掛かりに戦争と平和についてより強い関心を抱いたならば，他の文献を参照し，さらに学習を深めていって欲しい。本章でも示唆したように，現代は国際秩序の大きな変動期の只中にある。将来的に，大国間の「悲劇」が繰り返されないよう，本章で示されたさまざまな知見も活かしてわれわれが努力を続けることが，きわめて重要であると考えられる。

参考文献

アイケンベリー，G.ジョン（鈴木康雄訳）『アフター・ヴィクトリー──戦後構築の論理と行動』NTT出版，2004年。

アリソン，グレアム（藤原朝子訳）『米中戦争前夜——新旧大国を衝突させる歴史の法則と回避のシナリオ』ダイヤモンド社，2017年。

ギャディス，ジョン・L（五味俊樹・坪内淳・阪田恭代・太田宏・宮坂直史訳）『ロング・ピース——冷戦史の証言「核・緊張・平和」』芦書房，2002年。

シェリング，トーマス（河野勝監訳）『紛争の戦略——ゲーム理論のエッセンス』勁草書房，2008年。

テイラー，A. J. P.（吉田輝夫訳）『第二次世界大戦の起源』講談社，2011年。

マリガン，ウィリアム（赤木莞爾・今野茂充訳）『第一次世界大戦への道——破局は避けられなかったのか』慶応義塾大学出版会，2017年。

ミアシャイマー，ジョン・J（奥山真司訳）『完全版 大国政治の悲劇』五月書房新社，2017年。

モーゲンソー，ハンス（原彬久訳）『国際政治——権力と平和』上・中・下，岩波書店，2013年。

ラセット，ブルース（鴨武彦訳）『パクス・デモクラティア——冷戦後世界への原理』東京大学出版会，1996年。

Claude, Inis L., Jr., *Swords into Plowshares: The Problems and Progress of International Organization,* Second Edition, rev. and enl., Random House, 1959.

Snyder, Glenn, *Alliance Politics,* Cornell University Press, 1997.

（さらに読み進めたい人に）

板山真弓『日米同盟における共同防衛体制の形成』ミネルヴァ書房，2020年。
　　＊日米安保条約締結（1951年）以降，「日米防衛協力のための指針」（1978年）策定に至るまでの日米防衛協力の実態およびその公式化について明らかにした研究書。豊富な一次史料に裏付けられる形で，この時期においても，日米同盟に「人と人との協力」の側面，すなわち，日米両国が共同防衛を行なうという側面が存在したことを示す。

佐々木雄太『国際政治史』名古屋大学出版会，2010年。
　　＊20世紀を中心とした国際政治史に関する教科書。図表などの資料が多く，初学者に理解しやすい構成になっている。

多湖淳『戦争とは何か』中央公論新社，2020年。
　　＊主にラショナリズムの観点から，戦争と平和の問題についてわかりやすく説明した初学者向けの教科書。国際政治学研究における科学的思考の重要性について説く点においても特徴的である。

防衛大学校安全保障学研究会編著『安全保障学入門』亜紀書房，2018年。
　　＊安全保障の基本概念について，網羅的に扱う定評ある安全保障の入門書。日本の安全

保障政策に関する基礎的な知識を学ぶこともできる。

宮岡勲『安全保障論』慶応義塾大学出版会，2020年。

＊安全保障分野における名著・基本文献の紹介を行いつつ，幅広く安全保障論について説明する教科書。主に日本や米国の国家安全保障戦略に触れつつ説明がなされる点は，日本の読者に配慮しており理解を促進する。入門的な内容から，発展的な内容まで含められているため，幅広い読者を対象としている。

（板山真弓）

第7章

内戦と平和構築

──隣人どうしが「敵」になる悲劇にどう対処するのか？──

── Short Story ─────────────

　ある日，ミネオ君は，インターネットで海外のニュースを見ていて，偶然，「シリアを忘れないで」というメッセージを見つけました。シリア内戦は終わっていないのに，国際社会の関心が薄れて支援も減っているため，危機的な状況に置かれている人々へのさらなる支援が必要，と訴える NGO のメッセージでした。ミネオ君は，最近，シリアのことをニュースで聞かなくなったので，もう内戦は終わったのかと思っていました。

　気になったミネオ君は，シリア内戦について調べてみました。その被害は甚大で，戦闘が激しかった地域では建物の多くが瓦礫の山と化し，ここに住んでいた人たちのことを思うと心が痛みました。また，内戦により，東京の人口にも匹敵する1,300万人ものシリア人が，住む場所を追われて国内や国外で避難生活を強いられているとのこと。しかも，国外に逃れた大半のシリア難民は近隣国（トルコ，レバノン，ヨルダンなど）にとどまったが，一部の難民は欧州をめざし，その途中の海路で船が沈没し命を落とした人々も少なくなかったという。

　「自分が子供の時に，同じ地球上で，こんな酷いことが起きていたなんて……」。内戦の残酷さを知ったミネオ君は，なぜ内戦は起こるのか，国際社会には内戦を解決する方法はあるのか，考え始めました。

空爆で破壊されたシリアの反体制派支配地域（グータ地区）の街並み（左），同地区から避難する人々（右）（AFP＝時事）

　冷戦が終結すると，国家間の戦争に代わって国家の内部で発生する内戦に国際社会の注目が集まるようになった。もちろん，冷戦時代にも悲惨な内戦は多数発生してきた。だが，米ソが勢力圏を競う冷戦下では，それぞれが支援する内戦下の政府または反政府勢力を勝利させること（「代理戦争」での自陣営側の勝利）が最大の関心事とされ，被害に遭う人々の存在は無視されてきた。これに対して，冷戦後の世界では，自由や人権を重んじる価値観や規範の広がりを背景に，内戦がもたらす悲惨な被害を見過ごすことは難しくなった。これに伴い，国際社会は，人道的介入（humanitarian intervention）や保護する責任（Responsibility to Protect：R2P）という新たな規範を生み出し，冷戦期から行ってきた平和維持活動（Peacekeeping Operations：PKO）の強化に加え，平和強制や平和構築といった新たな活動も開始し，内戦に苦しむ人々を減らすことに尽力するようになった。

　しかし，いまだに世界では多くの内戦が続いている（図7-1）。その中には，ミネオくんのエピソードで紹介したシリアのように，長年にわたる内戦で深刻な被害を出し続けている事例もある。紛争研究で名高いスウェーデンのウプサラ大学の統計によると，2021年時点では世界各地で170件の武力紛争が発生したが，これらのほとんどは内戦であり，約12万人とされる武力紛争の犠牲者の約9割は内戦によってもたらされたものであった。

　なぜ内戦は発生し，国際社会はそれにどのように対応してきたのだろうか。本章では，これらの問いを念頭に置き，まずは，内戦が起こる要因とメカニズムを論じ，その上で冷戦後に多発する内戦の状況を地域別に概観する。次に，国際社会の内戦に対する取り組みを，武力行使を伴う介入に着目して考察し，最後に平和構築について説明する。

1　なぜ内戦は起こるのか

内戦とは何か

　内戦とは，ある1国内で発生する，政府と非政府主体との間の武力紛争として定義できる。一般的に，「紛争（conflict）」とは，2つ以上の主体が，互いに両立不可能な目的の実現をめざして対立することを指し，このうち武力の行使を伴って争われるものを「武力紛争（armed conflict）」と呼ぶ。そもそも，国際関係論では，前章で見たように，国家間の紛争もしくは武力紛争（戦争）を主な対象としてきた。しかし，近年の武力紛争の大多数は，国家間ではなく，1国内におけ

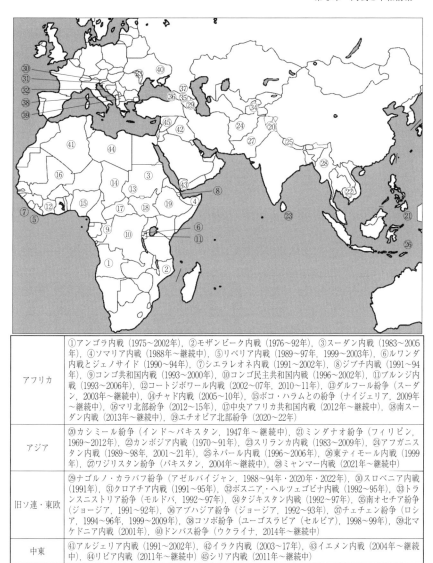

アフリカ	①アンゴラ内戦（1975~2002年），②モザンビーク内戦（1976~92年），③スーダン内戦（1983~2005年），④ソマリア内戦（1988年~継続中），⑤リベリア内戦（1989~97年，1999~2003年），⑥ルワンダ内戦とジェノサイド（1990~94年），⑦シエラレオネ内戦（1991~2002年），⑧ジブチ内戦（1991~94年），⑨コンゴ共和国内戦（1993~2000年），⑩コンゴ民主共和国内戦（1996~2002年），⑪ブルンジ内戦（1993~2006年），⑫コートジボワール内戦（2002~07年，2010~11年），⑬ダルフール紛争（スーダン，2003年~継続中），⑭チャド内戦（2005~10年），⑮ボコ・ハラムとの紛争（ナイジェリア，2009年~継続中），⑯マリ北部紛争（2012~15年），⑰中央アフリカ共和国内戦（2012年~継続中），⑱南スーダン内戦（2013年~継続中），⑲エチオピア北部紛争（2020~22年）
アジア	⑳カシミール紛争（インド~パキスタン，1947年~継続中），㉑ミンダナオ紛争（フィリピン，1969~2012年），㉒カンボジア内戦（1970~91年），㉓スリランカ内戦（1983~2009年），㉔アフガニスタン内戦（1989~98年，2001~21年），㉕ネパール内戦（1996~2006年），㉖東ティモール内戦（1999年），㉗ワジリスタン紛争（パキスタン，2004年~継続中），㉘ミャンマー内戦（2021年~継続中）
旧ソ連・東欧	㉙ナゴルノ・カラバフ紛争（アゼルバイジャン，1988~94年・2020年・2022年），㉚スロベニア内戦（1991年），㉛クロアチア内戦（1991~95年），㉜ボスニア・ヘルツェゴビナ内戦（1992~95年），㉝トランスニストリア紛争（モルドバ，1992~97年），㉞タジキスタン内戦（1992~97年），㉟南オセチア紛争（ジョージア，1991~92年），㊱アブハジア紛争（ジョージア，1992~93年），㊲チェチェン紛争（ロシア，1994~96年，1999~2009年），㊳コソボ紛争（ユーゴスラビア（セルビア），1998~99年），㊴北マケドニア内戦（2001年），㊵ドンバス紛争（ウクライナ，2014年~継続中）
中東	㊶アルジェリア内戦（1991~2002年），㊷イラク内戦（2003~17年），㊸イエメン内戦（2004年~継続中），㊹リビア内戦（2011年~継続中），㊺シリア内戦（2011年~継続中）

図7-1　冷戦後の内戦多発地域における主要な内戦

注：本章ではこれら4地域における内戦・紛争に着目するが，本図表には，本文で後述しない事例も含め掲載した。アルジェリアとリビアは地理的には北アフリカに位置するが，これらの内戦は中東政治の分脈で発生したことから，本章では中東地域に分類して記述した。なお「継続中」と表記したものは，いずれも2022年11月時点における状況に基づいている。
出所：筆者作成。

コラム7　ルワンダの悲劇と国際社会の対応

　内戦に伴う数々の悲劇の中でも，ルワンダで発生した大虐殺（特定民族の全滅をね
らう大量虐殺（ジェノサイド）の明白な事例とされる）が与えた衝撃はいっそう大き
かった。多くの一般民衆が虐殺に加担したことも，その衝撃の大きさの理由の1つで
あった。民衆を虐殺へと動員するうえで大きな役割を果たしたとされるのが，ラジオ
放送である。フツ系の民族主義者が設立した「千の丘ラジオ」は，フツ系大統領の飛
行機撃墜による死をきっかけに，ツチ系住民を「ゴキブリ」などと呼び，彼らの殺害
をフツ系住民に呼びかけ続けたのである。ルワンダでの虐殺は極端な例ではあるが，
その他の多くの紛争でもラジオやテレビ，インターネットや SNS を通した偽情報の
流布やヘイト・スピーチによる民衆の扇動が行なわれており，こうした扇動には注意
を払う必要がある。

　その一方で，ルワンダでの大虐殺を止めることができなかった国際社会には，大き
な悔いが残った。たとえば，当時の
米大統領のクリントンは，1998年に
ルワンダを訪問した際に，米国を含
む国際社会が十分な措置を取れな
かったことを謝罪した。2021年には
フランスのマクロン大統領がルワン
ダ訪問中に，ジェノサイドを防げな
かったフランスの責任を認める発言
をした。ルワンダの教訓は，国際社
会は時として断固とした対応を行な
う必要がある，というものだといえ
よう。

ルワンダの虐殺記念館，ンタラマ教会に展示されて
いる，大虐殺の犠牲者たちの頭がい骨。(AFP＝時
事)

る政府と非（反）政府勢力を主体とする国内主体の間で戦われるものとなった。
加えて，内戦に直接的または間接的に外国政府をはじめとする外部主体が関与・
介入する場合も少なくない（このような内戦を「国際化した内戦」と呼ぶ）。それゆ
えに，内戦は，今や，国際関係論にとって無視できない，重要な争点となった。

　内戦が冷戦後に大きな注目を集めるようになった主な理由の1つに，それがも
たらす被害の大きさが挙げられる。とくにアフリカ中部に位置するルワンダでの
内戦で1994年に発生した大虐殺（コラム7参照）は，約100日間の短期間に少なく

とも55万人以上が犠牲となり，内戦がもたらす悲劇を国際社会にまざまざと見せつけた。また，現在も完全には収まっていないシリア内戦では，2011年の発生以来，約35万人が死亡し，660万人以上が国外に逃れ，約670万人がシリア国内で避難生活を余儀なくされた。さらに，内戦に伴う混乱は貧困や飢餓にも直結する。2020年にノーベル平和賞を受賞した国連の世界食糧計画（WFP）は，栄養失調や深刻な飢餓に直面している人の数は近年増大しており，その最大の原因は内戦をはじめとする武力紛争であると指摘している。

アイデンティティの対立

　以上のような甚大な被害をもたらしかねない内戦は，どのような要因によって発生するのだろうか。内戦の要因としてすぐに思い浮かぶのは，民族的・宗教的アイデンティティの違いに基づく対立ではないだろうか。たとえば，ルワンダ内戦では，おおむねフツ系住民対ツチ系住民という民族の境界線に沿って戦闘や虐殺が行われた。旧ユーゴスラビア（以下，ユーゴ）地域で発生した1992～95年のボスニア・ヘルツェゴビナ内戦は，おおむね，イスラム系，セルビア系，クロアチア系の主要3民族が互いを敵視し合あう中で進行した。同じユーゴ地域で1990年代末に起きたコソボ紛争も，セルビア系とアルバニア系住民の民族対立の形をとった。

　複数の民族が住む「多民族」国家において，「政治的単位と民族単位は一致すべきである」とする民族主義（ナショナリズム）が極度に強まる場合に，内戦勃発の危険が高まることは容易に想像できよう。そのような意識の高揚は，国内に居住する別の民族を追い出して純粋な「国民国家」を作ろうとしたり，他民族が多数派を占める国家からの独立をめざしたりする運動に繋がり，民族どうしを妥協不可能な紛争に陥れるからである。また，宗教や宗派に基づく排他的なアイデンティティも，内戦を招く場合がある。たとえば，2000年代に内戦に陥ったイラクでは，国内に住むスンナ派（人口の約2割を占める）とシーア派（同約6割を占める）との間で激しい戦闘が行われた。同様に，2015年に始まったイエメンの内戦でも，スンナ派とシーア派との対立が背景となっている。

　ただし，内戦に繋がりかねないアイデンティティの違いや対立は，人為的に作られたり，強調されたりするものである点には注意が必要である。そもそも，内戦が多発する途上国の多くは，かつて植民地支配を受けた国々であり，それらの国々の国境線は，現地の民族・宗教・文化的集団の分布を考慮することなく，西

欧宗主国の都合によって恣意的に引かれたものであった。第2次世界大戦後に独立を果たすアジア，アフリカ，中東地域の旧植民地は，結果として，国内にさまざまなアイデンティティをもつ複数の集団（つまり，統一的な国民意識を持たない人々）を抱え込むことになったのである。さらに，こうした集団の中には，西欧宗主国が現地住民どうしの対立を煽って，宗主国に団結して立ち向かってこないように仕向ける，「分割統治（divide and rule）」の一環として「作られた」集団もあった。ルワンダはその典型例である。先に述べた，ツチとフツという「民族」は，元々はほとんど違いの無い人々であったが，ルワンダを植民地支配したベルギーが，両者を別民族として意図的に分断したのである。

　他方で，植民地支配から独立した後も，多くの国では非民主的な政治体制が継続し，その中で有力政治家や武装勢力が民衆を子分として支配して，忠誠を誓うことの引き換えとして利得を分配する，パトロン・クライアント関係のネットワークが築かれてきた点も見逃せない。このようなネットワークは，特定の民族や宗派などを介して築かれることが多く，内戦時には，人々を戦闘に動員するメカニズムとして働くことがわかっている。さらに，パトロン・クライアント関係を築かなくとも，政治家や武装勢力が，自らの立場を強化するために，人々の間にある排他的なアイデンティティを意図的に煽って，内戦を引き起こす場合もある。たとえば，ユーゴでセルビア共和国の大統領を務めたミロシェビッチ（Slobodan Milošević, 1941～2006）は，セルビア人のナショナリズムに訴え，政治権力を手にすると同時に，同地での内戦を助長させた指導者として有名である。

　このように，世界各地の内戦では，しばしば，排他的なアイデンティティが内戦の一因となってきた。しかし，世界には，多民族・多宗教・多宗派に属する人々が，内戦に至ることなく平和的に「共存」している国家も多数存在する。コンストラクティビズム（第5章）が主張するように，人々のアイデンティティとは，自然に決まるのではなく，社会的に構築されるものである。仮に，内戦に繋がるような排他的なアイデンティティが存在するとするならば，それはどのような過程によって，誰によって作られてきたのかを注意深く見極めることが重要である。

欲と不満

　おそらく大半の読者にとって，民族や宗派といった帰属集団の違いだけで互いを敵視し，殺し合うような内戦は，極めて理不尽なものであり，感情的で非合理

的なものに思えるだろう。しかし，近年の内戦研究では，あえてラショナリズム
の観点，すなわち内戦に関与する主体の合理性を仮定した上で，内戦が引き起こ
される要因を解明する試みもなされている。その代表例が，コリアー（Paul
Collier, 1949〜）とヘフラー（Anke Hoeffler, 生年不詳）による研究である。彼らは，
なぜ，人々が「反政府勢力（rebels）」を形成し，暴力を用いた反乱といった危険
な行動に出るのかを，①欲（greed）と②不満（grievance）の概念から合理的に説
明しようとした。

　第1の「欲」に基づく説明とは，文字通り，反政府勢力が自分たちの欲望を満
たすために内戦を引き起こす点に着目するものである。つまり，彼らは，内戦に
よって得られる利益とそれに伴うコストを合理的に計算し，利益がコストを上回
る場合に暴力に訴えると説明する。当然ながら，欲深い人間は日本にも存在する
が，現在の日本においては，何らかの利益を獲得するために，コストのかかる内
戦をわざわざ引き起こそうと考える者はいないであろう。しかし，コリアーとヘ
フラー（Collier and Hoeffler 2004）によれば，次のような条件——内戦によって強
奪可能な天然資源が豊富に存在する，反乱を支援するディアスポラ（他国に住む
同胞民族）が存在する，政府の統治が及ばない地方に人口が分散している等——
をもつ国であれば，反政府勢力が武力に訴える誘因が高まる傾向にあるという。
実際に彼らは，1960〜99年の161カ国を対象にした内戦事例の統計分析によって，
この傾向を明らかにした。

　第2の「不満」に基づく説明は，反政府勢力が自分たちへの不当な扱いに対す
る不満を解消するために暴力に訴える点に着眼したものである。このような不満
は，ある国で特定の集団が，政治的，経済的，文化的に差別されていたり，不利
な状況に置かれていたりする場合に生じやすい。たとえば，Aという民族が多数
派を占める一方で，Bという民族が少数派である国を想定してみよう。このよう
な国では，少数派であるBが，自民族に対する政府ポストや富の配分，B民族の
母語による教育の実施などを，多数派であるA民族中心の政府に対して要求した
としても，それが受け入れられる可能性は低い。長年にわたってA民族中心の政
府による支配が続いてB民族の不満が蓄積すれば，B民族は武力に訴えてでも待
遇の改善を求めたり，さらには分離独立をめざしたりするかもしれない。このよ
うな不満が生じる背景には，上述したような排他的なアイデンティティをもつ複
数の集団の存在が不可欠となるが，この概念では，内戦を覚悟する当事者は，単
なる感情の発露としてではなく，利益の獲得や不利益の是正という目的にした

177

がって合理的に行動する主体であることが強調されている点が重要である。

なぜ内戦に至るのか——内戦主体の戦略的相互作用

　たとえ，上述したように欲と不満の観点から内戦の勃発を合理的に説明できたとしても，なぜ，同じ国家に住む複数の主体が，武力ではなく交渉によって紛争を解決することを選ばないのか，という疑問も出てくるであろう。一般に，内戦は国家間戦争に比べて長引きやすく，政府側，反政府側ともに多大な人的・物理的被害をもたらす可能性が高い。そうであれば，政府と反政府勢力は，両者の紛争を「交渉」によって平和的に解決した方が遥かに合理的であるように思えるからである。内戦主体の間には，両者の交渉を難しくさせるような，何か特別な理由があるのだろうか。この問いに対する答えを，第４章（ラショナリズム）で扱った「主体間の戦略的相互作用」に関わる①情報の不完備性と②コミットメント問題，ならびに③（国内）制度の観点から考えてみよう。

　第１の情報の不完備性とは，内戦を戦う政府と反政府勢力が，互いの能力や意図に関する情報を十分に得られない状況を指す。まず，反政府勢力は通常，秘密裏に結成されて行動し，彼らの戦闘能力や戦略についての情報も政府に対して秘匿しようとする。このため，当初から正規兵を備える政府側は，反政府勢力の戦う能力や意図を実際よりも過小評価して，交渉よりも，武力を用いて相手を屈伏させた方が手っ取り早いと判断する可能性が高い。他方で，内戦に直面する国の政府は，透明性の低い非民主的な体制であることが多く，軍や治安部隊の能力に関する情報は秘匿される傾向にある。この傾向は，反政府勢力の側に，政府の能力や意図を実際よりも過小評価させ，武力を用いて政府に挑戦することを選択させる一因になりうる。加えて，冷戦後に行われるようになった人道的介入は，反政府勢力が，政府との「交渉」ではなく「戦う」意志を強めることにも繋がりうる。なぜなら，本来的に政府軍に比べて軍事的に劣る反政府勢力は，政府側が自分達に対して行う「非人道行為」を根拠に，国際社会が自分たちを守るための介入を実施してくれることを期待できるからである。当然ながら，介入が実際に行われるかどうかは，内戦開始時にはわからない。しかし，反政府勢力側が国際社会による介入を期待し，政府への反逆を始め，容易に交渉に応じないことは十分に考えられるのである。

　第２のコミットメント問題とは，政府と反政府勢力の両者が，和平合意の順守に対する互いのコミットメントを十分に確信できない状況を指す。いうまでもな

く，内戦の当事者となる政府と反政府勢力は同じ領域内に存在しているので，そこには，両者に和平合意を強制できるような第三者的な主体は存在していない。とくに軍事的に劣勢にある反政府側は，たとえ政府側が紛争解決に向けた何らかの譲歩案を提示しても，それがすぐに撤回されるかもしれないという疑いを持ちやすく，妥協が成立しにくいのである。

　この問題は，内戦が，新しい国家の誕生を伴わない形で，停戦や和平に至った場合にも継続しうる。仮に，両者の妥協によって和平合意が成立した場合でも，通常，反政府勢力は，和平と引き換えに武装解除を求められる。しかし，反政府勢力は，政府が合意を守るとは完全に確信できないことから，万が一の場合への備えとして武装解除を拒む傾向がある。さらに，政府側にも，反政府側が合意を破って再び武装することに対する恐れも残る。ゆえに，内戦終結後には，第三者である「国際社会」が，治安維持に一定の責任を負ったり，武装解除・動員解除・（社会への）再統合（Disarmament, Demobilization and Reintegration：DDR）を実施したりして，内戦当事者間のコミットメント問題を「解決」する必要が生じるのである。それでも，反政府勢力は，国家の軍隊ほど統率の取れた集団ではないことが普通であり，和平合意に納得しない，より急進的な分派が戦闘を継続・再開する可能性は常に残ることになる。

　第3は，内戦に直面する国家に特有の国内制度の問題である。たとえ「不満」や「欲」によって内戦を引き起こすような動機を持つ主体が存在していたとしても，通常，国家（とくに民主主義国）には，内戦を防ぐ制度が備わっている。特定の集団が抱く「不満」や「欲」は，成熟した民主主義国であれば，民主的な制度を通して日常的な政治プロセスの中で緩和や解消が図られるからである。すなわち，民族や宗派間の利害対立は，特定の政策，法律や司法を通して解決され，万が一，そのような対立が暴力沙汰に至ったとしても，警察や治安部隊などの物理的強制力によって抑え込まれるはずである。これに対して，非民主主義的な体制では，言論の自由が抑制され市民の意見は政策に反映されにくく，また司法なども権力者に近い勢力によって牛耳られていることが多いため，不満などの構造的な内戦要因が蓄積されやすい。確かに，強力な軍や警察を備えている非民主的な国家では，反体制派による暴力は厳しく抑え込まれる傾向にあるが，外的な要因（例：外国からの支援を失う）などによって政府が脆弱化した場合は，内戦に至る可能性が高まるといえる。

2　冷戦後の国際社会で多発する内戦

アフリカ地域

　本節では，冷戦後に多発した内戦の状況とその要因を地域別に概観しよう。紙幅の関係上，各事例を詳しく紹介することはできないが，多くの例で，前節で論じた排他的なアイデンティティや欲と不満の存在が確認できる。さらに，国内制度の脆弱化が内戦の引き金となった例も少なくないことがわかる。

　図7-1や図7-2からもわかるように，冷戦期から数多くの内戦が発生し，それが冷戦終結後にさらに増加したのがアフリカ地域である。そもそも，多くのアフリカ諸国は，宗主国によって引かれた境界線を基準に独立したことにより，自国内に多様なアイデンティティを有する民族や部族集団を内包する形になった。こうした集団の一部は自国に帰属意識を持たず，国境線によって分断された近隣国の同じ集団とのつながりを求めた。また，植民地からの独立後も低開発状態が続き人々は貧困にあえぐことになった。他方で，豊富な天然資源が存在する国においても，これらの資源は非民主的体制の下で一部の権力者に独占され，上述したパトロン・クライアント関係を形成・維持するために用いられた。すなわち，アフリカの一部の国には，欲と不満の双方の点で内戦の要因が存在していたといえる。

　冷戦期には，米ソ両陣営が，こうした不安定な国に対しても，自陣営に取り込むことを目的とした戦略的な援助合戦を行い，結果として，内戦の発生が食い止められていた。だが，冷戦終結でこれらの援助が途絶えると，多くの政府が脆弱化した。たとえば，アフリカ中部の大湖地域では，コンゴ民主共和国（旧ザイール）において，モブツ（Mobutu Sese Seko, 1930～97）政権が長年にわたって強権的な支配を続けてきたが，冷戦後に米国が援助を打ち切ったために政権が弱体化し，そこに周辺国からの介入が重なって内戦が発生し，2002年の停戦に至るまでに実に600万人近くが犠牲となった。他方で，欧米が経済援助の条件としてアフリカ諸国に課した民主化要求が，民主化した国における紛争を助長した例もあった。人権の尊重や基本的自由など民主化の前提条件が不在であった国に自由選挙を求めた結果，選挙での不正の横行や選挙を契機とした暴力の発生などが相次いだのである。

　その後もアフリカ地域ではいくつもの内戦が発生しており，上記のコンゴ民主

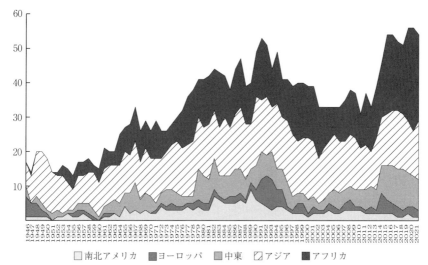

図7-2　地域別に見た武力紛争の発生（1946〜2020年）
出所：Uppsala University Conflict Database Project

共和国では，豊富な天然資源の存在や政府が脆弱であることなどから，現在も安定しない状況が続いている。近年はイスラム過激派組織の台頭や，それを懸念する先進国による援助の増加や軍事介入の事例も増加しており，内戦と介入の要因が存在し続けている。

アジア地域

アジアでは，アフリカと同様に多くの国が西欧による植民地支配を受けたことで，異なる帰属意識を持つ集団の存在，欲や不満といった内戦につながりやすい要因が作り出された。冷戦期から今日まで続くインドとパキスタンの間の，カシミール地方をめぐる対立はその典型例といえるだろう。

これに対し，東南アジア地域では，カンボジアの内戦が終結を迎えた一方で，独立を果たした東ティモールが内戦に陥った。カンボジア内戦は冷戦期の1970年代から続いてきたが，1991年に和平合意に達したことを受け，暫定統治を担う初めての多機能 PKO である国連カンボジア暫定統治機構（UNTAC）が派遣され，政府機構の整備や民主的な選挙実施を担った（日本も自衛隊・警察官・選挙監視員を初めて派遣）。UNTAC が一定の成功を収めたことで，内戦後の国家を建て直す国

連の新たな役割への期待が高まる結果となり，国連は平和構築や国家建設を実施する多数の PKO 派遣へと乗り出していくことになる。ただし，UNTAC は，選挙が成功し，武装勢力のポル・ポト（Pol Pot, 1925〜98）派を除く諸派が参加する連立政権が成立すると，駐留期間わずか1年7カ月でカンボジアから撤退した。その後，1997年には連立政権に参加していた人民党がクーデターによって権力を掌握し，現在に至るまで人民党議長のフン・セン（Hun Sen, 1957〜）首相による政権が続き，非民主的体制との批判を受けている。東ティモールは，ポルトガルによる植民地支配からの独立後，1970年代からインドネシアの支配下に置かれてきた。1998年のインドネシアの民主化によって東ティモールは独立の機会を得て，国連ミッションの監視の下で自治を問う住民投票を実施して独立を選択した。だが，インドネシア残留を求める武装組織（インドネシア政府が後押ししていたとされる）との間で内戦が発生し，死者数は数十人と少なかったものの，数十万人の住民が避難する事態となった。

旧ソ連・東欧地域

　共産主義国家のソビエト連邦とユーゴ連邦から独立した諸国においても，冷戦終結直後に内戦が多発した。冷戦期のソ連とユーゴは，ともに多民族から成る連邦国家（それぞれ異なった民族構成を持つ複数の共和国や自治州などを束ねた国家）であったが，連邦内の各地においても共産党による一党独裁制が貫かれ，全体の統制が保たれていた。経済面では私有財産が禁止される一方で，豊富な天然資源が存在し，それらは共産党指導層など一部のエリートが牛耳っていた。このため，その恩恵に預かれない民族の間には，欲と不満の双方において内戦を導くような要因が存在していた。しかし，冷戦期には，強力な中央集権体制によって，民族的対立の芽は封じ込められていた。

　ところが，冷戦が終結し，ソ連とユーゴで複数政党制の選挙が導入されると，それまで禁じられていた排他的な民族主義的主張を行う政党が次々と結成されて権力を握り，各民族が連邦からの独立を強く求めるようになった。ソ連では1991年に連邦が解体されたが，ソ連時代の共和国間の境界線はそのまま引き継がれ，新独立国への帰属をめぐって，また，新独立国においてどの集団が権力を握るかをめぐって多くの紛争が発生した。その典型例が黒海とカスピ海に挟まれたコーカサス地域である。アゼルバイジャンのナゴルノ・カラバフ地方にはアルメニア系住民が多数居住し，ここをめぐってアゼルバイジャンとアルメニアが戦争状態

に至り，同地方は半ば独立してアルメニアの庇護を受ける結果となった。2008年にはジョージアでも南オセチア地域とアブハジア地域をめぐる紛争が発生し，いずれもロシアによる介入を経て，半ば独立した形となった。また，ロシア国内のチェチェンにおいても，ロシアからの独立を求める内戦が1990年代に発生した。

ユーゴにおいては，同連邦で中心的な共和国であったセルビアが連邦の維持を求めたが，スロベニア，クロアチア，ボスニアといった他の共和国が独立を宣言し，相次いで内戦が起こった。とくに過半数を占める多数派民族が存在しないボスニアでは，セルビア系勢力を中心に，占領した地域の他民族の住民を殺害したり追い出したりする，いわゆる「民族浄化」が行われ，約10万人の死者と，200万人を超える難民・国内避難民が発生した。その後も，この地域ではセルビア共和国内のコソボ自治州，マケドニア（現在の北マケドニア）での紛争が続いた。

ソ連とユーゴという2つの連邦国家が消滅して約30年が経過したが，近年でも民族をめぐる内戦は続いており，2014年以降のウクライナ東部や2020年のナゴルノ・カラバフでの武力衝突に加え，2022年2月にはロシアによるウクライナに対する全面侵攻までが発生した。

中東地域

中東地域も，かつて西欧による植民地支配を受けた国が多く，独立後の国境線にも宗主国の勢力圏が反映され，1つの国家に多様な民族・部族や宗派が内包されることになった。また，独立後も王政支配や独裁政権が続き，豊富な石油資源を背景としてパトロン・クライアント関係が築かれた。パトロン・クライアント関係は，その中に組み込まれている者（クライアント）には一定の満足感を与え，中東地域では独裁体制の維持に寄与してきた部分が大きい。ただし，民族や宗派の帰属が異なるなどの理由でそこから排除された者は，欲と不満の双方で内戦への動機を蓄積させてきたと考えられる。

2003年の米国によるイラク侵攻およびフセイン（Saddam Hussein, 1937〜2006）政権の打倒は，形式的な民主化はもたらしたものの，それまでのフセイン体制下で支配層として優遇されてきたスンナ派（少数派）と，不利な立場に置かれてきたシーア派（多数派）との対立を激化させ，イラクを内戦に陥れた。米国が後ろ盾となって誕生した新政権は脆弱であり，各地で宗派間の対立を反映した反政府・反米勢力の抵抗に悩まされた。米国は，出口の見えない対テロ戦争に疲弊し，2011年に米軍をイラクから撤退させた。だが，過激派組織イスラム国（IS）の台

頭を受けて米国は再び介入せざるをえなくなり，2022年4月現在も約2,500人の部隊が駐留してイラク軍への訓練などを行なっている。

　中東から北アフリカに広がるアラブ諸国では，2011年にチュニジアでの独裁政権崩壊を発端にした，「アラブの春」と呼ばれる民主化運動が発生した。しかし，そのほとんどは民主化の実現・定着には至らず，リビアとシリアでは激しい内戦へと発展した。リビアに対しては，米英仏主導のR2Pを掲げた軍事介入（後述）が行なわれる一方，シリアに対しては，複数の国が，政権側または反政府側を支援したり，同国内でも支配領域を拡大したイスラム国（IS）を壊滅したりするために介入した。また，アラビア半島の南端に位置するイエメンでも，2015年から政府と反政府武装組織との間の激しい内戦が発生した。宗派対立を背景としてサウジアラビアが政府側（スンナ派），イランが反政府側（シーア派）を支援し，内戦の激化を招いている。

3　国際社会による内戦への介入

人道的介入と保護する責任規範の発展

　このような内戦に対して，国際社会はどのように対応してきたのだろうか。そもそも，内戦に対して外部主体が介入することは，いつの時代にも見られてきたことであり，その場合，介入国は得てして自国の利益（安全保障や地政学上の利益など）を追求することが多かった。これに対して，冷戦後の国際社会では，人道的な観点から内戦下にある国での人道危機に対処することを目的とした「利他的」な介入が，頻繁に行われるようになる。このような介入を「人道的介入」や「保護する責任」（に基づく介入）と呼ぶ。本節では，このような介入が，なぜ，どのように行われるようになったのかを見てみよう。

　冷戦が終わるまでの国際社会では，国家主権を重視する見方が支配的であり，それに反する「介入」は違法と見なされ，たとえその目的が人道的なものであったにせよ，一般的に許されるものではなかった。それを端的に示すのが，冷戦期に国連が始めたPKO（平和維持活動）である。PKOとは，武力紛争の当事者が「停戦」に合意した場合に限り，その状態（平和）を「保つ」ために行われる活動である。つまり，紛争自体に介入して，それを止めさせるような活動ではなかった。1948年の第1次中東戦争後に派遣された休戦監視団が初の事例であり，その後，国家間戦争や内戦の停戦監視要員として国連加盟国が提供する軽武装の

兵士を国連の指揮下で派遣する活動が一般化していった。ただし，PKO の派遣には次の３条件，すなわち①対象国の政府と主要な紛争当事者による受け入れ同意，②特定の紛争当事者に肩入れすることのない不偏性，③自衛の場合に限定された武力行使，が満たされる必要があった。つまり PKO には，派遣先である国（政府）の主権や意思に反しない，非強制的・非介入的な活動であることが求められたのである。それでも，冷戦期に国連 PKO が派遣されたのは，米ソが合意した例に限られたため，冷戦が終結する1989年までの40年間で派遣された PKO は，わずか18件にすぎなかった。

　ところが，1990年代に入ると，内戦によって脅かされる人々の生命や人権に大きな注目が集まるようになり，人道目的の介入であれば許容される，との認識が国際社会で急速に広がっていく。このような認識を背景に，国連も，PKO に，より強制的な任務を付与するようになり，人道的介入を事実上認める方向に転換するのである。それを如実に示したのが，1992年にガリ（Boutros Boutros-Ghali, 1922～2016）国連事務総長が発表した『平和への課題』である。ガリは，内戦に対する国連の新たな対応として，予防外交（preventive diplomacy），平和構築（peace-building），平和創造（peace-making）に加えて，平和強制（peace-enforcement）という重武装の部隊による内戦の停止にも乗り出すことを提唱したのである。内政不干渉（主権尊重）原則を掲げる国連が，「人道的介入」という言葉を直接使用することはないが，ガリが提案した「平和強制」には，事実上，武力を伴う人道的介入が含まれていたといえる。そして後述のように，その後の国連安保理は事実上の人道的介入を容認することになるのである。

　だが，1990年代末のコソボ紛争においては，安保理決議が得られないまま，北大西洋条約機構（NATO）が，人権弾圧を行うセルビア人勢力への激しい爆撃を行い，人道的介入の名を借りた恣意的な介入が行なわれたのではないかとの批判を招いた。そこで国際社会は，人道危機への新たな対処方法を探ることとなり，カナダ政府のイニシアティブで立ち上げられた「介入と国家主権に関する国際委員会（ICISS）」が，2001年に R2P 規範を提唱するに至った。R2P 規範は，国家主権には「文民を保護する責任」が伴うのであり，当該国政府が重大な人道危機を防ぐことができないか，防ぐ意思や能力を欠いている場合には，内政不干渉原則よりも国際的に保護する責任が優先される，という理念を核心とする。それまで「人道的介入」と呼ばれてきた行為を，国際社会にとっての「責任」と位置づけた点に最大の特徴があった。R2P 規範は，2005年の国連世界サミットで採択

された「成果文書」において支持された。同文書では，R2P は「ジェノサイド（大量虐殺），戦争犯罪，民族浄化，人道に対する罪」から文民を保護するものであり，国家が保護責任を果たさない場合の国際社会による強制行動は安保理決議に基づくことが確認された。その後の複数の安保理決議においても R2P が頻繁に言及されるようになり，2011年にはリビアに対して，R2P の執行といえる軍事介入が行われるに至った。

介入主体の「動機」

　人道的介入であれ R2P としての介入であれ，介入を行う側（国家）は，軍事行動に伴うリスクやコストを背負うことになる。そうであるにもかかわらず，なぜ国家は，自国民ではなく他国民の人道被害を是正するために，介入を行うのだろうか。その理由を最も明快に説明するのが，コンストラクティビズムの理論であろう。コンストラクティビズムによると，国家の利益や目的は，物質的要素（軍事力や経済力）ではなく，観念的要素（規範や価値）によって社会的に構築される。先述のように，冷戦後の国際社会では，人道的価値を重要と考える認識（間主観的理解）が広がり，その価値を実現するための人道的介入や R2P を国際社会が担う「べき」とする国際規範が形成されることになった。それに伴って，たとえ物質的な自己利益が得られなくとも，他国における深刻な人権侵害を食い止めるための介入に参加する動機が，国家に与えられるようになったのである。ICISS が明言するように，人道的介入や R2P としての介入は，「正当な意図」をもって，すなわち「人々への危害を停止または回避する」という純粋な動機から，かつ国連や地域機関を含む多国間の作戦として行われることが「適切」であるとされた。もちろん，介入を行うかどうかの最終判断は介入主体となる国家に委ねられることになるが，少なくとも，他国における人権や文民の保護を主目的とする介入に参加する国家の基本的な動機は，物質的利益ではなく，国際社会で共有される人道的な価値や規範によって「構成」されるものとなったのである。

　もっとも，介入は，常に，人道主義的な動機のみから行われるとは限らない。リアリズムが強調するような，安全保障・地政学上の利益が考慮される場合もある。たとえば，ボスニア内戦の際には，数万人を超えるボスニア難民が西欧諸国に押し寄せており，バルカン半島を含む欧州地域を不安定化させていた。ゆえに，NATO 加盟国でない当時のユーゴに対するNATO の介入は，自国内に大量に流入するボスニア難民の発生原因を断つという意味で，西欧の安全保障上の利益に

もかなうものであった。他方で，欧米は，1990年代の旧ソ連地域で起きた凄惨な
内戦には不介入を貫いた。なぜなら，この場合の介入には，ロシアという軍事大
国との直接対決（第3次世界大戦）にも繋がりかねない大きなリスクがあったから
である。つまり，いくら介入が必要な人道危機が起きたとしても，安全保障・地
政学上の利益を考慮し，介入が「断念」される場合もありうるのである。さらに，
ソマリア介入に失敗した後の米国は，アフリカ地域での内戦には介入を避けるよ
うになった点も指摘すべきであろう。つまり，米国にとって，アフリカの内戦へ
の介入はコストが高いと認識されるようになったのである。このように，「介入」
のみならず「不介入」の決定まで含めて考察するならば，米国に代表される介入
主体の行動は，人道被害の停止や回避という「人道的な価値」を尊重しつつも，
介入に伴う「コストやリスク」も考慮した合理的な計算に基づいて行われる場合
が少なくないのである。

1990年代における人道的介入の事例

　それでは，実際にどのような人道的介入が行われてきたのかを見てみよう。
1990年代は，欧米諸国が紛争を解決し，紛争地の人々を救うという「利他的」な
高い理想を掲げた介入が唱えられつつ，実際の介入は，介入側の国益や地理的な
近さのために重要な事例に対して選択的に行なわれたといえよう。最初の例は，
上記でも触れた，アフリカ東部に位置するソマリアへの介入である。1992年，ソ
マリアの内戦で停戦合意が成立したことを受けて，UNOSOM（国連ソマリア活動）
と呼ばれる PKO が派遣された。しかし，援助物質の略奪が相次ぎ，全人口650
万人のうち450万人以上が餓死の危機に瀕しているという米国務省の情報がもた
らされたことなどから，安保理は，人道援助を可能にするための国連憲章第7章
下での武力行使を加盟国に認める決議を採択した。翌1993年には PKO の任務が
拡大され，憲章第7章下での強制力の行使に加えて，内戦当事者の武装解除等を
任務に含む，多機能型 PKO（UNOSOM2）へと発展した。現地武装勢力がこれに
抵抗したことから，安保理はさらに武装勢力の指導者を捕縛する任務を
UNOSOM2 に与えた。この時点で，国連はついに強制力をもって内戦自体を解
決するミッションへと乗り出したのである。しかし，内戦当事者の捕縛をめざし
た米軍（ただし PKO からは独立した行動であった）が市街戦で犠牲者を出して1994
年に撤退すると，介入への機運は一気にしぼみ，1995年には UNOSOM2 も撤収
することとなった。

　ソマリアでの人道的介入が失敗したのと同じ1993年，ルワンダ内戦の和平合意が成立したことから，国連は治安維持や選挙監視などを任務に含む多機能型PKO（国連ルワンダ支援団：UNAMIR）をルワンダに派遣した。そこで発生したのが，フツ側の大統領が搭乗した航空機の撃墜事件（1994年4月）と，それに続く，フツ側によるツチ側への大虐殺であった。しかし，UNAMIR はこの虐殺を止めることはできず，UNAMIR への要員派遣国は撤退を始め，国際社会が人道的介入に乗り出すことはなかった。

　同時期の1992年，ユーゴ地域ではクロアチア内戦が一応の停戦に達したことを受けて，安保理は，クロアチアに国連保護軍（UNPROFOR）と呼ばれた PKO を派遣した。だが，隣接するボスニアでの内戦が激しさを増していたことから，活動対象をボスニアにも拡大した。停戦が成立していない時点でボスニアに展開した UNPROFOR に対して，安保理は住民保護のための安全地帯の設置を決定し，これらを守るための武力行使を UNPROFOR および国連加盟国に認めた。しかし，セルビア系勢力が安全地帯を攻撃したことから，NATO が史上初の武力行使に乗り出し，1994年にセルビア系勢力に対して空爆を行なった。だが，セルビア系の反発を招いて1995年には東部のスレブレニツァの安全地帯が陥落してムスリム系住民8,000人以上が虐殺される事件が発生した。これを受けて NATO は対セルビア空爆を本格化し，結果として，セルビア系を含む全紛争当事者に和平を合意させた。

　その後，同じユーゴ地域で，コソボのセルビア共和国からの独立を求める内戦が1998年に本格化し，セルビア系治安部隊によるコソボのアルバニア人への非人道行為が明らかになると，米国は再び人道的介入の可能性を模索した。しかしこの時は，欧米の介入を深刻な内政干渉と見なす中露の反対により，介入を認める安保理決議は可決されなかった。それでもクリントン（Bill Clinton, 1946～）米政権は，アルバニア人への虐殺を阻止するという人道目的を掲げ，セルビア全土に対する激しい空爆を行なって，コソボをセルビア政府の施政下から切り離した。その後，コソボは国連による暫定統治時代を経て2008年に独立を宣言するに至る。

　東南アジアに位置する東ティモールで起きた内戦に対しては，1999年に，オーストラリア軍を中心とする多国籍軍が，国連安保理決議によって武力行使の権限を与えられる形で派遣された。これによって戦闘が停止し，別の国連 PKO による暫定統治へと移行した。東ティモールの事例は人道的介入（および後の平和構築）の数少ない成功例と考えられている。

2000～10年代における保護する責任の事例

　2000年代以降は，9.11テロを受けて，米国が自らの国家安全保障を主目的とする介入を行う傾向が強まったが，その一方で保護する責任（R2P）が唱えられて，人道を主目的とする介入の可能性も消えてはいなかった。とはいえ，実際に，どの紛争や人道危機に対して R2P を適用するのかは，依然として介入側次第である点は変わらなかった。たとえば，2011年の「アラブの春」で動揺したアラブ諸国の中で R2P が適用されたのはリビアだけであった。リビアは，カダフィ（Muammar al-Qaddafi, 1942～2011）独裁政権による抗議運動への弾圧により，内戦の危機にあった。これに対して，安保理は，R2P に言及して飛行禁止区域の設定や人道危機の停止を図るための武力行使を認める決議を採択し，それを受けて米英仏主導の NATO 軍によるリビア空爆が実施された。リビアへの介入は，R2P の適用の最も顕著な事例となったが，安保理決議では想定されていなかったカダフィ政権の打倒にまで至ったことで，中露による批判を招いた。また，その後リビアに派遣された国連リビア支援ミッション（UNSMIL）は軍事力を伴わない小規模なものにとどまり，反カダフィ勢力が分裂して新たな内戦に陥るのを止めることはできなかった。リビアが再び人道危機に陥ったことで，R2P 規範自体にも強い疑問が投げかけることとなった。

　他方で，2011年からの内戦で甚大な人道被害に直面し続けたシリアに対しては，アサド（Bashar al-Assad, 1965～）政権による大規模な人権侵害が問題視されたものの，中露の反対で安保理による効果的な措置は発動されなかった。その一方で，アサド政権が支援を要請したロシアやイランが介入を行い，これによって同政権が軍事的な優位を維持することになった。2021年にはミャンマーで軍によるクーデターが発生し，弾圧を受けた市民が国際社会に R2P の適用を求める声を挙げたが，同国に対する経済制裁は課されたものの，R2P としての軍事介入は実行されていない。つまり，これらの人道危機では，文民を保護する責任は誰によっても十分果たされなかった。これにより，「R2P は死んだ」といった主張まで行われるようになった。

4　平和構築

平和構築とは何か

ここまで見てきたように，国際社会には強制力を行使してでも内戦を解決する

図7-3　外務省による平和構築の概念図
出所：外務省『2009年版政府開発援助（ODA）白書──日本の国際協
力』，2010年，64頁。

ことが期待されてきたが，介入のハードルは依然として高く，人道的介入や
R2P による軍事介入が実施された場合でも，その後に安定的で自律的な平和を
実現できていない例もみられるようになった。その一方で，国際社会は，内戦後
の国や社会を「非強制的」な手段によって再建しようとする「平和構築」にも積
極的に取り組んできた。

　平和構築とは，武力紛争後に持続的な平和を築くための活動である。前出の
『平和への課題』では，紛争当事者の武装解除，秩序の回復，兵器の管理と廃棄，
難民の帰還，治安部門要員の育成，選挙の監視，人権擁護努力の強化，政府機関
の改革や強化，公式・非公式の政治参加の促進が平和構築活動の例として挙げら
れた。日本の外務省は，和平プロセスの促進や人道復旧支援，国内治安の確保か
ら成る「平和の定着」のための活動と，ガバナンスの構築，経済基盤の整備，社
会基盤の整備から成る「国づくり」のための活動を経て，紛争から発展と安定に
至る過程を平和構築と考えてきた（図7-3）。このような多様な活動を含む実際
の平和構築は，どのような戦略に基づいて行なわれてきたのだろうか。まず平和
構築の主体について確認した上で，より具体的な活動内容である，治安部門改革
と民主制度の構築について見てみよう。

　平和構築の主体は誰か。PKO 要員は国連加盟国から派遣されるのに対して，
平和構築には現地社会の政治勢力や NGO，市民などあらゆるアクターが参加す
ることが想定されている。紛争の根源的な要因が多岐にわたり，これを緩和・解
決するためには政治・経済・社会にまたがる幅広い分野において長期間の取り組

みが必要とされることを考えれば，現地アクターの参加は不可欠だからである。

　しかし，現地のアクターだけでは持続的な平和を実現するのは困難である。ノルウェーのオスロ平和研究所による調査では，1989〜2018年の間に，武力紛争（国家間の戦争を含む）のうち約46％が再発に至ったとされる。とくに内戦においては，上記のようにコミットメント問題が深刻になりやすく，再発の可能性は高いと考えなければならない。したがって，国際社会が内戦の再発を防ぎつつ平和構築活動を主導することが，とくに和平の初期段階では欠かせない。たとえば，内戦終結後のボスニアにおける平和構築では，主要3民族間で権力を分有する体制が築かれたが，それぞれが自民族の利益にこだわる傾向が強く，政府が機能不全に陥った。そこで国際社会は，駐留する国際社会の代表に，現地政府の決定を覆したり非協力的な政府関係者を罷免したりする強力な権限を与えて，現地政治勢力からの抵抗を乗り越えようとした。

　もっとも，国際社会の影響力が大きいことは，必ずしも平和構築を容易にするわけではない。国際社会が直接に統治を行ってしまえば，現地の政治勢力は，広く市民に対して説明責任を果たす必要がなくなり，自らの支持者（クライアント）や自らの属する民族などだけを対象にして，人気取りのための非現実的な主張をし始めかねない。ボスニアの例では，セルビア系政治勢力が，和平体制を破壊しかねないボスニアからの分離独立の可能性に言及することもあった。そもそも，国際社会が現地アクターを抑え込む形で平和構築を進めることに対しては，植民地主義的であるといった強い批判も存在する。このため，現地社会のことは現地のアクターが主体的に決めるべきだとするローカル・オーナーシップの考え方が改めて強調されるようになり，国際社会との望ましい役割分担による「ハイブリッド平和構築」をめざす動きも強まってきた。

　このような困難さの中で，平和構築活動をリードしてきた欧米諸国は，現地に機能的な政府を作りあげる「国家建設」に注力するようになった。これは，現地社会が長期にわたる平和構築のイニシアティブを握り，国際社会の役割を縮小することを可能にするための戦略であるといえる。ただ，そこでめざされるのは，民主主義，自由権を中心とする人権の尊重，法の支配，自由主義的市場経済運営を志向する，欧米諸国の価値観を反映した政府である（これを「自由主義的平和構築（liberal peacebuilding）」とも呼ぶ）。

　自由主義的平和構築における重要な柱の1つが，軍や警察，司法機関などの治安部門を整備する「治安部門改革（Security Sector Reform：SSR）」への支援であ

る。SSR は，近年の多くの PKO における任務に組み込まれている。具体的な SSR としては，まず，武力紛争時に動員された軍や警察の過剰人員を，平時における安定的な治安維持に必要な規模にまで縮小し，治安部門の機能強化が図られる。もっとも，機能強化された治安部門は，少数派の意見を封じ込めて紛争の根源的な原因を温存したり，悪化させたりするような組織にもなりうる。このため，SSR では，反政府武装勢力の元兵士を再教育して治安部門に統合したり，民主的統制や人権尊重などの原則を徹底する訓練を行ったりすることで，治安部門が政府による抑圧の道具にならないように注意が払われる。ただし，SSR は，国家による正統な物理的強制力の独占体制を整備するという点で，基本的には，「欲」による内戦の発生を抑止することに中心が置かれていることに変わりはない。

　自由主義的平和構築の中心となる 2 つ目の柱が，民主制度の構築である。先述のとおり，とくに人々の「不満」が内戦の根本原因になっている場合，これを平和的に解消していくためには，民主制度による利害の調整は欠かせない。ただし，民主制度の構築過程には多くの問題が存在する。とくに，民主制度が単に多数決の原理に基づくものになってしまっては，少数派の持つ不満をかえって悪化させてしまいかねない。ゆえに，少数派であっても政府の意思決定に参画し影響力を持つことができるようにするためのさまざまな制度が提案されてきた。たとえば比例代表制によって少数派の代表者の選出を可能にすることや，少数派の代表者を含む連立政権を義務化すること，少数派がまとまって居住している地方に自治の権限を与える分権化，影響の大きな決定に対しては少数派に拒否権を与えることなどである。これらはボスニアをはじめ多くの内戦後の社会で導入されてきた制度ではあるが，少数派の権利を尊重しすぎると，今度は彼らの民族意識を固定化して民族間の融和を阻みかねないとの批判も存在する。

　最後に，「民主制度の構築」と「選挙の実施」とを同一視する傾向に，警鐘を鳴らしたい。選挙を実施したとしても，選挙で不正が横行したり，選挙結果をめぐる政治勢力間の闘争が起きてしまったりして，平和構築の妨げとなってしまう場合も少なくないからである。どのような選挙制度が望ましく，真に民主的な選挙制度の定着までどれほどの時間がかかるのかは，それぞれの事例によっても大きく異なるのである。

平和構築の事例

　次に，平和構築の具体例として，アフガニスタンの例を紹介しよう。アフガニスタンは平和構築の「成功例」とは言い難いが，平和構築に関する国際社会の現状をよく表す事例である。

　南アジアに位置するアフガニスタンでは，ソ連が支えていた共産主義政権が1989年のソ連軍撤退後に崩壊し，多くの勢力が入り乱れる激しい内戦となった。多民族で構成され，鉱物などの天然資源が存在するにもかかわらず貧困状態が続いたアフガニスタンには，「欲」と「不満」に関わる内戦要因が存在した。加えて，米国が多くの武器を反ソ連勢力に供与したことから，内戦が起こる可能性は高かった。冷戦後の米国はアフガニスタンへの関心を低下させて，その援助も限定的となり，内戦はイスラム原理主義勢力のタリバンが実権を握ることでようやく下火になった。だが，国際テロ組織アル＝カイダがアフガニスタンを拠点として引き起こした2001年9月11日の同時多発テロを受けて，米国がアフガニスタンへ侵攻し，タリバン政権を崩壊させた。その後，米国やNATO諸国が中心となる平和構築のプロセスが開始され，2001年12月には，アフガニスタン復興会議が行われて，平和構築の枠組みとなるボン合意が成立した。ボン合意に基づき，同月に組織されたアフガニスタン暫定政府の同意を受けて，多国籍軍による国際治安支援部隊（ISAF）の派遣が安保理決議によって決定された。しかし，タリバンはボン合意に不参加であったため，米国などによるタリバン残党との戦闘は継続された。つまり，アフガニスタンにおける平和構築は，全紛争当事者間の和平合意，PKOへの受け入れ同意といった前提条件を欠く中で開始されたのである。

　2003年には，アフガニスタン「平和の定着」東京会議において元兵士のDDRの開始が決定され，日本政府がイニシアティブを取り，2005年には6万人の武装解除の完了が宣言された。だが，このDDRの対象は，タリバンと戦ったいわゆる北部同盟諸派のみであり，和平合意に参加していないタリバンを対象にすることはできなかった。2004年から2005年にかけて一連の選挙と憲法制定が行われて，アフガニスタンには正式な政府が成立したが，国民全体から統治の正統性を認められた政権とは言い難く，反タリバンで辛うじてまとまっていた北部同盟諸派も分裂して複数の軍閥が割拠する状況となった。

　そこで，国際社会は中央政府所属の軍や警察の整備を急いだ。多額の支援とNATO諸国などによる訓練の結果，30万人規模の軍隊など，数字の上では大規模で装備の整った治安部門が作り上げられた。しかし，その主目的は反政府武装

勢力との戦闘であり，彼らが SSR において必須とされる市民の安全や人権に配慮するための教育を充分に受けていたとは言い難い。むしろ，治安部門の整備は国際社会が困難な任務から手を引くための条件を整える目的であったと理解できる。結果として，アフガニスタンの治安部門は脆弱で，籍だけおいて給料を受け取りながら，実際には勤務しない「幽霊兵士」や「幽霊警官」の例が多発した。

　2006年頃からのタリバンの再興を受けて，ISAF は2010年にその規模を過去最大の13万人に増やしたが，それでも治安を回復させることができず，2014年で任務を終了し，アフガニスタン政府に対する訓練を行う限定的な役割へと移行した。さらに，米国にトランプ（Donald Trump, 1946〜）政権が誕生すると，タリバン側との交渉を行って米軍の撤退が合意された。そして米軍は，2021年8月，2001年以来駐留を続けてきたアフガニスタンから完全撤退した。すると，予想を上回る速度でタリバンが進軍し，アフガニスタン政府は脆くも崩壊した。米国は20年間で1兆ドルを超える莫大な費用をつぎ込み，2,300人以上の米軍死者を出したが，アフガニスタンに平和をもたらすことはできなかったのである。それでも，バイデン（Joseph Biden, 1942〜）米大統領は，米国の死活的な国益は，アフガニスタンを根拠とするテロリストによる攻撃を防ぐことだけであり，その目的は10年以上前に達成されていたと述べて撤退を正当化したのである。

　結局のところ，冷戦後に活発になった内戦への介入や平和構築の試みは，「利他的」「人道的」な目的を掲げつつも，介入側の利益に沿って行われる傾向が明確に存在し，その傾向はいっそう強まりつつあるといえよう。国際社会が人道的介入や R2P などの規範を発達させて，その実践に取り組んできたことは意味を失ったわけではないが，近年は，新興の権威主義国家との競争も激しくなる中で，米国をはじめとする自由主義陣営には，長期間にわたって負担の大きい平和構築活動を継続する余裕が失われてきている面もある。今後，冷戦期の戦略的援助のような，リアリズムに基づく，介入側の安全保障上の国益をむき出しにした介入（または不介入）の傾向が強まることが懸念される。

参考文献

小松志朗『人道的介入——秩序と正義，武力と外交』早稲田大学出版部，2014年。

武内進一『現代アフリカの紛争と国家——ポストコロニアル家産制国家とルワンダ・ジェノサイド』明石書店，2009年。

中内政貴・高澤洋志・中村長史・大庭弘継編『資料で読み解く「保護する責任」——関連文書の抄訳と解説』大阪大学出版会，2017年。

レイプハルト，アーレンド（内山秀夫訳）『多元社会のデモクラシー』三一書房，1979年。

Collier, Paul and Anke Hoeffler, "Greed and Grievance in Civil War," *Oxford Economic Papers,* 56 (4), 2004.

Palik, Júlia, Siri Aas Rustad and Fredrik Methi, "Conflict Trends: A Global Overview, 1946-2019," *PRIO Paper,* Peace Research Institute Oslo, 2020.

さらに読み進めたい人のために

青木健太『タリバン台頭——混迷のアフガニスタン現代史』岩波書店，2022年。
　＊なぜアフガニスタンにおける平和構築が失敗し，タリバンが政権を握ることになったのか，同国の歴史的変遷，社会の特質を通して，今日の状況を分析する。

上杉勇司・藤重博美・古澤嘉朗編『ハイブリッドな国家建設——自由主義と現地重視の狭間で』ナカニシヤ出版，2019年。
　＊内戦後の平和構築をリードすべきなのは国際社会なのか，それとも現地の政治家や市民なのか，この難問に対して，両者のハイブリッドを現時点での1つの答えとして，治安部門を中心に国家建設過程を分析した力作。理論および多くの事例の検討が行われており，最近の平和構築の動向もつかめる。

久保慶一『引き裂かれた国家——旧ユーゴ地域の民主化と民族問題』有信堂，2003年。
　＊旧ユーゴスラビア地域において，民主化が民族対立と武力紛争のきっかけとなってきたことを示した画期的な著作。さまざまな理論を駆使した綿密な考察により紛争の要因が明確に示される。

篠田英朗『平和構築入門——その思想と方法を問いなおす』筑摩書房，2013年。
　＊なぜ国家は平和構築活動を行うのかを，主権国家体系のあり方自体に求めるなど，根本的なところから平和構築の思想や方法を問いなおす力作。新書としては難解だが，思考を深めるための有用性は高い。

東大作編『人間の安全保障と平和構築』日本評論社，2017年。
　＊気鋭の研究者・実務家が，地域，テロリズム，国連，日本，援助，教育，文化，スポーツ活動など様々な角度から，平和構築を通して人間の安全保障を実現する可能性について考察した。平和構築や人間の安全保障について考えるきっかけを与えてくれる，最適の入門書。

（中内政貴）

第8章

国際貿易

——自由貿易は誰にとって得なのか——

- Short Story -

　ミネオ君が受講している経済学系授業の今日のテーマは，国際貿易です。先生は，自由貿易がなぜ行われるのか，自由貿易にはどのようなメリットがあるのかを，わかりやすく解説してくれています。

（先生）「……以上が国際貿易の主なポイントですが，最近の欧米では，『自由貿易によって自分たちは損をしている』などという主張を展開して大衆から支持を集める政治家が躍進しています。皆さんは，どう思いますか。両隣の人と3人1組になって，話し合って下さい」

　少し慌てたミネオ君でしたが，「日本製品の市場を海外に広げられる（輸出）」「日本にない安くて良い商品が手に入る（輸入）」あたりを念頭に，「自由貿易を行うのは当然」と答えれば大丈夫かなあ，と思いました。

（ミネオ，モエ，レン）「よろしくお願いします！」

（ミネオ）「自由貿易について，2人はどう思います？」

（モエ）「常識的には賛成なんだろうけど，私的には，ちょっと微妙かなあ。実は，私の祖父母，数年前まで酪農家だったんだけど，政府が酪農品の輸入自由化を決めた後，やめてしまって……2人とも高齢で後継者もいなかったことが最大の理由なんだけど，競争が厳しくなることも理由にあったみたい。最後の牛たちとお別れする時には，家族みんなで泣いちゃったよ」

（レン）「かなり同感です。実は僕の地元も，今，大変なことになっていて……地元経済を支えていた大手メーカーが，海外との競争に耐えられなくなって，工場閉鎖に追い込まれたんだ。町が今後どうなるか，みんな心配してる。自由貿易を否定するつもりはないけど，しわ寄せが来るところは大変なんだよね。大学の先生，わかってるのかなあ？」

（モエ，レン）「で，ミネオ君は，どう思うの？」

　自由貿易についての自分の理解が甘いように思えてきたミネオ君は，回答に困ってしまいました。

　私たちが生活する上で必須な衣服，スマホ，PC，そしてサプリに至るまで，その多くは外国で生産され輸入された製品であることは，多くの人が知るところである。もしも，そのような輸入が途絶えてしまったならば，これらのモノは店頭やネットサイトから消え，価格は確実に上昇してしまうだろう。他方で，私たちが国内で生産する製品が外国に向けて輸出され，それによって人々の雇用や賃金が生み出されていることも，周知の事実である。もしも，私たちが，これらの輸出先を失ってしまったならば，路頭に迷う人々も出てくることになろう。つまり，私たちの日常は国際貿易（外国へ輸出したり，外国から輸入すること）の存在を前提に成立しており，その意味では，国際貿易は私たちの生活にとって，空気や水とまではいかないが，既に必要不可欠な存在であることは明白である。

　しかしながら，歴史的にみると，国際貿易（自由貿易）は常に当たり前の存在ではなかった。むしろ，国際貿易が，それに「制限」を加えようとする保護貿易（protectionism：保護主義とも言う）の脅威に晒され，動揺していた時代の方が長かったとさえ言える。なぜ，歴史的に，国際貿易は，無条件で推進されてこなかったのだろうか。国際貿易は，私たち消費者にとっては外国製の「安い」製品を買えるメリットをもたらす一方，それによって何かしらの損害を被る人たちも生み出すのかもしれない。仮に損害を被る人がいるとしたら，彼らは，どのような仕事や立場（「属性」という）の人なのであろうか？　そして，そうした人たちを納得させて国際貿易を進めるには，何が必要なのだろうか？　こうした疑問は，国際貿易が本格化した大航海時代から長年，先人たちが考察してきたテーマであるが，時代とともに国際貿易を取り巻く環境が大きく変化することで，これらの疑問に切り込むアプローチは変化してきている。

　もともと，国際関係論では，国際貿易はそれほど重要な争点とは見なされていなかった。だが，1960年代以降に進む西側先進国間における経済的相互依存の高まり（第3章第4節参照），1970年代前半の米ドルを中心とした固定相場制の崩壊（第9章第2，第3節を参照）や石油ショック，さらには日米貿易摩擦の発生などを受けて，国際貿易を含む経済的争点の考察は不可欠になった。

　本章では，「経済」と「政治」の相互作用に着目する国際政治経済論の観点から，自由貿易と保護貿易の特徴，貿易をめぐる国内政治社会の動き，国際貿易体制の歴史的展開，グローバル・バリューチェーンの出現，貿易と安全保障の関係，といった論点を説明する。

1 自由貿易と保護貿易——貿易と国家

自由貿易と比較優位論

　なぜ，国家は貿易を行うのか。この疑問に対して，国際経済学の立場からいくつかの説明がなされてきたが，ここでは，もっともよく言及される「比較優位論」について説明しよう。比較優位論とは，それぞれの国にはさまざまな違い（たとえば技術水準，気候，文化，消費者選好など）があり，2国の間に存在するいかなる違いも，互いの国が貿易，とくに自由貿易から利益を享受できる機会につなげることができるとする考えである。自由貿易とは，国家間の貿易取引を妨げる措置（輸入品への税金（関税）や数量制限，自国業者への輸出補助金の支給など）を撤廃し，国家（政府）からの干渉を受けない形で自由に輸出入を行うことを指す。比較優位論は，後述する保護貿易や自給自足政策に反対し，自由貿易の積極的な実施を推奨するものである。

　次に，比較優位とは何かを見てみよう。それを理解するための例として，2つの財（食料と衣料）を生産するA国とB国を仮定してみよう。A国では1単位の食料生産に1時間の労働が必要である一方，1単位の衣料生産には2時間の労働を要するとする。これに対して，B国では1単位の食料生産に2時間の労働が必要である一方，1単位の衣料生産には3時間の労働を要するとする。両国が同じ財（生産物）を生むのに要する労働時間だけに着目すると，A国はB国よりも少ない労働時間（生産費用）でいずれの財も生産できることがわかる。この場合，A国は，いずれの財の生産においても，B国に比べて「絶対優位」を有している（B国は逆に「絶対劣位」にある）と解釈できる。

　しかしながら，比較優位論は，このような絶対優位に着目して貿易のメリットを強調するものではない。実際に，日本のような先進工業国は途上国に比べて，ほとんどの財に絶対優位を持っているので，絶対優位だけにこだわるのであれば，日本のような国は，自国で消費する財は貿易（輸入）ではなく，自国生産に頼れば十分であろう。だが，周知のように，日本は，国内でも生産できるような多くの財を途上国からも輸入しているのである。それを説明する上で重要になるのが比較優位である。比較優位は，それぞれの国内で相対的に優位な（労働生産性の高い）分野や産業に着目し，それらの優位性を国家間で比べるものである。上述の例で言えば，A国では，（1単位の）衣料生産にかかる労働時間（2時間）は，

食料生産（1時間）の「2倍」も必要になる。他方，B国では，衣料生産にかかる労働時間（3時間）は，食料生産（2時間）の「1.5倍」で済む。こうして見ると，A国は衣料よりも食料の方がより得意な生産分野であるのに対し，B国は食料よりも衣料の方がより得意な生産分野であることが判明する（このような分野を「比較優位分野」と呼ぶ）。このような条件下にある両国が，それぞれの比較優位分野に「特化」した生産活動を行い，自国で生産しない財は相手国との貿易によって交換し合えば，両国ともより多くの生産物を入手できるようになる（このような交換を「国際分業」と呼ぶ）。これこそが，比較優位論が説く自由貿易の基本的な特徴や利点であり，自国が絶対優位をもつ商品を他国から輸入することの理由の1つでもある。

　このような比較優位論を含む古典派貿易論においては，国際貿易の活発化により，国別に閉ざされていた市場がグローバルに拡大することのメリットが強調される。抽象的にいえば，貿易の拡大により，経済活動に必要な「資源」または「生産要素」（労働力，資本，土地，原材料など）の最も効果的な利用がグローバルなレベルで可能になることが強調される。なぜなら，企業は，生産量が大きくなるほど1単位当たりの生産費が減少していくという「規模の経済（economies of scale）」の拡張を享受し，生産の増加と原材料や設備の安価な輸入によって，自らの利潤をいっそう拡大できるようになるからである。他方，消費者は，安価かつ多様な製品へのアクセスによって，より豊かな生活が送れるようになるからである。つまり，生産者（企業）も消費者も貿易から得られるメリットが大きいことが強調されるのである。実際に，古典派貿易論の研究は，中長期的に，また国全体として，貿易が多くの富をもたらすことをデータによって示しており，この理論は，現在の日本を含む各国の貿易政策の最も基本的な考え方にもなっている。

保護貿易と戦略的貿易論

　しかし，国家は，後述するトランプ（Donald Trump, 1946〜）政権期（2017〜21年）の米国のように，しばしば自由貿易を阻害するような保護貿易政策を実施してきた。保護貿易政策とは，国（政府）が貿易活動に積極的に「介入」し，他国からの輸入を減らして，自国の産業を保護，育成することを指す。上述のように，自由貿易では，国は貿易に携る業者や個人の自由な活動にできる限り「介入しない」，つまり貿易も市場原理に委ねることが理想とされているので，保護貿易と自由貿易の方向性は真逆である。

　具体的な保護主義政策としては，次の措置が挙げられる。第1は，輸入品に対する関税の賦課や関税率の引き上げである。これにより，輸入品の価格は上昇するので，それらの売り上げは減少し，結果的に，相手国からの輸入量も減ることに繋がる。第2は，輸入品に対する数量制限である。これは，国が定めた特定の品目について，一定数量以上の輸入を禁止してしまう措置である。かつての日本でも，肉，野菜，果物といった農産品を中心に多くの数量制限が課されていた（現在ではそのほとんどが撤廃されている）。第3は，自国の輸出企業に対する補助金交付である。これは，政府が，特定産業の輸出競争力をつけるために，企業の自助努力ではなく，税金を使ってそれらを政治的に援助しようとする行為である。第4は，検疫や規格審査の厳格化が挙げられる。これは，国内の公衆衛生あるいは安全上の基準を理由に，特定の輸入品の国内流入を阻止しようとする措置である。第2から4のような措置は，「非関税障壁」と総称されるものでもある。

　それではなぜ，国家は，自由貿易を阻害する，このような保護主義政策を採用することがあるのか。この問いに対する1つの答えとして，「戦略的貿易論」を参照してみよう。この主張は，政府がある特定の産業および企業に対する特別な援助を与えることで，それらの競争力を高めることの経済的優位性を説くものである。上記の分類でいえば，第3の自国の輸出品に対する補助金交付に相当する政策である。この主張で特に強調されるのは，少数の大企業によって支配されているグローバルな寡占市場において，自国企業が優位に競争できるように政府が援助する重要性である。現代でいえば，自動車，コンピューター，医薬品というような，「規模の経済」のメリットが強く働く分野の産業や企業への支援が欠かせないと考えられている。たとえば，医薬品についていえば，2020年初頭から世界中で拡大した新型コロナウイルス感染症に対応するワクチンが，欧米のわずか数社の有力製薬企業によって開発・供給され，日本を含む世界各国（グローバル市場）で争奪戦となったことは記憶に新しいだろう。

　いうまでもなく，戦略的貿易論は，保護貿易を「正当化」しかねないものなので，それに批判的な経済学者は少なくない。彼らは，すべての産業の本質的な価値は平等であると考え，特定の産業が他の産業よりも重要であるという戦略的貿易論の基本的な仮定自体を否定する傾向にあるからである。国の経済は，高い生産性の向上が見られる，比較優位のある経済部門（どんな産業でも良い）に特化しなければならない，というのが彼らにとっての正論なのである。しかし，彼らの主張を額面通りに受入れるならば，コンピューターのような最先端技術ではなく，

リンゴのような果物に比較優位がある国は，あくまでもリンゴの生産・輸出に特化すべきであり，コンピューターは単に外国から輸入すれば十分であるとの結論を導くことになろう。たが，こうした結論は，世間的あるいは政治的に受け入れられるかどうかは疑わしい。皆さんも含め，多くの人々（もしくは政治家）は，リンゴよりもコンピューターを生産する方が，自国にとってはるかに望ましいと思うであろう。そのため，戦略的貿易論は，一定の批判に晒されながらも，現実の政策として受け入れられているのである。実際に，2021年の日本では，かつて世界最強と言われた半導体業界の凋落が政治的な大問題となり，政府は先端半導体工場の誘致や既存工場の刷新支援を含む政策パッケージを公表し，「デジタル社会を支える重要基盤」ともいわれる半導体産業のテコ入れに乗り出すことになった。本当に日本が，半導体の有力輸出国として復活できるのかどうかは定かではないが，このような日本政府の政策は，戦略的貿易論の考えに近いものと解釈してよいだろう。

　他方で，戦略的貿易論の観点から実施される保護貿易政策は，本当に国家利益にかなうのかどうかについては，議論の余地があるのも確かである。実際のところ，このような政策は，競争力の低い一部の産業（もしくは団体）を温存する一方，より高い価値を生むかもしれない新しい産業の育成を阻害することで，長期的には国の経済にとって負の結果をもたらす可能性も十分ありえるからである。そもそも，戦略的貿易論にしたがって輸入規制をかけるべき産業があるとしても，それがどの産業なのかは必ずしも自明ではないのである。

2　貿易をめぐる国内政治社会の動き

配分的影響

　先述のように，自由貿易が国全体にプラスの経済的恩恵を与えることは，古典派貿易論によって示されているが，その恩恵は，国民に広く平等に配分されるわけではなく，特定の人たちには，貿易は賃金低下や失業といったマイナスの影響を与えうる点（これを貿易がもたらす「配分的影響」という）も忘れるべきではない。つまり貿易というのは，1国全体で見れば経済的利益を拡大する（たとえば国内総生産を増加させる）が，同時に，国内に「勝者」と「敗者」を作り出すことにもなるのである。

　そして当然ながら，貿易から不利益を被る人たちは，自由貿易を抑制する，つ

まり保護貿易を希求するような働きかけを，政治家や政府に対してしばしば行う。こうした勢力が政治的影響力を発揮する際には，政府は保護貿易政策を実施することになる。

　では，貿易において誰が勝者となり誰が敗者となるのだろうか。これに関してはさまざまな議論があるが，ここでは，比較優位論に基づく最も代表的な貿易論の１つであるヘクシャー・オリーン・モデルを紹介しよう。同モデルによると，比較優位が生まれるのは，国によって生産要素の賦存量が異なるからだという。たとえば，熟練労働者が豊富で，非熟練労働者が乏しいＡ国と，非熟練労働者が豊富で，熟練労働者が乏しいＢ国が存在するとしよう（なお，「熟練労働」と「非熟練労働」という分類は，一般的には「大卒以上」と「高卒以下」，あるいは「ホワイトカラー（事務職・専門職）」と「ブルーカラー（現場作業の労働者）」に相当する）。この場合，Ａ国は熟練労働集約的な産品（たとえば航空機）の生産に比較優位が生まれ，Ｂ国は非熟練労働集約的な産品（衣料品）に比較優位があるとされる。

　もう少し具体的に説明しよう。仮に米国には6,000万人の非熟練労働者と7,200万人の熟練労働者がおり，中国には５億4,000万人の非熟練労働者と，３億人の熟練労働者がいると仮定する。米国は中国に比べて熟練労働力が豊富であり，非熟練労働力は希少である。同様に，中国は非熟練労働力が豊富で，熟練労働力が希少である。これらは「相対的」な尺度であり，中国は「絶対数」では，米国に比べて熟練労働者がはるかに多いが，非熟練労働者に対する熟練労働者の「割合」が低いので，熟練労働者は希少となる。この時，熟練労働者が豊富な国（米国）では，熟練労働者に比較優位があるため，彼らは自由貿易を望むのに対して，非熟練労働者は保護主義を求めると考えられる（中国は逆になる）。

　そして実際に，このようなヘクシャー・オリーン・モデルの予測は，米国のラストベルト（錆びついた地域）と呼ばれる地域に多く住むような非熟練労働者が自由貿易に「反対」している現実とも整合的なのである（具体例は，本章第３節を参照）。

集合行為論

　これまでは，自由貿易は１国全体で見れば経済的な利益を拡大するものの，国内に及ぼす影響は必ずしも均等なものではなく，自由貿易から利益を得る集団や個人もいれば，不利益を被る人もいることを説明してきた。では，こうした両者の言い分のうち，どちらが政治家のような政策決定者に聞き入れられ，政策に反

映されやすいのだろうか。換言すれば，政府の貿易政策には，自由貿易賛成派と反対派のどちらの主張が反映されやすいのか。これらの問いに答えるためには，実際に貿易政策がどのように決まっているのかという，国内における政策決定過程に着目する必要がある（第1章第3節，第3章第1節も参照）。

　そこで，よく引用されるのが「集合行為論」である。この議論は，本来は，ある集団の構成員が「集団の利益」の実現のために協力し合わなければならない時に，なかなか協力できないのはなぜか，という問いに答えるものである。「集団の利益」とは，集団における「公共財」（誰もが等しくその便益を享受できる一方，誰かの享受によってその他の人が享受できる便益が減らないような財・サービス）に匹敵するものであるが，公共財は，政府や地方自治体のような公権力の手に頼らない限り，最適水準まで供給されない特徴をもつ。その理由は次の通りである。公権力が介在しない場合，公共財は，集団の構成員の誰かが自らの労力や資源を費やして供給されなければならない。だが，人々の間には，他の構成員にそのような負担を押し付けて，自分は他の構成員が供給してくれる公共財の便益だけを受けようとする（これを「ただ乗り（free ride）」と呼ぶ）誘因が働いてしまう。その結果として，公共財が十分に供給されなくなってしまうのである（この問題は，第11章で扱う「コモンズの悲劇」にもあてはまる）。公共財の具体例である，舗装された一般道路やきれいな公園が，（自治体の管理も無く）見ず知らずの人々から成る集団だけに頼って維持できるとは到底思えないのは，このような「集合行為問題」（公共財の不十分な供給）がそこに潜んでいるからに他ならない。

　ただし，集団の規模によっては，各構成員が自発的に協力し，公共財の供給の可能性が高まることは十分にありえる。それは，集団の規模が小さい，すなわち構成員が少ない場合である。この場合は，大集団とは異なり，公共財提供による個々人の受ける便益がより大きくなり，ある程度の労力を払う動機も高まるため，集団の利益が実現される可能性が高まるのである。

　では，この集合行為論は，政府の貿易政策の決定過程をどのように説明できるのであろうか。たとえば，ある政府が，Aという輸入品目に高関税をかける貿易保護政策を採用する場合を想定してみよう。この時，Aと同種の製品を作る国内生産者は「利益」を受けるのに対して，当該製品を購入する国内消費者は「損」を被ることになる。高関税による輸入品の減少と当該製品の国内価格上昇で，生産者は自らの売り上げを伸ばし利潤が増すのに対し，当該製品を購入する消費者は価格上昇の分だけ余計な支出が増えるからである。したがって，この場合の当

該セクターの生産者の選好は「保護貿易」となる一方，消費者の選好は「自由貿易」（関税の引き下げあるいは撤廃）となるはずである。

　では，この時，どちらの集団（生産者と消費者）が，それぞれの「集合行為問題」を乗り越えて，政府に自らの選好の実現を訴え，団結できるのだろうか。まずは，消費者について見てみよう。そもそも，消費者とは，不特定多数のバラバラな大集団であることに加えて，保護貿易で被る1人当たりの損害も，実はそれほど大きくない（つまり，商品価格に転嫁される関税額は，それほど高額ではない）。貿易政策に関心のない消費者に至っては，自分が関税を払っていることすら気づいていないかもしれない。このため，消費者が，余計な労力をかけてまで自由貿易を求める団体行動を引き起こす可能性は低いと予測される。他方で，生産者はどうであろうか。自由貿易が特定セクターの生産者に与える不利益は，業界全体や企業の売り上げ低下または雇用喪失といった形で明白に表れ，意識されやすい。加えて，貿易に何らかの利害をもつ生産者は，分野や労使の立場にかかわらず，業界団体（経団連，農協，日本自動車工業会など）や労働組合といった強固な小集団を形成している場合が多い。ゆえに，生産者は消費者に比べて，自らの集団としての選好を政策として実現する為に，一致団結して政治的な働きかけを実行できる可能性が高い。

　このように集合行為論は，1国全体で見れば自由貿易による経済的利益が大きいにもかかわらず，しばしば，それに反するような保護貿易政策が実施されるのはなぜか，という疑問に答える上での重要なヒントを与えてくれる。つまり，保護貿易政策とは，「声の小さい大集団の犠牲のもとに，声の大きい小集団の利益を増進するような政策」であるかもしれないことが，ここに示唆されているのである。

国内制度

　貿易政策を左右する政策決定過程において，もう1つ重要なのが政治制度である。政治制度に関しては，政治体制（民主主義，権威主義，独裁国など），民主主義国の統治形態（大統領制と議院内閣制），民主主義国の選挙制度（多数代表制，比例代表制など）などさまざまなものがあり，こうした制度は貿易政策に影響を与えると考えられている。ここでは，こうした政治制度の中でも，選挙制度に着目する。具体的には，多数代表制と比例代表制という主要な選挙制度と貿易政策との関係について見てみよう。

　多数代表制とは，獲得票数の多い順に当選者を決める方式である。選挙区定数といわれる各選挙区から選出される議員数が１人であり，１人１票の投票で相対的に１位になった候補者を当選させる小選挙区制がこの多数代表制の代表例といえる。小選挙区制では，当該選挙区において他の候補者よりも１票でも多くの票を獲得すれば当選できるので，国全体ではなく，自分の選挙区の事情だけを考えていればよい。よって貿易政策についていえば，候補者は選挙区内の主要企業や産業が望むような貿易政策を志向することが合理的な選択となろう。つまり，国際競争力の低い農業が集積している選挙区であれば，国全体としては自由貿易からの恩恵が大きいとしても，そうした選挙区で当選するために，候補者は保護貿易（農産品の輸入制限）を主張するようになるのである。

　次に，比例代表制とは，政党が獲得した得票に比例して議席を配分しようとする選挙制度である。つまり，有権者の選好分布に近くなるような形で各政党に議員を配分し，有権者が投票した票をなるべく無駄にしないようにすることをめざす制度である。比例代表制では，政党が事前に候補者リストを作成し，各政党の獲得議席に基づき，そのリストから当選者を決めていく。この制度において当選するためには，候補者は，特定の個別企業や産業からの支持を得るだけでは得票が足りず，より幅広い層からの支持を取り付ける必要がある。この場合，多数代表制とは異なり，特定の地域や企業および産業の意向よりも，国民全体がどのような貿易政策を望んでいるかを考慮する必要がある。上述のように，一般的には自由貿易から恩恵を受ける人の方が，不利益を受ける人よりも数は多いと考えられるので，候補者は自由貿易を主張することが合理的となりうる。

　多数代表制と比例代表制を比較すれば，前者の方が保護貿易を主張する候補者や議員が出現しやすい傾向にあることから，政府全体として，しばしば保護貿易に傾きやすいことが予測できる。他方，比例代表制では，保護貿易が採用される可能性は低いことがわかる。実際，エバンス（Carolyn Evans）が，1981年から2004年にかけて147カ国を対象に行った検証においても，多数代表制を採用する国の方が，比例代表制の国よりも関税率が高いことが明らかにされており，政治制度は貿易政策の帰結に重要な影響を与える可能性があることが理解できる。

3　国際貿易体制の展開

　本節では，より大きな視点から，日本の貿易政策とも密接な繋がりのある国際

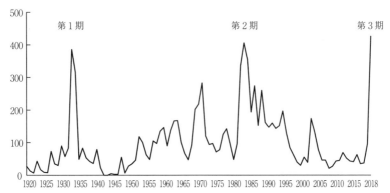

図 8 - 1　新聞報道における「保護主義」に関する記事割合の推移（期間平均＝100）
出所：『通商白書　2019年』より。

貿易体制の展開について解説しよう。世界経済は，自由貿易の拡大とともに大き
く発展を遂げてきた。とはいえ，歴史的に，自由貿易は一直線に拡大してきたの
ではなく，自由貿易に対抗する保護主義との度重なるせめぎあいの中で拡大して
きた。ここでは，とりわけ20世紀前半以降の時期に着目し，保護主義という圧力
の中で，どのように自由貿易体制が発展し，変化していったのかを説明する。

　まずは，自由貿易体制が，いつ保護主義からの挑戦を受けたのかを，おおまか
に理解するためのデータとして，新聞記事における保護主義関連の割合の推移を
検証したデータを見てみよう。その結果を示したのが図 8 - 1 である。

　これによると20世紀初頭から現代にかけての約100年の間に，保護主義が高ま
り，自由貿易体制が不安定化した時期が，少なくとも 3 つあることが見て取れる。
第 1 期が1929年に始まる世界恐慌期，第 2 期が1980年代に激化する日米貿易摩擦
の時期，そして第 3 期が2017年に誕生したトランプ政権期，である。

　なぜ，これら 3 つの時期において自由貿易体制は，保護主義からの挑戦を受け
たのだろうか。共通する要因として，米国の動向がある。世界恐慌は米国の経済
危機が発端であるし，1980年代の貿易摩擦は日米間の事案である。そしてトラン
プ政権誕生以降の保護主義の隆盛は，米国のトランプ政権がライバルである中国
に限らず，欧州や日本といった同盟国からの輸入品に対しても関税をかけたこと
の結果である。このように，世界最大級の貿易量を誇る米国が自由貿易体制に与
える影響力の甚大さは明白であり，20世紀から21世紀初頭の国際貿易体制を理解
するためには，米国の動向に注目する必要があることはいうまでもない。よって，

ここでは，世界恐慌以降から GATT（関税および貿易に関する一般協定）時代の自由貿易時代を経て，トランプ政権の成立以降の保護貿易時代に至るまでの過程を，貿易をめぐる米国の国内政治社会の動向にも触れながら，振り返ることにする。

自由貿易体制の始まりと崩壊

現在の国際貿易体制を理解するためには，第 2 次世界大戦前の1930年代に生じた自由貿易体制の崩壊から話を始めるのが一般的である。もともと，世界で最初に自由貿易体制が「成立」したのは19世紀後半であった。当時「世界の工場」といわれた貿易大国の英国の主導により，西欧主要国間に自由貿易を推進する条約が結ばれ，比較的開放的な国際貿易体制が誕生したのである。しかしながら，自国産業保護の必要性から保護主義に傾いていた米国やドイツが工業国として台頭したことにより，20世紀に入ると，自由貿易体制を牽引してきた英国の国力が衰退してしまい，それに合わせて自由貿易体制も揺らぐことになった。

それにとどめを刺したのが，1930年代の世界恐慌を受けて強まった米国の保護主義であった（保護主義台頭の第 1 期）。具体的には，米国の金融の中心地であるウォール街の株価大暴落（1929年）を契機として，米国で保護主義が急速に台頭し，翌年の「スムート・ホーレイ関税法」（国内産業保護のため農作物など 2 万品目の輸入関税を平均50％引き上げた米国貿易史に残る悪名高い法案）成立により，米国の関税はきわめて高い水準に達することとなった。実は，意外かもしれないが，この法案は，多くの連邦議会議員から積極的な支持を得られていたわけでは必ずしもなかった。この法案は，自由貿易から損害を被っていた業界を支持母体とする，一部の強硬な保護主義的な議員に押し切られる形で成立したのである。その意味で，スムート・ホーレイ法の成立は，前節の「集合行為論」で説明したような「声の大きい特定の小集団の利益を増進するような政治」や，米国内における貿易の「配分的影響」を調整することに失敗した結果でもあった。

当時，世界最大級の貿易大国になりつつあった米国が，強硬な保護貿易政策を採用した影響は大きく，とくに米国への輸出に頼っていた国（たとえばカナダ）は，代わりの市場を探す必要に迫られた。実際，カナダは旧宗主国である英国に助けを求めて，英国市場に優先的に輸出できるよう協定を結んだ。その結果，各主要国が自国の植民地や海外領土との間では特恵関税を設定することで市場・資源を確保する一方で，圏外諸国に対しては高い関税を設ける排他的な経済圏，すなわち「ブロック経済」を構築していくことに繋がった。こうしたブロック経済は，

自由貿易を阻害し，不況を長期化させただけではなく，各国の経済ナショナリズムの台頭，ブロック相互間の政治的・経済的な摩擦を強め，第2次世界大戦を引き起こす一因となった。

第2次世界大戦後の自由貿易体制——GATT 体制の成立

　しかし，一転して，第2次世界大戦後は，自由貿易体制が大きく進展することになった。保護主義の蔓延が第2次世界大戦の一因となったとの反省から，米国を中心にした戦勝国が戦後，多国間の（「多角的」ともいう）貿易自由化を目指し，1948年に GATT を発効させたからである。GATT の目的は，自由かつ無差別的な多角的貿易体制を形成することにあった。こうした目的実現のために，多角的交渉のための制度的な枠組みを提供するとともに，その加盟国が相互に「最恵国待遇」を無差別的に与え合うことを規定した。最恵国待遇とは，いずれかの国に与える最も有利な貿易上の待遇を，他のすべての加盟国に対しても与えることを指す。たとえば，A国とB国が交渉の結果，Xという物品の関税率を引き下げた場合，それと同じ関税率が他の全ての加盟国にも適用されるということである。

　GATT 体制においては，「ラウンド」と呼ばれる大規模な交渉を含む8回の多角的交渉を経て，相当程度の関税削減および関税以外の貿易関連ルールの整備を実現した。とくに，関税の大幅な引き下げは，GATT が成しえた最大の貢献であり，1945年に40〜50％であった先進国の平均関税率は1980年代には5％以下にまで引き下げられた。GATT 体制の下，貿易自由化は進展し，その中でもとくに1951年，1955年にそれぞれ GATT に加盟した敗戦国の日本と西ドイツ（当時）は，貿易拡大を通じて驚異的な経済的発展を遂げることに成功した。なお，こうした GATT 体制の成功が，第2次世界大戦後，圧倒的な軍事力と経済力に裏打ちされた超大国・米国の指導力がなければ，到底実現しなかったと考えられる。米国は，自由貿易体制の復活，発展のために自国の市場を，経済的な競争相手になりかねない欧州諸国や日本に開放するといった「慈悲深い覇権国」として「責任あるふるまい」を行うことで，国際貿易の発展に貢献したのである（「覇権安定論」に関しては第2章第6節参照）。

　GATT 体制の注目点として，自由貿易の拡大をめざす枠組みでありながらも，自由貿易から不利益を被る産業や集団への配慮が盛り込まれていたことが指摘できる。たとえば，GATT においては，条件付きの「保護主義的措置」（自国産業に打撃を与えるような輸入品の急増を関税や量的制限によって一時的に抑制する緊急輸入

制限措置など）が合法的に許されていたり，貿易自由化に向けた努力に十分な時間的猶予が与えられたりしていたことが挙げられる。第2節で説明したように，自由貿易が1国全体の利益になるとしても，それは必ずしも全ての産業や団体の利益に繋がるとは限らない。貿易から不利益を受ける産業や団体に適切な手当を実施できなければ，スムート・ホーレイ法が成立した時のように，自由貿易に反対する集団からの強烈な反動が生じ，結果的に自由貿易を崩壊させる可能性すらある。そうした事態を避けるための工夫として，自由貿易からの負の影響を緩和する機能を組み込んだのが GATT の特徴の1つ（こうした特徴を「埋め込まれた自由主義（embedded liberalism）」という）であり，結果的にそれは成功し自由貿易体制は確実に伸長し，世界経済は成長していくのであった。

自由貿易体制の揺らぎと強靱さ──日米貿易摩擦から WTO 成立へ

　GATT 体制が成立した結果，西側諸国の経済は成長し，とくに日・（西）独などの経済的な躍進は著しいものがあったが，同時にそれはまた，世界経済における米国の優位が「絶対的」なものから「相対的」なものに変化し始めたことを意味した。とくに日本の経済成長に伴う対米輸出の急増は，日本製品との競争に直面する米国の企業や労働者の反発を招き，対米貿易黒字を増大させる日本に対する保護主義的な圧力を強めていった。大統領を中心とする米国の行政府は，安全保障上の理由から同盟国である日本に圧力をかけることに必ずしも積極的ではなかったが，日本との貿易競争に敗北する産業が増加するに従い，保護主義的手段を望む国内的圧力に押し切られ，対応せざるをえなくなった。これが，保護主義台頭の第2期に連なる「日米貿易摩擦」の始まりである。

　日米貿易摩擦の対象となった日本製品は，さまざまな種類に及んだ。1950年代の繊維製品に始まり，カラーテレビ，鉄鋼，工作機械，半導体，自動車に至るまで争いの対象となった。米国は日本の対米輸出の拡大は「不公正な」手段によるものであるとして一方的に断罪し，関税の大幅引き上げなどの報復措置の発動をちらつかせながら，日本との交渉を行った。結局，米国という巨大市場からの排除を恐れた日本は，自動車，家電，鉄鋼といった主要な輸出分野における「輸出自主規制」（輸出量や製品価格を自主的に調整し，相手国への輸出を意図的に減らすという事実上の「管理貿易」に等しい）に合意し，米国の圧力に屈したのである。各国はこうした米国の強引な姿勢を，1970年代までの自由貿易から保護貿易政策への転換と評価した。

　このように，GATT には，戦後の世界貿易の拡大を支える多角的貿易体制の確立に貢献したという積極的な側面のみならず，米国の日本に対する保護主義的姿勢を回避できなかったという消極的な側面もあった。後者の要因としては，GATT が貿易自由化のための国際機関の設立をめざす過程で暫定的に締結・発効された多国間協定にすぎず，それによって強い規制力を持てなかったことが挙げられる。とくに，日米貿易摩擦のような貿易紛争を処理するための十分な手続きの欠如が，結果的に GATT の枠外で加盟国が勝手に設けた一方的措置による紛争解決を図る動きを招いたのである。

　これに対して，1995年に発足した世界貿易機関（WTO）は，こうした GATT の問題点を改善し，より発展的な多角的貿易体制を構築するための国際機関であった。WTO の主な特徴として，①対象分野の拡大，②紛争処理の強化，が挙げられる。具体的には，物品，サービスの新しい貿易ルールや知的所有権，貿易関連投資措置といった新しい貿易ルールを管理するようになった。さらに，国際紛争の解決の場として重要な役割を担うようにもなった。WTO においては GATT 時代に米国が日本に対して実施したような一方的措置による紛争解決も明示的に禁止され，ルールに基づく紛争解決の信頼性が高まった。実際に，WTO 体制下での紛争案件（紛争処理手続きを開始するための協議要請が行われた件数）は，GATT 時代と比較し，年平均で4.2倍まで増加した（GATT の1948〜94年までの314件，WTO 下の1995〜2008年までの14年間で388件）。

　さらに，WTO は，2008年の世界金融危機（リーマン・ショック）の際に，各国が保護貿易に傾くのを効果的に阻止することにも貢献した。2008年9月に米国の投資銀行であるリーマン・ブラザーズが経営破綻したことから，金融不安が連鎖的に世界に波及し，世界規模の金融危機が発生した。この時，保護貿易の台頭といった1930年代の世界恐慌の再来への懸念が生じた。実際，当時の恐慌と同じように，危機は実態経済にも影響し，世界同時不況を引き起こし，各国で多数の失業者が溢れた。しかし，一部の国では，自国産業支援や雇用確保を目的とした保護主義的措置を導入する動きが見られたものの，その影響は限定的なものに留まった。実際に，世界金融危機発生前後の世界貿易量の推移をみると，危機が表面化した直後には大幅に減少したものの，2009年の後半からは緩やかに回復し，2010年末には危機発生以前と同水準まで回復し，その後も拡大傾向が続いた。

　この時期，1930年代の世界恐慌とは異なり，保護貿易が拡大しなかったことの背景には，各国が，多角的貿易体制を体現する WTO や，加盟国の経済規模が

世界の GDP の約8割以上を占める G20 という国際的枠組みを活用しながら国際協調を実現できたことがあった。すなわち，世界金融危機という極度の不安に直面しながらも，各国が貿易を制限するような保護主義的動きを抑制したのは，ネオリベラル制度論（第3章第5節参照）が強調するような WTO（国際制度）の機能が一定の効果を発揮したと考えられるのである。つまり，WTO の存在により，加盟国間には自由貿易維持への予測や期待が共有され続けた（不確実性の低減）のに加え，自由貿易のルールを遵守させる監視機能も維持された（裏切りの防止）ことから，各国は協調して自由貿易を選択し続けた，ということである。

再び揺らぐ自由貿易体制——トランプ政権の保護貿易

　このように世界金融危機発生後の数年間は，WTO を中心とした各国の協調により保護貿易の台頭を抑制できたが，2010年代半ばに入り，大きな経済危機が生じていないにもかかわらず，保護貿易の動きが高まることになった（保護主義台頭の第3期）。それを生み出したのが反グローバリゼーションの動き（詳細は第13章第4節参照）と，それを利用したトランプ大統領の存在である。2017年1月に誕生したトランプ政権は，「アメリカ第一（America First）」の考えに基づき，自由貿易に背を向け，保護貿易政策を次々に実施した。

　1つ目は，自由貿易協定に対する攻撃である。トランプは，2016年の選挙期間中から離脱を公言していた，TPP（環太平洋パートナーシップ）からの離脱を大統領就任直後に実行した。TPP は日米を含む12カ国で世界経済の4割を含む巨大自由貿易圏を作る協定であったが，トランプは米国の労働者には不利益になると主張し，これを挫折させた。トランプは，米国・メキシコ・カナダ（米墨加）の3カ国で結ばれていた NAFTA（北米自由貿易協定）についても，「史上最悪の通商協定」とこれを非難し，その再交渉ないし離脱を公約した。結果的に，トランプ政権は，NAFTA に代わる新協定 USMCA（米墨加協定）を成立（2020年1月）させ，自動車やその部品の生産を米国に誘導する保護主義的側面を強めた。

　2つ目は，各国からの輸入品に対する関税賦課である。トランプ政権は，米国の安全保障上の脅威になっていると判断される場合に，輸入制限措置を採用できるとする「貿易拡大法」232条を根拠に，自動車や自動車部品，鉄鋼，アルミニウムといった輸入品に，追加関税を課していった。この措置は，NAFTA や FTA（自由貿易協定）の再交渉相手であった若干の国を除く，全世界からの輸入を対象とする厳しいものであった。とくに，米国にとっての最大の貿易赤字国で

ある中国からの輸入品には高関税をかけ，2017年1月の就任時に平均で約3％
だった対中関税は，19年末に20％を超えるまでになった。なお，「トランプ関税」
を受けて，EU，中国，ロシア，トルコといった国々は，米国産の輸入品への関
税賦課による対抗措置を発動した。こうした一連の保護貿易政策の影響により，
トランプ大統領の就任から2年経った2019年には世界の平均関税率が8.9％にま
で急上昇することになった。この値は，1970年の7.4％を超えるものであり，
2000年以降は4％を超える年がなかったことに鑑みると，トランプ政権の実施し
た保護貿易の規模の大きさが改めて理解できる。

　なぜ，トランプ政権は，このようなあからさまな保護主義に走ったのか。その
背景には，自由貿易やグローバル化から不利益を被っていると考える，ラストベ
ルトといった製造業の長期的衰退が続く地域の非熟練労働者の強い不満があった。
つまり，自由貿易がもたらした国内への「配分的影響」に対する調整の失敗が強
く作用したのが，トランプ政権の貿易政策なのであった。同様の構図は，2016年
6月の国民投票で決定し，2020年1月に実行に移された英国のEU離脱（Brexit）
にも見られた。このように，米英という，伝統的に自由貿易を推進してきた両国
で顕在化した保護主義の台頭は，戦後の自由貿易体制を大きく揺さぶる出来事と
なった。

　世界貿易が不安定化した3つの時期（世界恐慌期，日米貿易摩擦期，トランプ政権
期）に共通するのは，世界経済への多大な影響力を持つ米国国内で，自由貿易か
ら不利益を受ける産業や労働者からの反発を抑えられなくなった際に，米国が保
護貿易政策を発動し，それが国際社会に伝播するというメカニズムであった。こ
うしたことから，安定した自由貿易体制を継続するには，自由貿易がもたらすメ
リットを喧伝するだけではなく，自由貿易から損害を被る人々に適切な社会保障
を提供することや，時にはあえて自由貿易を制限するような政策を実施して，自
由貿易からのダメージを軽減することも必要であることがわかる。

4　グローバル化する貿易——グローバル・バリューチェーンの出現

グローバル・バリューチェーン

　ここからは，グローバル・バリューチェーン（GVC）の出現によって，比較優
位理論やヘクシャー・オリーン・モデルといった従来の基礎的な貿易理論では十
分説明できないような貿易活動の新しい形態が生まれ，貿易が社会に及ぼす配分

的影響にも変化がみられるようになってきた点を説明しよう。GVC とは，輸送手段と情報通信技術の発展により，製品設計，部品調達，組立，流通といった生産活動が，最も効率的に遂行されうる場所（しばしば国境を越える場所）へと移転され，展開する状況を指す。

　先述のように，比較優位論も，それを発展させたヘクシャー・オリーン・モデルも，国ごとに得意な製品の生産に特化し，それを貿易するという世界観に基づいている。他方で，現在の企業は，複数の国境を跨いだ複数の場所（グローバルな領域）で，複数の工程を経て１つの製品を生産することを常態化しつつあり，（財によっては）今や１国内で全ての生産工程を完結させるような企業は希少になりつつある。つまり，現実の世界は，比較優位論が想定するような世界から大きく変質してきているのである。これが GVC 時代の貿易の最大の特徴である。

　現在の GVC を理解する上で，最も有名な例が，iPhone の生産工程に関する物語である。アップル社の iPhone は，どこで作られているのだろうか。iPhone 本体の裏には，生産地が記載されているが，そこに記載されている国は，アップルの本社がある米国であろうか，それとも中心的生産地の中国であろうか。実際に裏を見てみると，「Designed by Apple in California, Assembled in China（カリフォルニアにあるアップルによってデザインされ，中国で組み立てられた）」と，ややこしい書き方がなされている。しかしながら，このわかりにくさこそ，実は現在の国際貿易（より正確には「グローバル」貿易）の姿を如実に表しているのである。

　さらに状況を複雑にするのは，iPhone の生産に関する工程において，中国以外の国も重要な役割を果たしていることである。2018年に，iPhone X の小売価格のうち，生産に携わった各国の企業にどれだけの取り分があるかについての調査が行われた。この調査によると，世界最大の iPhone 生産国（および輸出国）である中国企業が25％，その他の日韓の企業などが45％であった。中国の取り分は以前に比べると飛躍的に拡大しているものの（2008年の iPhone 3 の時代には3.6％），依然として中国以外の国が大きな取り分を得ていることがわかる。

　この iPhone のように，GVC を通して生産される製品の特徴は，①複数の国の企業が生産過程に参加する，②それぞれの生産主体が得る利益は不均等なものである，という点に集約される。従来，比較優位は，日本製の衣料品と米国製の食料品というように，もっぱら１国を単位にした最終消費財を念頭に語られてきた。しかし，GVC のような生産分業の文脈において，比較優位は，１国家，１分野，１企業などではなく，それらよりも，より細やかな「生産工程」というレ

ベルに見出される。これにより，貿易自由化が，ある国に与える配分的影響がより複雑化することになった。たとえば，かつての先進国では，貿易自由化は技能集約型産業には追い風となり，そこに従事する熟練労働者にほぼ一律に有利に働くことが多かったが，GVC の進展により，比較優位は生産要素（労働者，土地，資本など）ではなく工程レベルで決まるものとなり，同じ熟練労働者であっても各自が従事する工程の違いに応じて，自由貿易から受ける影響も異なるようになったのである（これを「個別化」という）。

　たとえば，GVC を通した iPhone の生産は，米国の熟練労働者にとって，次のような違いをもたらした。すなわち，iPhone を構成する同じような技術レベルの精密部品を扱う生産工程でも，米国に残った工程もあれば（ディスプレイ生産の一部など），外国に移転された工程もあったのである。この時，前者の工程を担当する熟練労働者は，GVC を可能にする自由貿易から恩恵を受けるのに対して，後者の工程に従事する熟練労働者は，貿易から不利益（失職や賃金低下など）を被ったことになる。このように，GVC の進展は，同一の生産要素に所属する労働者に対しても異なった配分的影響を与えることになり，貿易からのメリット，デメリットを複雑化するとともに，その影響の「流動化」にも繋がっているのである（これは，いつ自らの生産工程が海外に移されるか，または移された工程が戻ってくるかの予測が困難になったことに起因する）。

国際貿易ガバナンスの変容

　こうした GVC の出現は，国際貿易のガバナンスをも変容させている。GVC 研究の第一人者であるボールドウィン（Richard Baldwin）はグローバル化時代における国際貿易のガバナンスについて，古典的貿易論に準じる20世紀型の貿易戦略と，GVC の展開を前提とした21世紀型の戦略との間に，明確な線引きを行っている（表 8-1）。

　古典的貿易論の視点では，国際貿易の概念が「ここで生産し，そこで消費される」という 2 項図式に落としこまれており，その貿易戦略は「そちらが市場を開放すれば，こちらも開放しよう」という原則に沿って立てられることになる。この時，関税削減・撤廃など国境措置に関する「浅い」貿易協定が主要なツールとなり，協定の影響が及ぶ範囲，たとえば関税削減の効果などは，協定参加国と非参加国の間で明確に差別化される。

　他方，GVC の下では，従来の「ここで生産し，そこで消費される」という図

式に代わり,「いたるところで(協同で)生産・消費される」という視点が全面に出てくる。その際の主要なプレイヤーである多国籍企業は,サプライチェーン(商品や製品が消費者の手元に届くまでの,調達,製造,在庫管理,配送,販売,消費といった一連の流

表8-1 国際貿易ガバナンスの変遷

	古典的貿易理論	グローバル・バリューチェーン
国際貿易の概念	ここで生産し,そこで消費される	いたるところで(協同で)生産・消費される
貿易戦略	そちらが市場を開放すれば,こちらも開放しよう	もしわが国からの投資が欲しければ国際ルールに従いなさい
政策ターゲット	関税削減などによる市場アクセス	国際共通ルール構築
政策ツール/フレームワーク	世界貿易機関,「浅い」貿易協定	メガRTA,投資協定「深い」貿易協定

注:表中の「メガRTA(Regional Trade Agreement)」とはメガFTAの1種である。
出所:猪俣(2019年)より。

れのこと)の最適化に向けて世界規模で生産拠点の配置を行うため,ヒト・モノ・カネ・情報の国境を越えた流れについて,各国間で共通ルールが定められることが望ましいと考えている。

　したがって貿易政策の焦点は,関税等の国境措置から,貿易,投資,労働移動などを包括するような「多角的」ルール構築の問題へと移行しつつあることが指摘される。こうしたことから,TPP(米国抜きで2021年9月に発効)やRCEP(東アジア地域包括的経済協定:2022年1月に発効)といった「メガFTA」と呼ばれる広い地域に貿易ルールを構築する貿易協定が重要性を高めているのである。また,こうした状況変化の下,多国籍企業やビジネスを後押しする政府の交渉スタンスは,正当な競争や知的財産権の保護など,参加国の国内制度にまで踏み込むような「深い」貿易協定による関係構築が重視されるようにもなってきている。つまり,GVC時代における貿易協定は,私たちの生活に直接関係するような領域にまで拡大するようになってきているのである。GVCに基づく自由貿易の進展が,今後,各国の国内政治社会にどのような影響を与え,それがどのような貿易政策を国家に追求させることになるのかはまだ不透明だが,近年の保護主義台頭を見てもわかるように,「経済の論理」だけで世界が進むわけではないことは確かであろう。

コラム 8　メガ FTA 時代

　2011年に米国が TPP 交渉に参加して以降，世界中でメガ FTA と呼ばれる貿易協定が注目を浴びるようになった。メガ FTA とは，多国間の巨大な自由貿易協定のことであり，TPP に加え，日 EU・EPA，TTIP（環大西洋貿易投資パートナーシップ），RCEP が代表的な協定である。なぜ，2010年代以降こうしたメガ FTA に各国は積極的にコミットするようになっていったのか。その主な理由として①ルール形成機構としての WTO の行き詰まり，②貿易や GVC の進展により以前よりも「広範囲な」貿易ルール形成の必要性の高まり，がある。

　1つ目に WTO の機能不全がある。WTO には，各国が自由にモノ・サービスなどの貿易ができるようにするための多角的ルールを決める機能がある。だが，ルール策定に関しては，加盟国内で意見の集約を行うことができず行き詰まっている。これはGATT から WTO に移行する中で，途上国を中心に加盟国が増加したことで，国家間での意見の集約が難しくなったことに起因する。実際，2001年から交渉が開始されたドーハ・ラウンドは，現在も，合意の見通しが立たないまま据え置かれたままになっている。

　これを受けて，各国は，協定を結びやすい国と個別で交渉し，貿易協定を締結する，いわゆる FTA という自由貿易協定を2000年代以降，盛んに結ぶようになった。その延長線上に，より広範囲な地域で共通の貿易ルールを結ぼうとするメガ FTA がある。

　メガ FTA が拡大する2つ目の理由として，GVC が進展したことによる「広範囲な」貿易ルール形成の必要性の高まりがある。第4節で指摘したように，GVC の進展により，企業はサプライチェーンの最適化のため，世界規模で生産拠点の配置を行うことから，各国間で共通ルールを定めることを望むようになる。よって2国間のFTA ではなく，より規模の大きな貿易ルールの構築を求める声は多国籍企業を中心に大きくなった結果，メガ FTA の策定に国家は積極的に動くようになったのである。

　こうした理由から，今後もメガ FTA は世界の貿易交渉の新たな舞台として存在感を高めることになるだろう。

5　貿易と連関する安全保障

　近年の国際関係では，貿易それ自体に加え，貿易と密接に連関する他の争点についての関心も高まっている。「他の争点」の例としては，本書でも扱う「開発」

（第10章），「地球環境」（第11章），「人権」（第12章）などが挙げられる。「開発」との連関においては，発展途上国の開発を促すような貿易のありかたに注目が集まる。「地球環境」と「貿易」との連関においては，環境保護と自由貿易をどのように両立させるのかが焦点になる。「人権」との連関においては，人権に配慮した「公正な貿易」の実現が強調される。本章では，「安全保障」と「貿易」との連関について説明しよう。

　貿易と安全保障との連関については，とくに①先端技術の流出，②安全保障政策の手段としての貿易（協定），といった2つが重要である。

　第1は，安全保障上の考慮から，先端技術の流出を招きかねない貿易を制限する動きが高まっていることである。とりわけ，米中の覇権争いが激化する中で，自国の安全保障を脅かしかねない先端技術の流出をいかに防ぐかが，米国をはじめとする主要国において重要な課題となっている。5G／6G，AI，ドローン，量子，半導体といった次世代のデジタル社会を支えるさまざまな先端技術は，民生（平時）利用のみならず軍事（戦時）利用も可能（デュアルユース）であるため，貿易を制限してでも，それらの技術の流出を防ぐことが安全保障上の要請となってきたのである。

　実際，トランプ政権は米中間の技術移転に関して安全保障上の問題があった場合，米国国内への対内直接投資と輸出を規制することを，FIRMA（外国投資リスク審査近代化法）と ECRA（輸出管理改革法）といった法案の制定により可能にした。とくに ECRA は，以前からの輸出管理改革法の基本原理を継承する一方で，規制の目的として米国の安全保障を明確化し，安全保障にとって不可欠な新興技術および技術的基盤に関する輸出管理を強めるものであった。これを受け，米政府は2019年9月に，中国通信大手ファーウェイに対する半導体の輸出規制を本格的に開始した。なお，こうした中国企業による米国企業の技術へのアクセスに関しては，国土安全保障省が安全保障上の脅威であることを従来から指摘し，警告してきたが，トランプ政権はその警告を真摯に受け止め，安全保障と貿易の明確な連関を意識した政策を実施したのであった。

　第2は，貿易（協定）を安全保障上の目的を達成するための手段として利用することである。このような手段には「アメ」と「ムチ」としての利用が想定されよう。

　前者の例としては，米中のような大国が，貿易協定の成立による自国市場の開放を「アメ」として，相手国の行動を自国の安全保障や外交に有利なように誘導

することなどが挙げられる。後者の例としては，貿易協定をライバル国の「封じ込め」の手段として利用することが挙げられる。オバマ政権が進めた TPP がその典型例であろう。TPP は，巨大自由貿易圏の成立を目指す貿易協定であったが，米国にとっては，東アジアにおける中国の影響力拡大を抑制するための重要な手段でもあった。この時期，中国は日中韓 FTA 構想や東アジア構想（日中韓＋アセアン），RCEP，そして AIIB（アジアインフラ投資銀行）のような経済協定を積極的に進めるなど，同地域で指導力を発揮する意図を示していた。これを警戒したオバマ政権には，中国に対抗する手段として TPP を利用しようとした意図もあった。

　国際貿易という用語にあまり実感がわかないとしても，その活動は私たちの日常生活にとって，とても身近で必要不可欠なことは冒頭で触れた通りである。本章では，そのような国際貿易を，単なる経済活動の一種としてではなく，経済と政治が交じり合う複雑な現象として捉え，説明してきた。最後に，改めて強調したいのは，貿易がもたらす配分的影響の重要性と，国際貿易を安定的に進められるかどうかは，そうした配分的影響をいかに上手く制御できるかどうかにかかっている，という点である。貿易は1国全体で見れば経済的な厚生を高めるとしても，必ず国内には敗者を生み出す。そうした敗者の不満を上手く制御し，国の政策を極端な保護主義へと向けさせないことがいかに重要であるかは，歴史的にも明らかである。他方で，GVC の進展により，貿易による勝者と敗者の線引きはかつてないほどに複雑化している。このような状況下では，勝者と敗者の立場も即時に変化しうるため，国際貿易をめぐる政治的争いを理解するのも難しくなるであろう。さらに，日本の2大貿易相手国である米中間の貿易戦争は，両国の覇権争いとも絡み，私たちの経済活動だけでなく，日米，日中を超えた広い意味での国際関係に大きな影響を及ぼしつつあることも指摘しておこう。

（参考図書）

飯田敬輔『国際政治経済』東京大学出版会，2007年。

猪俣哲史『グローバル・バリューチェーン——新・南北問題へのまなざし』日本経済新聞
　　出版社，2019年

ギルピン，ロバート（古城佳子訳）『グローバル資本主義——危機か繁栄か』東洋経済新
　　報社，2001年。

田所昌幸『国際政治経済学』名古屋大学出版会，2008年。

マクラレン，ジョン（柳瀬明彦訳）『国際貿易——グローバル化と政策の経済分析』文眞堂，2020年。

Frieden, Jeffry A., David A. Lake and Lawrence Broz, *International Political Economy: Perspectives on Global Power and Wealth,* Sixth Edition, W. W. Norton & Company, Inc., 2018.

Oatley, Thomas, *International Political Economy,* Routledge, 2018.

（ さらに読み進めたい人のために ）

ソリース，ミレヤ『貿易国家のジレンマ——日本・米国とアジア太平洋秩序の構築』日本経済新聞出版社，2019年。
　＊21世紀の国際社会の中心地，東アジアの貿易戦略を考察するための，新たな概念的な枠組みを提示した意欲作であり，貿易国家としての日米両国が直面するジレンマの構図を解き明かしている。

ボールドウィン，リチャード（遠藤真美訳）『世界経済大いなる収斂——IT がもたらす新次元のグローバリゼーション』日本経済新聞社，2018年。
　＊最新の国際経済学の研究をもとに，グローバル・バリューチェーンのリアルな姿を，豊富なデータ，日本をはじめとする各国の経験をもとに描き出している。

大矢根聡・大西裕編『FTA・TPP の政治学——貿易自由化と安全保障・社会保障』有斐閣，2016年。
　＊なぜ各国は高度な貿易自由化を追求するのだろうか。また，その進め方に違いが見られるのはなぜか，といった疑問に，アジア太平洋地域の主要国を取り上げ，経済的利益以外の要因（安全保障や社会保障）にも留意して分析している。

野林健他『国際政治経済学入門』有斐閣，2007年。
　＊国際政治と国際経済の相互作用に注目し，現代の国際社会が抱える問題を「理論と歴史」「事例分析」「展望」という3部構成でわかりやすく説明している。

冨田晃正『いまアメリカの通商政策になにが起こっているのか？——反グローバル・アクターとしての労働組合の躍進』ミネルヴァ書房，2022年。
　＊アメリカ通商政策の領域で生じている，反グローバリゼーションの起源を探りながら，その発展過程を解きほぐすとともに，民主党支持者と思われていた労働者がなぜトランプ政権の対外政策を支持するのかといった今日的関心にも焦点を当てている。

（冨田晃正）

第⑨章
国際金融
──国境を越えるマネーはどのように管理されているのか──

── Short Story ──

　ミネオ君は，人生で初めて，自分名義のクレジットカードを作りました。これまで
は，何かある時は親のクレジットカードを使ってきたので，少しだけ，親から自立で
きた気がしています。

（ミネオ）「カードがあれば，国内のみならず海外のネットサイトでも簡単に買い物が
　できるので本当に便利だなあ。しかも，このカード，特典として海外旅行時の傷害
　保険もついてるから，早く海外旅行にも行ってみたい。それにしても，通貨が違う
　のに，海外でもこのカードで支払いができるのはなぜなんだろう？」

　疑問に思ったミネオ君は，海外決済の仕組みを調べてみました。それによると，海
外決済は，自分のカードと提携している海外のクレジットカード会社を介した決済と
なり，代金の支払いは海外と国内の金融機関を経由して処理されるのだとか。

（ミネオ）「なるほど。当然そうなるよね。世界中の金融機関が繋がってるから，こん
　なことができるんだよね。きっと，自分たちの知らないところで莫大なお金のやり
　取りが海外との間で行われているんだろうなあ。そういえば，うちの親が学生の
　時って，海外渡航するには，円を現地通貨に両替したり，現地で使えるトラベラー
　ズ・チェックとかいう小切手を買って持っていったり，かなり面倒だったって言っ
　てたな。そんな昔とは大違いだね」

　独り言をつぶやきながらネットを見ていたミネオ君ですが，そこに FX（外国為替
証拠金取引）の広告が。為替取引を，わずかな元金から誰でも始められ，大学生ト
レーダーもいるのだとか。業者のサイトに飛んでみると，色々な国の通貨をワンク
リックで平日はいつでも取引でき，上手くいけば，
かなりの利益も手にできるとのこと。

　とはいえ，さらに調べてみると，結構リスクも
あるようなので「自分には不向きかなあ」とミネ
オ君。金融に詳しくないミネオ君ですが，国を超
えたお金の流れが凄い時代に自分が生きているこ
とだけは理解できたようです。

　現代社会では，ほぼあらゆる活動に何らかのマネー（お金）の動きが伴う。国際的な活動についても同じで，貿易や投資といった経済活動はもちろんのこと，留学や海外旅行といった社会活動を含む，ほとんどすべての国際的な活動に伴って，国境を越えてマネーが動くのである。

　マネーというのは各国の中央銀行が発行し，管理しているもので，その価値は中央銀行や政府への信頼に基づいている。たとえば，1万円札（日本銀行券の1種）は，原価20円程度の特殊な紙にすぎないが，それを大半の日本人が「1万円の価値があるもの」と認識し，扱っているのは，その発行主体である日本銀行や日本政府を信頼しているからである。

　他方で，国際経済では「世界統一通貨」はなく，そのような通貨を発行して管理する単一の世界中央銀行も世界政府も存在していない。現代の国際関係では，複数の通貨を媒介にして，国境を越えた経済活動が行われている。中央銀行も中央政府も存在しない中で展開される越境的なマネーの動きは，いったい，誰によって，どのように管理され，統治されているのだろうか。本章では，国際金融に国家や国際機関，政治がどのようにかかわり，国際的なマネーの流れが，維持，拡大されてきたのかを説明する。

1　国境を越えて動くマネー

マネーはどのように国境を越えて動くのか？

　日々，国境を越えて莫大な金額のマネーが移動している。国際決済銀行（BIS）が3年ごとに行っている調査によると，1日に外国為替市場で取引される額は，1983年には600億ドルだったものが，1998年には1.5兆ドルに達した。その後，国際経済の状況によって金額が減少した時期はあるものの，2019年には6.6兆ドルとなっている。日本の2021年の国内総生産（GDP）は約4.9兆ドルであるから，それを超える金額が，市場で毎日交換されている。

　国境を越えたマネーの移動には，貿易に伴う決済のほか，直接投資や間接投資（ポートフォリオ投資）がある。海外直接投資（Foreign Direct Investment：FDI）とは，国外で事業活動を行うための投資のことである。FDI は，企業の海外進出が活発になるにつれて大きく増えた。世界の GDP に占める FDI の割合は，1990年には7％であったが2018年には40％を超えている。日本の対外直接投資残高は，2001年末の約3000億ドルから2021年末の約2兆ドルに増大した。一方，間

接投資（ポートフォリオ投資）は，資金の運用を目的に，外国の株式や債券などの金融資産を購入して運用益を得ようとする投資で，実際に事業に携わることを目的としない。海外への間接投資は，経済情勢を反映して年による変動が非常に大きいことが特徴である。さらに海外援助（第10章を参照）も国際的なマネーの流れにおいて一定の割合を占めているほか，近年では移民による送金も，国際的なマネーの動きの中で重要性を増している。

　マネーが国境を越えてスムーズに流れることは，国際経済や国境を越えるあらゆる活動に欠かせない。しかし，中心となってマネーを管理する組織がない国際社会では，国際金融システムが不安定になることは歴史上もよくあったし，近年もさまざまな国際金融危機が起こっている。国際金融危機にかかわる政府間協力については，本章の第4節で見ていこう。

マネーはどのように国境を越えるようになったのか？——金融自由化の進展

　なぜ，近年になって，国境を越えたマネーの動きが増大したのだろうか。「金融のグローバル化」を推し進めた第1の要因は，技術進歩である。国境を越えるマネーの動きは，通信技術の進歩のおかげでコストをかけずに大量のデータをやり取りできるようになって，一段と加速している。ただし，金融のグローバル化は，技術進歩が進めば自動的に進むわけではない。国境を越えてマネーが動くためには，第2の要因として，各国政府がそれを認める政策（金融自由化）を行うこともまた必要なのである。以下では，国際的な金融自由化がどのように進んだのかを簡単に見てみよう。

　第2次世界大戦後に西側諸国が作った，国際経済交流を促進するための体制，いわゆるブレトン・ウッズ体制（1944年7月，米ニューハンプシャー州ブレトン・ウッズで開催された連合国通貨金融会議で決定された国際金融体制）では，モノの貿易の自由化を推進することで，それぞれの国の経済発展を実現しようとした。ただし，戦後に自由化が進み，量的にも大きく拡大したモノの貿易に比べると，国際的な金融自由化の進展は緩やかだった。ブレトン・ウッズ体制では，貿易の自由化を進めつつ各国の国内経済も安定させるために，国際的な資本移動，つまりマネーの動きは制限することが必要だと考えられていたからである。第3節で述べるように，この時期は主要な通貨の相対的価値は固定されていた（固定相場制だった）こともあり，金融自由化を積極的に進めようとはされていなかった。

　しかし，国際貿易が増大して国境を越えた経済活動が盛んになり，多国籍企業の動きも活発になっていくと，1960年代以降，国際的な資本の移動が増大する。後述するように，1973年に主要通貨は変動相場制に移行した。相場を固定する必要がなくなると，国際的な資本移動を制限することの必要性も低下するので，先進国の間での金融の国際化が本格的に進展した。

　さらに1990年代以降は，西側の先進諸国と途上国や旧共産圏の国々の間でも貿易が拡大するとともに，金融自由化が途上国にも広がり，それに伴って投資も拡大して，地球規模で経済が統合される「経済のグローバル化」が進んだ。この原因としては，新興国の成長や冷戦の終焉，技術進歩，そして自由主義的な考え方の広がりが挙げられる。地球上のどこにでもできる限り自由にマネーを投資できるようにして，市場原理に基づきどこに投資するかの判断を投資家に任せるようにすることが，最も有効にマネーを使って経済発展を実現する方法だと考えられるようになったのである。こうした（新）自由主義的な考えに基づき，国際通貨基金（IMF）や世界銀行といった国際機関も，途上国の金融自由化を後押しした。IMF と世界銀行の本部は米国ワシントン DC にあること，これらの国際機関に強い影響力を持つ米国政府もこうした考えを重視したことから，1990年代の国際的な金融自由化を推進した考え方を「ワシントン・コンセンサス」と呼ぶことがある。

2　誰が国際金融システムを管理するのか？

「世界政府」がない国際社会で国際金融を管理するのは誰？

　金融のグローバル化の進展に伴い，金融の国際ガバナンスの問題が浮上する。図9−1が示すように，国内金融においては各国政府や中央銀行が金融システムの管理を担っていて，通貨を発行したり，金融危機を防いだりするが，国際金融においては，それらと同様の役割を担うのは誰なのだろうか。その答えは，「明確な管理者はどこにもいないが，主要国や国際機関の協調によって，国際金融システムは危機を繰り返しつつも何とか維持されてきた」というものになるだろう。

　世界経済の統合が本格的に進展したのは19世紀以降のことであるが，19世紀から20世紀はじめの金融システムは，「覇権国」であった英国の力に依存していた。当時の英国は，第8章でも述べたように，世界有数の工業力をもつ貿易大国であ

政府　中央銀行

財政政策　　　　　　　　　金融政策

金融規制　危機対応

国内金融システム

金融規制？　　　　　　　　金融政策？

財政政策？　　　　　　危機対応？

国際金融システム

図 9 - 1　国内金融システムと国際金融システムの違い

出所：筆者作成。

ると同時に，ロンドン金融市場を中心にした金融力の面でも世界随一であった。とはいえ，当時は金融システムや各国経済の安定に政府が責任を持たなくてはならないという考え方は弱かったため，政府の役割は限られていた。国際的なマネーの流れを可能にしたのは，当時主要国が通貨を発行するにあたって採用していた金本位制という制度だった。図 9 - 2 の左側の図が示すように，金本位制の下では，各国通貨は貴金属の金と一定のレートで交換できることになっていたため，通貨価値は金と結び付けられていた。金は世界中で価値が認められていたので，それに裏付けされた各国通貨は，国内のみならず国際的な信用も獲得し，国際的にも使える通貨となった。また通貨同士の相対的な価値は固定されていたため，国際取引には好都合だった。金本位制が続く限り，国際的な中央政府の役割を果たす機関などがなくても，国際金融システム上での取引が可能だったのである。つまり，英国覇権下の国際金融秩序は，国際機関や明示的な政府間協調といったものに頼らずにおおむね保たれていた。

　しかし，1930年代に世界恐慌が起きると，このような国際金融システムは不安定化し，国際貿易も大幅に減少した。その中で各国は金本位制をやめて通貨の価値を下げることで不況を乗り越えようとし，競って通貨を切り下げようとした（日本円で言えば「円安」にして輸出を増やそうとすることにあたる）。これにより，各国通貨の交換が困難になって金融システムに混乱が生じ，世界規模の恐慌をさらに悪化させてしまった。

　この時期の国際経済の混乱が，悲惨な第 2 次世界大戦の原因になったという反省から，第 2 次世界大戦後は自由主義的でより安定的な国際政治経済秩序を作ろうという機運が西側戦勝国を中心に高まり，国際貿易については GATT 体制が，

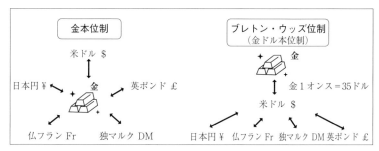

図9-2　金本位制とブレトン・ウッズ体制

出所：筆者作成。

　国際金融については IMF および世界銀行といった国際機関の設立を軸にしたブレトン・ウッズ体制が作られた。IMF の役割は，各国通貨の価値の安定やスムーズな取引を助けるために情報を提供したり，一時的に経済危機に陥った国に資金を供与したりすることである。また世界銀行は，国際経済全体の安定と発展のために国々の経済発展を助ける機関として設立された。

　しかし，これらの国際機関は，世界全体の金融システムを安定させるには力不足であった。第2次世界大戦後の西側世界の自由主義的国際政治経済秩序は，英国に代わる新たな覇権国となった米国の力によって保たれたのであった。図9-2のように，戦後西側世界の通貨体制は，米ドルのみ通貨の価値が金の保有で裏付けられ，それ以外の各国の通貨は米ドルに固定することで維持されるという，ドルを中心にしたものであった。19世紀から20世紀初頭の英国や第2次世界大戦後の米国が，それぞれの時代の国際金融システムを安定させたことは，第2章で紹介した「覇権安定論」から説明できる。覇権国は，国際金融に混乱が生じた際に他国に資金の提供などの経済的な支援を行ったり，ルール違反を監視したり，さらには大規模な戦争を防いで国際金融取引の前提となる国際政治の安定をある程度維持したりすることで，国際金融システムにおける公共財の提供に尽力したとみなすことができるのである。

　だが1960年代以降，国境を越えた資金の流れが増大した時期と，米国の相対的な経済的パワーが低下した時期とが一致し，国際金融システムは不安定化した。これ以降，通貨価値の過度な変動や，国際金融危機が繰り返し生じるようになった。この点については本章第3節，4節で解説する。

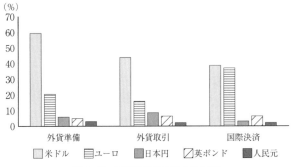

図9-3　国際的に利用される通貨

出所：外貨準備は IMF（2021年第3四半期），外貨取引は BIS（2019
年4月），国際決済は SWIFT（2021年2月）のデータを使用し
て，筆者作成。

基軸通貨としての米ドル

　そもそも世界にたくさんの通貨がある中で，国際的な取引ではどの通貨を使え
ばよいのだろうか。世界で広く使われている通貨を国際通貨といい，日本円もそ
の1つである。国際通貨の中でも特に広く使用されるものを，基軸通貨と呼ぶ。
現在の世界では，基軸通貨は米ドルである。ある通貨が基軸通貨としての地位を
確立するためには，次の3つの条件が必要になる。第1は発行している国（ユー
ロの場合は国ではなく経済共同体）の経済規模と金融市場が大きいこと，第2は金
融市場が安定しており透明性が高く，自由に取引ができること，そして第3はそ
の国が強大な軍事力を持ち国際政治上も強国であること，である。米国の相対的
な力は1960年代以降低下したとはいえ，現在でもこの条件をすべて満たす国は米
国のみであり，図9-3から明らかなようにドルの優位は揺らいでいない。もっ
とも，いったん基軸通貨が定まると，その通貨を発行する国の相対的な力が多少
低下しても，他の通貨に取引を移行することにはコストがかかるので，基軸通貨
は当面そのまま維持されるという面もある。実際に，英ポンドは，20世紀初めに
英国の相対的な力が弱まった後も，長く基軸通貨の地位を保っていた。
　基軸通貨が存在すると，各国間の取引を1つの通貨でできるようになり，取引
のコストが下がって，企業などの経済主体にとって利便性が上がる。その結果，
国際的な経済活動が活発になり，すべての経済主体にとってメリットがあるとい
える。
　その中でも基軸通貨国には特別なメリットがある。基軸通貨国は大きな通貨発

コラム9　仮想通貨（暗号資産）と国際関係

　仮想通貨（暗号資産）とは，「インターネット上でやりとりされ，通貨のような機能を持つ電子データ」（「政府広報オンライン」より）である。国家やその中央銀行によって発行される法定通貨ではなく民間業者によって発行されており，価値は市場で変動する。暗号技術を用いて偽造や盗難を防ぐ仕組みとなっており，金融機関を介さず財産的価値を直接やり取りすることができる。これによって国際的な送金や決済がネット上で低コストで行えるようになる。主な仮想通貨としてビットコインやイーサリアムがあり，通貨としての利用は拡大している。仮想通貨は国家の管理下にないので，仮想通貨の利用が拡大すれば，通貨を通じて経済のコントロールを図る金融政策の有効性が失われると懸念されている。国際関係への影響としては，基軸通貨やその他の国際通貨を介さないで国際的な取引の決済ができるようになると，先進主要国による協調に基づいて不十分ながら実施されてきた国際金融の管理も，いっそう難しくなることが挙げられる。

　しかし，仮想通貨がドルやユーロ，円などの法定通貨にとって代わると予測する専門家はほとんどいない。暗号資産は民間業者によって提供されるが，そうした業者についての統一された管理のルールはなく，情報開示や監督は不十分である。仮想通貨には信頼を得るための十分な基盤がないのでリスクが大きく，通貨価値は不安定であり，法定通貨に置き換わるとは考えにくいとされているのである。

　一方で，中央銀行が発行する中銀デジタル通貨の研究も盛んである。中銀デジタル通貨は，中央銀行によって発行されるデジタル化された通貨で，円やドルなどの法定通貨建てであるものを指す。

　公的なデジタル通貨の導入は，キャッシュレス化をさらに進めて利用者の利便性を高めるだけでなく，国境を越えた決済のコストを下げることも期待されている。しかし，利用者のプライバシー保護や，サイバーセキュリティへの対応など，課題も多い。その中で，2020年に，中国は他の主要国に先駆けてデジタル人民元の大規模な実証実験を行った。デジタル人民元が正式に発行されれば，それをきっかけに人民元の国際化が進み，アメリカドルの基軸通貨としての地位が揺らぐ可能性が指摘されている。基軸通貨の影響力を利用してアメリカが主導する経済制裁の有効性も，低下するかもしれない。しかし基軸通貨となるには，透明な規制に守られた自由な取引が可能である必要があり，デジタル人民元が，国際金融システムにおいてドルを脅かすほどの存在になるとみる専門家は少ない。

行特権（シニョレージ）を得ることができ，自国の通貨で国際取引ができたり，資金の調達が容易であったりという利益を享受できるからである。さらに，他国が国際的な経済取引をする際に基軸通貨国の金融システムを何らかのかたちで利用しなくてはならないことを利用して，米国は2001年の同時多発テロ以降，金融分野での経済制裁を盛んに行っている。こうしたことから，金融システムにおける非対称の構造は，国際政治上で強国をますます強くするという効果も持っている。

3　通貨をめぐる国際関係——通貨制度と通貨外交

どうして通貨の価値は変わるのか？——固定相場制と変動相場制

　株価と並んで毎日のニュースで伝えられる「為替レート」，つまり円やドルなど通貨の間の「交換比率」は，通貨の価値を表している。では，通貨の価値はどのように決まるのだろうか。

　通貨制度にはさまざまな種類があるが，固定相場制と変動相場制に大きく分けられる（図9-4）。固定相場制では，為替レートは政府によって固定され，維持される。為替レートが固定されていれば，企業や投資家は長期的な国際ビジネスの計画が立てやすい。他方で，固定相場制には，経済環境が変化しても，それに対応して為替レートを変化させることができないという問題がある。また，国内的な不況やインフレなどの経済問題が生じても，政府には固定された為替レートを維持する義務があるため，マクロ経済政策（政府支出や税の徴収などに関わる財政政策，または金利や通貨供給量をコントロールする金融政策）を国内経済の改善のために柔軟に発動できないことも難点であった。

　これに対して，変動相場制では，為替レートは「需要と供給のバランス」（市場原理）によって決まる。たとえば外国為替市場で円を買いたい人が増えれば円の価格が上がり，売りたい人が増えれば下がる。物やサービスの価格が決まるのと同じ原理ではあるが，物の価格は売り手が決め，もしそれが買い手のニーズに合っていなければ売れ行きを見て価格を変更する，というやり方が普通であるのに対し，為替レートは日々の売り買いによってそのつど価格が変わっていくので，変動が激しい。変動相場制には，将来の為替レートの予測が難しいという大きなマイナス面があるが，他方で，経済環境の変化に為替レートが柔軟に対応できるというプラス面もある。変動相場制の導入時には，各国の経済状況の変化に合わせて為替レートが適切に変化することが想定された。次項で説明する国際収支の

不均衡の調整に為替レートが自動
的に変動することで対応できるよ
うになれば，各国はそれぞれマク
ロ経済政策を国内的な経済問題の
解決のために柔軟に用いて対処で
きるということも期待されていた。

```
変動
 ↕    ・変動相場制（フロート）
           為替相場が自由に変動し，市場における需
           給関係によって決定される制度
       ・管理された変動相場制
       ・固定相場制（ペグ）
           通貨の交換比率を一定比率に固定する制度
       ・通貨統合
固定
```

図 9-4　多様な通貨制度
出所：筆者作成。

国際収支とは？

　しかし実際には，為替レートは
常に国際的な経済状況の不均衡を
修正して安定的にする方向に動くわけではないことが明らかになった。貿易収支
などのバランスとは無関係に，各国の金利差などの別の経済要因によって動くこ
ともあるし，さらに，投資家の期待の変化によって，一定の方向に大きく振れる
こともある。それは均衡の回復とは逆の方向であることさえある。
　通貨価値の水準が不適切であると，「国際収支の不均衡」が生じる。国際収支
とは一国全体の経済と外国との間での経済取引の記録で，定義上必ず均衡するも
のであるが，その中の経常収支，とりわけ貿易収支（モノの貿易の収支）が大きな
赤字または黒字となっている状況が「国際収支の不均衡」と呼ばれる。経常収支
の赤字が急速に拡大したり長期間続いたりすると，その国の支払い能力に疑念が
持たれることになり，さらには金融危機を引き起こす危険がある（金融危機につ
いて第4節を参照）。経常収支の過度の黒字も，短期的な危機につながる可能性は
低くとも，長期的にインフレなど望ましくない経済状況を生み出すといったマイ
ナス面がある。

通貨価値は各国内の経済や政治にどう影響するのか？

　通貨同士の交換レート，つまり他の通貨で測った別の通貨の価値は，主要通貨
間では日々変わり，時には非常に不安定である。では，通貨の価値が変わると，
各国内の経済や政治にはどのような影響があるのだろうか。
　まずは通貨価値の安定について考えてみよう。通貨の価値が不安定になると，
企業や個人にとって，国際経済取引にかかわる長期的な判断をすることが難しく
なる。また，不安定な相場を利用して利益を上げようとする投機的な取引が増大
し，さらなる不安定化を招く。経済状況に対応する柔軟な価格形成は経済にプラ

スに働くとはいえ，相場の過度の変動は好ましくない。

　次に，通貨の価値がもたらす影響を検討する。通貨の価値が上がる（日本の場合は「円高」になる）と，同じ額の自国通貨で，外国からより多くのものを買えるようになる。これは，輸入業者にとっては喜ばしい。また，海外旅行や留学を計画している人にとってもうれしいことである。自国の通貨を用いて外国に投資をしようとする人にも通貨高は望ましい。さらに，輸入品の価格が下がるので，消費者にとっても利益になるとされる。国際的な経済活動に関わっていない人も，物価の下落を通じて通貨高の恩恵を受けることができる。他方で，通貨高は，輸出業者にとっては苦しい状況である。同じ金額で物を作っても，外国に輸出しようとすると外国通貨建てでの価格は上がるので，売れ行きは落ち込むだろう。

　逆に通貨安（日本の場合は「円安」）になると，輸出業者は輸出を増やすことができる。また，輸入品の価格が上がるので，輸入品と競合する製品を作っている国内の業者も助かるだろう。他方で，輸入品の価格上昇は，輸入した原料を使う業種や消費者にとっては悪いニュースとなる。海外旅行も留学も割高になる。このように，どのような通貨の価値が望ましいかは，立場によって大きく異なる。

　日本のニュースでは，円高で経済状況が悪くなる，という説明がよくなされていた。通貨安では輸出が促進され，付加価値の高い輸出産業の利益が拡大し，通貨高では逆のことが生じるため，日本をはじめほとんどの国で，通貨価値が高くなると景気が悪化し，安くなると好転する傾向があった。たとえば日本の場合，輸出産業である自動車産業などの利益が拡大すると，GDP 全体も押し上げられる。ただし，通貨安による景気改善はすべての人に恩恵をもたらすわけではなく，通貨高による景気悪化がすべての業種に悪影響を与えるわけでもない。円高が進んでいた2018年のみずほ総研による試算では，10％の円高は全体として日本のGDP を0.2％押し下げ，とりわけ製造業の収益を30％減らす一方で，小売やサービス業といった非製造業の収益は 8 ％増えるとされた。非製造業は，輸出とは縁がなくもっぱら国内の経済活動にかかわるものが多いからである。しかも，就業者の人数でいうと，円高で恩恵を受ける業種で働く人の方が多い。その理由は，日本の就労人口の 7 割超を占めるサービス業の多くは，円高によるプラスの影響を受けるからである。

　また，通貨価値の経済効果はその時々の経済状況にも左右される。例えば2021年から22年にかけての円安局面では，日本が輸入に頼っている原油の価格が上昇していたため，円安によりさらに輸入価格が上がった。日本のエネルギー供給に

図9-5　対ドル円相場の推移

出所：筆者作成。

占める原油の比重は高いので，原油価格の上昇は幅広い産業に打撃を与えた。同時に，円安で通常は増加する外国人観光客がコロナ禍によりこの時期はまったく増えず，円安による景気改善効果は期待できない状況であった（外国人観光客による国内の消費は日本から見ると「サービスの輸出」にあたり，円安になると増加する）。さらに，日本の製造業の企業が生産拠点を海外に移すことも多くなっているため，円安による輸出増を通じた経済へのプラスの効果は，以前より減少している。

通貨価値をめぐる国際政治はどのようになっているのか？

　このように，通貨の価値の変化は国内のさまざまな集団に異なった影響を与えるが，全体として通貨安は景気を押し上げる傾向がある。また，消費者は通貨安による価格の上昇で損をするとしても，そのマイナスの影響は広く薄く分散しているのに対し，輸出業者は通貨の変動によって事業の存続にも影響するほどの強い影響を受ける。そこで，政治的には通貨安を求める声が，日本でも他の国でも強くなりがちである。とくに不況時には，各国政府は通貨の価値を下げることで景気をよくし，政治的な得点を稼ぎたいと考える。しかし通貨の価値は相対的なものであるから，すべての国が通貨の価値を下げることは当然ながらできない。その中で各国が競って通貨を切り下げようとすると，対立が生じ，最悪の場合は

前述した1930年代の世界恐慌のような状況に陥る。

　通貨価値をめぐっては，為替相場を安定させることの必要性についてはほぼすべての政府が容易に合意できる。しかし，通貨価値をどのレベルで安定させるべきかについては，それぞれの国が，輸出の促進をめざして自国の通貨価値を低めに設定することを求める場合が多く，合意は簡単ではない。さらに，望ましい通貨価値で合意できたとしても，それを実現するためにどのような手段をとるべきかについて対立が生じる。なぜなら，どの国も自国ではなく他の国に調整のコストを負担してもらいたいと考えるからである。

　国際収支（厳密には経常収支）の不均衡が生じているとき，各国はマクロ経済政策を調整して不均衡を解消する必要がある。経常収支の赤字国は緊縮的なマクロ経済政策（増税・政府支出の削減，金利引き上げなど）をとる必要があるが，これは国内経済を冷え込ませて不況につながる。そこで赤字国は，黒字国に拡張的なマクロ経済政策（減税・政府支出の拡大，金利引き下げなど）をとるように求める。しかしそれは景気を過熱させ，インフレを引き起こすので，黒字国にとっては受け入れがたい。こうして対立が起こる。

通貨問題をめぐる国際協調の歴史

　実際に，1973年の変動相場制への移行後，通貨をめぐる国際協調が順調に進んだ例は少ない。1970年代には為替相場は，石油ショックによる混乱もあり乱高下した。1973年以降，主要先進国である日・米・（西）独・仏・英の財務大臣は非公式な会合を開くようになり，この5カ国（G5）による意見交換が通貨に関する主要な協議の場となった。そこでの主な対立は，国際収支の調整をめぐる米国とその他の先進国の間の不一致であった。米国の貿易赤字の増大は，固定相場制を崩壊させた原因の一つであったが，その調整の負担をめぐり対立が続いた。米国は黒字国に調整の義務を負わせようとし，逆に他国は米国にマクロ経済政策の調整を求めたのである。結果的に1970年代の主要各国のマクロ経済政策は，通貨価値の安定ではなく国内の経済的・政治的目標に沿って決められ，通貨をめぐる国際協調は成果を上げることはなく，国際金融システムは不安定なままであった。その不安定さは，図9-5に示した円ドルレートの変動にも表れている。しかし，為替レートや国際的な資金の流れに対する政府のコントロールが効果的に行われず民間市場にゆだねられたことは，国際金融市場を活性化させ，その規模は1970年代に大幅に拡大した。

　通貨問題をめぐる国際協調として最もよく知られているのは，1985年のプラザ合意である。米国のレーガン（Ronald Reagan, 1911〜2004）政権（1981〜89年）が減税と軍事費増額による財政赤字を拡大させたこと，インフレ対策のために米国の中央銀行にあたる連邦準備制度が極端に緊縮的な金融政策をとったことで，1980年代前半に米ドルの価格が急激に上昇した（図9-5参照）。通貨高には輸入を増やす効果があるので，経済成長を続ける日本から米国への輸入が増え，自動車産業をはじめとする米国の製造業に大きな打撃を与えた。当時の米国の貿易赤字の半分近くは日本との貿易によるものであり，日米貿易摩擦はさらに深刻化していった（第8章第3節を参照）。

　金融面における米国の当初の対応は，以下のようであった。市場原理を重視する立場のレーガン政権は，ビナイン・ネグレクト（「優雅なる無視」）と呼ばれる静観政策をとり，積極的に為替市場に介入しなかっただけでなく，マクロ経済政策の調整によって国際収支を改善する努力もしなかった。そして，調整の負担を黒字国である西独と日本に負わせようとしたのであった。なお，米国が他国と違い，巨額の貿易赤字を出し続けることができたのは，基軸通貨国としての地位ゆえに国際市場で資金を調達することが可能だったからである。

　しかしドル高が長引くと，米国も国際協調の必要性を認識した。レーガン政権は国内の製造業の悲鳴を無視できなくなり，1980年代半ばには為替相場を国際的な協議の対象とするようになったのである。そして，1985年9月，ドル高を是正するために，ニューヨークのプラザ・ホテルで合意されたプラザ合意に基づいて，G5によるドル売り協調介入が実施された。プラザ合意では，各国が国際収支の不均衡を修正するためにマクロ経済の調整をすることも約束はしたが，具体的な政策についての合意はされず，実際にはほとんど実施されなかった。それでも協調介入は市場の期待を変え，ドルの価値は急激に下落した（図9-5参照）。

　通貨をめぐる国際協調は，その後どのように進展したのだろうか。プラザ合意の後，1年で対円で25％以上進んだドル安は，対米貿易の比率が高かった日本の輸出産業にとくに大きな打撃を与えた。米国はドル安を放置し続けたが，1987年2月にG5はルーブル合意でドル価値の安定のためにようやく協調介入を行った。しかしここでも，各国の財政政策の調整については具体的な合意はできず，ドル安の流れはいったん止まったものの，1980年代後半を通じて基本的には円高・ドル安が進行する状況が続いた（図9-5参照）。日本政府は，輸出産業への打撃による円高不況を懸念し，内需拡大のための拡張的な金融・財政政策をとったが，

これがバブル経済の発生につながった。

　1980年代の通貨をめぐる国際協調の状況をまとめると，急激なドル安を背景に，1985年以降ようやく主要国による協調介入が行われた。だが，国際収支の不均衡を改善するための調整をどの国が負担するかという問題についてはついに意見の一致をみることなく，国際金融市場は基本的に不安定なままであった。

　その後の国際的な協調の例として，1995年の円高局面で，日米（7月）と日米欧（8月）の共同介入が行われたことがある。しかし，通貨をめぐって国内経済政策の協調が行われることは，1990年代以降もなかった。こうして，米国が巨額の貿易赤字を出し続ける一方で日独は黒字を保ち，そして21世紀に入り中国が巨大な黒字国となっていったように，国際収支の不均衡は拡大した。この世界的な資金の流れの偏りは「グローバル・インバランス」と呼ばれ，2008年の世界金融危機の原因となったとされている。

21世紀の日本の通貨政策

　経済バブルの崩壊後，長く低迷を続けた日本経済は2002年以降に景気回復に入る。これをけん引したのは輸出であった。日本政府は輸出主導の景気回復を目指し，円の価値の上昇を防ぐために，2003年度には33兆円もの為替介入を実施したが，これは日本の単独介入であった。

　21世紀に入って実施された協調介入は，2011年3月のものである。東日本大震災後の円相場の急騰を受けて，日本の要請により日米欧が円売りの協調介入を実施した。しかしその後も円高の流れは止まらず，この震災後の時期の円高は，電力コスト上昇や法人税率の高さと並んで，日本企業が直面する「六重苦」の1つと言われた。日本政府は2011年10月には，単独で大規模な介入を行っている。しかし，震災直後には日本の苦境を見て協力した他の主要国は，それ以降は円高是正という日本の目標を共有しなかった。

　この時期から2022年9月に至るまで，日本政府は為替市場への介入を行わなかった。介入の頻度が大幅に減少した原因の1つは，資本市場の規模が巨大になり，政府の介入で相場を動かすのが難しくなったことである。また，とくに円高是正のための介入には，米政府の反発も予想できる。日本の貿易黒字を問題視するという理由だけでなく，成長著しい中国の輸出促進策を容認できないという立場からも，21世紀の米国は日本による円安誘導に一層厳しい姿勢をとるようになった。とくに，「アメリカ第一」を掲げるトランプ（Donald Trump, 1946～）は，

2016年の大統領選挙期間中から為替操作をしていると日本を名指しで批判することも多く，2017年の大統領就任後は日米2国間の貿易協定にも為替操作を禁止する条項を入れようとするなど，為替レートをめぐっても強い態度をとった。したがって日本政府が為替市場に介入することはまれになった。一方で，2012年末の第2次安倍（安倍晋三，1954〜2022）政権誕生以降は，「アベノミクス」の柱であった大規模な金融緩和策の結果として円安が進み，アベノミクス時期の景気拡大に貢献したのも事実である。その副作用として近年では，むしろ円安の行き過ぎがインフレを悪化させることが問題となっている。2022年9月には，円安の行き過ぎを阻止するための日本政府による単独介入が実施されたが，長期的には効果は限定的であると考えられている。

通貨をめぐる国際協力についてまとめよう。1970年代以降の通貨外交の歴史は，主要国間の利害の不一致を背景にした対立に彩られている。各国は，通貨価値の安定と国際収支の不均衡解消の必要性では一致しても，実際にどのレベルの為替レートが望ましいかについては，合意できない場合が多い。さらに，国際収支の調整のコストを他国に押し付けたいために，どのような手段をとるべきかについても対立し，時には協調介入で極端な為替の変動を抑えることに成功はしたものの，長期的なマクロ経済政策の調整はほとんどできずにきたのである。

4　頻発する国際金融危機──発生メカニズムと危機対応

国際金融危機の発生メカニズム

金融のグローバル化が進むと，国際的な金融危機が頻発するようになった。この節では国際金融危機がなぜ起こるのかを説明するとともに，国際金融システムを適切に管理する「世界政府」のような存在がない状況下で，主要国による国際協調がどのように行われてきたかを見てみよう。

金融システムは，マネーを動かす投資家からの信用が失われ，通貨や債券などの金融商品が一方的に売られて買い手が付きにくくなると，それらの価値が急激に下がって不安定化する。状況がさらに悪化すると，金融危機が発生する。国際的な金融危機には，債務危機や通貨危機，国際的な銀行危機があり，そのいずれかが，またはいくつかが組み合わさって生じる。国家の返済能力が疑われるようになり，新規の借り入れや資金調達ができなくなるのが債務危機である。通貨への信用が失われて価値が暴落することは通貨危機と呼ばれる。銀行の経営危機の

影響が国際的に広がる，国際的な銀行危機もある。

　債務危機や通貨危機は，国家の経済運営の失敗が原因で生じることが多い。政府債務がその国の返済能力を超える理由としては，徴税能力を超えるバラマキ政策や，不適切な投資が挙げられる。政治リーダーによる汚職や腐敗も重要な要因である。また，ある国の経済が単独の産品に依存するモノカルチャー経済である場合，その産品の国際的な値崩れが経済を急激に落ち込ませ，返済能力が失われることもあるだろう。

　さらに，金融危機には「伝染」しやすいという性格がある。ある国で金融危機が起こると，経済構造が似ているとか地理的に近いとかいった共通点がある国についても，投資家が返済能力に疑問を持つようになり，資金を引き揚げる可能性があるからである。こうした資金の急激な引き上げを「資本逃避」という。こうして，ある国で起こった金融危機は，国際金融システム全体を揺るがす国際金融危機に発展する。1997年から98年にかけてのアジア通貨危機や，2008年の世界金融危機はその典型的な例である。

　急激な資本逃避が起こる前提として，危機前に大量の資金が流れ込んでいる必要がある。金融システムにおいては，特定の対象について投資家の期待が大きく膨らんで大量の投資がなされ，大きな価格上昇が起こったのち，その期待が急にしぼんでバブルが崩壊するということが繰り返し生じてきた。古くは17世紀オランダのチューリップ恐慌や18世紀英国の南海泡沫事件の例が知られている。日本が1980年代後半に経験したバブル経済も，とくに土地の価格が上昇を続けるという期待の下，多くの投機的資金が土地に流れ込み，その後バブルが崩壊するという経緯をたどった。

　これと同じように，特定の国や地域の経済成長に対する期待が膨らみ，短期間に大量の資金が流入した後に，何らかのきっかけで期待がしぼんで資金が流出し金融危機につながるという流れが，国際金融危機のパターンである。1970年代には，中南米をはじめとする途上国の経済成長に対する期待が高まり，多くの民間銀行がそれらの政府に大規模な貸し付けを行った。しかし債務の総額は国々の返済能力を超え，1982年以降各国は相次ぎ債務不履行（デフォルト）に陥って債務危機が生じた。1990年代前半にはアジアブームが起き，アジアに投機的資金が流れ込んだことが1997年のアジア通貨危機に結びついた。2000年代前半に米国で起こった住宅バブルには世界中から資金が投じられ，返済能力の低い個人にも住宅ローンというかたちで貸し付けがなされたことが，バブル崩壊後の世界金融危機

につながった。

金融危機への対応・予防は，誰が，どのように担うのか？

　国際金融危機にはどのように対応すればよいのだろうか。また，国際金融危機を予防することはできるのだろうか。

　金融危機は，金融機関や資金の借り手に対して投資家が持つ信用が失われたときに生じる。国内的な金融危機が起こると，政府や中央銀行が金融機関や借り手に短期間で大量の資金を提供して，投資家を安心させることが必要である。中央銀行が「最後の貸し手」と呼ばれるのは，この役割のためである。

　1997年から98年にかけて生じた日本の金融危機においては，日本銀行が「最後の貸し手」として金融機関に資金を提供するほか，政府が一部の銀行を国有化し，金融不安の鎮静化を図った。また，2000年代に入っても金融システムは脆弱な状況だったため，資金繰りが難しくなった一部の大企業を日本政府が救済した例もあった。これも，企業の返済能力への疑念が，貸付を回収できない金融機関への信用の喪失につながって，金融危機が再燃することを防ぐための措置だった。しかし，経営難に陥った企業に政府が税金からの資金を安易に提供すれば，国民の反発を招くだけでなく，企業が自ら経営を改善しなくても政府が救済してくれるという期待を生み，経営努力を損なうかもしれない。この状況をモラル・ハザードという。モラル・ハザードを防ぐためには，資金の提供にあたって経営陣の交代などの厳しい条件を付ける必要があるが，あまり条件を厳しくすると資金受け入れが進まず，金融危機が沈静化しないというジレンマがある。

　金融危機は，経済におけるマネーの流れを止め，経済全体に深刻な影響をもたらすので，起こってから対処するよりは事前に防いだ方がよい。金融危機を予防するには，金融機関に政府が適切な監督を実施することが必要とされる。金融機関が，バブルで膨らんだ期待に基づき過度の貸し付けをすることを事前に防ぐことができれば，バブルがはじけて金融危機を引き起こすことも避けられるのである。

　国際金融の世界ではどうだろうか。繰り返しになるが，国際金融には，システム全体をつかさどる政府や中央銀行が存在しない。国際的な金融システムで危機が起こった場合は，国内金融の場合と同様，誰かが資金を提供して投資家を安心させ，資金逃避を止めることが必要であるが，その役割は誰が担うのだろうか。

　第2次世界大戦後の世界では，制度上は国際機関である国際通貨基金（IMF）

がその役割を果たすことになっている。IMF の主要な役割は，対外的な支払い
困難に陥った加盟国に，一時的な貸し付けをして支援を行い，危機克服の手助け
をすることである。しかし国際金融危機に対応するには，IMF の資金や権限で
は不十分であった。そこで，実際に生じた国際金融危機では，主要国が協調して，
債務の繰り延べや免除，そして新たな資金の提供によって対処してきた。民間の
金融機関や投資家はそれぞれがいち早く債務を回収したいので協力は難しく，政
府が介入する必要がある。

　以下では，過去半世紀に起きた，３つの主要な国際金融危機（ラテン・アメリカ
を中心とする債務危機，アジア通貨危機，世界金融危機）を事例に，それぞれの危機
に対してどのような国際的な対応が取られたのかを追ってみよう。

国際金融危機の事例(1)──1980年代債務危機

　1980年代の債務危機では，民間の銀行によるラテン・アメリカ地域の途上国政
府への貸付が回収不能となった。1982年8月にメキシコが債務の不履行を宣言す
ると，ラテン・アメリカ諸国をはじめとする途上国の債務国の返済能力にいっせ
いに疑問が持たれるようになり，債務危機は国際的な危機となった。

　債務危機の発生後，米国主導で，IMF による融資と引き換えに債務国に財政
や金融の引き締め策や補助金の撤廃などの改革を実施することを約束させた。ま
た，米国は民間銀行団にも働きかけて，債務繰り延べと新たな資金の提供を実施
させた。それによって金融システムの崩壊は避けられたが，ラテン・アメリカ諸
国は厳しい緊縮政策により政情不安定となり，返済能力も回復しなかった。この
ため，1985年のベーカー（James Baker, 1930～）米財務長官によるベーカー・プ
ランでは，国際金融機関および民間セクターによる債務国への新たな資金供与が
提案された。さらに1989年には，債務の削減を含む新たなプランがブレイディ
（Nicholas F. Brady, 1930～）米財務長官によって提案され，債務問題はようやく
解決へと向かっていった。

　この事例では，IMF の融資は重要な役割を果たしたが，IMF の融資と民間銀
行団による取り組みを結び付けて金融システムの安定を図ったのは，主として米
国であった。また，この時期に日本の銀行が金融市場で存在感を増していたこと
もあり，日本も債務問題への関与を強めていた。上述のブレイディ・プランは，
日本の宮澤喜一（1919～2007）蔵相が提案した債務削減を含む宮澤プランの内容
を取り入れたものでもあった。

　債務危機後，次の金融危機を予防するために実施された国際協調として，1988年に制定された銀行の自己資本比率規制，いわゆる BIS 規制がある。これは，国際決済銀行（BIS）に事務局を置くバーゼル銀行監督委員会で合意されたもので，国際的に活動する銀行の自己資本比率を 8 ％以上とすることで，銀行がリスクのある貸し付けを過剰に行えないようにし，金融危機を未然に防ぐことを目的としている。債務危機などへの反省から，米国は1980年代前半に国内で，銀行の自己資本比率規制を強化した。しかし他国が足並みをそろえなければ，厳しい規制を守らなくてはならない米金融機関が国際業務で競争上不利になってしまうため，米国は国際的な規制の導入を働きかけた。自国の金融機関の活動が制約されることを避けたかった日本はこれに反対したが，英国も米国に同意したため，これを受け入れない国の金融機関が米英の金融市場から締め出されるという危機感から協議が進み，1988年に合意に達した。これは米英主導での国際協調の例である。

　1980年代の債務危機は，時間はかかったものの米国の主導で一応の解決を見た。またその過程では，日英といった他の国の協力も一定の役割を果たした。

国際金融危機の事例(2)──アジア通貨危機

　1997年 7 月にタイの通貨バーツが切り下げられた。1996年にタイから海外資本が流出し始めたことで，ドルと固定していた通貨価値が維持できなくなったのである。当時，変動相場制であったドルや円といった主要通貨と違い，アジアの通貨の多くは米ドルとの固定相場制を採用していた。タイの通貨危機は，同じくドルとの固定相場制をとっていた周辺国に広がり，東南アジア・東アジアの多くの国の通貨が売られた。それぞれの国の経済状況はかなり異なっていたにもかかわらず，国際的な投資家，とくに投機筋と呼ばれる，短期的な金融商品の値動きから利益を得ようとする投資家たちは大量に通貨を売ったのであった。とくに大きな痛手を受けたタイ，インドネシア，韓国では外貨準備が底をつき，IMF に緊急支援を求めた。IMF は厳しい経済改革を条件に融資を実施したが，ここでも国際機関だけではなく大国の関与が必要であった。タイが危機に陥った際は日本が大規模な 2 国間支援を行った。米国は，この時点では経済支援に加わらなかったが，危機がインドネシアや韓国にも広がり，さらに1998年にロシアやブラジルなど他地域にも波及すると，関与を深めた。

　支援が始まった当初は，IMF および米国は，アジア各国の経済構造に問題が

あったことが危機の主な原因であると考え，緊縮的な財政政策と金融政策，貿易
自由化や規制緩和などを融資の条件とした。しかし，こうした政策は各国の景気
をいっそう悪化させ，危機の早期収束には失敗した。日本はより緩い条件での資
金提供を提案したが，アジア地域での影響力を保持したい米国は，日本が提案し
た多国間の支援スキームであるアジア通貨基金構想には反対した。1998年の10月
に，日本は，単独でアジア資金への資金支援（「新宮澤構想」）を表明した。

　アジア通貨危機は，国際金融システムのガバナンス構造が変化するきっかけと
もなった。アジア通貨危機の背景には，1990年代に多くの新興国で，各国の金融
システムが十分に整えられていないにもかかわらず，国境を越える資本移動の自
由化が進められたことがある。危機の中心にいたのは，東南アジア・東アジア地
域の中所得国であり，それが他の地域の中所得国にも広がった。そこで，国際金
融の問題を解決し，今後の危機を予防するためには，こうした国々の声も取り込
まなくてはならないという考えのもと，これまでの G5 や G7 といった少数の先
進国だけのグループではなく，新興国を含む，よりグローバルな金融ガバナンス
の枠組みが作られた。それが，G20 財務大臣・中央銀行総裁会議である。1999
年に初めて開催されたこの会議は現在に至るまで定着しているが，アジア危機の
鎮静化後は，金融危機の予防に関して目立った成果を上げることはなかった。各
国の金融規制をそろえたり互いに監視する仕組みを作ったりというアイディアに
は各国の利害対立と抵抗が激しく，いったん危機が去ると，違いを乗り越えて協
調しようという機運が急速に薄れてしまったからである。

　アジア通貨危機をめぐる国際関係についてまとめると，急激な資本流出がアジ
ア各国で生じて引き起こした危機に，国際機関である IMF が緊急融資で対応し
た。しかし経済改革の条件が厳しく，危機はすぐには収束しなかった。地域の大
国である日本が資金提供に乗り出し，一定の成果を上げたが，危機はその後も他
の地域にも広がり，米国も関与してようやく終息した。この例から，国際機関だ
けでなく大国が果たす役割が重要であることがわかるとともに，危機の原因に対
する日米の認識の違いが，対応策を混乱させた面があることも浮かび上がる。

国際金融危機の事例(3)——世界金融危機

　2008年9月，米国の大手投資銀行リーマン・ブラザーズが破綻したことをきっ
かけに，投資家は世界中の金融商品への信頼を失い，資金のグローバルな流れが
止まって金融システムは大混乱に陥った。この世界金融危機の原因となったのは，

2000年代前半に発生した米国内の住宅バブルである。住宅の価格が上がり続け，金融機関は返済能力がない人にも積極的に貸し付けを行った。その住宅ローンが証券化されて販売されるというかたちで，欧州を中心に世界の投資家から米国のバブルに資金が流れ込んだ。しかし住宅の価格が2006年から下落すると多くのローンが返済不能となり，複雑な証券化の仕組みを介して金融商品全般への信頼が失われて，世界的な金融危機へと発展したのである。ウクライナやハンガリーといった中進国は IMF の融資を受けたが，危機の中心にいた米英独といった先進国は，危機に陥った金融機関を自国の公的資金で救済した。

　世界金融危機において国際的なガバナンスが試されたのは，将来の危機を防ぐための方策に関してであった。先述のように，アジア通貨危機の際に，日米欧の先進国だけではなく新興国も国際金融システムの管理に巻き込む必要性が認識されたが，世界金融危機までに中国を筆頭に新興国の世界経済に占める比重はさらに高まっており，グローバルな「大不況」の克服には新興国の積極的な関与が欠かせないと考えられたことから，アジア通貨危機後に創設された G20 財務大臣・中央銀行総裁会議の枠組みを利用して，新たに G20 首脳会議が2008年11月に作られた。

　この時点で，次の金融危機の予防のために，国際協調によって達成することが必要だと考えられたのは，金融規制の強化と，グローバル・インバランスの改善のための各国間のマクロ経済政策の調整であった。G20 首脳会議は，設立初期には新たな国際協調の担い手として大きな注目を集め，マクロ経済政策については，大胆な景気刺激策や世界経済の不均衡是正などを打ち出した。しかし次第に，その宣言は具体策を欠くようになった。G20 首脳会議で不均衡の是正や財政再建，成長戦略などが合意されてもほとんどが「概論」にとどまっており，各国はできるだけ自国の経済の負担となることは避けようとしたために詳細については合意できず，具体的な方策は示されなかった。

　一方で，金融の国際規制についてはそれなりに具体的な成果が上がった。政治リーダーが集まる G20 首脳会合で金融規制に関する主な課題や改革のスケジュールが確認され，その指示を受けて，金融規制の技術的な実務を担う金融安定化理事会（FSB）が作業を進めるという連携が確立されたことで，金融機関の報酬規制が目安となる数値とともに定められたり，銀行の自己資本規制が強化されたりといった国際協調が実現した。しかしこちらも，危機が去ると，新たな規制強化には各国の対立が生じ，大きな進展は見られなくなった。

　2008年の世界金融危機では，新興国が本格的に国際金融のガバナンスのメンバーに入った。そして国際的な金融の規制強化については一定の進展も見られたが，マクロ経済政策の調整については，やはり各国は負担の分担について合意することはできず，金融システムの根底にある「グローバル・インバランス」を改善することはできなかった。

　金融システムは適切に管理されることが必要である。しかし国際金融システムでは，責任を持ってシステムを管理できる世界政府が不在なので，活発かつ安定した国際金融システムの維持は誰が担ったらよいのかという大きな問題が発生する。この章では，通貨問題と金融危機をめぐる管理が主として主要国の協力によって行われてきたこと，しかし目標や手段をめぐる主要国間の対立は常に存在し，国際協調によって根本的な経済政策の調整が行われたという事例はほとんどないことを見てきた。

　とはいえ，世界政府が存在しない中で，不安定な国際金融システムが，第2次世界大戦後，主要国の協調と国際機関によって何とか維持され，国際経済の繁栄に貢献してきたこともまた確かである。国際金融システムを支えてきた主要国は，20世紀には少数の西側先進国であったが，21世紀に入り，中国をはじめとする新興国もより積極的な役割を果たすようになってきている。

　最後に，リアリズム（第2章）とリベラリズム（第3章）の観点から，本章の内容を総括してみよう。多額のマネーが国境を越えて移動するようになったことは，国際関係にどのような影響を与えたのだろうか。また，国際金融のガバナンスの特徴はどのように説明できるのだろうか。

　リアリズムに基づくと，国際金融の世界も，大国間の力配分を反映した国家間競争の文脈に位置づけられる。第2次世界大戦後の国際金融システムの安定は，覇権国の米国がリーダーシップを取り，公共財を提供したことによるといえる。米国は基軸通貨国の立場を利用して，国際金融の安定を主導しつつ，自国の国益も追求した。国家間の権力移行が進む今後の世界では，米国に対抗しようとする国が，国際金融システムにおいても影響力を発揮して，ガバナンスの仕組みを自国に有利にしようとする動きを見せるだろう。

　他方，リベラリズムに基づくと，国際金融の世界は，経済的相互依存の拡大・深化と国際制度による協調が期待される場として位置づけられよう。非国家主体である企業や投資家が，国境に縛られることなく最適な場所への投資を増やすこ

とは，世界規模での資本の効率的な使用を促し，多くの国に経済発展と繁栄を生み出すものと見なされる。自由でグローバルな国際金融活動は各国の経済を発展させ，いっそうの国際協調や経済の相互依存を促し，平和にもつながってきた。さらに，IMF などの国際機関が金融危機の克服において一定の役割を果たしてきた事実は，国際協調の実現における国際組織の機能を重視するリベラリズム（ネオリベラル制度論）の考えに沿うものでもある。

　このように，リアリズムとリベラリズムの見解は異なるものではあるが，現実の国際金融では，両者が着目する要素が重なり合う。よって，他の国際関係の争点と同じく，国際金融システムの特徴も，多角的な見方によってこそ，より正確に理解することができるのである。

参考文献

荒巻健二『金融グローバル化のリスク』日本経済新聞出版，2019年。

有田賢太郎・坂本明日香・大野晴香「円高が企業収益に与える影響」『みずほインサイト』，2018年5月11日。

田所昌幸『「アメリカ」を超えたドル——金融グローバリゼーションと通貨外交』中央公論新社，2001年。

Cohen, Benjamin J., *Currency Statecraft: Monetary Rivalry and Geopolitical Ambition*, University of Chicago Press, 2018.

Eichengreen, Barry, *Globalizing Capital: A History of the International Monetary System*, Third Edition, Princeton University Press, 2019.

Frieden, Jeffry, "Globalization and Exchange Rate Policy," In Ernesto Zedillo, ed., *The Future of Globalization: Explorations in Light of Recent Turbulence*, Routledge, 2008.

さらに読み進めたい人のために

キンドルバーガー，チャールズ・P（高遠裕子訳）『熱狂，恐慌，崩壊——金融恐慌の歴史』日本経済新聞出版，2014年。

　＊金融危機の歴史をたどり，チューリップ・バブルからリーマン・ショックまで豊富な事例をもとに，バブルの発生とその崩壊が古くから繰り返されている実態を明らかにする歴史的名著の新版。

船橋洋一『通貨烈烈』朝日新聞出版，2018年。

　＊原著は1988年出版。1980年代の不安定な円ドルレートをめぐって通貨協力に奔走する

政策決定者に取材して書かれた著書。あまり表に出ることのない通貨外交の実態を生々しく描いたノンフィクション。

ラインハート，カーメン・M／ケネス・S・ロゴフ（村井章子訳）『国家は破綻する——金融危機の800年』日経 BP，2011年。

＊金融危機はなぜ繰り返されるのか。金融800年の歴史上，毎回のように「今回は違う」との認識に基づいて人々は投資に熱狂しバブルを引き起こしたが，バブルは結局崩壊する。その実態をデータに基づいて検証する本。

（杉之原真子）

第10章
開発協力
──地球上の誰もが発展できる世界を求めて──

─ Short Story ─

　今夜のミネオ君は，大学の友達であるヒカル君と外食をする予定です。しかし，予定よりも少し早く，待ち合わせ場所の駅に着いてしまいました。周りを見回すと，大きな声で募金活動を行っている NGO がいることに気がつきました。

　この NGO によると，世界の約10人に１人の子供たち，つまり３億人を超える子供たちが，１日約２ドル以下での生活を強いられていて，多くの子供が学校にも行けず，劣悪な環境で働かせられているとのことでした。NGO が掲げるボードには，家が貧しいために学校に行けず毎日ごみ集めをして生計を立てているアジアの男の子や，不衛生なスラム街のトタン屋根の家で生活し，水くみや兄弟の子守などの家事手伝いで１日が終わってしまうアフリカの女の子の「日常」が，リアルな画像付きで紹介されていました。

　もちろん，ミネオ君も，途上国に貧困で苦しむ子供たちがいることくらいは知っていましたが，さすがにショックを受けました。この NGO は，最貧国における子供の就学支援に特化した活動を行っているとのことで，少し照れながらも，500円を募金しました。わずかな額ではありましたが，「少しでも役に立てれば」と思い，「人生初」の募金を行ったのでした。

　そうこうしているうちに，ヒカル君が改札から出てきました。早速，お店に向かおうとしたその時，NGO の募金活動がヒカル君の目にもとまりました。するとヒカル君は，「確かに途上国の子供たちは可哀そうやけど，日本にも貧困問題はあるのに，日本政府がうちらの税金使って途上国援助をするのは，どうなんやろうな」とチクリ。ミネオ君は，自分が募金したことを言い出せないまま話題を変えて，お店に向かうことにしました。

パキスタンでごみ集めをする子どもたち。UNICEF（国連児童基金）ウェブサイトより。

今日，新聞やテレビやインターネットなどでは，持続可能な開発目標（SDGs），政府開発援助（ODA），開発協力，国際協力などの言葉が頻繁に使われている。しかしながら，それらが具体的に何を意味するのか，どのように行われているのかは十分に伝えられていない。

本章は，開発協力について詳しく学ぶことを目的とする。まず開発協力とは何かを確認する。そして次に，開発協力の歴史，すなわち，開発協力の始まり，開発協力の制度化，開発協力アイディアの変遷，新たな開発協力の出現を概観する。その際，1960年代までは国際社会の開発協力を牽引したアメリカを中心に，1970年代以降は，自律性を高めてきた国際機関の動きを中心に，2010年代以降は，台頭してきた新興国を中心に論じるものとする。

なお「開発協力」の用語であるが，広く使われるようになったのは2010年代半ば以降である。それ以前は，「対外援助」，「開発援助」の方がより多く用いられていた。それゆえ本章でも時代ごとの用語選択に従い，2010年代半ば以前の事象については，開発援助を用い，それ以降の事象については開発協力を用いる。

1　開発協力とは何か——概念・主体・種類

はじめに，開発協力が何を意味するのかを確認しておこう。日本の開発協力政策の根幹をなす「開発協力大綱」（2015）によると，開発協力とは「開発途上地域の開発を主たる目的とする政府および政府関係機関による国際協力活動」であるという。開発途上国の「開発」とは，経済成長，福祉向上，貧困削減といった「経済開発」のみならず，平和構築やガバナンス改善，基本的人権の推進なども含む。そして開発協力の担い手を「政府および政府関係機関」としているが，実際には，国際機関，民間団体，NGO も重要な役割を果たしている。

開発協力の主な担い手である国家は，開発援助委員会（DAC）加盟国と非加盟国に大別される。DAC とは，1961年に創設された，良質な開発援助を増大させるための委員会である。DAC にはアメリカを始めとする多くの先進国が加盟し，DAC が掲げた行動基準を意識しながら開発協力を行うようになった。設立当初は，「西側先進国クラブ」といった色彩が強かったが，徐々に加盟国は増え，2022年10月現在，DAC には，経済協力開発機構（OECD）加盟国（38カ国）中の29カ国に欧州連合（EU）を加えた30の国と地域が加盟している。その一方で，中国やサウジアラビアなど，DAC に加盟せず，独自の方針や理念を掲げて開発

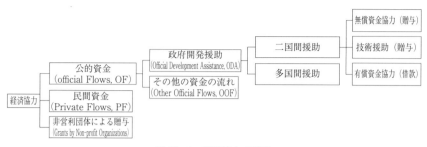

図10-1　経済協力の種類

協力を行う国も多い。DAC の統計データで取り扱われている DAC 非加盟国は30カ国に上る。

　開発協力を行う国際機関は，国際連合（以下，国連）諸機関と世界銀行（以下，世銀）系機関に大別される。国連は，国連食糧農業機関（FAO）や世界保健機関（WHO）などの多くの専門機関を抱え，それぞれがイシューに特化した小規模の技術援助を供与している。世銀系機関とは，1944年，ブレトン・ウッズ会議で創設された世銀と国際通貨基金（IMF）に加え，その後創設された国際開発協会（IDA），アジア開発銀行（ADB），米州開発銀行（IDB），アフリカ開発銀行（AfDB），などを指す。これら諸機関は経済インフラ整備のための開発融資を主な任務とする。また中国などの新興国が中心となり，2014年には新開発銀行（NDB），2015年にはアジア・インフラ投資銀行（AIIB）が創設され，開発融資を行っている。

　そして企業や NGO などの非国家主体は，近年，開発協力における役割を大幅に増大させている。多くの企業が CSR（企業の社会的責任）の観点から開発協力に乗り出すようになり，民間財団の贈与も驚くほど巨額なものとなっている。OECD によると，民間の博愛主義財団の贈与は年々増加し，その贈与総額は2018，2019年平均で88億ドルにも上る。ビル・ゲイツ＆メリンダ財団と BBVAマイクロファイナンス財団（スペイン）の贈与額が突出しており，とくに保健セクターでは今や屋台骨と称されている。

　これら主体による開発協力資金は，図10-1の通り，公的資金，民間資金，非営利団体による贈与の3つに大別できる。DAC の定義によると，公的資金のうち，以下の3要件を備えた資金の流れを ODA と呼び，その他の公的資金の流れ（OOF）と区別する。その3要件とは，①政府または政府機関によって供与され

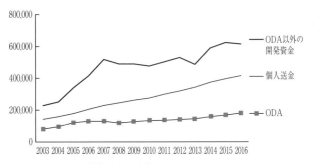

図 10−2　開発協力資金の全体図（USD million，2016 prices）
出所：https://public.tableau.com/views/Bigpictureoftotalresourcereceipts
2002-2017/Receipts?: embed = y&: display_count = yes& publish =
yes&:showVizHome=no#1

るものであること，②開発途上国の経済開発や福祉の向上に寄与することを主た
る目的としていること，③資金協力については，その供与条件のグラント・エレ
メント（借款条件の緩やかさを示す指数）が国・機関別の設定基準を満たしている
こと，である。

　ODA 自体の規模は，1950〜55年の19.5億ドルから，2020年には80倍以上の
1,610億ドルにまで増加した。しかしながら，図10−2のように，先進諸国以外
の国家，企業，民間財団などが開発協力に加わり，それらの開発協力資金が増大
するようになると，ODA の相対的地位は低下した。2016年には，ODA が1,813
億ドルであるのに対し，個人送金が ODA の約2倍の4,153億ドル，ODA 以外
の開発資金——OOF，多国間援助（非譲許的），公的輸出信用，民間贈与，対外
直接投資，証券投資など——が ODA の約3倍の6,149億ドルに上った。ODA
の増加率を，ODA 以外の開発資金や個人送金の増加率がはるかに上回っている
ことがわかる。ただし，開発協力資金の多様化に伴い，ODA の相対的地位は低
下したものの，その重要性が失われたわけではない。民間資金と違って，ODA
は景気に大きく左右されず，また採算が見込めないプロジェクトに対しても供与
できるという点で，公共財の供給に貢献できるのである。

2　開発援助のはじまり（1940年代後半〜50年代）

想像上の壁を打ち破る

　では，開発協力はどのように始まったのだろうか。国家が他国の経済開発を支援するといういわゆる開発協力が始まったのは，第2次世界大戦後のことである。第2次世界大戦後の国際社会においても，まだ他国の経済開発を支援するなどということは想像すらされてなかった。当時，国際秩序の再建に主導的役割を果たしたアメリカには，「経済発展はあくまでも民間活力によりもたらされるものである」とする自由放任主義的な経済思想が浸透していた。すなわち，万が一，途上国の経済発展を支援する場合には，自由貿易の促進，投資環境の改善，ヨーロッパ諸国の復興により，途上国に民間投資が流入するのを促進する形をとるべきだとの考え方が優勢であった。途上国に対する経済開発支援は，政府が自国民の税金を投入してまで対応すべき問題であるとは認識されていなかったのである。

　それゆえ戦後国際秩序の再建に際して，開発援助を目的とした国際機関や国際ルールが作られることはなかった。国際秩序再建のために作られた国際制度には，国連，IMF，世界銀行，関税および貿易に関する一般協定（GATT）があった。GATT は自由貿易を促進させるための協定，国連は諸国家の安全保障を実現するための機関，IMF は国際金融を安定化させるための機関であった。後に主要な開発援助機関となる世銀も，対外民間投資の促進を通じて，戦後ヨーロッパ諸国の復興を支援することが期待されており，途上国の経済開発それ自体を支援することは想定されていなかった。

　開発援助に関する想像上の壁を打ち砕いたのは，崇高な理想や綿密な調査ではなく，アメリカ大統領の思い付きであった。1948年末，2期目の大統領就任演説を世界の人々に対して訴えかける人道的声明にしたいと考えていたトルーマン大統領（Harry Truman, 1884〜1972）は，斬新なアイディアを探していた。その過程で，トルーマン大統領は，敬虔なキリスト教徒である国務省官僚の「途上国に対する技術援助」というアイディアを偶然耳にし，大いに気に入るところとなった。トルーマン大統領は，この突拍子もないアイディアを「ポイント・フォア計画」として演説に挿入し，アメリカが対途上国技術援助に乗り出すことを宣言してしまう。こうして国家事業としての開発援助が始まったのである。

形ばかりの開発援助

　しかしその後，ポイント・フォア計画は，その実現性やコストなどについて，政権内外から激しい批判を喚起し，その実態は理想的な内容からかけ離れたものとなった。開発援助の意義を十分理解しないアメリカ議会は，ポイント・フォア計画に対してわずかな予算しか充当せず，その活動規模は極めて限定的なものとなった。そのわずかな予算では，農作業用具を収納する倉庫をつくる，農作物を食い荒らすバッタ用殺虫剤を購入するなど，対処療法的な対策しか打てず，農業生産力の向上や途上国の人々の生活改善までを望むことはできなかった。そして1950年，朝鮮戦争が勃発すると，アメリカはポイント・フォア計画を自国の国家安全保障と密接に関連した明確な対ソ戦略手段として位置づける。ポイント・フォア計画に基づく対途上国技術援助は，戦略上重要性の高い国や地域に重点的に配分され，途上国に共産主義が浸透するのを防ぐ役割を担うことになった。

　しかし形ばかりの援助ゆえに，途上国はアメリカに失望した。途上国は，アメリカに対する期待をやめ，国連に期待をかけた。1940年代末，国連総会や国連の経済社会理事会（ECOSOC）において，多数の途上国が，国連は途上国の経済開発援助に乗り出すべき，と再三にわたり要望した。そして開発融資と技術援助を行う国連経済開発局（UNEDA）の設立を要求したが，その要求はアメリカと世銀の反対にあい頓挫する。そして UNEDA の代わりに，拡大技術援助計画（EPTA）が設立され，国連本体が途上国に対し小規模な技術援助を継続的に行うことになった。

　1950年代半ば，途上国は国連に対して再び新たな要求をする。小規模な技術援助ではなく，大規模な資本援助を行う国連経済開発特別基金（SUNFED）の新設を求めたのである。しかし途上国側の影響力が拡大するとの懸念から，最大出資国のアメリカとイギリスが SUNFED の創設に強く反対した。その結果，SUNFED の創設は見送られ，その代わりに EPTA の資金規模を拡大することで手を打った。そして1959年，国連はやっとのことで途上国開発のために資金援助を行う特別基金を創設した。しかしその規模は非常に小さなものであった。途上国の再三にわたる要求は，国連を開発援助に着手させ，その規模を漸増させた。にもかかわらず，国連による技術援助・資本援助の規模は，途上国の期待に遠く及ばなかったのである。

　国連と同様，世銀も開発援助を十分行えるようにはならなかった。世銀は設立以来，その大幅な資金不足から，当初想定されたヨーロッパ戦後復興に対して融

資ができなかった。それゆえアメリカが自らマーシャル・プランによってヨーロッパの戦後復興に乗り出すと，世銀は存在意義を失ってしまう。そこで世銀は想定外であった途上国の経済開発事業に活路を見出し，実際に対途上国開発融資を始めたのであった。しかしその後も世銀の融資条件は民間銀行と同様に厳しいままであり，経済力のない途上国が利用するのは現実的に無理があった。つまり，もともと国際開発融資のために設立されたわけではなかった世銀は，いわば場当たり的に国際開発融資機関になったものの，その後も，民間銀行としての性格を払拭せず，途上国のニーズを満たすことはできなかったのである。

3　開発援助の国際制度化（1950年代〜60年代）

経済援助競争

　1950年代，米ソは軍事対決に加えて経済援助競争を始めるに至った。朝鮮戦争後，ソ連は国連に対して経済援助を要求する発展途上国の立場を支持し，エジプト，インド，アフガニスタンなどに対して巨額の経済援助を供与するようになった。ソ連の対途上国経済援助は，アメリカに比べて援助対象国の数も援助総額も少ないものであった。しかし，アメリカは，ソ連が第三世界における援助競争において主導権を握ったのではないか，第三世界での共産主義の拡大はアメリカ経済に深刻な打撃を与えるのみならず，ソ連の軍事・経済的影響力を増大させるのではないか，との恐怖心を抱いた。

　アイゼンハワー米大統領（Dwight Eisenhower, 1890〜1969）は，行政府内外の高まる経済援助批判を抑え，対途上国経済開発援助の重点化に踏み切った。途上国の生活水準向上と民主主義社会の育成をアメリカが支援することで，共産主義が途上国に浸透するのを防ぐことができると考えたのである。当時，アメリカ議会では，贈与が米国経済にもたらす負担や，被援助国に植え付ける援助依存に関する懸念が表明されていた。米国商工会議所などの財界も，対外民間投資を阻害するとして対外援助に反対を表明していた。そこで行政府は，贈与ではなくローンという形態で途上国に開発資金を流すことを考えた。アメリカからの対外民間投資と競合せず，むしろこれを促進するプロジェクトに融資する基金として，1957年，開発借款基金を設立したのである。

　このアイゼンハワー路線はケネディ（John F. Kennedy, 1917〜63）に継承され，発展させられた。1961年，米大統領に就任したケネディは，途上国の社会経済発

展を通じて，資本主義の優位性を証明するべく，一連の開発援助政策を展開する。まずケネディ大統領は，キューバ革命に刺激され，ラテンアメリカ諸国が社会主義化することがないよう，同地域諸国に対する経済支援計画，すなわち「進歩のための同盟」を提唱した。次に，ケネディは，国連総会において，1961年から10年間を「国連開発の10年」にすることを提唱した。開発途上国の国民総生産（Gross National Product：GNP）成長率を引き上げよう，そのために開発援助の規模を増大させようと加盟国に呼び掛けたのである。そしてアメリカの対外援助に関しては，1961年対外援助法と国際開発庁を成立させ，初の本格的な途上国経済開発計画の実施に乗り出すことになった。

西側諸国の開発援助

　1950年代後半以降，イギリスやフランスなどの植民地が相次いで独立を果たし，「南北問題」が関心を集めるようになった。植民地から独立したばかりの諸国は，経済発展が進んでおらず，発展途上国／途上国と呼ばれた。先進国の多くが北半球に位置し，途上国の多くが南半球に位置していることから，先進国と途上国の間の経済格差が拡大傾向にあることを「南北問題」と捉えるようになった。そして南北間の経済格差是正や途上国の貧困問題の解決のために開発援助をする必要性が痛感されたのである。

　しかしながら，1950年代後半，アメリカは国際収支が赤字に転じ，アメリカだけでは，拡大する途上国開発資金のニーズを充足できないことが認識されるようになった。そこでアメリカは戦後復興を遂げた西側諸国にも，アメリカ冷戦戦略である途上国開発援助の負担の共有を求めるようになった。

　1961年，アメリカは，西側諸国の開発援助を促進するべく，DAC の創設を主導した。原加盟国を，ベルギー，カナダ，フランス，西ドイツ，イタリア，日本，オランダ，ポルトガル，イギリス，アメリカ，EEC（欧州経済共同体）委員会，とし，対途上国援助の量的拡大や質的向上のために努力するという「共通の援助努力に関する決議」が採択された。

　その後，西側諸国は次々に DAC に加盟していった。1961年，11カ国にすぎなかった DAC 加盟国は，1969年には17カ国になった。DAC 諸国の ODA 総額は，1961年の約52億ドルから，1969年には約66億ドル，1973年には約94億ドルへと増大した。それに伴って，DAC 諸国の ODA 総額に占めるアメリカの割合は，1961年の57％から1969年には47％，1973年には32％へと落ち込み，アメリカの相

対的な地位は低下していった。

　1960年代，西側諸国は，DAC 加盟に伴い，対途上国開発援助を実施するための組織をつくった。1960年にはカナダ，1961年にはフランス，西ドイツ，日本，1962年にはベルギー，ノルウェー，1964年にはイギリス，1965年にはスウェーデンが援助実施機関を創設した。こうして各国に恒常的に開発援助を行う国内体制が整えられたのである。

　DAC はあくまでもフォーラムにすぎなかったが，設立後は，開発援助についての国際協調を促進する機能を強めた。DAC は，開発援助の実態調査を行い，その調査結果を踏まえて，加盟国に政策を提言した。加盟国は国益に基づく外交政策として開発援助を展開しており，当初は DAC による政策提言に耳を貸さなかった。しかし DAC が次々に良質な開発援助に関する条件や目標を提示すると，メンバーが相互にそれぞれのパフォーマンスを評価し合うようになった。その結果，メンバーの行動には規制がかけられ，良質な開発援助の増大と効果の引き上げに貢献するようになったのである。

世銀の方針転換と国連の発展

　アメリカは，援助国を増やすのみならず，国際開発機関のより一層の活用をも企図した。1940年代末以降，多数の途上国が，国連総会や ECOSOC に対して，途上国の経済開発のための融資機関を創設するよう，再三にわたり要望してきた。アメリカやイギリスはそのたびに反対を表明し，国連の下での融資機関の創設を阻んできたが，アメリカはいつそういった融資機関が国連の下に創設されるか気を揉んでいた。現実的に途上国が利用できる低利融資のための国際機関の必要性は認識していたものの，国連の下に作られた場合，アメリカは影響力を行使するのが難しくなるからである。

　そこで，1960年，アメリカは世銀の下に国際開発協会（IDA）を設立することを主導した。世銀はその活動目的を欧州復興支援から途上国経済開発にシフトした後も，民間銀行と同様，融資条件が厳しく，多くの途上国が実際には利用できなかった。その世銀の下に「緩やかな条件で融資」を行う機関を作ることにしたのである。これによって国連の下に類似の機関が創出されるのを牽制するとともに，アメリカが融資に対しても影響力を行使することを狙ったのであった。そしてアメリカは，各地域の開発融資を支援するために，IDB（1959年），AfDB（1964年），ADB（1966年）の設立をも主導することになった。

コラム10　世銀の融資を受けて開通した東海道新幹線

　東海道新幹線が，その運行開始以来，日本の交通輸送の大動脈として日本の社会経済を支えてきたことは周知の事実である。しかしこの新幹線建設プロジェクトが，世界銀行から融資を得て実現したという事実を知らない人は意外と多い。東海道新幹線は，東京と大阪間の約500kmを走る世界最速の長距離鉄道であり，当時「夢の超特急」プロジェクトと呼ばれた。このプロジェクト（総工費3,800億円）は，世銀から8000万ドルの借り入れを受けて着工され，1964年，開通に至った。東海道新幹線の他にも，東名高速，黒部ダム，愛知用水などの31件のプロジェクトに対し，日本は世銀から総額約8億6,300万ドルの借り入れを受け，1990年，最後の借入を完済した。日本は世銀の資金を基礎に著しい復興と躍進を遂げることができたのである。

東海道新幹線一番列車出発式（写真：朝日新聞社／時事通信フォト）

　しかしながら，アメリカ主導の下で創設された国際開発機関は，次第にアメリカへの依存度を低下させ，その自律性を増していくことになる。1960年代末までに，世銀および世銀系融資機関は，加盟国を大幅に増やした。世銀の加盟国は設立時の27カ国から112カ国に，IDA の加盟国は設立時の36カ国から103カ国に増えた。またこれら機関に対する西ドイツ，日本，カナダの出資額が増加し，国際金融市場での資金調達額も増加したことから，世銀・IDA の活動規模は大幅に膨らんだ。その結果，人材においても活動資金においてもアメリカに依存する形で活動を展開してきた世銀は，次第にアメリカへの依存度を低下させ，組織としての自律性を高めていったのである。

　同時期，アメリカの提案によって，国連の下においても，開発援助のための専門機関が相次いで設立された。1961年に世界食糧計画（WFP），1966年に国連開発計画（UNDP），1969年に国連人口基金（UNFPA）が設立された。またそれら国連諸機関の加盟国が増え，各国の拠出金が増大すると，国連諸機関のアメリカ依存率は相対的に低下した。UNDP（およびその前身機関）についてみると，UNDP

に対するアメリカの分担金比率は約40％から約30％に落ち込んでいる。また多くの途上国が国連に加盟したことによって，国連総会は途上国の異議申し立てや支援要求の場としても機能するようになった。

4　望ましい開発援助のアイディアを求めて（1970年代～2000年代）

開発援助に対する疑義と BHN

1960年代末になると，開発援助の進展に伴い，開発援助の意義やそのやり方について疑義が生じるようになった。開発援助は途上国全体の顕著な経済発展をもたらさない，途上国国内の経済格差は拡大した，貧困や飢餓問題が深刻化した，などである。そのため被援助国からは対外援助に対する批判や不満の声が上がり，援助国の間には援助疲れが蔓延するようになった。

そこで経済学者を中心として開発援助の見直しが行われた。それまでの開発援助は，経済成長の果実から果汁が滴り落ちるように貧困層の生活を改善するという「トリクル・ダウン仮説」に基づいていた。それゆえ援助国は軒並み，途上国の産業発展のためのダム，道路，発電所などのインフラ整備を支援してきた。しかしながら，途上国の GNP が増加しても，所得分配の不平等や深刻な貧困問題が改善されることはなかった。経済成長の成果は，必ずしも途上国の国民に広く還元されるわけではなかった。トリクル・ダウン仮説に代わり提唱されるようになったのが，貧困層の生活改善を直接的な目的とする「ボトムアップ・アプローチ」であった。そして世銀も国連もボトムアップ・アプローチに基づいて，独自に調査研究を行い，新たな行動原則を提言するようになった。

その結果，国連によって提言されたのが「ベーシック・ヒューマン・ニーズ」（BHN）の充足をめざす，という斬新な行動原則であった。BHN とは，食料，保健・衛生，教育，農業生産などの生活必需品や基本的な社会サービスを指す。国連は「第 2 次国連開発10年のためのガイドラインおよび提案」（1970年）の中で，BHN の充足を開発援助の最優先課題とし，そのための技術援助の拡充を訴えたのである。BHN は，多くの援助主体にも大きなインパクトを与えた。アメリカを始めとする援助国は，次々と，自らの開発援助政策の重点課題として BHN を取り入れた。世銀はこれまでの GNP 指標に依拠した経済開発を反省し，その開発援助の最優先課題に BHN に寄与するような絶対的貧困の撲滅を掲げた。ILOや DAC も BHN 充足の重要性を提唱するようになった。こうして1970年代に，

BHN の充足は国際開発援助コミュニティに広く共有されるアイディアとなったのである。

構造調整と新アイディアの模索

　他方で，1970年代半ば以降になると，途上国の累積債務と債務不履行への懸念が高まり，国際社会は対応を迫られることになった。その先陣を切ったのが，1979年に「構造調整融資」（SAL）を導入した世銀であった。SAL は，途上国の経済構造改革を条件（コンディショナリティ）に行う融資である。世銀は途上国の経済政策の失敗が累積債務を招いたと考えた。多くの途上国では，不必要な公共投資，補助金，規制そして非効率で赤字体質の国営企業が，民間企業の活動を圧迫している。つまり政府の市場への過剰な介入ゆえに，市場原理が健全に働かず，国際競争力は高まらず，国際収支が赤字になると考えたのである。それゆえ，途上国政府は，SAL の適用を受けるにあたり，規制緩和，自由化，民営化などの具体的な改革プログラムを作成して世銀の承認を得ることを求められるようになった。1986年には，IMF も世銀に続き，SAL に似た「構造調整ファシリティ」（SAF）を導入した。

　しかし，1980年代後半になると，世銀と IMF の「構造調整アプローチ」に対する国際的な批判が巻き起こった。1987年，UNICEF（国連児童基金）は「人間の顔をした調整」というスローガンを掲げ，経済成長の促進とは，あくまでも傷つきやすい人々（子供と妊娠した女性と幼児を抱えた母）を保護した上でのことだと主張した。同年，IMF 加盟国のうち途上国を代表する24カ国（G24）は，「IMF プログラムのデザイン改革の呼びかけ」と題する声明の中で，構造調整融資がいかに貧困層を犠牲にしたか，いかに所得分配を悪化させたかなど，構造調整融資への批判を展開した。そしてこれらに続き，構造調整融資に課される膨大な数のコンディショナリティ，徹底的な改革に伴う一般の人々の犠牲，開発プロジェクトのコストの高さ・無駄の多さなどの批判が相次いだ。

　特筆すべきは，このような構造調整融資への批判により，新しい開発援助アイディアを作り出す動きも活発になった点である。1990年，UNDP は，『人間開発報告書（HDR）』において，「人間開発指数」（HDI）を発表した。HDI は，平均余命指数（出生時平均余命），教育指数（成人識字率・総就学率），GDP（国内総生産）指数（1人あたり GDP）を用いて，人間開発の程度を総合的に評価する指標である。従来のような GDP のみではなく，人間や社会の豊かさをも考慮に入れた上

で，その国の開発の程度を評価すべきことを示す，画期的な指標であった。さらに UNDP は，1994年版 HDR で「人間の安全保障」というアイディアを提起した。当時，伝統的な国家単位の安全保障（他国の軍事脅威から自国を守る）が実現されていても，国内紛争，飢餓，病気，人権侵害などにより，個人の安全が保障できない状況が生じていた。それゆえ，人間開発の視点から，人間ひとりひとりの安全を保障する取り組みの重要性と必要性を指摘したのである。

　1990年代後半になると，さまざまな新しいアイディア創出の試みを経て，貧困削減が開発援助の最重要課題に押し上げられることになった。1996年，DAC は国際援助コミュニティにおける行動指針として，貧困削減，初等教育普及，男女平等などの，7つの社会開発目標を束ねた「国際開発目標」(IDGs) を発表した。1995年，ウォルフェンソン (James Wolfensohn, 1933～2020) が世銀総裁に就任すると，世銀の活動目的に貧困削減を掲げ，貧困削減に中心的に取り組むための組織改革にも着手した。1999年，世銀は「包括的開発フレームワーク」(CDF) を提唱した。CDF は貧困削減に不可欠なアプローチとして，途上国の主体性（オーナーシップ），多様な開発アクターの参加（パートナーシップ）などを束ねた開発枠組みである。世銀・IMF は，その CDF を具現化するための行動計画として，貧困削減戦略書（PRSP）の導入を決定した。PRSP とは，途上国自らが策定する，貧困削減のための具体的な行動計画のことを指す。そして拡大重債務貧困国イニシアチブの適用対象となる重債務貧困国およびすべてのIDA 融資対象国に対して，PRSP の作成を要請した。このように，主要な国際機関が軒並み貧困削減を最重要課題に掲げ，さまざまな取り組みを行ったことによって，貧困削減は遂に国際潮流となったのである。

貧困削減の潮流と MDGs

　2000年代に入ると，貧困削減の潮流の下で，世銀と国連の開発援助アプローチが統合するという動きも起きた。世銀が経済成長を促進するための財政支援を行ってきたのに対し，国連は衣食住の充足や社会開発といった技術援助を行ってきた。世銀と国連は開発援助に対する対照的なアプローチゆえに相互批判を繰り返し，より望ましいアイディアの作成をめぐって競合するようになっていた。しかしながら，開発援助の経験と知見が蓄積されるにつれ，世銀と国連は，開発援助の最終目標が貧困削減であるという認識を共有するとともに，互いのアプローチを対立的ではなく，補完的に捉えるようになった。

表 10-1　MDGs の 8 つの目標

目標1	極度の貧困と飢餓の撲滅	目標5	妊産婦の健康の改善
目標2	普遍的初等教育の達成	目標6	HIV／エイズ，マラリアおよびその他の疾病の蔓延防止
目標3	ジェンダーの平等の推進と女性の地位向上	目標7	環境の持続可能性の確保
目標4	乳幼児死亡率の削減	目標8	開発のためのグローバル・パートナーシップの推進

出所：国連広報センター

それゆえそれ以前には見られなかったような，世銀と国連を含む主要な国際機関の共同作業として新しい国際開発目標が作られることになった。それが「ミレニアム開発目標」（Millennium Development Goals：MDGs）である。

国連事務総長特別アドバイザーを務めていたラギー（John G. Ruggie, 1944〜2021）が，2000年の国連総会で採択されたミレニアム宣言に依拠して草案を書き，それを基に，国連，世銀，IMF，DAC の上層部スタッフが結集して作成したのが MDGs である。

表10-1の通り MDGs は，2015年を達成期限として，開発の最終目標の貧困削減に向けた，8つの目標とそれを具体化した21のターゲットを束ねたものである。目標1〜7は，DAC が作成した IDGs の7つの社会開発目標を踏襲したものであり，それに目標8として付け加えたのが，開発のためのグローバル・パートナーシップの推進である。目標8の具体的な内容を示すターゲットには，自由貿易の推進，ガバナンス，債務削減，民間セクターとの協力が記載されている。つまり，MDGs は，貧困削減に比重を置きながらも，国連側のアプローチや重点課題のみならず，世銀側のそれをも包摂した統合的なものなのである。

MDGs はそれ以前の目標と異なる画期的な特徴をもつ。第1に，2015年という目標達成期限が設けられたこと，第2に，目標とターゲットという形で，より具体的な行動原則と数値目標が設定されたこと，そして第3に，MDGs は世界の大多数の国家元首から承認されたミレニアム宣言に基づいて作成されたことである。これらの特徴によって，目標は具体化され，その正統性は高められ，開発効果の向上引き上げが期待された。

その期待通り，MDGs は貧困削減に少なからぬ効果を上げた。MDGs が提唱されると，DAC 諸国のほぼすべての国が，ODA の最優先目的として，MDGsや貧困削減への貢献を掲げた。その結果，DAC 諸国の ODA 総額は，2000年の710億ドルから，2015年には約2倍の1,320億ドルに増加した。極度の貧困に苦し

む人々の割合は，1990年には
世界人口の約36％（約19億人）
を占めていたが，2015年には
約12％（約8.4億人）となり，
当初の3分の1にまで減少し
た。しかし MDGs の達成状
況は，分野ごと，国・地域ご
とにばらつきをみせた。また

表10-2　主な開発協力アイディア

時期	主なアイディア
～1960年代	経済成長，トリクル・ダウン
1970年代	ボトムアップ，BHN，貧困削減
1980年代	構造調整，人間の顔をした調整
1990年代	人間開発，人間の安全保障，貧困削減，PRSP
2000年代	MDGs
2010年代	SDGs

MDGs が一部の先進国エリートにより作成されたことや，貧困の原因の根本的
な解決ではなく，対処療法的取り組みにとどまっていることなどにも批判が寄せ
られた。しかしながら，貧困削減に向け，多くの主体の努力を引き上げたことは
評価に値しよう。
　表10-2は，各時期の主な開発協力アイディアをまとめたものである。主要な
開発協力アイディアの変遷は国際潮流の変遷とも呼ばれている。

5　新興国の台頭とポスト開発援助時代の到来（2010年代）

開発援助の多様化と DAC 理念の変容
　2010年代に入ると，非 DAC 諸国，いわゆる新興ドナーが開発援助に与える影
響が急速に大きくなってきた。新興ドナーには，中国，インド，ブラジルといっ
た新興大国，南アフリカやサウジアラビアなどの地域大国，タイやトルコなどの
急速に産業化する諸国，ロシア，ポーランド，チェコ共和国などの旧社会主義国
が含まれる。新興ドナーの中には，DAC 加盟国もいるが，その多くは DAC に
加盟することなく，独自の開発援助を展開している。新興ドナーの開発援助総額
は，DAC 全加盟国（30カ国）の ODA 総額の4分の1に過ぎない。しかし何よ
りも懸念されるのは，新興ドナーが DAC の援助理念・内容・方法に沿わないア
プローチで支援を展開し，開発援助の現場を混乱させることである。
　DAC は長い年月をかけて，援助を通じて金儲けをすることがないよう援助の
理念や定義を明確化し，DAC 加盟国がそれに基づいて援助を行うよう教育して
きた。援助とは，本来的には，持てるものが持たざるものに対して行う慈善行為
である。それゆえ借款よりも贈与が望ましい。援助は貿易や投資などの商業領域
に踏み込むものであってはならない。こうして作られたのが ODA 概念である。

　しかしながら，新興ドナーは DAC が醸成してきた援助理念を共有しておらず，DAC が望ましいと考える内容や方法で援助を行うわけでもない。とりわけ中国に対する懸念は大きい。中国はそもそも「援助」という言葉を使わない。平等・互恵を原則とする「経済協力」なのである。つまり，援助国と被援助国は対等なパートナーであり，経験と技術の共有を通じて経済開発を支援し，相互に利益を得るという。このような考え方に基づいて，中国は，急速な経済成長を遂げる途上国に対し，インフラ整備プロジェクトのための有償借款を次から次へと供与する。しかし借款条件の緩やかさを示すグラント・エレメントは低く，利子は高く，返済期間は短い。その上，タイド（ひも付き）である。タイド援助とは，援助プロジェクトに必要とされる資材，役務の調達先を，国際競争入札によって決めるのではなく，援助国に限定してしまう援助であり，援助国に利益が還元されてしまうと批判されてきた。中国は，貧困削減よりも経済成長にプライオリティを置き，「援助」と「貿易や投資」の間に明確な区別をしない。DAC が，援助による国益追求に歯止めをかけ，援助と商業活動を区別してきたのとは対照的だ。

　これを受けて，DAC は開発援助現場での混乱を避けるために，新興ドナーの取り込みを図る。DAC は，新興ドナーと共に勉強会を開催したり，それら諸国を日常業務や政策決定過程に参加させたりした。それらの活動を通じて DAC の開発援助モデルや手法を教え込もうとしたのである。

　しかし結果的に，DAC 側が新興ドナーの開発援助の理念や形態を容認することになった。新興ドナーはもちろんのこと，被援助国，国際機関，NGO も，DAC の最高意思決定機関であるハイレベル・フォーラム（HLF）に参加することを許可された。その結果，2011年，釜山で開催された第4回 HLF では，それまでの「援助効果」パラダイムに代わり，「開発効果」パラダイムが登場することになった。「開発効果」パラダイムが何を意味するかについて明確な合意はない。しかし実質的には，貧困削減よりも経済成長を重視すること，援助と貿易や投資などと組み合わせること，民間セクターの役割をより一層増加させることなどを意味する。つまり DAC はその理念を大きく変容させたのである。その結果，開発協力の名のもとに，ドナーが商業的利益を増進し，経済格差の拡大や貧困問題の深刻化につながるという懸念も生じるようになった。

新興国による開発銀行の創設——NDB と AIIB
　新興国・途上国は経済成長を遂げるにつれ，それに相応する世界政治経済にお

ける発言力，影響力の増大を欲するようになった。そこで世界経済における新興市場および途上国の役割の増大といった変化を反映させるために，2010年，世銀，IMF ともに，ガバナンス改革に着手した。世銀は，862億ドルの増資と，途上国の投票権の比率変更などを承認した。しかしながらこれらの改革は，新興国の発言力を確かに増加させたものの，アメリカが圧倒的に大きな発言力を有する状況を覆すものではなかった。

　そこで新興国は，既存の開発金融機関を改革するよりも，自らが主導できる組織を新設しようと考えた。2015年 7 月，ブラジル，ロシア，インド，中国，南アフリカの BRICS 諸国は，新開発銀行（NDB）を創設した。NDB の目的は，BRICS 諸国を始めとする，新興国・途上国のインフラ整備と持続可能な開発プロジェクトに対して融資を行うことである。本部は中国の上海に置かれた。発足時の資本金は 5 カ国均等出資の500億ドルで， 5 カ国の投票権は平等である。初代総裁はインド出身であるが，総裁の任期は 5 年で，ブラジル，ロシア，南アフリカ，中国の順で輪番制となっている。NDB は BRICS 銀行とも呼ばれるが，実際には BRICS 諸国以外の国連加盟国にも加盟を認めている。2021年 9 月にはバングラデシュ，2021年10月にはアラブ首長国連邦が加盟し，エジプトとウルグアイは近く加盟することが承認されており，加盟国を拡大し始めた。融資規模も急速な拡大を遂げている。2016年には 8 プロジェクトに対し15億ドルを融資したに過ぎなかったが，年々増加し，2020年にはその融資額は19プロジェクトに対し103億ドルにまで膨れ上がった。

　中国は，BRICS 諸国との共同歩調の取り組みと並行して，単独でも新たな開発金融機関の創設に向けて動いた。2013年，中国の習近平国家主席は AIIB の創設を宣言したのである。AIIB は，アジア地域のインフラ整備プロジェクトに投資する多国間金融機関である。急速な経済成長を遂げる新興国・途上国では，インフラ融資に対する莫大なニーズが生じている。しかし貧困削減の潮流化を背景に，既存の多国間金融機関は，その融資の大半を水道，病院，学校などの社会インフラに割り当て，輸送，エネルギー，通信などの経済インフラ融資に十分な資金を割り当てなくなっていた。そこで新興国・途上国のニーズを充足するために，AIIB の新設が企図されたのである。

　AIIB に対しては，中国外交の道具であり，将来的に中国の覇権確立の足掛かりになるのではないかという懸念が表明された。AIIB の本部は北京に置かれ，中国の金立群前財務次官が総裁を務めた。AIIB 設立直後の投票権は，中国が

30％弱を保有し，インド，ロシアなどの諸国が中国に続く。AIIB は，アジア諸国の銀行といった色彩を帯び，ブレトン・ウッズ体制に不満をもつ新興国を満足させた。しかし2015年にイギリスが加盟を表明すると，オーストリア，ドイツ，ルクセンブルク，オランダ，ノルウェーが相次いで加盟を表明し，2017年には84カ国にまで増えた。AfDB の81加盟国，ADB の67加盟国と比較すると，その規模の大きさがわかる。アジア諸国のみならず，ヨーロッパ諸国も多く加盟し，国際開発金融機関としての色彩を濃くする。2020年度は，45のプロジェクトに対し，約100億ドルを承認し，62.3億ドルを融資した。そして AIIB は，西側が牽引する国際金融機関のオールタナティブとして自らをアピールする。AIIB は多くの国から期待を集めることに成功したのである。

　NDB も AIIB も既存の開発金融機関を代替するとは到底いえないが，その活動規模を急速に拡大していることがわかる。2020年度の世銀の融資実行額が202億ドル，IDA が212億ドルであることに照らすと，NDB と AIIB はこれら既存機関に猛追しているといえよう。

ポスト開発援助時代の国際開発目標──SDGs

　最後に，ポスト開発援助を象徴する国際開発目標である「持続可能な開発目標」（Sustainable Development Goals：SDGs）について見てみよう（第11章も参照）。2015年に国連総会で採択された SDGs は，2016年から2030年にかけて国際社会が取り組むべき開発目標であり，前身の MDGs を引き継ぐものである。だが，その策定に至る政治過程（①原案の提起，②原案の具体化，③採択の段階），内容，実施方法は，MDGs と大きく異なるものであった。

　第1に，SDGs 原案を提起したのは，先進国や主要な国際機関ではなく，コロンビアであったことである。MDGs の草案が，アメリカ人によって書かれたのとは対照的である。2012年の国連持続可能な開発会議（リオ＋20）において，外交手腕を発揮したいコロンビアは，新奇性に富むアイディアの考案に取り組む。コロンビア外務省経済社会環境問題担当大臣を務めるカバレロ（Paula Caballero, 生年不詳）が，経済，環境，社会領域をカバーする複合的な目標として，SDGs 原案を提案した。そしてコロンビア政府の精力的なキャンペーン活動により，同案はリオ＋20の成果文書「私たちの望む未来」に挿入されたのである。

　第2に，SDGs 原案の具体化には，先進国のみならず，多くの新興国・途上国，NGO が参加したことである。これまでの開発援助アイディアの多くは，世銀，

国連，DAC といった先進国が影響力を発揮する諸機関で作られ，具体化されてきた。MDGs が一部の先進国エリートによって作成されたという批判に配慮し，SDGs 原案の具体化は，公開性，透明性を原則とする，オープン・ワーキング・グループ（OWG）で行われ，参加を希望する70カ国すべての参加を認めた。しかし30議席しか用意されず，1議席を複数の国と共有する形をとった。OWG は議席メンバー以外の参加も認めたため，OWG の議席メンバーかどうかにかかわらず，多数の新興国，途上国，NGOs が参加し，各セッションで積極的に発言した。それら多数の発言は17の目標と169のターゲットにまとめられた。

　第3に，「ポスト2015開発アジェンダ」作成過程において，SDGs の採択を決定づけたのが新興国・途上国であったことである。当初，MDGs の後継目標，すなわち「ポスト2015開発アジェンダ」の作成は，国連事務総長を中心とするチームが行うものとされ，リオ＋20で採択されたような SDGs は想定外のものであった。

　当初，2012年に潘基文（1944～）国連事務総長は，少数の有識者からなる賢人ハイレベル・パネルを立ち上げ，MDGs の後継目標，いわば「改良版 MDGs」を作成していた。目標やターゲットなどは，SDGs とほぼ同じであったが，先進国のみならず新興国・途上国も同様に目標の実施に責任を負うという「共有された責任」を実施原則に掲げていた。これに対して，SDGs は，地球環境保護の実施原則である「共通だが差異ある責任」（CBDR）を，環境のみならず開発・社会分野にも拡張するものであった。CBDR とは，地球規模の問題に共通の責任をもつが，先進国と途上国の責任には差異がある，すなわち，途上国の負担の減免を意味する。このため，先進国は改良版 MDGs を支持する一方，新興国・途上国は SDGs を支持し，両者は真っ向から対立したのである。そして，結果的に，多数の支持を集めたのが，SDGs であった。新興国・途上国が一致団結して，OWG で具体化された SDGs の「民主的正統性」を訴えたことが奏功した。任期満了を目前に控えた国連事務総長らも，功績づくりのために，自らが推す改良版MDGs を見限り，SDGs 支持に乗り換えた。その後の政府間交渉を経て，SDGsは「われわれの世界を変革する持続可能な開発のための2030アジェンダ」として採択されたのであった。

　第4に，MDGs の後継目標である SDGs は，MDGs より広範な分野をカバーするものとなった。表10-1の通り，MDGs が開発領域に特化する目標であったのに対し，SDGs は経済，社会，環境の3領域にまたがる目標となっている。

表 10-3　SDGs の17目標

目標1	貧困をなくそう	目標10	人や国の不平等をなくそう
目標2	飢餓をゼロに	目標11	住み続けられるまちづくりを
目標3	すべての人に健康と福祉を	目標12	つくる責任つかう責任
目標4	質の高い教育をみんなに	目標13	気候変動に具体的な対策を
目標5	ジェンダー平等を実現しよう	目標14	海の豊かさを守ろう
目標6	安全な水とトイレを世界中に	目標15	陸の豊かさを守ろう
目標7	エネルギーをみんなにそしてクリーンに	目標16	平和と公正をすべての人に
目標8	働きがいも経済成長も	目標17	パートナーシップで目標を達成しよう
目標9	産業と技術革新の基盤をつくろう		

出所：国連広報センター。

MDGs が 8 つの目標と21のターゲットから構成されたのに対し，SDGs は17の目標と169のターゲットから構成される（表10-3）。そしてそれらは統合され，分割不可能で，持続可能な開発の 3 側面（経済，社会，環境）を調和させるものと捉えられている。そして MDGs が貧困削減に比重を置いていたのに対し，SDGs は経済成長の促進にも同様に比重を置いていることがわかる。これは，貧困にあえぐ途上国に対する生活支援こそが開発援助の中心であった時代から，より豊かな生活を求める新興国・途上国の経済成長に対する支援が開発援助の中心的な支援に加わってきたことを反映するものといえよう。

　最後に，SDGs の実施方法も新しかった。これまでの開発援助が，先進国を中心として実施されてきたのに対し，SDGs はマルチステークホルダーの参加と協力によって実施される点を強調するのである。各国政府のみならず，市民社会，民間セクター，国連機関などの非国家主体も参画し，各種アクターがあらゆる利用可能な資源を動員し，各種アクター間のパートナーシップの下で SDGs のすべての目標とターゲットの実現をめざすのである。なお，世界各国の SDGs の達成度合いを100点満点で評価している『持続可能な開発報告書』の2022年版によると，世界平均の達成度は2015年以降，上昇傾向（毎年平均0.5ポイント上昇）にあったが，2020～21年の達成度は新型コロナウイルス感染症の影響により 2 年連続の微減となっている。

　本章では，開発協力とは何か，開発協力はなぜ，どのように行われてきたのか
を概観してきた。概観した通り，国家が開発協力を行う主な動機には，人道的動
機と戦略的動機がある。人道的動機とは，貧困や貧困から生じる諸問題（感染症
の蔓延や環境破壊など）に苦しむ人々を助けたいというものであり，戦略的動機と
は，国益の追求である。国益とは，具体的には，援助国の安全保障の確保や商業
利益の増進や国家的威信の向上などを指す。ただし，実際の国家は人道的動機だ
けから開発協力を行うわけでも，戦略的動機だけから開発協力を行うわけでもな
い。多くの場合，国家は人道的動機を掲げつつ，国益も追求する。ゆえに国家に
よる開発協力活動は国際関係論の複数のアプローチから分析される重要な対象と
なってきたのである。

　国際関係論の3つの分析アプローチである，リアリズム，リベラリズム，コン
ストラクティビズムは，国家による開発協力をどのように説明するだろうか（第
2章，第3章および第5章を参照）。リアリズムは戦略的動機に基づく開発協力活動
を，リベラリズムやコンストラクティビズムは人道的動機に基づく開発協力活動
を分析することを得意とする。1960年代までのアメリカの開発協力政策は，人道
的目的を掲げながらも，アメリカの安全保障上の利害と結びついて展開され，ま
さにリアリズムの論理に基づくものであった。DAC の発足も，アメリカが西側
諸国に冷戦戦略としての開発援助のコストを分担させようとしたものであり，リ
アリズムの論理に基づいていたと捉えることができる。

　これに対し，1960年代以降の国際開発協力体制の確立・発展過程は，リアリズ
ムよりもリベラリズムによって説明されることが多い。1960年代はアメリカが
トップ・ドナーであることには変わりはなかったものの，援助国や国際援助機関
が増え，開発協力に関する国際的な共通目標やルールが作られるようになった。
これにより，複数の援助国が，国際機関（DAC や世銀）を中心に形成された目標
やルールにのっとって協議したり，援助や融資を行ったりする体制が発展したの
である。アナーキーな国際社会であっても，国際制度の発展によって，開発途上
国の貧困削減や経済成長を共通目標とする国家間協力が大いに進展したことは，
まさにリベラリズム（とくにネオリベラル制度論）の論理の顕在化を意味した。

　また1970年代以降今日に至るまでの開発協力アイディアを模索する動きは，コ
ンストラクティビズムの論理によって説明できる。コンストラクティビズムによ
ると，時代ごとのアプローチやアイディアの変遷は，望ましい行動基準について
の集合的意識や国際規範の移り変わりと捉えられる。国際機関が規範起業家の役

割を担い，アイディアを作り，キャンペーンを通じてアイディアを拡散させ，規範を作っていく。そしてまた新しい規範が生まれる……というように，「規範のライフサイクル・モデル」として描き出すことができるのである。

　そして2010年代以降の開発援助をめぐる政治過程を説明するのに最も当てはまるのは，リアリズムの論理であろうか。DAC 基本原則の改訂や SDGs の策定をめぐっては，国力を増大させた新興国・途上国がグループを結成し，大きな発言力を発揮したり，拒否権を行使したりした。国連総会などを舞台に，容赦なく国益増進をはかる様相は，まさにリアリズムの再興といえよう。

参考文献

小川裕子「国際開発──新興国の台頭とガバナンス構造の変動」西谷真規子・山田高敬編著『新時代のグローバル・ガバナンス論──制度・過程・行為主体』ミネルヴァ書房，2021年。

小川裕子「目標による統治は可能か？──SDGs の実効性と課題」『国連研究（特集：持続可能な開発目標と国連──SDGs の進捗と課題）』22，2021年。

川口融『アメリカの対外援助政策──その理念と形成』アジア経済出版会，1980年。

Lancaster, Carol, *Foreign Aid: Diplomacy, Development, Domestic Politics*, The University of Chicago Press, 2007.

Lumsdaine, David H., *Moral Vision in International Politics: The Foreign Aid Regime, 1949-1989*, Princeton University Press, 1993.

Ruttan, Vernon W., *United States Development Assistance Policy: The Domestic Politics of Foreign Economic Aid*, Johns Hopkins University Press, 1996.

さらに読み進めたい人のために

稲田十一『国際協力のレジーム分析──制度・規範の生成とその過程』有信堂，2013年。
　＊国際社会における開発援助活動を，国際関係論の「レジーム」概念を用いて包括的に分析した数少ない文献。開発援助活動が国際政治の中でどのように制度化されたのか，制度化が開発援助活動にどのような影響を与えたのかを事例研究とともに論じている。

小川裕子『国際開発協力の政治過程──国際規範の制度化とアメリカ対外援助政策の変容』東信堂，2011年。
　＊開発協力をめぐる国際規範がどのように形成され，アメリカを中心とする先進諸国にどのように影響を与えてきたかを政治学的に分析する１冊。国際開発協力に興味のあ

る学生のみならず，コンストラクティビズムに関心のある学生にも有益な示唆を与えることを目的としている。

大森佐和・西村幹子編『よくわかる開発学』ミネルヴァ書房，2022年。
　＊開発協力のアプローチ，課題，実践について網羅的に概説する最新の入門書。学びを深めたい読者のために，問いや参考文献やデータベースが掲載されている。

西垣昭・下村恭民・辻一人『開発援助の経済学第4版』，有斐閣，2009年。
　＊開発援助の理念・アプローチや ODA の仕組みがわかりやすく説明され，国際機関や主要な援助国の開発援助政策および日本の ODA 政策についての概説も記述された1冊。開発援助を学ぶための必読の書。

モーズリー，エマ（佐藤眞理子・加藤佳代訳）『国際開発援助の変貌と新興国の台頭――被援助国から援助国への転換』明石書店，2014年。
　＊中国などの新興国が台頭し，西側先進諸国を中心に構築された国際開発援助体制に変容を迫る過程を論じた1冊。既存の開発協力の在り方を見直し，今後の開発協力の方向性について考えさせてくれる。

（小川裕子）

第11章
地球環境
—環境を「維持」するのも「壊す」のも私たち次第—

―― Short Story ――

　1人暮らしに慣れてきたミネオ君は，最近自炊を始め，スーパーで買物をするようになりました。買い物の際には，商品棚の奥から賞味期限が最も長い商品を選び，きれいなプラスチックで包装された，傷がついていない野菜や果物を選びます。そんな中，今学期から履修している環境問題を扱う講義の中で，日本では毎日，大型トラック約1,700台分の食品が廃棄されていること，日本の食品は海外と比べてもプラスチックによる包装が過剰であることを知り，とても驚きました。しかもその主要因は，賞味期限や食品の見た目に異様にこだわる消費者の存在にあることを知り，罪悪感を覚えました。

　これを機に，環境に優しい買い物をするようになったミネオ君は，エコバックまで持ち歩くようになりました。その結果，実は身の回りにも環境に配慮した商品がたくさんあった事に気づきます。講義でメモをとるノートには持続可能な森林資源から作られたことを証明する FSC マークがついていました。また，よく行くファーストフード店で食べるフィッシュバーガーには，海洋の自然環境や水産資源を守って獲られたシーフードであることを証明する MSC マークがついていることに気づき，スーパーでも MSC マーク付きの切り身魚を発見しました。

　少し嬉しくなったミネオ君は，こういった取り組みが世界でもっと広がればいいのにな，と考えますが，ニュースでは，温暖化に伴う異常気象によって引き起こされる自然災害や森林火災の発生など，地球環境が悪化していることが日々報じられています。ミネオ君は各国が協力して地球環境を守るためにはどうすればよいのか，真剣に考えるようになりました。

責任ある森林管理
のマーク

　地球環境問題の早急な解決が求められる大きな理由は，気候危機（気候変動，地球温暖化問題）を始めとした環境変化が，人類の生存そのものを脅かすからである。地球環境問題には国境が存在しないため，特定の国の環境汚染は世界全体に悪影響を及ぼしうる。したがって国際社会が一丸となって協力しなければ，地球環境問題は解決されないのである。しかし，世界第2位の温室効果ガス排出国である米国のトランプ（Donald Trump, 1946～）大統領が，2019年にパリ協定からの離脱を表明したことにも見られるように，国家は地球環境問題の解決という地球全体の利益よりも，経済成長を始めとした自国の利益に基づいて行動することが多い。地球環境問題の解決に向けては，この自国第一主義的な考えを乗り越えて，いかに国家間協調を促せるかが重要になるのである。

　それでは，「国益」と「地球益」，そして「環境保全」と「経済成長」を両立させながら地球環境問題を解決していくために，国際社会は何をすべきだろうか。本章では，全体を通して，この問いに答えていく。まずは，地球環境問題とはどのような問題なのかを，地球環境の悪化がわれわれの生活に与える悪影響と問題解決の困難性に着目し解説する。次に，国際社会において「地球環境問題」がどのように登場し，国際社会が地球環境問題の解決に向けてどのように歩んできたのかを概観する。その上で，「最も成功した」地球環境レジームといわれるオゾン層保護レジームと，合意形成に難航した地球温暖化レジームを考察する。ここでは，どのような要因がレジームの成功を導いたのか，またはその成功を阻んできたのかを，リアリズム（第2章），リベラリズム（第3章），コンストラクティビズム（第5章）の視点から分析する。最後に，地球環境問題と SDGs（持続可能な開発目標）との関連について論じる。

1　地球環境問題とは

人類の危機

　地球環境問題は私たちの生命や生活に多大な影響を及ぼす。この点において，地球環境問題は，国際関係論の伝統的な研究対象である国家間戦争と同じく，本質的には安全保障問題でもあるといえる。たとえば，オゾン層の破壊により地上に降り注ぐ紫外線量が増加すると，皮膚がんや白内障といった病気の発症や免疫機能の低下など，人の健康に直に悪影響を及ぼす。温暖化問題が深刻化すると，熱中症が増加するばかりか，マラリアといった感染症を媒介する生物（たとえば

蚊）が増加することにより感染症流行のリスクが増える。さらに温暖化が加速すれば，植生の分布変化や特定の種の絶滅などの自然生態系へ大きな悪影響を及ぼすばかりか，雨量の増加や高潮や台風被害もより顕著になるとされる。自然生態系に影響を及ぼすということは，農林水産業への被害も容易に想像できる。また，洪水や台風などの気象災害が増加すれば，インフラやライフラインが甚大な被害をこうむり，私たちの日常生活にも多大なる支障をきたすことになる。こうした地球環境問題の深刻さを象徴する概念として，近年「人新世（Anthropocene）」という概念が提唱され，受け入れられ始めている。これは，地質時代区分で最も新しい時代とされている「完新世（Holocene）」（最終氷河期が終わり，森林が増加し，世界各地で人類が文明を築き始めて現在に至る時代）に続く，人類の活動が地球の生態系に重大な影響を与えている時代として特徴づけられた想定上の地質時代である。いわば，産業革命にはじまる工業化の急激な進展に伴う大量生産・大量消費・大量廃棄，人口の爆発的な増加，グローバル化に伴う社会経済の劇的な変化による温室効果ガス（二酸化炭素，メタンなど）の増加，オゾン層の破壊，海洋汚染，熱帯林の減少などを危惧した概念なのである。

　そして厄介なことに，環境問題は温暖化，森林破壊，海洋汚染，オゾン層破壊，野生生物減少など多岐にわたるだけでなく，問題同士が複雑に連関している。環境問題は1つ解決すればそれで完結する，ということにはならないのである。

コモンズの悲劇としての地球環境問題

　地球環境問題を考える上で重要な概念の1つに，「コモンズ」がある。「コモンズ」とは，ある領域内の人々が誰でも利用できる資源のことである。たとえば，大気や海洋など，地球規模で人類が共有しているあらゆる資源は，地球上のすべての人々（のみならず生物）が恩恵を享受することのできる「グローバル・コモンズ」と呼ばれる。このコモンズを，多くの国や人が自分勝手に際限なく利用し続けようとすると，地球環境が破壊され，やがて「コモンズの悲劇（Tragedy of the Commons）」を引き起こしてしまう。この悲劇を，わかりやすい例で説明してみよう。共有地で多くの牧夫が牛を飼っているとする。この場合のコモンズは，共有地の牧草である。全体の頭数が少ないうちは，牛が牧草をある程度食べたとしても草が生え変わり，牧夫たちは持続可能な形で畜産を営むことができる。しかし，牧夫たちが自己利益を追求するあまり牛の頭数を増やしすぎてしまうと，やがては牧草が再生できないほど食べつくされてしまい，結果として，牧夫たちが

畜産を営むのは不可能になってしまう。これがコモンズの「悲劇」である。ここで重要なのは，森林や魚といった地球の資源はある程度利用してもまた元通りに「回復」するが，際限なく利用し続けると自然のもつ回復能力を超え，いつかは後戻りできなくなってしまう点である。

　これと同じ悲劇が，温暖化問題にも当てはまるかもしれないのである。各国が経済活動の発展に伴い二酸化炭素を大気に放出したとしても，その経済規模が小さいうちは，樹木が光合成により大気中の二酸化炭素を吸収するとともに，酸素を発生させながら炭素を蓄えてくれるので，大きな問題にはならない。しかし，多くの国で工業化が進展すると，大気中に放出される二酸化炭素の量は，森林や海，土壌が吸収できる，つまり大気の状態を元に戻すことができる二酸化炭素の限界量をはるかに上回り，温暖化が加速してしまうのである。このような地球の回復量の限界のことを「地球の環境容量の限界（planetary boundaries）」と呼ぶ。この分野をけん引するロックストローム（Johan Rockström, 1965〜）博士らの研究によれば，数ある地球環境問題の中でも，とりわけ人類の活動に伴う「大気中の二酸化炭素濃度」や「生物多様性の損失の度合い」は，地球のもつ環境容量の限界値をすでに超えてしまっているという（Rockström et al. 2009）。

地球環境問題の解決の難しさ

　それでは，なぜ地球環境問題の解決は困難であり，コモンズの悲劇が引き起こされてしまうのだろうか。その大きな要因の1つは，経済成長重視の国益と地球環境重視の地球益との両立がきわめて難しいことである。環境問題に国境は存在せず，1国の国益追求が時に地球全体に悪影響を及ぼす。国益重視の立場に従えば，（たとえ地球環境を悪化させるとしても）自国の資源を利用して経済発展するのは主権国家として当然の権利である，となる。他方で，地球益重視の立場に従えば，人類の長期的な生存と繁栄のためには全ての主権国家が協力して地球環境問題を解決しなければならない，となる。

　こうした経済成長重視の国益と地球環境重視の地球益という2つの利益の両立が困難であることをよく表しているのが，森林破壊問題である。2019年9月に，南米のアマゾンで大規模な森林火災が発生し，1分間にサッカー場1.5個分が焼失した，という報道が連日なされた。この大規模火災の原因は，ブラジルを襲った記録的な乾燥と，放牧や開拓を目的とした畜産農家などによるアマゾン開発であったと言われている。同年1月に就任したブラジルのボルソナロ（Jair

Bolsonaro, 1955〜）大統領は，これまでの森林保護政策を転換し，アマゾンを重要な経済資源としてその開発を容認してきた。この背景には，ブラジルが所得格差の最も大きい国の1つであり，いまだに多くの国民が貧困に苦しんでいるので，生活水準をあげていくために経済成長をしていかなければならない，との方針がある。すなわち，彼は国益重視の政策を選択したのである。

　しかし一方で，アマゾン熱帯雨林は莫大な量の二酸化炭素を蓄えているため，アマゾン熱帯雨林が失われていくと，そこに蓄積された大量の二酸化炭素が大気中に放出され，地球温暖化が加速する。先進国を中心とする国際社会が「アマゾンの大規模火災は地球の危機だ」として，ブラジル政府に一刻も早い対応を求めたのも，世界政府なき国際社会において，地球の共有財産としての森林を守っていかなければならないという強い危機感があったからである。

　これとは対照的に，先進国が，自国の国益に反することを理由に環境保護に反対する場合もある。たとえば米国は，生態系の保全や絶滅危惧種の保護を目的とした「絶滅のおそれのある野生生物の種の国際取引に関する条約」には参加する一方で，同じく生態系の保護を目的とした「バイオセーフティーに関するカルタヘナ議定書」には参加していない。これは，後者の議定書が定める遺伝子組換え生物等の国境を超える移動に関する手続きに対し，遺伝子組換え作物の主要輸出国である米国が反対しているためである。この事例では，米国が国益に沿わない国際条約には参加しないことで，生態系の保護という点において地球益を損なわせているともいえる。

　もっとも，国際社会は，このように解決が難しい地球環境問題に対して何もしてこなかったわけではない。実は，国際社会は，半世紀以上にわたって，さまざまな形で環境問題に対応してきた。次節ではその歴史を振り返る。

2　地球環境問題の登場

公害から地球環境問題へ

　表11-1は，地球環境問題をめぐる国際社会の歴史をまとめたものである。地球環境問題に関する国際会議には，「開発」という言葉がつくものが多いことからもわかるように，地球環境問題は開発問題とセットで考えられてきた。ここには，環境保全と経済発展は両立できるのか，という命題をめぐって国際社会が「対立」と「協調」を繰り返してきたことが示されている。国際社会は，地球環

表 11 - 1　地球環境問題めぐる国際社会の歩み

年代	地球環境問題をめぐる 国際社会の動向	主要な環境条約	
1960年代	1968年　第23回国連総会で国連人間環境会議開催を決定		
1970年代	1972年　ストックホルム国連人間環境会議 ・人間環境宣言の採択 ・国連環境計画（UNEP）の設立	1971年 1973年 1973年	水鳥の生息地として重要な湿地に関するラムサール条約 絶滅の恐れのある野生生物の取引に関するワシントン条約 船舶による汚染防止のためのMARPOL 条約
1980年代	1980年　世界環境保全戦略における持続可能な開発の概念が提示 1987年　環境と開発に関する世界委員会（ブルントラント委員会） ・『われら共有の未来（Our Common Future)』の発表	1985年 1987年 1989年	オゾン層保護に関するウィーン条約 オゾン層保護に関するモントリオール議定書 有害廃棄物の国境を超える移動およびその処分の規制に関するバーゼル条約
1990年代	1992年　国連環境開発会議（地球サミット） ・「環境と開発に関するリオ宣言」「アジェンダ21」採択 1993年　持続可能な開発委員会（CSD）の創設	1992年 1992年 1994年 1997年	生物多様性条約 気候変動枠組条約 砂漠化対処条約 気候変動枠組条約に関する京都議定書
2000年代	2002年　持続可能な開発に関する世界首脳会議 ・「ヨハネスブルグ実施計画」,「ヨハネスブルグ宣言」の採択	2000年 2001年	バイオセーフティーに関するカルタヘナ議定書 残留性有機汚染物質（POPs）に関するストックホルム条約
2010年代	2012年　国連持続可能な開発会議（リオ＋20） 2015年　「持続可能な開発のための2030アジェンダ」採択	2014年 2015年	遺伝子資源へのアクセスと利益配分に関する名古屋議定書 気候枠組み条約に関するパリ協定

出所：筆者作成。

境問題の解決に向けて，具体的にどのように歩んできたのか，簡単に振り返ってみよう。

　第 2 次世界大戦後，日本を含む西側諸国を中心にした先進国は高度経済成長を迎えた。日本においては，急速な工業化とともに1950年代からイタイイタイ病や水俣病，四日市ぜんそくを始めとした健康被害が起こり，都市化によって水質汚

濁や自然破壊などが深刻化し，大きな社会問題へと発展した。当初，これらの公
害問題はあくまで国内問題として捉えられていた。しかし，途上国における急激
な人口増加を背景として，世界規模での公害問題の増加や，資源の大量消費に伴
う食料不足や自然資源の枯渇が懸念されはじめた。これにより，世界全体で取り
組むべき問題として環境問題が認識され始めていくのである。

　このような認識形成のさきがけとなったのは，レイチェル・カーソン（Rachel
Carson, 1907〜1964）の『沈黙の春』（1962）である。この中で，カーソンは農薬
などの化学物質の大量使用が生態系を壊し，鳥たちが鳴かなくなった結果，春が
沈黙に包まれることになった，という表現によって，人間活動による生態系破壊
を批判した。さらに，米国の経済学者であるケネス・ボールディング（Kenneth
Boulding, 1910〜1993）は地球を1つの宇宙船と見立て，宇宙船の中に存在する資
源は有限であり，宇宙船の内部で出る物質は宇宙船全体を汚染するという『宇宙
船地球号』（1966）の考え方を示した。また，先に紹介した『コモンズの悲劇』
の考え方が1968年にギャレット・ハーディン（Garrett Hardin, 1915〜2003）に
よって発表され，同年にポール・エーリック（Paul Ehrlich, 1932〜）が人口の増
加が資源枯渇や環境破壊を引き起こすという『人口爆弾』を出版した。戦後に
なって人々の関心が地球環境問題に向けられると，環境問題や資源制約の問題を
地球全体の問題として国際的な場で議論すべきという声が高まっていったのであ
る。

　そのような中，地球環境問題に関する大規模な政府間会合の開催を提案したの
はスウェーデンであった。スウェーデンは1968年に国連経済社会理事会において，
国境を超える大気汚染物質によって自国の森や湖が被害を受けている状況を報告
し，地球規模での国際協力の必要性を強調したのである。これを受け，国連総会
において1972年に国連人間環境会議を開催することが決定された。

　ただし，国連加盟国のすべてが国際環境規制に積極的であったわけではない。
この当時，環境問題は主に先進国において指摘されていた問題であり，さらなる
経済発展や豊かさの追求こそが環境汚染の直接的な原因であると認識されていた。
これに対し，最貧国を始めとする開発途上国は，工業化を含む経済発展こそが貧
困を改善させる有効な手段であり，すでに工業化を果たした先進国と同じような
国際環境規制は，途上国の発展する権利を奪うものであるという危惧を抱いてい
たのである。

　このように，国際環境規制の必要性と，自国民の生活向上のために経済発展を

優先させなければならない開発途上国との間でのせめぎ合いのなかで，1972年に
スウェーデンの首都ストックホルムで開催されたのが，国連人間環境会議である。
この会議において最大の争点となったのは，やはり途上国の経済発展と環境保全
のどちらを優先させるのか，という課題であった。会議では，先進国の植民地支
配からの独立を果たした多くの開発途上国にとっての最優先課題は南北問題の解
決や経済発展であり，彼らは，資源の利用などについて国際的な規制をかけるこ
とには懐疑的で，これまでの工業化によって環境を汚染してきた先進国には開発
途上国に対して資金援助を行う義務があると考えていることが，明らかになった。
この結果，同会議で採択されたストックホルム人間環境宣言では，有限な資源の
保全や公害問題の克服とともに，途上国に対する支援の重要性が盛り込まれるこ
ととなったのである。

　さらに，この会議では環境問題解決に向けた具体的な取り組みを推進するため
に，国連環境計画（United Nations Environment Programme：UNEP）を設立するこ
とが合意された。世界貿易機関のような「機関」ではなく「計画」に留まってい
るのは，強い権限を持った環境保全を目的とする国際機関は経済発展を妨げると
いう途上国の懸念と，新たな機関の立ち上げには莫大な資金供給が必要になると
いう先進国の負担感が存在したからである（亀山 2010）。したがって，国連総会
の補助機関として設立された UNEP は，他の国際機関とは異なり，環境問題の
現状調査や国際環境条約の策定促進，国際環境条約を受けて策定された国内法の
実施・遵守の監視を主な活動目的とするなど，その役割も限定的なものとなった。
　環境と開発は互いに相容れないもの，との認識を，環境保全と経済発展を両立
させなければいけない，という発想に転換したのが，「持続可能な開発
（sustainable development）」という概念である。この概念は，1980年に国際自然保
護連合や UNEP が中心となってまとめた「世界環境保全戦略」において示され
た。将来世代のニーズと願望を満たしつつ，現在の世代に最大の便益をもたらす
ような開発が重要であることが示されたのである。さらにこの考え方を発展させ
たのが，1987年に環境と開発に関する世界委員会（ブルントラント委員会）が取り
まとめた報告書「われら共有の未来」である。この報告書において，持続可能な
開発という概念が，正式に「将来世代のニーズを満たす能力を損なうことなく，
今日の世代のニーズを満たすような開発」であると定義された。この概念が意味
するところは，経済成長と環境保全は相反するものではなく，むしろ，環境に配
慮した消費・生産活動は経済発展にも結びつくということである。この良い例が，

近年になり活発に行われるようになった，再生可能エネルギーへの投資であろう。いうまでもなく，エネルギーは経済活動の発展に必要不可欠なものであるが，石炭や石油などのエネルギー源は埋蔵量が限られており，いつか枯渇することが懸念されている。さらに，化石燃料による発電は，地球温暖化問題を引き起こす二酸化炭素の大きな排出源にもなっている。他方，太陽光や風力，地熱などから得られるエネルギーは自然界に常に存在するものであり，二酸化炭素を排出しないクリーンなエネルギーである。よって，再生可能エネルギーへの投資とは，持続可能なエネルギーに基づく経済社会を開発するという意味で，「持続可能な開発」の典型例と解釈できるのである。

地球環境問題への取り組みの強化

　冷戦終結後の1990年代，地球環境問題が，これまでにないほど国際社会の注目を集めるようになり，それらの解決に向けた取り組みも強化されるようになった。それを象徴したのが1992年にブラジルのリオデジャネイロで開催された国連環境開発会議（地球サミット）である。この会議には，178の国，地域が参加したほか，産業界，環境 NGO，マスコミ関係者など多くが参加し，20年前に開催されたストックホルム人間環境会議と比べて格段に大きな規模の会議となった。

　この会議の結果，国や地球レベルで持続可能な発展を実現するために必要な27の原則から構成される「環境と開発に関するリオ宣言（リオ宣言）」と，これを実現させるための行動計画「アジェンダ21」の2つが採択された。この2つの文書は今後の地球環境条約を発展させていく上で，極めて重要な原則や考え方を示したものである。リオ宣言においては，現役世代と将来世代との間の公平性に関する「世代間の公平性」（原則3）や，先進国，途上国を問わず環境問題の解決に取り組んでいくことは共通であるが，その責任の重さは異なることを示した「共通だが差異ある責任」（原則7），人間の健康や環境に重大かつ不可逆的な影響を及ぼす恐れがある場合，科学的に因果関係が十分に証明されていない場合でも規制措置が講じられるべきだとした「予防原則」（原則15）などの原則が確認された。

　また，アジェンダ21においては，環境問題は社会・経済的問題（人々の健康，貿易，消費，人口など）と深く関わっていること，持続可能な発展のためには様々な資源（土地，海洋，エネルギーなど）を有効利用しなければならないこと，そして環境問題の解決のためには国家のみならず非国家主体（女性，青年，先住民，地方自治体，環境 NGOs，企業，科学者）などのパートナーシップが重要であることが

示された。さらに，1993年にはアジェンダ21の第38条に基づいて国連経済社会理
事会のもとに，アジェンダ21の進捗状況を確認することを目的とした持続可能な
開発委員会が設けられた。この活動の到達点として開催されたのが，後述する
2002年の「持続可能な開発に関する世界首脳会議」である。しかし一方で，20年
前のストックホルム人間環境会議と同じく，地球サミットでも，途上国の開発と
環境保全をめぐってさまざまな議論が噴出した。このことが色濃く出たのが，リ
オ原則2「国家は，自らの環境政策および発展政策のために自国内の資源を利用
する主権を有する」，原則6「途上国の特別な事情が考慮されるべきである」と
いう条項である。これらの条項から言えるのは，持続可能な開発という概念が国
際社会で認知された後でも，その捉え方はさまざまである，ということだろう。
ザックス（Wolfgang Sachs, 1946～）によれば，「1970年代までの保護運動は生命
重視の価値観にもとづき，森林，水，土壌，野生生物はそれ自体が保護に値する
と考えられていた。(中略) しかし，(持続可能な開発という概念が認知されるきっ
けとなった) 1980年をもって世界的な認識の変化が顕在化する。(中略) その結果，
自然を保護することよりも，経済利用のために自然資源の経済性を保護すること
が重視されるようになる。(中略) 一言で言えば持続可能性は自然の保護ではな
く開発の保護になった」のである（ザックス 2003）。

　このように，「環境か，開発か」という二者択一的な議論は継続しつつも，環
境保全と経済発展の両立が模索されてきたことは確かであった。たとえば，2002
年に南アフリカのヨハネスブルグで開催された持続可能な開発に関する世界首脳
会議において採択された「ヨハネスブルグ実施計画」においても，途上国への資
金支援に関するモンテレイ合意（先進国による政府開発援助の大幅な増額と，貧困国
の債務緩和をめざすもの）を踏まえることが合意され，地球環境問題の解決のため
には開発とセットで包括的に捉えなければならない，という動きがさらに進んで
いくのである。

3　地球環境レジーム

　以上のように，地球環境問題には，「国益」と「地球益」，ならびに「環境」と
「開発」の間にある対立をどのように調整，克服するのか，という複雑で困難な
課題が伴っているが，国際社会は，こうした課題に直面しながらも，「地球環境
レジーム」と呼びうる環境問題解決のための国際協調の枠組みを形成し，発展さ

せてきた。本節では，問題解決に成功したと見なされているオゾン層保護レジームと，問題解決に困難が伴っている地球温暖化レジームを事例に挙げ，その理由をリアリズム，リベラリズム，コンストラクティビズムの観点から説明しよう。

オゾン層保護レジーム

　このレジームが解決をめざしたのは，オゾン層破壊問題（成層圏にあるオゾンの層が化学物質であるフロンガス（CFC）によって破壊される問題）である。大気中の成層圏に存在するオゾン層は，太陽光に含まれる紫外線のうち，生態系に有害な紫外線を吸収する有益な物質である。これが破壊されると，人体に有害な紫外線が地表に降り注ぎ，視覚障害や皮膚がんといった健康被害をもたらす。CFC は，人体には無害な物質であり，冷蔵庫やエアコンなのどの冷媒，スプレー缶用のエアロゾル，家具などに使用するウレタンフォームとして利用されてきた。

　オゾン層破壊問題をめぐる国際交渉は，まず1985年にオゾン層保護に関する国際条約（通称ウィーン条約）の採択という成果をあげた。その２年後にウィーン条約に基づいて CFC の規制を定めたオゾン層破壊物質に関するモントリオール議定書が採択され，数回の改正を経てすべての CFC 類の全廃時期が合意された。のちに，CFC を代替する目的で開発されたハイドロクロロフルオロカーボン（HCFC）やハイドロフルオロカーボン（HFC）なども，温室効果ガスであることが明らかになり，温暖化対策の面から削減対象に含まれるようになった。このような成果ゆえに，しばしばウィーン条約を基礎にしたこのレジームは最も成功した環境レジームの１つといわれる。表11−2は同条約の成立を含む，オゾン層破壊問題に向けた国際社会の対応をまとめたものである。

　では，オゾン層保護レジームが成功した要因は何だったのか。リアリズム，リベラリズム，コンストラクティビズムの視点から分析していこう。

　第１に，リアリズムであれば，オゾン層破壊問題における国際協調の成功要因として，国際社会における力の配分に着目するはずである。オゾン層破壊問題をめぐる当時の力の配分については，次の２点を指摘できる。

　①オゾン層破壊問題に関する国際条約が結ばれた1980年代の国際社会は，冷戦真っ只中の米ソ２超大国（とくに軍事的パワー）が並び立つ２極構造であった。ただし，モントリオール議定書が締結される前年の1986年の時点では，世界に占めるソ連の CFC の生産量は10％程度であった。対して，米国は29％を占め，それに続いたのは29％を示した EC 諸国（西ドイツ12％，イギリス10％，フランス７％）

表11-2　オゾン層破壊問題をめぐる国際社会の対応

年	国際社会の反応
1974	モリーナとローランドにより，CFC がオゾンを破壊するという仮説が提示される。
1985	ウィーン条約が採択される（1988年発効）。
1985	ファーマンにより南極のオゾンホールが観測される。
1987	モントリオール議定書の採択（1989年発効）。2000年までに CFC を50％削減することに合意。
1990	ロンドン改正において，2000年までに CFC を全廃することに合意。多国間基金の導入。
1992	コペンハーゲン改正において，1995年末までに先進国の CFC を全廃することに合意。
1995	ウィーン調整において，2020年に先進国の HCFC を全廃することに合意。
1997	モントリオール改正において，貿易規制の強化が図られる。
1999	北京改正において，HCFC の製造とその段階的削減を追加。
2007	モントリオール調整において，HCFC の全廃前倒しに合意。
2016	キガリ改正において，HFC の製造と消費を段階的に削減に合意。

出所：筆者作成。

であった（UNEP, 2005）。つまり，CFC 規制をめぐる国際交渉は2大産地である米国と EC 諸国が鍵を握っていたのである。

②モントリオール議定書が締結される前年の1986年の時点では，CFC の95％が先進国によって生産されていた。後述するように，地球温暖化問題であれば，経済発展の権利を主張する途上国と，途上国からの排出削減を求める先進国とが，「環境か，開発か」をめぐり決定的に対立してしまうような構造が存在する。だが，オゾン層破壊問題では，モントリオール議定書の交渉開始当初，途上国（中国・インド・ブラジル・南アフリカなど）が生産する CFC は世界全体の5％程度であったため，そのような対立構造は見られなかったのである。

つまり，これらの力の配分構造から見る限り，CFC の生産・排出規制を受けることになる先進国がレジームの形成に合意したことが，オゾン層破壊問題での国際協調の主要因であったと説明できるのである。

だが，オゾン層破壊問題をめぐる当時の状況をもう少し詳しくみてみると，話はそう単純ではない。というのも，当初，これら2大産地の間には，CFC 規制に対する温度差が見られたからである。このうち，米国では，早くも1978年までにフロンを使用したスプレーの製造禁止を行った。同じくカナダ，北欧諸国も米国の立場を支持し，米国とともに国際的な CFC 規制を支持する「トロント・グループ」を形成した。他方で，西欧では，オゾン層破壊問題に処する具体的な

措置は取られていなかった。同じく，日本も CFC の国際規制に消極的な姿勢を見せていたことから，トロント・グループと対立することになったのである。

実は，このような「対立」構造を抱えながら合意されたのが，オゾン層保護のためのウィーン条約（1985年）なのであった。しかも，この条約自体は CFC の具体的な規制については触れず，国際的に協力してオゾン層破壊物質に関する研究の促進や，観測，情報交換などについて定めたにすぎなかった。そしてその後も EC 諸国は CFC 生産量を伸ばす一方で，規制に対する消極的態度を取り続けた。しかしながら，それからわずか 2 年後の1987年に，国際社会はモントリオール議定書に合意し，その後の改正で CFC の「全廃」に合意することになるのである。

ここから浮かび上がる疑問は，そもそも，なぜ米国は他国に先駆けてフロンガスの規制に積極的であったのか，なぜ別の「大国」である EC 諸国は，力関係の変化も生じていないのに，米国に同調するようになったのか，である。力の配分に着目するリアリズムの視点だけでは，これらの疑問に答えることはできない。そのためには，リベラリズムとコンストラクティビズムの視点からの分析も必要となる。

第 2 の視点であるリベラリズムが強調する要因の 1 つは，国内主体の選好である（第 3 章第 1 節を参照）。ここで着目すべきは国内主体としての民間企業である。フロンガスの直接的な排出主体は民間企業だからである。果たして，民間企業の選好は，オゾン層破壊問題をめぐる国際協調の鍵を握っていたのだろうか。

モントリオール議定書をめぐる交渉においては，米国が強いリーダーシップを果たした。そして，この強いリーダーシップを可能にした要因の 1 つとして，世界の CFC 排出量の 4 分の 1 を生産していたデュポン社の選好を指摘できるのである。オゾン層破壊問題が科学者によって指摘され始めた1970年代当初，同社は CFC がオゾン層を破壊している十分な証拠にはならないとして，他の CFC 生産者と連合組織（Alliance for Responsible CFC Policy）を結成し，国際的な CFC 規制に「反対」する姿勢を見せていた。しかし，その後 CFC がオゾン層破壊問題を加速させているという「科学的知見」が発表され（この点は後述するコンストラクティビズムの視点と関係する），それに伴い CFC 規制に対する世論が高まると，同社は，それまでの選好を変えることになる。すなわち，同社は，自主的に CFC 生産量を減らしていく目標を表明し，CFC に比べてオゾン層破壊の性質が少ない代替物質として HCFC の開発を行うと同時に，CFC 削減の国際規制を「支持」する方向に転換したのである。この背景には，オゾン層破壊問題の社会的関心の高まりを受け，CFC を生産する他のライバル会社に先駆けて代替物質

を開発することにより，新たな市場でのシェア拡大を狙った同社の計算もあったと推測される。さらに，モントリオール議定書によって CFC の国際的な生産への規制が設けられれば，ヨーロッパを始めとする市場でも，デュポン社はシェアを拡大することが可能となる。すなわち，米国政府のフロンガス削減に対する積極姿勢については，国内主体（企業）に着目するリベラリズムの視点により説明できうるのである。

　第3のコンストラクティビズムは，レジーム形成において，国家間で共有される知識や規範が果たす役割に着目する。結論を急げば，オゾン層破壊問題をめぐる国際交渉のきっかけとして重要であったのは，科学者によって提供された知識であった。実際にオゾン層の減少が科学者によって確認された後に，政策決定者が問題意識を持ち始めたのである。これにより「オゾン層破壊問題は解決されるべきである」という規範が広く共有された。この規範形成に大きな貢献をしたのが，1974年に発表された米国のモリーナ（Mario José Morina Henríquez 1943～2020）とローランド（Frank Sherwood Rowland, 1927～2012）による研究成果であった。この研究において，CFC が分解されにくい安定した物質であり，それを自然界に放出してもなかなかなくならないこと，そして CFC は単に分解されないだけでなく，それによりオゾン層が破壊される危険性を指摘したのである。

　さらに特筆すべきは UNEP の役割である。先述したとおり，UNEP は，国際機関としての強い権限をもっていたわけではなかった。だが，オゾン層破壊問題に関する科学的知識の収集と拡散，さらには規範形成という観点からは大きな役割を担った。UNEP は1975年の段階で早くもオゾン層破壊問題の存在を公式に提示（アジェンダ設定）したのみならず，1977年には専門家からなる調整委員会を設置して，科学的知見に基づく対策などの検討を開始したのである。これらを土台とし，1981年からは，多国間交渉をファシリテートすることで条約の締結に大きな貢献をしたのであった。

　なお，このような科学的知見が，最初に大きな影響力を持ったのは米国においてあった。当時の米国では，「オゾン層が破壊されると有害物質が地上に降り注ぎ，皮膚がんを引き起こす」というわかりやすい脅威となり，一般の人々の関心を高めた。さらに，環境 NGO が CFC を使用したスプレーをボイコットする消費者運動を展開することで，CFC を生産する企業にプレッシャーをかけた。これが代替フロンへの開発につながっていくのである。

　そして，米国に比べてオゾン層保護に消極的であった EC 諸国の姿勢を積極

的なものに転向させたのも，オゾン層に関する科学的知識であった。1985年，英国の地球物理学者ファーマン（Joseph Farman, 1930～2013）博士らにより人工衛星を用いた南極のオゾンホールが史上初めて観測されたのである。このようなオゾン層の破壊を証明する科学的証拠は，当時の国際社会に大きな衝撃を与え，対策を望む国際社会の声を高めることになった。この結果，モントリオール議定書に向けた交渉において，EC 諸国の姿勢に変化が見られたのである。1988年には米国航空宇宙局（NASA）や世界気象機関（WMO）が共同で組織したオゾントレンドパネルが世界的な規模でオゾン層破壊問題が起きていることを発表したことにより，EC 全域で環境保護意識の高まりが本格化し始め，1990年には EC 諸国政府も遂に CFC の全廃に合意するに至ったのである（和達 1995）。

地球温暖化レジーム

　このレジームが解決をめざしたのは，地球温暖化問題である。地球温暖化とは，大気中の温室効果ガスによって地球が暖められる現象を指す。この結果，さまざまな気候の変化が生じることを気候変動と呼ぶ。気候変動に伴って，熱波や洪水，干ばつなどの自然災害が引き起こされることになる。地球温暖化問題を解決すべく，国際社会は1992年に国連気候変動枠組条約（UNFCCC）を採択し，「気候システムに対して危険となる人為的干渉を及ぼすこととならない水準で，大気中の温室効果ガス濃度を安定化させる」ことをめざした。

　この目的に沿って具体的に温室効果ガスの削減を義務付けたものが1997年に採択された京都議定書であり，2015年のパリ協定である。たとえば，パリ協定では，UNFCCC に明記された「危険となる人為的干渉を及ぼすこととならない水準」の具体的数値として，「世界的な平均気温上昇を産業革命以前に比べて2℃より十分低く保つとともに，1.5℃に抑える」という基準が定められた。しかし，これらの議定書や協定は，UNFCCC が設定した目標を「効果的に」達成しているとは言い難いのが現状である。

　実際に，この分野で最も権威のある専門家で構成される学術機関の「気候変動に関する政府間パネル（IPCC）」が出した最新の報告書（IPCC 2021）は，次のような悲観的な予測を示している。それによると，将来，産業革命以前と比べて世界平均気温が1.5℃上昇した場合，50年に一度の頻度で起こる極端な高温は発生頻度が約8.6倍に，2℃上昇の場合では約13.9倍になるという（仮に気温上昇が2℃を大きく上回る場合，われわれが現在経験している豪雨による降水量や猛暑の頻度が劇

表11-3　地球温暖化問題をめぐる国際社会の対応

年	国際社会の反応
1990	IPCC 第1次報告書において，人為起源の温室効果ガスは気候変化を生じさせる恐れがあることが指摘される。
1992	国連気候変動枠組条約（UNFCCC）の策定（1994年に発効）。
1995	IPCC 第2次報告書において，識別可能な人為的影響が全球の気候に表れていることが指摘される。
1997	京都議定書の採択（2005年に発効）。先進国全体で温室効果ガス5％の削減がめざされる。
2001	IPCC 第3次報告書において，過去50年に観測された温暖化の大部分は，温室効果ガス濃度の増加によるものだった可能性が高いことが指摘される。
2007	IPCC 第4次報告書において，温暖化には疑う余地がなく，20世紀半ば以降の温暖化のほとんどは，人為起源の温室効果ガス濃度の増加による可能性が非常に高いことが指摘される。
2009	コペンハーゲン合意で，地球の気温の上昇を2℃以内に抑えることなどが留意される。
2013〜14	IPCC 第5次報告書において，温暖化には疑う余地がなく，20世紀半ば以降の温暖化の主な要因は，人間の影響の可能性が極めて高いことが指摘される。
2015	パリ協定が採択される（2016年発効）。世界的な平均気温上昇を産業革命以前に比べて2℃より十分低く保つとともに，1.5C に抑える努力を追求することが掲げられる。
2021	IPCC 第6次報告書において，20世紀半ば以降の温暖化の主な要因は，人間の影響であることは疑う余地がないことが指摘される。また，同年12月に開催された COP（気候変動枠組条約締結国会議）26「グラスゴー気候合意」が採択される。

出所：筆者作成。

的に増加することはいうまでもない）。その上で，現行の対策（2021年時点）のままでは2100年までに約3℃の気温上昇が見込まれ，たとえパリ協定下で提出された各国の排出目標を達成できたとしても，50％の確率で2.4℃の気温上昇が見込まれる，と指摘しているのである。つまり，国際社会は温室効果ガスの排出を迅速に，大量に減らさなければ，気温上昇を1.5℃に抑えることはできない状況に置かれているのである。

　では，なぜ温暖化問題はその解決が非常に困難なのか。そして，国家間協調の強化はどのようにして可能になりうるのか。ここでもリアリズム，リベラリズム，コンストラクティビズムの視点から，分析を試みよう。

　第1に，リアリズムの視点から温暖化問題をめぐる国際社会の対応を分析すれば，新興国台頭による力配分の変化がその解決を困難にしている，という指摘ができるだろう。温暖化問題をめぐる国際交渉は，「共通だが差異ある責任原則

コラム 11　新興国と温暖化交渉

　地球温暖化交渉をめぐっては，国家がさまざまなグループを形成し，交渉を行っている。その中でも鍵を握るのは「BASIC グループ」（ブラジル，南アフリカ，インド，中国の英語名の頭文字をとった新興国のグループ）である。このグループは「共通だが差異ある責任」原則に則り，先進国が多くの排出削減を行うべきだ，と主張してきた。その根底にあるのは，ひとえに環境規制は自分たちの経済発展に制限をかける，という懸念であろう。

　しかし，パリ協定が2015年に合意され，各国が排出削減をめざす中で，上記とは異なる動きも出始めている。これまでの温暖化交渉において自国を「途上国」と主張してきた中国は現在，米国を抜いて世界最大の再生可能エネルギー生産国となった。そして，2060年までに二酸化炭素排出量を実質ゼロにすることを目標に掲げ，2021年には市場で二酸化炭素の排出枠を取引する全国統一排出量取引制度を開始したのである。これらの動きは，温暖化対策が再生可能エネルギーという新たなマーケットの主導権を決定づける重要な手段として重みを増してきたことを示唆するものといえよう。

（CBDR）」のもとに行われてきた。これは，すでに経済発展を成し遂げた先進国も，これから経済発展をする途上国も，地球温暖化問題を食い止める，という責任は共通であるが，過去の経済開発によって地球温暖化問題を引き起こしてきた先進国がより多くの責任を担うのは当然である，とするものである。この原則により，京都議定書（1997年）をめぐる交渉においては，2008年から2012年の5年間で「先進国全体で」5％削減することがめざされたものの，経済発展により二酸化炭素排出量の大幅増加が見込まれていた新興国にはなんの制約も課されないことになったのである。

　しかし，2006年に中国が米国を抜いて世界最大の二酸化炭素排出国となり，インドもロシアを抜いて世界第3位の排出国となると，先進国と新興国との対立構造が，いよいよ鮮明になった。これまで温室効果ガスを排出してきた先進国が多く削減義務を負うべきだ，とする新興国の主張と，現在，排出大国となった中国やインドなども相応の削減義務を負うべきである，とする先進国の主張とが衝突しあって，京都議定書後の交渉を困難にしたのである。この対立が最も顕著に現れたのが，2019年の第15回気候変動枠組条約締約国会議（COP15）の場であった。

　この会議では，京都議定書後の温暖化対策のための法的拘束力を持つ国際枠組

みへの合意が大いに期待された。だが，各国の国益がぶつかり合う中で，国際社会は，そのような合意形成に失敗したのである。その代わりに合意されたのは，地球の気温上昇を 2℃以内に抑えるために，先進国および途上国を含む各国が自主的に温室効果ガス削減のための行動を決定することに「留意」するだけの取決め（コペンハーゲン合意）に過ぎなかった。「留意」とする政治合意にとどめておくことによって，交渉そのものの決裂が避けられたのは確かであった。しかし，この会議を通して，台頭する新興国が排出削減に同意しない限り，温暖化問題に向けた実効性の伴う国際協調は成功しないという，厳しい「現実」も明らかになったのである。つまり，新興国台頭による国家間の力配分の変化は，この問題における国際協調を困難にする側面があったといえる。

　第 2 に，国内主体の選好に着目するリベラリズムの視点から，温暖化問題に対する米国の外交政策の「動揺」について説明してみよう。米国政府は，先述のCFC 規制の場合とは異なり，温室効果ガスの国際的規制に常に熱心であったわけではなかった。政権によって温暖化対策にかなりの違いが見られ（近年では，共和党政権は消極的，民主党政権は積極的な姿勢がパターン化している），それが一因となって，地球温暖化レジームの成功は不確かなものになってきたのである。ここでは，次の 2 つの問い，①なぜ米国のトランプ政権（共和党）はパリ協定から離脱したのか，②なぜトランプ政権に続くバイデン（Joseph Biden, 1942〜）政権（民主党）はパリ協定に復帰したのかを，米国内の主体の選好に着目して考えてみよう。

　まず，米国がパリ協定から離脱した背景である。そこには，パリ協定からの離脱を望む企業の選好が少なからずとも反映されていたことがわかる。温暖化を引き起こす原因である温室効果ガスの排出源は多岐にわたる。米国においては，これまで二酸化炭素の直接的な排出源となっているエネルギー産業が，温暖化対策を「後退」させるべく米国政府にロビー活動を通じて圧力をかけてきたことは，よく知られている。その最たるものは，石炭・石油業界が自動車業界などと連携して結成した，世界気候連合（Global Climate Coalition）と呼ばれる利益団体である。この利益団体は，1997年に京都議定書が採択されると激しいロビー活動を展開した。2001年に発足したブッシュ（George W. Bush, 1946〜）政権（共和党）が，二酸化炭素の排出削減を発電所に対して義務付けるという選挙公約まで撤回し，京都議定書を批准せずに離脱する意思を明らかにした背景には，このような圧力が存在していたと考えられている（山田 2008）。

　その後，温暖化対策を支持する世論の高まりと世界気候連合の活動に対する世論の批判を受け，世界気候連合は2001年に解散しているが，石炭産業はさまざまな形でロビー活動を続けた。同産業は，オバマ（Barack Obama, 1961〜）政権が石炭火力発電所からの二酸化炭素削減と再生可能エネルギーへのシフトをめざした「クリーン・パワー・プラン」に激しく反対し，産炭州であるウェスト・バージニア州を始めとする石炭火力に依存する27州が，同プランの中止を求めて連邦裁判所に行政訴訟を起こすと，これを強く支持した。同プランは，オバマ政権がパリ協定で米国が公約した温室効果ガス削減目標の達成に欠かせない規制を導入するものであったが，2016年に米国最高裁はその実施執行延期を命じている。さらに，同年に行われた米大統領選挙では，化石燃料重視の政策を盛り込んだ「アメリカ第1エネルギー計画（America First Energy Plan)」を掲げたトランプが勝利し，実際に大統領となった彼は2017年にパリ協定からの離脱を発表，オバマ政権が進めた石炭産業への規制を緩和し，化石燃料分野の雇用創出・輸出促進を重視する姿勢を打ち出したのである。このようなトランプ政権の政策は，石炭産業の選好を反映したものであるとも捉えることができるだろう。

　次に，トランプ政権とは対照的に，バイデン政権がパリ協定に復帰した理由を考えてみよう。その一因は，米国国内の企業が一致して温暖化対策に反対していたわけではなかった点に求められるだろう。すでにトランプ政権がパリ協定離脱を決定した頃から，アップルやインテルといった大企業をはじめとした少なからぬ産業から，パリ協定離脱は，海外事業や技術革新の妨げになるという批判が出ていたのである。さらには，過去に米国の京都議定書への批准に強く反対をしていたエクソンモービルやシェブロンといった石油産業も協定に残るように要請していた。米国国内では，トランプ大統領の意向に関係なく，自治体や企業が「われわれはまだパリ協定の中にいる」と表明し，温室効果ガス削減目標への取り組みをさらに前進させる「気候変動に関する米国の約束（America's Pledge on Climate Change)」といったイニシアティブを設立してもいた。現在の米国では，温室効果ガス排出量の多い石炭は競争力を失い，太陽光などの再生可能エネルギーの普及が目覚ましいので，米国企業の選好も，温暖化対策に賛成する方向に傾きつつあるのである。いずれにせよ，温室効果ガスの排出大国である米国の国内選好が，温暖化対策の賛否において分断されてきたため，歴代米政権の温暖化レジームに対する関与も一貫性を欠くものとなってきたのである。

　第3として，知識や規範を重視するコンストラクティビズムの視点からは，温

暖化レジームに伴う限界を次のように説明できるかもしれない。まず，温暖化による気候変動に伴う人間への生命や生活への悪影響は，たとえば大気汚染問題や水質汚染問題と比較すれば，間接的かつ中長期的なものであるので，人々の間の「共通認識」になりにくい側面があったと言えよう。また，このことは，温暖化は本当に人類の活動に起因するものなのか，というような多くの「地球温暖化懐疑論」が展開されてきた事実にも示されていよう。このような懐疑論は，なにも温暖化が国際社会の関心を集めだした1990年代に限って主張されたものではなかった。トランプ大統領の「温暖化は，米国の製造業の競争力を弱くするために，中国がでっち上げたものだ」との発言に代表されるように，つい最近でも耳にする主張なのである。つまり，オゾン層保護レジームとは異なり，温暖化レジームの場合は，科学的なデータや知識による問題解決に向けた規範の生成が，温暖化を否定する「対抗言説」によって，妨げられることが少なくなかったのである。

　とはいえ，「気候のための学校ストライキ」で知られるグレタ・トゥーンベリ（Greta Thunberg, 2003〜）さんのような若い規範起業家が出現したことにより，温暖化対策の徹底を求める若年層による抗議運動が活発化するなど，人々の共通認識は明らかに変わりつつある。さらに，世界各地で頻発する洪水や土砂崩れ，大型台風の出現といった，温暖化の悪影響が実際に私たちの生活を脅かし始めたことも，温暖化対策が急務であるとの社会的認識を強化している。現に，米国の研究所が26カ国で行った世論調査では（Pew Research Center 2019），多くの国で気候変動が軍事的脅威（テロ，サイバー攻撃，北朝鮮の核計画など）よりも大きな脅威として認識されていることがわかったのである。

　さらに，IPCC 報告書が示す科学的知見にも変化が見られている。これまでの報告書では，科学的にまだ不確実な面があるとして，人間活動が温暖化へ及ぼす影響を断定するような表現は避けられてきた。だが，2021年出版の報告書では，「人間の影響が大気，海洋および陸地を温暖化させてきたことには疑う余地がない」とし，人間活動が温暖化の原因であることを科学的に初めて「断定」するに至ったのである（IPCC 2021）。このような科学的知識の発展は，今後の温暖化交渉や対策にさらなる弾みをつけることになろう。

4　地球環境問題と SDGs

　本節では，第10章でも触れた「持続可能な開発目標（SDGs）」において，地球

環境問題やそれへの対策が，どのように位置づけられたのかについて説明しよう。SDGs は，2012年に開催された国連持続可能な開発会議の合意文書に明記された。この会議は，持続可能な開発および貧困撲滅に向けたグリーン経済や持続可能な開発のための制度的枠組みの構築をテーマとし，そこで合意された「われわれの求める未来（The Future We Want）」において，持続可能な開発に関する包括的な目標としての SDGs の検討が謳われた。

　SDGs は2030年を達成期限として，17の目標と169の具体的なターゲットから構成されるグローバル目標である。目標には社会（目標 1 ：貧困をなくそう，目標 4 ：質の高い教育をみんなに，目標 5 ：ジェンダー平等を実現しよう，など），経済（目標 8 ：働きがいも経済成長も，目標 9 ：産業と技術革新の基盤をつくろう，目標12：つくる責任つかう責任，など），環境（目標13：気候変動に具体的な対策を，目標14：海の豊かさを守ろう，目標15：森の豊かさも守ろう）の領域に関する目標がそれぞれ組み込まれ，先進国，途上国を問わず目標の達成に向けてともに行動することが求められている。こうして，持続可能な開発のためには，環境・社会・経済の 3 領域の統合的向上が重要であるという国際社会の認識が高まったのである。

　その一方で，SDGs は肝心の環境保護を十分に組み込めていない，との指摘も存在する。このような指摘は，SDGs がめざす環境・社会・経済すべてを「バランス良く」達成するのは難しいとの立場から，地球環境の保護を「最優先」した開発を提唱するものである。具体的には，「20世紀型の持続可能な開発」が将来の世代の欲求を満たしつつ，現在の世代の欲求も満足させるような開発であるのに対して，「21世紀型の持続可能な開発」は，現在および将来の世代の人類の繁栄が依存している「地球の生命維持システムを保護」しつつ，現在の世代の欲求を満足させるような開発であるべきことを求めるのである（Griggs et. al., 2013）。

　実際に，SDGs には，互いに整合性をつける必要のある目標も存在する。たとえば，目標 8 のターゲット8.1は「各国の状況に応じて， 1 人あたりの経済成長率を持続させる」ことをめざしているが，目標 6 ・14・15では，持続可能な水・海洋・森林などの資源利用が示されている。この「持続可能な資源利用」が意味するところは，「地球環境の回復スピードを超えない範囲での人間活動」であろう。しかし，先に指摘したとおり，現時点ですでにいくつかの領域で「地球の限界」に達している状況にあって，どのように環境保護を達成させつつも， 1 人あたりの経済成長率を持続させるのか，定かではない。この点についての明確な方策が示されないまま，SDGs は，目標の達成を各国に任せてしまっているのであ

る。

　しかし，SDGs が地球環境保護を含む持続可能な社会の構築に向けて重要な役割を果たしていることも事実である。第1に，SDGs は，持続可能な社会に関する意識や行動の最初のきっかけづくりとして期待できる。第2に，SDGs は，国家のみならず，さまざまな非国家主体をステークホルダー（利害関係者）と位置づけ，目標達成の可能性を高めることが期待できる。

　この良い例が，環境 NGO，森林経営者，木材業者，先住民族，森林組合の協働によって設立された「森林管理協議会（FSC）」という団体である。FSC は，環境や地域社会にとって望ましい管理方法によって伐採された木材，木材製品，紙製品にのみ認証マークをつけ，消費者がその認証マークを見て環境や地域社会にやさしい商品を購入できるように促し，SDGs の目標実現を後押ししているのである。エシカル消費，すなわち「消費者それぞれが各自にとっての社会課題の解決を考慮したり，そうした課題に取り組む事業者を応援しながら消費活動を行うこと」（消費者庁）を促す試みでもあると言えよう。最近では，この FSC 認証を積極的に取得しようとする企業が増えており，われわれの身近にも FSC 認証マークがついたもの（ノートや紙袋など）を目にすることが多くなった。同じような仕組みは，持続可能な漁業を目的とした「海洋管理協議会（MSC）」によっても試みられている。

　本章では，「国益」と「地球益」，そして「環境保全」と「経済成長」を両立させるために，国際社会が地球環境問題の解決に向けてどのように歩んできたのか，これまでの歴史を概観した。その上で，どのような要因がオゾン層保護レジームを成功へと導いたのか，そしてなぜ地球温暖化レジームをめぐる合意形成が困難であるのかについて，リアリズム，リベラリズム，コンストラクティビズムの観点から分析を行った。その結果，地球環境レジームを成功へと導くには下記の条件が有効であることが明らかとなった。

　まず，国家間の力配分に着目するリアリズムの視点からの分析では，大国（環境破壊への寄与度の高い国）の数が多いほどに地球環境問題解決に向けた交渉が難航しやすい，ということがいえる。逆に，大国の数が少ないほど，とくに問題解決に向けてリーダーシップを取るような覇権国家が存在するような状況であれば，国際協調は実現しやすいだろう。

　では，どのような要因が大国間の国際協調を促しうるのか。これを考えるため

には，国内主体の選好に着目するリベラリズムの視点が必要不可欠である。とりわけ，汚染物質の直接的な排出源である民間企業の選好は，国家の選好に大きな影響を及ぼしうる。このような企業は，時としてロビー活動を通じて環境対策を大きく後退させうるが，一方で削減努力や環境技術革新によって環境問題の解決を導く力ももつ。そして，民間企業が環境保護へと積極的に取り組むきっかけを作り出すのは，科学者によって提供される知識である（コンストラクティビズムの視点）。新たな科学的知見は，環境破壊が私たちの生命や生活にとっての「脅威」であることを正確に認識させ，環境意識の高まりが民間企業や政府にさらなる環境対策を促すのである。

　現在，われわれが直面している地球規模の脅威は，間違いなく地球温暖化である。それにもかかわらず，地球温暖化問題においては，経済成長という国益と温暖化阻止という地球益とが対立する一方で，企業にも十分な利益をもたらしえる温暖化対策（道筋）もいまだ不透明なままである（たとえば，現在の日本でも，温室効果ガス排出ゼロ（脱炭素）の経済活動を実行するには多くの課題が残っている）。したがって，地球温暖化問題をめぐる国際協調がさらに進展するには，オゾン層破壊問題の時以上に，その解決（温暖化対策）をわれわれの義務と見なすような規範を国際社会でさらに共有していくことが不可欠だと思われる。なぜなら，それによって，脱炭素社会に向けた経済活動や技術革新の促進も図られるからである。今後，IPCC の報告書や若年層などによる抗議運動が規範の拡散をもたらすことができるのか，注目される。

参考文献

Griggs, David et al., "Sustainable Development Goals for People and Planet," *Nature*, 495, 2013.

気候変動に関する政府間パネル（IPCC）第 6 次報告書，2021. https://www.data.jma.go.jp/cpdinfo/ipcc/ar6/index.html.

Pew Research Center, "Climate Change Still Seen as the Top Global Threat, but Cyberattacks a Rising Concern," 2019. https://www.pewresearch.org/global/2019/02/10/climate-change-still-seen-as-the-top-global-threat-but-cyberattacks-a-rising-concern/.

Rockström, Johan et al., "A Safe Operating Space for Humanity," *Nature*, 461, 2009.

United Nations Environment Programme (UNEP), *Production and Consumption of Ozone Depleting Substances under the Montreal Protocol 1986-2004*, 2005. https://www.

unep. org/resources/report/production-and-consumption-ozone-depleting-substances-under-montreal-protocol-1986.

ザックス・ヴォルフガング（川村久美子・村井章子訳）『地球文明の未来学』新評論，2003年。

山田高敬「環境に関する国際秩序形成——Ｇ８サミットの役割」『国際問題』572，2008年。

和達容子「地球的規模の環境問題における EC——オゾン層破壊問題を事例として」『日本 EC 学会年報』15，1995年。

さらに読み進めたい人のために

亀山康子『新・地球環境政策』昭和堂，2010年。
　＊さまざまな地球環境問題をめぐる国際政治についてわかりやすく解説されている。地球環境政治を取り巻くさまざまな研究動向についてもカバーされており，研究者をめざす学生にもおすすめしたい１冊。

斎藤幸平『人新世の「資本論」』集英社，2020年。
　＊「SDGs は大衆のアヘンである」という「はじめに」の見出しの通り，マルクスの思想に軸を置きながら，資本主義の際限なき利潤追求がいかに環境危機を招いているのかについて，鋭い分析がなされている。

ポーター，ガレス／ブラウン・ジャネット・ウェルシュ（細田衛士監訳）『入門　地球環境政治学』有斐閣，1998年。
　＊地球環境政治学の基礎となる教科書。環境政治を取り巻く主体の役割や，どのように越境大気汚染，オゾン層破壊問題，捕鯨，地球温暖化などの国際レジームが形成されたのかが詳しく記述されている。

ロックストローム，ヨハン／マティアス・クルム（武内和彦・石井菜穂子監修）『小さな地球の大きな世界——プラネタリー・バウンダリーと持続可能な開発』丸善出版，2018年。
　＊SDGsの基礎になっている「プラネタリー・バウンダリー」の概念を提唱したロックストローム博士が写真家クルム氏と出版した本。限界を迎えつつある地球環境の現状について，生々しい写真とともに科学的なデータを多く用いながら説明がなされている。

（井口正彦）

第12章
人権と人の移動
——人間としての権利をどう守るのか——

---- Short Story ----

　他大学に通うミネオ君の友達（ショウタ君）から，SNS にメッセージが届きました。なんでも，ある授業の担当教員が「アカハラ」まがいのことをしているようで，ショウタ君は怒っています。しかし，ミネオ君は最初，「アカハラ」が何のことかよくわかりませんでした。

（ショウタ）「先生がアカハラしてるかも」

（ミネオ）「え，アカハラって何？」

（ショウタ）「知らない？　アカデミックハラスメントだよ。大学のような教育研究機関で，立場の強い先生が，立場の弱い学生に対して理不尽なことを要求したり，不当な嫌がらせをしたりすることだよ」

（ミネオ）「なるほど。セクハラとかパワハラの"大学版"みたいな感じ？」

（ショウタ）「そう。大学院生が被害にあうことが多いみたいなんだけど，僕が参加している授業の教授，プレゼンがイマイチだと，学部生に対しても，人格否定するようなひどい暴言を平気で吐くんだよね。さらにひどくなると，学生を無視して，指導してくれなくもなるんだ」

（ミネオ）「ひどいね」

（ショウタ）「昔であれば，被害者は泣き寝入りするしかなかったみたいだけど，今の人権感覚だと，そうはいかないよね。だから，みんなで，大学の事務に相談するか検討中」

　ミネオ君は，ショウタ君の話に驚く一方，自分の周りにはアカハラをしそうな先生がいないことに安心しました。と同時に，「人権」が，これまで無視されてきた状況や場所にも新たに適用されていくことに，興味を持ちました。

　皆さんは，自分自身の人権をどのように考えているのだろうか。自分の人権は十分に守られていると考えているのだろうか，それとも人権が侵害されていると考えているのだろうか。おそらく，大半の人は，人権について，あまり深く考えずに過ごしているというのが実情かもしれない。なぜなら，現在の日本においては，多くの人々は基本的な人権が守られていると思っているからである。

　しかし，実際には，私たちの周りでも，さまざまな「人権問題」が存在している。たとえば，新型コロナウイルスの感染が拡大した2020年には，多くの学校が閉鎖され，子どもや若者の「教育を受ける権利」が十分に保障されていないとの批判がなされた。さらに，感染症対策の名の下に，政府や自治体が要請したステイホームによって，家庭内暴力や望まない妊娠が増加するなど，女性や子どもの権利が脅かされたとの報告もあった。日本に限らず，諸外国に目を向けても，人権問題は，いろいろな形で表面化している。米国を中心として国際的な広がりを見せた Black Lives Matter 運動（黒人への人種差別に反対する運動）や，抑圧的政府による反体制派市民への弾圧（政治参加の権利への侵害），イスラム過激派による女性の権利侵害など，「人権」に関わる問題は枚挙に暇がない。

　このように，日本国内を含む現代の世界においては「人権」にまつわる課題が多数存在しているのである。しかしながら，人間（human）の権利（rights）を意味する人権（human rights）は，約数百万年前の人間（人類）の誕生とともに，生まれたのではなかった。人権の基本的な考え方は，13世紀の西欧でようやく芽生えたものに過ぎず，人権規範の発展と拡散は，その後の長い年月をかけた，さまざまな人々の努力により達成されたものであった。しかも，その過程においては，誰の，どのような人権を，どのように「実現」するのかという問題がしばしば争点となり，人権をめぐる，さまざまな主体間の「対立」と「協調」が国内外で展開されることになったのである。

　本章では，「人権」とは何であり，いつ，どのように発展してきたのかを解説し，そのうえで，なぜ国家は人権を守るという「約束」をする（人権条約の締結）のか，そして，どのような条件で国家はその「約束」を守る（人権条約の遵守）のかという2つの問いを，リアリズム（第2章），リベラリズム（第3章），コンストラクティビズム（第5章）の観点から答えていく。最後に，さまざまな人権問題の中から難民問題を取り上げ，難民保護に関する国際制度や，日本における難民問題について概観する。

1　人権規範の誕生と発展

人権とは何か——人権規範の誕生

　人権とは「人間が人間として当然に持っている権利」であり，「人間の固有の尊厳に由来する」とされる。日本国憲法においても3つの原則の1つとして「基本的人権の尊重」が掲げられ（他の2つは「国民主権」と「平和主義」），より具体的な権利として，法の下の平等，思想・良心の自由，幸福追求権，財産権，生存権などが規定されている。現代では，このような権利は，日本に限られない「普遍的」な権利として多くの国々，すなわち国際社会によって当然視されている。

　人権の基本的な考え方が最初に生まれたのは欧米においてであった。その歴史は，古くは13世紀の英国で当時の国王が署名させられたマグナ・カルタにまでさかのぼれるだろう。この文書において，国王による課税権の制限や，教会の自由，市民の自由，不当な逮捕の禁止などが定められたのである。17世紀のイギリス革命後に制定され，マグナ・カルタの内容を確認した権利章典も人権の発展においては重要であった。18世紀には，国際的にさらに大きな影響を与え，現在の普遍的な人権規範の基盤にもなったアメリカ独立宣言（1776年）およびフランス人権宣言（1789年）が出された。アメリカ独立宣言やフランス人権宣言においては，「譲渡不可能かつ神聖な自然権」が個々の人間にあることが確認され，人間には，自由や安全，所有権，政治参加を保障される権利があるとされた。このような欧米に始まる人権規範は，圧政を行う政府（国王や君主）から個人を解放し（liberate），個人の自由（liberty）の実現を目指した市民革命を背景に発展し，現在における「自由権」（第1世代の人権）の核心を提供するものとなった。

　この時期までの人権とは，特定の国内における政府と人民との関係を規定するものであったが，19世紀になると欧米を中心に人権は国境を越えた課題となっていった。主な出来事として2つ指摘しよう。第1に，フランス革命戦争およびナポレオン戦争を通して，フランス人権宣言の理念が欧州各国に「輸出」されていったことである。当時の欧州では，国王や君主が「主権」を有する国家が大半であったが，ナポレオン・ボナパルト（Napoléon Bonaparte, 1769～1821）が欧州各地を支配下においたことによって，国民主権を含む人権の理念が各地に拡散することとなった。第2は奴隷廃止運動の発展である。奴隷廃止運動は，英国内の奴隷に対する人道的配慮から開始され，クウェーカー教徒などのキリスト教の一

派が持つ国際的なネットワークを通して，英国をはじめとする欧州諸国，ラテン・アメリカ諸国，そして，米国に広がっていった。英国を中心とした奴隷船の取り締まりによって8万人近い奴隷が解放されたとされ，米国においては，南北戦争中の1863年にエイブラハム・リンカーン（Abraham Lincoln, 1809～65）大統領によって有名な「奴隷解放宣言」が発表されている。

20世紀になると，人権は幅広い争点をカバーするように発展し，世界に拡散することになった。その最初の契機となったのが，多くの人命が失われた第1次世界大戦であり，以下3つの点で人権規範は発展を見せた。

第1に，英独などで女性参政権の拡大が実現したことである。奴隷廃止運動に参加した女性を中心に結成された国際的な連帯運動が，法の下の機会平等の観点から，女性の政治参加を求めたのである。その背景には，それまで政治の場から除外され続けていた女性が，武器や弾薬の作成といった後方支援の形で戦争に参画し，また，多くの男性が戦場で命を失う中，戦後の国家再建にも大きな役割を果たすようになったことがあった。

第2に，1920年に設立された国際連盟を通して人権に関する議論が進められたことである。たとえば，民族自決権に基づく少数民族の保護や，女性や子どもの人身売買防止の取り組み，第1次世界大戦やロシア革命によって発生した難民保護を目的とした高等弁務官の設置などが，国際連盟による人権保護の具体的な取り組みとして挙げられる。また，同時期には，労働者の権利を国際的に保障するための組織として国際労働機関（ILO）が設置され，国家代表のみならず，雇用者や労働者の代表が意思決定の場に参画できる制度（政労使の「三者構成原則」）が設置されるなど先駆的な取り組みが生まれた。

第3に，第1次世界大戦後のパリ講和会議で，国際連盟規約に人種差別撤廃条項を挿入することが提案されたことである。この提案を行ったのは日本である。日本は純粋に「全人種の平等」を求めたのではなく，欧米各国から受ける日本人（黄色人種）への人種差別的扱いや，米国やカナダにおける排日移民問題の解決が念頭にあったとされる。しかし，非欧米国家の日本が人種平等を求め，会議参加者16名中11名（仏・伊・ポルトガル・中華民国などの代表者）の支持を得たという事実は重要であった。ただし，この提案は，自国や植民地内で人種差別などの人権問題を抱えていた米国や英国の反対に遭い，さらには議長を務めるウッドロー・ウィルソン（Woodrow Wilson, 1856～1924）米大統領が多数決ではなく全会一致での採決を求めたこともあって，結果的に否決された。

国際連合憲章における人権規範の挿入

　第2次世界大戦後の1945年10月に設立された国際連合（国連）においては，その原則の1つとして基本的人権の尊重が掲げられ，人権保障が明確に国際的な議題となった。つまり，国連を通して，「人種，性，言語または宗教による差別なくすべての者のために人権および基本的自由を尊重するように助長奨励することについて，国際協力を達成」（国連憲章1条3項）することが定められたのである。

　この国連憲章における人権規範は，第2次世界大戦の戦後構想である「4つの自由」と「大西洋憲章」を基盤としたものであった。4つの自由とは，1941年1月にフランクリン・ローズヴェルト（Franklin D. Roosevelt, 1882〜1945）米大統領が発表した，①言論・表現の自由，②信仰の自由，③欠乏からの自由，④恐怖からの自由を柱とする理念である。その後，4つの自由は，同年8月に，米英両政府が合意し，公表した大西洋憲章にも反映されることになった。大西洋憲章には，米英があらゆる地域のすべての人々に対して恐怖および欠乏からの自由を保障することが明記され，それこそが，戦後の世界で両国がめざす理想と位置づけられた。

　しかし，次に述べるように，現在当然視されている人権保護は国連憲章にスムーズに挿入されたわけではなかった。論点は3つある。第1に，国連憲章における人権規範は，米英両政府が提起した第2次世界大戦の戦後構想を基盤としたものではあるが，両国が4つの自由と大西洋憲章を発表した思惑は，人権の促進よりも，自国民に参戦の意義を説明するために「自由」の理念を活用することにあった。当時の米国は第2次世界大戦に対して「中立」を維持していたが，ローズヴェルトは英国などの連合国（United Nations）側への支援が不可避と考えるようになり，連合国支援の必要性を「自由を守る」観点から，自国民に訴えたのである。さらに大西洋憲章に明記された恐怖および欠乏からの自由は，ナチス・ドイツによる暴虐を食い止めた後，すべての国に住むすべての人に保障されるべきものという文脈で言及されるなど，第2次世界大戦に参戦するための「大義」としての性格の強いものであった。

　第2に，米英は，「自由」を基盤とした戦後構想を発表したものの，終戦後に成立することになる国連憲章に人権を挿入することには反対であった。英国は，自国が抱えていた植民地住民の人権問題が国連において批判されるのを懸念した。米国も，黒人差別や日系アメリカ人の強制収容問題など国内に人権問題を抱えていたため，国連が国内問題に干渉してくるのを警戒した。実際に，国連憲章草案

に関する議論が行われた．1944年のダンバートン・オークス会議では，英国と，人権抑圧的な自国への批判を恐れたソ連が国連憲章に人権を挿入することに強く反対し，米国も国家主権の侵害につながりかねない国際組織による人権の促進に消極的であったため，人権に関する詳細な議論は回避されたのである．

しかしながら，第3に，上記のような大国の消極姿勢に強く失望したラテン・アメリカ諸国に代表される中小国やNGOの努力によって，国連憲章に人権規範が盛り込まれることになった．ラテン・アメリカ諸国は，第2次世界大戦中に発生したナチスなどによる深刻な人権侵害が二度と起こらないように，国際的に認められ保護されるべき人権規範を国連憲章に盛り込むべきだと主張した．1945年に開催されたサンフランシスコ会議では，参加国50カ国のうち20カ国を占めたのがラテン・アメリカ諸国であり，その意見は影響力を持ったのである．さらに，米政府が，米国民の国連に対する支持向上を狙って行った，サンフランシスコ会議へのNGOや法律家集団の参加容認も，思わぬ形で人権規範を国連憲章に挿入することを後押しした．会議に参加したNGOらは，ラテン・アメリカ諸国の意見を強く支持して，米政府に対して人権規範を国連憲章に挿入するよう直接訴え，米国政府やその他の大国の消極姿勢を転換させることに成功したからである．このような過程を経て，国連の目的の1つに人権保障が加えられることになったのである．

世界人権宣言の成立と国際人権レジームの発展

国連憲章における抽象的な人権規範を具体化するために，国連設立後，人権に関わる複数の条約が締結されるようになった．その重要な出発点が，1948年12月10日に国連総会で採択された「世界人権宣言」である．全30条からなる同宣言は，次の3点からその後の人権規範の発展に大きな影響を及ぼすことになる．

第1に，世界人権宣言は，第1条において「すべての人間は，生れながらにして自由であり，かつ，尊厳と権利とについて平等である」と明確に宣言し，人権の普遍性を確認した．第2に，拷問や奴隷など非人道的な待遇の禁止や表現の自由といった，政府による権力の濫用から個人の自由を守ることを目的とした権利である「自由権」に加えて，健康で文化的な生活を送るための権利や，教育・労働・文化に対する権利といった，政府にその権利の実現のために積極的な行動をとることを求める権利である「社会権」（第2世代の人権）を具体的に規定した．第3に，世界人権宣言をきっかけに，人権上の特別な配慮が必要な集団（子ども

表 12-1　国連における主要人権条約と批准状況（2022年6月時点）

	採択	発効	締約国・地域	日本の批准状況（批准日）
世界人権宣言	1948/12/10	—	国連総会決議	—
人種差別撤廃条約	1965/12/21	1969/01/04	182カ国・地域	○（1995/12/15）
社会権規約	1966/12/16	1976/01/03	171カ国・地域	○（1979/06/21）
自由権規約	1966/12/16	1976/03/23	173カ国・地域	○（1979/06/21）
女子差別撤廃条約	1979/12/18	1981/09/03	189カ国・地域	○（1985/06/25）
拷問等禁止条約	1984/12/10	1987/06/26	173カ国・地域	○（1999/06/29）
児童の権利条約	1989/11/20	1990/09/02	196カ国・地域	○（1994/04/22）
移住労働者の権利条約	1990/12/18	2003/07/01	57カ国・地域	×
障害者権利条約	2006/12/13	2008/05/03	185カ国・地域	○（2014/01/20）
強制失踪条約	2006/12/20	2010/12/23	68カ国・地域	○（2009/07/23）

出所：国連人権高等弁務官事務所ウェブページ（https://indicators.ohchr.org/）および外務省ウェブページ（https://www.mofa.go.jp/mofaj/gaiko/jinken/ichiran.html）から筆者作成。

や女性など）や特定の人権侵害（人種差別や拷問など）を対象とする個別の人権条約が作られるようになった（表12-1）。これらの総体を本章では「国際人権レジーム」と呼ぶ。

　これらの人権条約には，それぞれの理念を実現するための具体的なメカニズムが定められている。まず，表12-1に挙げた各人権条約の下には，自由権規約委員会や人種差別撤廃委員会などの人権条約機関が設置されている。これは，いわゆる人権条約の「監視機関」であり，各国政府の人権保障に向けた取り組みを評価し，問題があればその是正を各国に勧告する。また，2006年に設置された国連人権理事会（UNHRC）においては，4年ごとに各国の包括的な人権状況について国家間で相互に審査を行う「普遍的・定期的レビュー」が制度化された。これらの評価および勧告は定期的に行われ，次回までに人権状況の改善が見られなければ，その政府は厳しく批判される。もちろん，国際社会はアナーキーであるため，国内の人権状況に関する最終的な決定権は各国政府にあるが，政府といえども，各人権条約機関やUNHRCの評価や勧告を完全に無視することは難しく，何らかの対応や釈明が求められるのは必須である。さらに，各人権条約機関には，加盟国政府から独立した専門家やNGOが所属し，各国の人権保障の促進を後押しするために，積極的に活動している。

　このような特徴を持つ国際人権レジームの発展過程には，「米ソ冷戦」と「新興独立国」が異なる形で影響を与えた。第1に，第2次世界大戦後の世界で激し

くなった米ソ冷戦対立は，人権規範をめぐる分断をももたらした。その最たるものが，「自由権規約」と「社会権規約」という2つの条約の存在である（双方ともに，採択は1966年，発効は1976年）。それぞれの政治体制の違いから，米国をはじめとする西側（自由主義）陣営は「自由権」の優越を主張した一方で，ソ連をはじめとする東側（社会主義）諸国は「社会権」の重要性を力説し，互いに歩み寄ることができなかったのである。しかも，両陣営は，お互いの人権状況を非難し合ってもいた。自由権規約と社会権規約の内容は，本来であれば1つの人権規約として統合されるべきものでもあったが，米ソ冷戦対立下では，そのようなことは到底できなかったのである。

　第2に，戦後に植民地からの独立を果たした「新興独立国」は，人権規範の発展に大きく貢献した。1960年代以降，次々と国連加盟を果たした新興独立国は，1国1票を原則とする国連総会において多数派を占めるようになり，発言力を増していった。その中で，新興独立国は，反人種主義を掲げ人種差別撤廃条約の成立を率先したり，先述の自由権および社会権規約1条に，特定の民族が独立などの政治的地位やその政体のあり方を自ら決める権利である自決権を盛り込むよう主張したりした。また，南アフリカによるアパルトヘイト政策（居住区域の指定や参政権の否定などにより，少数派の白人支配層が多数派の黒人を差別・弾圧する政策）を徹底的に批判し，最終的には，国連憲章第7章に基づく南アフリカへの制裁措置を国連安全保障理事会で採択させることにも成功した。加えて，自由権，社会権に続く「第3世代の人権」と呼ばれた，開発のための機会均等を主張する「発展の権利」も，新興独立国のリーダーシップに拠るところが大きかった。新興独立国は，自らの歴史的な経緯を踏まえて，人権規範の発展に独自の重要な役割を果たしたのである。

冷戦終結と人権規範をめぐる新たな展開

　1989年の冷戦終結以降，人権規範は国際的にさらに拡散する過程に入った。その過程では，次の4つの展開が見られた。第1に，シンガポールや中国などのアジア諸国は「アジア的人権」と呼ばれる独自の人権観を提示し，普遍的人権保障を主張する西側諸国への「対抗」を試みた。アジア的人権とは，①人権は地域によって異なる相対的なものであり，②アジアでは個人よりも集団の権利が優先され，③人権は国内問題であり諸外国からの干渉は認められない，とする主張である。アジア的人権には，表現の自由や政治参加といった自由権を一定程度制限し

つつ，国家の経済発展を強権的に進めるという「開発独裁国」の手法を正当化する側面があった。同時に，ミャンマーでの軍事クーデター（1988年）や中国での天安門事件（1989年）といったアジアでの人権侵害に対する西側諸国からの非難や制裁を，「内政干渉」と位置づけて，自らの立場を正当化しようとする思惑もあった。

　第2に，第1のようなアジア諸国からの抵抗はあったものの，結果的には西側諸国の考えを反映した人権規範が，国際的な合意を得て，ますます普遍的なものとして広がることになった。まず，社会権の優越を主張していた東側諸国も，冷戦終結後に民主化を進める中で，これまで否定してきた自由権を受容していった。さらに，1993年，オーストリアのウィーンにて開催された世界人権会議には171カ国もの国々が参加し，人権規範の広がりを強く印象づけた。同会議において，アジア的人権を主張するアジア諸国と西側諸国が激しく対立したものの，最終的にはウィーン宣言が採択された。そこでは，①人間が人権の主体かつ受益者であること，②すべての人権は普遍的かつ不可分であること，③人権には発展の権利も含まれるが，主体はあくまでも個人であり，国の発展を理由に人権を侵害してはならないことが合意された。発展の権利を指摘するなど，アジア諸国の主張が受け入れられた部分もあるが，個人の権利が侵害されてはならず，人権とは相対的なものではなく普遍的なものであることが改めて明言され，アジア的人権の考え方は事実上否定されたのである。

　第3に，NGO や企業といった非国家主体が人権規範の拡散に大きな影響を及ぼすようになった。上述した世界人権会議の特徴の1つは，NGO が会議にオブザーバー参加したり，会場の近くで多数のサイドイベントを開いたりしたことであった。冷戦終結以降，人権分野における NGO の存在感は高まり，世界的なスポーツ企業やアパレル企業，食品企業が行っていた児童労働や不当な低賃金労働の告発，紛争地域で採掘された貴金属や鉱物のグローバルなサプライチェーンの監視が NGO によって行われた。また，NGO の取り組みが活発化する中，企業にも人権保護の取り組みが求められるようになった。企業の社会的責任（CSR）や持続可能な開発目標（SDGs）の広がりにより，人権に対する取り組みが，単なる慈善事業に留まらず，企業の経営・事業戦略の一部として導入されるようになったのである。たとえば，「ビジネスと人権に関する指導原則」（2011年）のように，本社のみならず下請け企業も含めて，企業活動において人権侵害を生じさせるリスクを事前に評価し，回避する「人権デュー・ディリジェンス」を実施す

ることを企業に対して求める規範が影響力を増しつつある（第13章第３節も参照）。

　第４に，人権規範が国際社会に浸透する中，人権と他分野の関係性が密接になり，「人権と○○」という新たな問題領域が生まれるようになった。たとえば，日本政府が主導する「人間の安全保障」では，国連の３つの柱である「開発，人権，平和」が相互に関連し，強化しあう関係であることが強調されている。また，2020年より世界を襲った新型コロナウイルス感染症への対応は，感染症対策と経済政策のバランスに加えて，外出規制・自粛政策に伴う家庭内暴力や望まない妊娠の増加，医療従事者や欧米でのアジア人への差別といった人権問題を改めて浮き彫りにした。これは「人権，健康，経済」が重なり合う問題であることを示す。このように，人権保障には，他分野の問題を含む多様な利害や規範が重なり合っているため，一筋縄での対応が難しい点には留意が必要であろう。

2　なぜ国家は人権条約を締結するのか

人権条約を締結する理由

　第２次世界大戦後の人権保障は，国家が人権条約を締結することで，自らの国内で人権保障を進めることを国際的に「約束」し，領域内に住む人々の人権を保護することが基本になってきた。つまり，人権保障に最も責任を持つのは，人々が住む国の政府である。このため，各国政府が法的拘束力を持つ人権条約を締結すると，自国民の人権を守るために必要となる財政支出や，人権状況改善のための努力，およびそれらを怠った政府に向けられる非難といったさまざまなコストが発生することになる。たとえば，多くの人権条約を締結している日本に対しても，欧米諸国や UNHRC，NGO などから，外国人労働者の搾取や性的搾取といった人身取引問題，死刑制度の存続，人種・国籍・セクシャリティに基づく差別，メディアの政府権力からの独立性，といった点において改善が必要であるとの勧告が行われている。

　他方で，そもそも，アナーキーな国際社会では，人権条約を含む特定の条約を締結するかどうかの最終判断は，各国家に委ねられている。それゆえに，さまざまなコストを嫌って人権条約を締結しない，という国家の選択も十分ありえる。しかし現実には，多くの国が人権条約（表12-1）や，人権規範を含む特定の条約を締結するようになった。なぜ国家は，コストを伴う人権条約を締結するのか。以下では，リアリズム（第２章），リベラリズム（第３章），コンストラクティビズ

ム（第5章）の立場から，その理由を説明してみよう。

リアリズム——軍事力・経済力への着目

まず，リアリズムの観点から考えてみよう。軍事力や経済力を重視するリアリ
ズムの立場は，人権を重視する欧米の民主主義国を中心とする覇権国や大国がそ
のパワーを背景にして，他国（中小国）に対して人権規範を拡げていくと説明す
る。その1例が「人権外交」であり，米国や欧州諸国によって採用されることの
多い政策でもある。たとえば，欧州連合（EU）には「コペンハーゲン基準」と
呼ばれる加盟条件があり，EU 加盟を希望する国は，民主主義，法の支配，人権
およびマイノリティの尊重と保護を保障する諸制度を確立することが求められて
いる。さらに，ある国が EU と自由貿易協定を締結する際には，高いレベルで
の貿易自由化を果たすことに加えて，環境保護や人権保護といった欧州の共通価
値を同時に実現することが要求され，その国の企業が労働基準の遵守や CSR を
果たすことが必須条件となっている。つまり EU への加盟や EU との自由貿易
協定は，人権保護とセットになっているのであり，EU という大きな市場（経済
力）や EU 自体が持つ影響力を用いて人権保障を促す典型例といえよう。

リベラリズム——国際的な駆け引きと国内政治過程への着目

リベラリズムに基づく説明は，国際レベルと国内レベルの2つの分析レベルに
分けることができる。国際レベルについては，人権規範が国家間交渉の「駆け引
き」に使われる側面を考えてみたい。安全保障の優位を主張するリアリズムとは
異なり，相互依存状態にある世界では，安全保障のみが重要な争点ではなく，経
済的繁栄や環境・人権保護といった争点も同時に追求される。このような状況下
で，国家間合意に達するために使われるのが，「イシュー・リンケージ（争点連
繋）」である。国家間交渉において，ある争点に譲歩する代わりに，自国が重要
視する争点を相手に同意させるのが「イシュー・リンケージ」であり，人権規範
もその「取り引き」材料となりうるのである。

たとえば，欧州安全保障協力会議（CSCE，現在は，欧州安全保障協力機構
（OSCE））を通して，1975年に採択された「ヘルシンキ宣言」について見てみよう。
1960年代後半以降，米ソ間の緊張緩和が進む中，ソ連は西側諸国に対して，国境
の不可侵，つまり東独を含む欧州における安全保障上の現状維持を求めた。これ
に対して西欧諸国，とくに東西ドイツの統一を志向する西独はソ連の要求を受け

入れる代わりに，ヘルシンキ宣言の中に「人権および他の基本的自由の尊重」という自由権を基盤とした人権尊重原則（第7原則）を導入するのをソ連に認めさせた。つまり，西側諸国と東側諸国の間で，安全保障と人権が「取り引き」されたのである（Thomas 2001）。

　次に，国内レベルについて見てみよう，リベラリズムで強調されるのは，自由民主主義国家における国内政治過程である（Hafner-Burton 2009；Simmons 2009）。自由民主主義国家において最終的に人権条約を締結するかどうかは，①利益団体と政府との関係や，②行政と立法の関係を定める国内政治制度に基づく手続きに左右される。第1に，国内の利益団体の意見が政策決定者の判断に影響を与え，人権条約の締結に繋がる場合がある。ここにいう利益団体が人権団体の場合は，人権保護が主目的となるが，経済団体や労働組合の場合は，人権保護それ自体よりも，国内産業の競争力向上や雇用維持といった経済利益のために，人権保護が持ち出されることがある。第2に，人権条約の締結を担当する行政府と，条約の批准や国内法制化を担当する立法府との関係も，人権条約を結ぶか否かに影響を与えうる。たとえば，大統領制の米国は，大統領（行政）と議員（立法）が別々の選挙で選ばれ，大統領が結んだ条約の批准には上院の3分の2の賛成が必要になる。よって，大統領や議会の多数派を構成する政党の選好が鍵になる。

　人権条約それ自体ではないが，「労働者の権利保護」といった人権条項を組み込んだ「自由貿易協定（FTA）」の成立において，このような国内政治過程の論理を見出すことも可能であろう。その典型例が，ビル・クリントン（Bill Clinton, 1946～）米大統領（民主党）の在任初期に成立した北米自由貿易協定（NAFTA）である。NAFTA は文字通り自由貿易の促進を主眼とするものであったが，その賛否をめぐっては，人権や環境問題も議論の対象となった。当時，民主党が上院・下院ともに議会の多数派を占めていたが，民主党の一部は NAFTA によって低賃金や低い労働環境で働くメキシコの労働者に米国の雇用が奪われることを危惧して，NAFTA に反対であった。しかし，労働組合や人権 NGO といった利益団体の要請を受けて同協定に「労働者の権利保護」（ここでの主眼はメキシコ側に労働者の基本的権利を守らせること）が組み込まれたことで，反対していた一部の議員が賛成に回ることになり，貿易も推進するが労働者の人権も守るという内容の協定が批准されたのである。

コンストラクティビズム──理念・規範への着目

　最後に，理念や規範の役割に着目するコンストラクティビズムの観点を見てみよう。この観点によれば，各国は国際「社会」の一員として，国際規範に従う「適切」な主体であることが求められており，このような「社会」から「外れている」とみなされた場合には，国家のみならず，NGO などからも批判を受けることが想定される。よって，国際的な評判を気にする国家は，その批判を回避するために「人権」という国際規範を規定した条約を締結するようになるのである。あるいは，人権規範を拡げる規範起業家による説得を各国が受け入れ，国が自らのアイデンティティを変化させた結果，人権条約を締結するということも考えられる。

　第2次世界大戦の悲劇，とくに，ナチス・ドイツによるホロコーストは，欧米やラテン・アメリカ諸国によって人権の国際的保障に関する認識を高めることにつながった。本章第1節で説明したように，国連憲章に人権規範が盛り込まれるうえで重要な役割を果たしたのはラテン・アメリカ諸国であった。また，世界人権宣言が採択される前日の1948年12月9日には，ジェノサイドを「忌まわしい苦悩」であるとして国際法上の犯罪として禁止するジェノサイド条約が採択された。さらに，1950年に採択された欧州人権条約は，世界人権宣言を念頭に置きつつ，欧州各国における人権保障や民主主義の確立を図ることを目的の1つとした。このように，第2次世界大戦後の国際人権レジームの成立には，人権保護という理念を欧米およびラテン・アメリカ諸国が共有していたことが重要な影響を与えたといえよう。

　近年でも，ジェノサイド，人道に対する罪，戦争犯罪を行った個人を裁くための裁判所である国際刑事裁判所（ICC）の設立条約であるローマ規定の発効（2002年）のように，人権保護の理念が影響力を持ったと考えられる例は存在する。当初は，内政不干渉原則に抵触するとして ICC に消極的な国が少なくなかった。だが，NGO や ICC に賛同する有志国が「法の支配」の確立や「不正義を許容しない」といった理念の重要性を主張し，反対派の国々に規範的圧力をかけ続け，それが徐々に説得力を持ち国際的に広がったことで，各国がローマ規定を受け入れるに至ったのである（Deitelhoff 2009）。

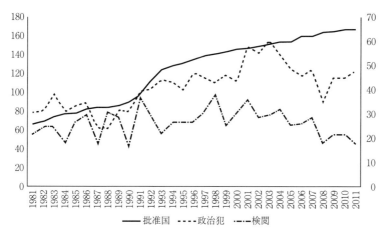

図 **12 - 1**　自由権規約の批准国数およびその遵守状況

注：左軸が自由権規約の批准国数，右軸が政治犯の投獄および政治的検閲が報告されて
　　いない国の割合（％）を示す。
出所：外務省ウェブページ（https://www.mofa.go.jp/mofaj/gaiko/kiyaku/2c_001_1.
　　html）および CIRI Human Rights Dataset, Version 2013.04.14（http://www.
　　humanrightsdata.com）より筆者作成。

3　なぜ国家は人権条約を遵守するのか

人権条約の遵守を促す難しさ

　前出の表12 - 1に示したように，現在国連加盟国の多くは複数の人権条約を結
んでいる。しかし，人権条約の締結が直接，人権規範の遵守につながるとは言い
難い状況にある。なぜなら，大半の人権条約には，条約の内容を各国政府に守ら
せる強力な執行メカニズムが備わっていないため，人権を保障する意図や能力が
無い国家でも，人権条約の締約国になり続けることができるからである。

　例として，自由権規約の遵守状況を見てみよう。図12 - 1は，1981年から2011
年における，自由権規約の締約国数（左軸：国数）と，自由権の重要な要素であ
る「政治的自由」と「表現の自由」の保障の程度をグラフ化したものである。前
者を図る指標として，①政治的理由による投獄が報告されていない国と，後者を
測る指標として，②政府によるメディア検閲が報告されていない国の割合を参照
した（①②のいずれも右軸：％）。これを見れば，自由権規約の批准国数は順調に
右肩上がりになっているが，改善傾向にあった政治犯の投獄の状況は2000年代以

降悪化し，政府による検閲は期間を通してほぼ横ばいであることがわかる。つまり，自由権規約の批准国は増えたものの，政治犯が存在しない国の割合や検閲が行われない国の割合は右肩上がりに増えていないのである。たとえば，1973年に自由権規約を批准したロシアは，同規約を十分に遵守していない典型例と言えるかもしれない。ロシアでは，2021年1月に野党指導者が拘束されたのに加え，2022年2月のウクライナ侵攻後は，「戦争」に反対する意見を封じ込める大規模な検閲や逮捕が実施されている。

　それでは，どのような場合に，国家が人権条約を遵守する可能性が高まるのだろうか。ここでも本章第2節と同様に，リアリズム，リベラリズム，コンストラクティビズムの立場から考えてみよう。

リアリズム——軍事力・経済力への着目

　まずは，リアリズムの観点から考える。軍事力や経済力を重視するリアリズムの立場に基づけば，人権を重視する覇権国や諸大国がそのパワーを背景にして人権条約の遵守を相手に迫ることになる。上述のように，経済力が大きい欧米諸国は，人権保護と貿易交渉を結び付けることが多く，欧米諸国に比べ経済力に劣る貿易相手国にとっては，人権規範を守らないことが経済関係の断絶につながるという「脅し」になりうる。もちろん，貿易相手国が人権を尊重するか否かを最終判断できるわけではあるが，経済関係の断絶によるコストが人権侵害を続けることのメリットを上回れば，貿易相手国の人権状況の改善につながることになる。

リベラリズム——国内政治過程および国際制度への着目

　次に，リベラリズムで強調される自由民主主義国家における国内政治過程に着目して，人権条約が遵守される条件を検討してみよう。人権条約が各国において機能するためには，国家が人権条約を締結した後，国内レベルでその遵守のための制度を整えることが必要になる。日本の場合には，憲法においても基本的人権の尊重が規定されているが，人権条約を国内に適用するにあたっては国内法の整備が必要とされる。実際に，日本が2014年に締結した障害者権利条約は，採択（2008年）から締結までに6年を要したが，その理由は，条約を実施に移すための国内法制化に時間がかかったからであった。この間に，差別の禁止を規定する「障害者基本法」の改正や2013年6月の「障害者差別解消法」の成立により，障がいのある人々に対する不当な差別的取り扱いの禁止や合理的配慮の提供を定め

る体制を整えたのである。

　また，人権条約の締結は，単に国内での法制化を促進するだけでなく，国内における議員や司法機関，NGO などによる人権保障のための活発な行動を呼び起こすきっかけにもなる (Simmons 2009)。人権条約を締結した後，各国議会においては人権保障が継続的に議題として挙げられるようになり，国内法制化や政策化が進み，一般市民への普及活動を通して人権保障の実現が図られることになる。司法機関は，その判決や決定において国際法を参照しつつ，国内における人権解釈を提示するとともに，差別的取り扱いの是正や金銭賠償などを通して，人権侵害を法的に救済しようとする。国内の NGO や市民社会は，政府の人権保護に関する言行不一致を指摘することで，「下から」の変革を呼び起こそうとする。日本における選択的夫婦別姓制度や同性婚の議論は，NGO や市民社会，法律家団体などが，女子差別撤廃条約などの人権条約を根拠として，積極的に政府に対して働きかけを行って展開されたものである。

　リベラリズムに基づく説明として，人権条約の遵守における国際制度の役割も見過ごせない。前述の通り，表 12-1 に掲げる各人権条約に設置された人権条約機関では NGO や専門家による各国の人権状況の監視が行われており，UNHRC では定期的に各国の包括的な人権状況について国家間で相互審査が行われている。このように各国の人権状況に関する監視や審査を行うことができるのは，人権条約によって国家がなすべき／なすべきでない行動基準が明確になっているからである。たとえば，2022年 4 月 7 日にロシアが UNHRC 理事国の資格を停止されたのは，ロシアによるウクライナ侵攻の中で「重大かつ組織的な人権侵害」が行われたと認定されたためであった。これは，国際制度によって国家の行動基準が設定され，ロシアの行動がその基準に沿った行動でないと多くの国々が判断したことの結果であるといえよう。

コンストラクティビズム——トランスナショナルな社会運動への着目

　さらに，コンストラクティビズムに基づいた説明を見てみよう。ここで着目すべきは，「スパイラル・モデル」（第 5 章第 3 節）である。このモデルは，人権条約の締結が，国境を越えた NGO などからなるトランスナショナルな連帯行動を引き起こし，それによって人権を守らない国家が譲歩を強いられ，結果的に人権規範を受け入れるようになる過程を説明するものである。近年では，Facebookや Twitter などの SNS の発達によって，非国家主体による国境を越えた社会運

動の連結がさらに促進され，その影響力が増大していることが指摘されている。

　このスパイラル・モデルにしたがって，本章第2節で説明したヘルシンキ宣言成立後の動きを見てみよう。そもそも，ソ連をはじめとする東側諸国が（西側が重視する）人権規範を組み込んだヘルシンキ宣言を容認したのは，東側が重視する国境の不可侵（安全保障）を西側に約束させるためであった。このため，ソ連には当初から，人権を尊重するつもりはなかったとされる。実際にソ連は，同宣言に明記された人権尊重原則（第7原則）は文言だけのものであり，第6原則として同宣言に盛り込まれた内政不干渉原則（国内管轄事項に対する不干渉に加え，「暴力的な体制転覆」につながるような外部からの支援も禁止）で人権保護の圧力に対抗できると考え，ほとんど警戒していなかった。しかし，ヘルシンキ宣言に同意した東側諸国には，人権尊重の約束を果たすことが求められるようになった。東側諸国では，モスクワ・ヘルシンキ・ウォッチや，チェコスロバキアの「憲章77」運動といった人権 NGO が結成され，ソ連も同意した第7原則（参加国が，人権尊重に加え，「個人がその権利と義務を知り，これに基づき行動する権利」を認めることも明記）を正当性根拠とし自国の人権侵害を告発するだけでなく，西側諸国の人権 NGO とも連携して，東側諸国の政府に国際的な圧力をかけるようになっていった。このような NGO のトランスナショナルな活動によって，ヘルシンキ宣言の意味は，ソ連側が主張する「現状維持」から，西側諸国が求める「人権保護」を中心としたものへと変化したのである（Thomas 2001）。このような国内外からの圧力によって，東側諸国は徐々に自由権を中心とした人権保護を受け入れざるをえなくなっていったのである。

4　人権と人の移動——難民保護をめぐって

難民保護をめぐる国際制度

　最後に，国際関係における人権問題の1つとして重視されてきた難民保護に焦点を当ててみよう。「難民」とは，迫害のおそれがあるために，政府の保護を受けることができない，あるいは，政府の保護を受けることを望まず，国籍国外に移動した人々のことを指す。世界人権宣言第14条には「すべて人は，迫害を免れるため，他国に避難することを求め，かつ，避難する権利を有する」と規定されている。迫害とは，人種，宗教，国籍，特定の社会的集団への所属，政治的意見などを理由として，人々に対して行われる暴行や脅迫，逮捕といった抑圧を指す。

この迫害の定義からもわかるように，難民問題とは，さまざまな人種差別や自由権の侵害から国外に逃れてきた人々の人権擁護に関わる問題である。

　難民問題の解決方法には，①庇護国での社会統合，②自発的帰還，③第三国定住の3つがあるとされる。第1に，庇護国での社会統合とは，難民がはじめに避難した国（庇護国）の政府が難民を法的に保護し，庇護国社会での受け入れを目指すものである。第2に，自発的帰還とは，政権交代などで難民発生国の状況が変化し，難民の安全と尊厳が保障された形で帰還できるようになった際に，難民自らの意思で出身国に戻り，同国からの保護を再び享受する方法である。最後に，第三国定住とは，庇護国から難民受け入れに同意した第三国に難民を移送し，その第三国で定住を図る政策である。多くの難民を受け入れる庇護国は政情が不安定なアジア・アフリカ地域に集中しているため，難民の安全や尊厳を守り，庇護国の負担を軽減する目的から，第三国での保護が選ばれるのである。なお，この3つの方法には優劣があるわけではなく，あくまでも各難民の個別の事情によって適切な方法が適用されるべきであるとされる。

　このような難民保護を支える2つの柱が，「難民条約・議定書」と「国連難民高等弁務官事務所（UNHCR）」である。第1に，1951年に成立した難民条約は上述の世界人権宣言第14条を具体化したものである。難民条約が必要とされたのは，人権保護の責任を負うのは各国政府であるにもかかわらず，多くの難民はその政府から迫害を受けており，政府による保護を期待することができないためであった。しかし，当時深刻化しつつあった冷戦を反映し，西側諸国が東側諸国からの難民を受け入れることで，東側諸国の正統性を低下させるという政治的意図も存在した。なお，1960年代以降，植民地独立などの混乱に伴いアジアやアフリカ地域でも難民が多く発生すると，その難民にも保護対象を広げるため，1967年に難民議定書が成立した。

　難民条約・議定書には，難民の定義とともに，裁判を受ける権利や移動の自由の保障，労働や教育面で庇護国の国民と同一の待遇が付与されるなど，難民が庇護国で享受できる権利が列挙されている。さらに，難民条約・議定書で最も重要な規定とされる「ノンルフールマン原則」（迫害のおそれのある国への難民の強制送還禁止）も記されている（第33条）。しかし，大まかな合意があるとはいえ，難民条約・議定書の解釈は各国に委ねられるため，難民か否かの認定は各国の独自基準に委ねられるといった限界も存在する。

　第2に，この難民条約・議定書の具体的な遵守において重要な役割を担うのが

UNHCR である。UNHCR の主要な任務は，①各国が難民条約・議定書を締結するよう促進することと，②難民条約・議定書を各国が適切に遵守しているか否かを監督し，必要に応じて支援・助言を行うことである。①の任務については，UNHCR の働きかけにより，難民条約に146カ国，難民議定書に147カ国という国連加盟国の約4分の3に匹敵する国々が加入している，との成果が得られている。②の任務は，日本政府に対しても行われることがある。難民の認定基準は原則として国家が決めることができるが，後述のように，難民受け入れに消極的な日本には，しばしば「迫害」の認定基準が厳しいとの批判がなされてきた。そのため，UNHCR は日本に対して同機関による難民条約・議定書の解釈や運用方法を参照して説得や助言を行っている。

難民保護の変化と「難民に関するグローバル・コンパクト」

　しかし，難民条約・議定書および UNHCR という難民保護の2つの柱は，1950年代初めに成立したものであり，多くの人々が難民化している現状に対して効果的に機能しているとは言い難い。たとえば，2011年から継続しているシリア内戦では，政府側と反政府側の対立に加えて，イスラム過激派のイスラム国（IS）の台頭もあって，シリア国内は混沌とし，660万人以上が国外への避難を強いられて難民となり，国外に逃れることができない国内避難民（コラム12を参照）も同程度存在しているとされる。100万人をこえる難民が地中海を渡って押し寄せた欧州諸国は，当初は寛大な難民受け入れを行ったドイツも含めて徐々にその受け入れに消極的になっていき，一部ではアラブ諸国からやってきたイスラム教徒の難民を排斥する動きにまでつながった。他方，トルコには350万人以上，レバノンには80万人以上，ヨルダンには65万人以上と，シリアの周辺国には難民受け入れに関する過度な負担がかかっている。

　さらに，2022年2月に本格化したロシアによるウクライナ侵攻により，多くのウクライナ国民が安全な場所を求めて国内外へ退避することとなった。UNHCRによると，2023年3月の時点で，近隣国へ逃れたウクライナ難民の数は約800万人，国内避難民となったウクライナ人は550万人となるなど，欧州における第2次世界大戦以降最大の「難民」危機となっている。なお，忘れられつつあるシリア難民とは異なり，ポーランドをはじめとする周辺各国は，自分達と同じ文化圏に属するウクライナ避難民の受け入れに寛大な姿勢を見せているのではないかとも報道されている。難民受け入れに消極的な日本ですら，人道支援の提供に加え

コラム12　国内避難民問題とは何か？

　本章で扱った難民には，難民条約・議定書という国際法や UNHCR という国際機関によって支えられた国際的な保護体制がある。しかし，シリアやアフガニスタンのような国内の政治的混乱や，大規模な地震，津波，台風などの影響によって，国内で避難せざるをえなくなった人々の保護責任は，原則としてその国の政府が負うため，国際的な支援・保護体制は整備されてこなかった。このような人々を「国内避難民（IDP）」と呼ぶ。2021年末時点での難民数が2,130万人であるのに対して，紛争や自然災害で避難した IDP は5,320万人と2倍以上の数に上る。さらに，IDP は，紛争下において政府側や反政府側によって直接的に生命の危険にさらされ，自然災害が生じた際には政府の対応能力が不十分であれば適切な保護を得られないなど，国際的な支援・保護が必要になる場合がある。

　冷戦終結以降，内戦の増加などによって IDP への国際的な関心が高まった。その契機は，1991年に起きた湾岸危機の結果イラク国内のクルド人が避難を強いられた問題であり，この時，国連難民高等弁務官であった緒方貞子は人道的観点から UNHCR も IDP 支援に取り組むべきだと主張した。このような取り組みに呼応して，既存の国際人権法や国際人道法を基にしてつくられた IDP 保護のガイドラインが「国内強制移動に関する指導原則」（1998年）であり，アフリカ地域においては同指導原則を基にした IDP 保護のための条約である「カンパラ条約」（2009年成立，2012年発効）が成立した。

　他方，難民に対する UNHCR のように，IDP 支援を担当する国連機関を設置する案が1990年代に検討されたものの，他の国連機関によって反対され，その案が実現することは無かった。そのため，単一の機関が支援を実施するのではなく，紛争や自然災害で被災した人々が必要とする11の支援分野を特定したうえで，分野ごとに国際機関や NGO がニーズ調査や支援の優先順位付けを行い，その議論の結果を国連人道問題調整事務所がとりまとめ，全体として IDP に支援を提供する「クラスター・アプローチ」が実施されている。しかし，クラスター・アプローチは先進国や国際機関の論理でつくられたものであり，途上国や，中小規模の草の根 NGO，そして IDP 自身の意見が反映されていないとする不満や批判が提示された。それらの批判に対応するため，2016年の世界人道サミットにおいて，現場に近い NGO の能力を強化し活用することや，国際機関同士のより柔軟な協力への取り組みの必要性について合意され，より効果的かつ効率的な支援提供のための取り組みが続けられている。

て，ウクライナから逃れた避難者の受け入れを進める方針を打ち出している。残念ながら，難民への関心や寛大さは，難民が「誰」なのか，「どこ」から来たのかによって異なっているといわざるをえない。

　シリア内戦などの動向を踏まえて，現状に即した難民保護を実現するために，2018年12月に国連総会の場で合意されたのが「難民に関するグローバル・コンパクト（GCR）」である。GCR に人権諸条約のような法的拘束力はないものの，難民条約成立から約70年という時点で，181カ国という圧倒的多数の賛成（反対は米国とハンガリーのみ）を集めて，難民保護の国際的な強化が合意された。GCR には，難民受け入れ国の負担軽減や難民の自立支援，第三国定住の促進，安全かつ尊厳ある帰還に向けた環境整備が掲げられている。それを実効性あるものにするために，各国閣僚級の高官が参加して議論するグローバル難民フォーラムが４年ごとに開催され，財政面，物資面，技術面，難民の再定住受け入れ数など，各国がさまざまな形態での貢献を約束することが想定されている（山本 2019）。

日本と難民

　日本における難民への関心はそう高くない。2020年１月，内閣府調査において，今後の難民等の受け入れについては，慎重にすべきだとする意見が56.9％を占めた（他回答は，積極的に受け入れるべき：24.0％，現状のまま：15.8％，わからない：3.3％）。日本政府もまた難民保護から意図的に距離を置いてきた。日本は，1981年10月に難民条約，1982年１月に難民議定書を締結したが，難民条約が成立した1951年から30年も経過していた。軍事独裁体制が続いていた朝鮮半島，中国と台湾との関係性など，日本の周辺国の政治情勢は不安定であり，難民条約・議定書を締結してしまうと，日本にすでに住んでいた韓国や北朝鮮，中国，台湾出身の人々が大量に難民申請をする可能性があったために，日本政府は消極的にならざるをえなかったのである。しかし，ベトナム戦争に深く関与した米国が，1970年代後半以降，ベトナムを含むインドシナ地域から避難した難民を自国で積極的に受け入れ，日本や欧州諸国にもその受け入れを強く打診したことから，日本も「インドシナ難民」という形で難民を受け入れざるをえなくなり，難民条約・議定書の締結も余儀なくされたのである。

　難民条約・議定書を締結した後，日本はその遵守のための国内法として「出入国管理法および難民認定法（入管法）」を整備した。しかし，日本における難民受け入れは，計１万1,000名を超える人々を受け入れたインドシナ難民以外に対し

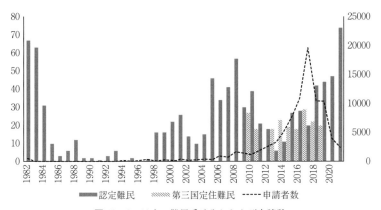

図 12‑2　日本の難民受け入れおよび申請数

注：左軸が第三国定住難民と認定難民数，右軸が申請者数を表す。
出所：出入国在留管理庁ウェブページ（https://www.moj.go.jp/isa/publications/
press/07_00027.html）より筆者作成。

ては，難民条約・議定書に基づいて認定された難民（認定難民）の数が，2021年
末時点で最大でも80名を超えた年がないなど，消極的であり続けた（図 12‑2）。
この状況の改善を図るべく，UNHCR は日本国内の NGO や日本弁護士連合会な
どとともに，難民受け入れの拡大や，強制送還の禁止（ノンルフールマン原則）の
遵守，独立した不服申立制度の確立，十分な説明のない長期間の入管施設収容の
禁止とそこでの人権侵害の防止などを粘り強く求め続けている。
　もっとも，日本は，国際的な難民保護にまったく貢献してこなかったわけでは
ない。実際に，国際政治学者でもあった緒方貞子（1927～2019）は「小さな巨人」
と呼ばれ，UNHCR のトップとして1990年代を中心に大活躍したのに加え，日本
政府による UNHCR への拠出金も近年は世界5位以内に位置する高い水準にある。
さらに，国内外の圧力を受けて，難民受け入れへの積極姿勢を示すものとして導
入されたのが，第三国定住政策である。日本は主にタイ（現在はマレーシアも追
加）が庇護国として保護しているミャンマー難民を対象として，2010年の事業開
始から2020年までにおよそ200名を受け入れてきた（図 12‑2）。なお，GCR の成
立を受けて，日本はさらに積極的な第三国難民の受け入れ姿勢を示した。新型コ
ロナウイルス感染症の影響もあり，2020年および2021年には受け入れがなかった
ものの，年間の受け入れ数を30名から60名以内に倍増させることを表明している。
さらに，ウクライナからの避難民に対しても寛大な措置をとるとされている。

　今や，私たちの生活のあらゆる側面に「人権」は関わっている。「人間が人間として当然に持っている権利」という定義の通り，人権は守られるべきものであることに疑いはない。しかし，残念ながら「自動的に」人権保護は達成されるわけではない。人権侵害に十分な対応ができない政府があるのみならず，自ら人権侵害に加担する政府すら存在しているのである。このような状況を改善するためには，私たち自身が声をあげていく必要がある。本章で確認した人権規範の進展の過程は，劇的に現状を変えるものではないかもしれない。国内外からの批判を回避するために，政府は表面的に人権保護を口にするだけかもしれないし，とくに抑圧的な国においては人権保護の実際の取り組みが遅々として進まない場合もあろう。しかし，政府に対して人権保護を約束させる，そして約束したのであれば，その言行を常にチェックし続けることで，国家は人権保護に取り組まざるをえなくなるのである。日本においても少しずつその兆しは見えつつあるのであり，私たち自身が「人権を守る」のだという意識を持って考え，行動することが何よりも大切なのである。

参考文献

篠原初枝『国際連盟──世界平和への夢と挫折』中央公論新社，2010年。

山本哲史「難民グローバル・コンパクトの採択」『国際法学会エキスパート・コメント』No. 2019-4，2019年，https://jsil.jp/archives/expert/2019-4.

Deitelhoff, Nicole, "The Discursive Process of Legalization: Charting Islands of Persuasion in the ICC Case," *International Organization*, 63 (1), 2009.

Hafner-Burton, Emilie M., *Forced to be Good: Why Trade Agreements Boost Human Rights*, Cornell University Press, 2009.

Keck, Margaret E. and Kathryn Sikkink, *Activists beyond Borders: Advocacy Networks in International Politics*, Cornell University Press, 1998.

Risse, Thomas, Stephen C. Ropp, and Kathryn Sikkink, *The Persistent Power of Human Rights: From Commitment to Compliance*, Cambridge University Press, 2013.

Sikkink, Kathryn, *Evidence for Hope: Making Human Rights Work in the 21st Century*, Princeton University Press, 2017.

Simmons, Beth A., *Mobilizing Human Rights: International Law in Domestic Politics*, Cambridge University Press, 2009.

Thomas, Daniel C., *The Helsinki Effect: International Norms, Human Rights, and the Demise of Communism*, Princeton University Press, 2001.

さらに読み進めたい人のために

赤星聖『国内避難民問題のグローバル・ガバナンス――アクターの多様化とガバナンスの
　　変化』有信堂高文社，2020年。
　＊コラム12で取り扱った「国内避難民」問題について，国内避難民支援の枠組みがどの
　　ように歴史的に構築されてきたのかを分析したものである。とくに，自らの組織の生
　　き残りや利益を求めて，国内避難民支援の議論に参加する国連諸機関の動向に焦点が
　　当てられている。
緒方貞子『紛争と難民――緒方貞子の回想』集英社，2006年。
　＊UNHCR のトップとして1990年代に活躍した緒方貞子による著作。「現場」を重視し
　　た緒方が，旧ユーゴスラビアやアフリカ諸国，中東諸国を実際に訪れ，難民問題にど
　　う対処したのか重厚に記述されている。大著だが難民問題に関心があるのであれば必
　　読であろう。
長友紀枝『入門　人間の安全保障　増補版――恐怖と欠乏からの自由を求めて』中央公論新
　　社，2021年。
　＊人間の安全保障とは，一人ひとりの人間が恐怖や欠乏から自由になり，尊厳をもって
　　生きることを保障しようとする考え方である。本書は，人間の安全保障という視点か
　　ら，途上国のみならず，東日本大震災などの日本が抱える課題について平易に説明さ
　　れている。
筒井清輝『人権と国家――理念の力と国際政治の現実』岩波書店，2022年。
　＊本章を読み，人権と国際政治に関心を持ったら次に読んでほしい著作である。人権規
　　範の発展の歴史，人権規範の実効性，日本と人権問題などについて，詳細かつ深い説
　　明が提示されている。さらに，この著作の参考文献（洋書も含む）は本格的に人権問
　　題を研究したい人にとっても大変有用であろう。
横田洋三編『新国際人権入門――SDGs 時代における展開』法律文化社，2021年。
　＊日本において人権問題は憲法や国際法といった法律の側面から主に分析されてきた。
　　本書は，国際人権法の入門的教科書であり，人種差別禁止や拷問禁止，ジェンダー，
　　子ども，難民・避難民といったさまざまなトピックが網羅されている。

（赤星聖）

第13章
グローバル化とグローバル・ガバナンス
——世界の秩序づくりに参加しよう！——

---- Short Story ----

　ミネオ君は，友達のコウジ君を誘い，大学の留学説明会に参加しました。もとから留学に憧れていたミネオ君でしたが，海外から来た留学生と交流したり，授業で国際関係論を学んだりしたことにより，留学への思いは強まっていました。

（司会者）「本学は，世界のあらゆる地域にある数百の大学とグローバルなネットワークを形成し，国境を越えた学生同士の活発な交流を促進しています。グローバル化が進む現代に皆さんが海外で勉強し，現地の人と触れ合うことは必ず有益な経験となります！」

　留学には，授業の履修方法，学費や生活費，住まいなど不安な面も色々あるけれど，交換留学の場合は，こうした不安の多くは取り除かれるとのこと。また，留学した学生の体験談も，すごく面白く，ミネオ君は，グローバルに活躍する自分の姿を思い描きながら，夢を膨らませていました。ところが，隣に座っていたコウジ君の反応はイマイチでした。

（コウジ）「説明会やからバラ色の話ばかりしてるけど，留学先の文化に馴染めんで，途中で帰国してもうた学生とか，地元民からアジア系を差別するような言葉を投げつられて怖い思いした学生とかもおるらしいで」

（ミネオ）「え，そんなこともあるんだ」

（コウジ）「グローバル化は否定せんけど，国と国の間には超えられない壁ってあるんやで。やっぱし日本人なら，日本の経済とか安全とかカルチャーとかを第1に考えんとアカンで」

　苦笑いするミネオ君に話しかけてきたのが，同じ会場にいたミネコさん。

（ミネコ）「お久しぶり。ミネオ君も留学するの？」

（ミネオ）「まだ決めていないけど」

（ミネコ）「絶対に行った方がいいよ。私，環境政策にすごい関心があって，若者の環境運動が盛んな北欧の大学に行くつもり。お互い頑張ろうね。じゃあね」

　噂では，ミネコさんは海外の大学とも交流する環境サークルに所属し，政治家，行政，企業に温暖化対策の徹底を呼び掛ける活動を行って，メディアでも紹介されたらしい。ミネコさんとは，一緒に美術館に行った後，なぜか疎遠になっていました。久しぶりに会った彼女は，なんだかとても輝いて見えました。

　Z世代（1990年代後半～2000年代前半生まれ）とも呼ばれる本書の大半の読者にとって，デジタル化した世界と同じく，グローバル化した世界は，ごく身近なものであるはずに違いない。確かに，皆さんの中にも，Short Story に登場したコウジ君のように，国内志向の強い人もいるかもしれないが，それでも昔の大学生に比べれば，「外国」はとても身近な存在であろう。「外国」（外の国）という言葉さえ，古めかしく聞こえる人もいるかもしれない。実際に，21世紀に入り日本人大学生の留学数は増加傾向を示してきた。新型コロナウイルス感染症（COVID-19）拡大前の2018年度には，10年前の3倍近く（約11万人）もの学生が留学を経験した。あまりにも古過ぎる比較対象かもしれないが，グローバル化と「無縁」であった江戸時代末期の1862年に，幕府がオランダの大学に派遣した日本人留学生はわずか15名に過ぎなかった。この点を見ても，今の若者が，日本史上，海外の大学を最も身近に感じる世代であることに間違いはなさそうである。

　グローバル化時代には，ヒト，モノ，カネ，情報など，さまざまな要素が国境を越えて移動する。これにより，政治，経済，社会，文化などさまざまな分野において，世界の一体化・均質化が進む。換言すれば，私たちの日常において，ナショナル（国家的・国民的）な事物の影響や重要性が低下し，その代わりに，グローバルな事物の影響や重要性が高まってゆく。もともと，グローバル化は，国際貿易や国際金融に代表される経済分野で最も進行してきたものであった。だが，実際には，文化や社会，さらには情報通信技術といったさまざまな分野で進展してきた現象である。しかも，それぞれの分野は複雑に絡み合い，相互作用しながら，全体として，私たちの日常をグローバル化させてきた。そうであるがゆえに，グローバル化は，国際関係論に限らず，経済学，社会学，政治学，文化人類学，カルチャル・スタディーズなど，幅広い学問分野の研究対象となってきたのである。

　国際関係論の教科書である本書は，このような複雑な現象としてのグローバル化を，国際関係論において重視されてきた次の論点に絞って解説する。第1に，グローバル化の「定義」を概説し，それがどのような現象であるのかを具体的に確認する。第2に，このようなグローバル化を，国際関係論の主要学派がどう捉えているのかを紹介する。第3に，グローバル化を管理する構想として生まれ，実践されてきたグローバル・ガバナンスについての概念と事例を取り上げる。第4に，グローバル化に「抵抗」する反グローバル化の動きを概観し，グローバル・ガバナンスの今後を展望する。

1　グローバル化する世界

グローバル化の定義

　グローバル化とは何か。その概念にはさまざまなものがあろうが，一般的には，次のように定義される。すなわち，グローバル化とは，ヒト，モノ，カネ，情報といった要素の越境的な流れによって，世界の一部における出来事が遠隔地の人々に，さらに影響を及ぼすような諸社会間の相互連結性（interconnectedness）を増大させるプロセス，である。

　この定義の特徴を次の2点から詳しく見てみよう。1つ目は，さまざまな要素の「越境的な流れ」に着目する点である。本書でも論じてきたように，長らく国際関係は，「国境」を有する主権国家によって形作られてきた。それにより，自国の「国境」をいかに守るかが，どの国家（政府）にとっても重要課題の1つとされ，国家は自らの判断に従って，さまざまな要素の「出入国」を管理してきた。これに対して，グローバル化の概念が着目するのは，こうした国境の存在を無視するかのように，地球上を動き回るさまざまな要素の流れである。ヒト，モノ，カネ，情報以外にも，アイディアからウィルス，環境汚染物質に至るまで，今日，越境する具体的な要素は数え切れないほど存在する。もちろん，いざとなれば国家は国境を閉じることもできる（たとえば新型コロナウイルス感染症の「水際対策」のように）。だが，それでも，あらゆる要素の越境移動を完全にブロックすることはもはや困難である。グローバル化を表現する別の用語——「国境なき経済（borderless economy）」や「脱領域化（de-territorialization）」——が示唆するように，国家ですら十分に管理できなくなった諸要素の「越境性」の高まりは，グローバル化の重要な側面の1つである。

　2つ目は，地球上の「諸社会（societies）」がさまざまな形で相互に影響を与え合い，相互に繋がってゆく過程に注目する点である。あえて「国家間（between nations）」ではなく，「社会間」における相互連結性を強調しているところに意味がある。なぜなら，グローバル化は「外交関係」に象徴されるような政府間関係の緊密化ではなく，国境を越えた社会レベルで展開される諸関係のネットワーク化を重視するからである。後述のように，国家（政府）自体が，グローバル化の推進を「政策」として意図的に追求することもあるが，グローバル化を支える越境活動の主体として重視されるのは，あくまでも，非国家主体（国際機関，多国籍

企業，NGO，市民，さらにはテロリストなど）であるため，国家を超えた社会間の連携に焦点が当てられるのである。加えて，グローバル化によって，国境を超えた社会や人々どうしが思わぬ形で繋がってしまっている点にも注目する必要がある。1つの株式市場における価格変動がその他の株式市場にも連動するようになったことや，ある工場が輩出した汚染物質を含むガスが国境を超えた遠隔地における大気汚染の原因となってしまう状況などが，その具体例である。このように，人々が意識するかしないかにかかわらず，今や，地球上の諸社会は，ますます分かち難く結ばれるようになってきている。「諸社会間の相互連結性」とは，このようなグローバル化の1側面を表す言葉なのである。

今そこにあるグローバル化

では，このように定義されるグローバル化は，どの程度「現実」のものとなっているのであろうか。おそらく，今を生きる皆さんにとって，2020年に発生したCOVID-19のパンデミック（世界的大流行）は，この定義にあるようなグローバル化の存在を「実感」させたのではないだろうか。2020年1月より中国・武漢で広がり始めたCOVID-19は，ウィルスや感染症の越境拡散の典型例である。COVID-19は，結果的に，南極大陸（2020年末に同地駐留のチリ軍関係者の間で感染初確認）を含む世界のすべての大陸に伝播し，世界中の人々の生活を一変させた。厳しい移動制限，医療崩壊，経済減退，家庭内暴力増加，そして感染による死者の続出など，日本を含むさまざまな国や社会に計り知れないインパクトをもたらした（WHOによる2022年5月公表の推計では全世界で約1,500万人が死亡）。

このようなグローバル化を実感する「特定の出来事」に加え，世界全体におけるグローバル化の傾向を，客観的なデータによって測定し，その実態を捉える方法もある。その代表的なデータをいくつか紹介しよう。

第1は，グローバル化が最も進展している分野と見なされてきた経済分野（モノとカネ）についてのデータである。まずは，①国際貿易（輸出入額）についてである。貿易額の増加は，それだけでも経済のグローバル化を示唆するが，各国の国内総生産（GDP）が貿易にどの程度依存しているのかを示す「貿易依存度」と合わせて見ることによって，世界の経済的相互連結性の度合いは，より正確に捉えられる。図13-1は，GATT体制が始動した1960年以降の世界全体の貿易額（棒グラフ）と世界全体のGDPに対する貿易比率（折れ線グラフ）の推移をグラフ化したものである。ここからも明らかなように，世界貿易額は，2009年に世界金

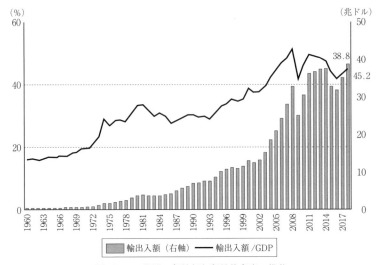

図 13‒1　世界の貿易額と貿易依存度の推移

出所：https://www.meti.go.jp/report/tsuhaku2020/2020honbun/i2220000.html

融危機の影響で減少に転じたものの，基本的には右肩上がりの成長を示し，2018年には過去最高レベルの約39兆ドルにまで達した。同様に，世界全体の貿易依存度も，1960年には10％台後半であったものが2018年には45.2％にまで上昇している。日本の依存度も，1990年代の年平均18％から2010年代には同33.5％にまで大きく上昇した。これらの数値は，世界の生産活動が貿易に大きく依存している事実を示すものであり，経済のグローバル化の実態を裏付けるものであろう。

　次に②国際金融についてである。本書第９章でも触れたように，ここ数年における，外国為替市場の巨大化も金融市場のグローバル化を示す実例の１つであるが，海外直接投資（FDI）額も，各国の経済活動のグローバル化を示すデータとして重視されている。なぜなら，FDI は，企業が「国内」市場と「国際」市場を物理的に分けることなく，原材料の調達から商品の販売，さらには生産拠点の移転まで，国境を超えて活動できるようになったことの象徴だからである。「グローバル化」という言葉が広まり始めた冷戦終結以降，世界の FDI 残高は右肩上がりで上昇し，2020年の投資残高は1990年の実に約19倍の39兆ドルに達した。もちろん，この投資残高には日本企業による投資残高も多く含まれている（第９章第１節）。

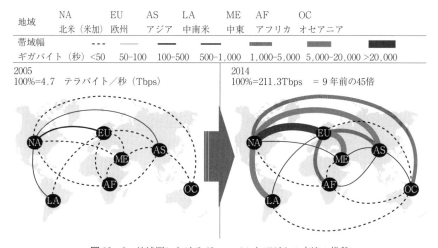

地域	NA 北米（米加）	EU 欧州	AS アジア	LA 中南米	ME 中東	AF アフリカ	OC オセアニア	
帯域幅	- - -	——	——	——	▬▬	▬▬	▬▬	
ギガバイト（秒）	<50	50-100	100-500	500-1,000	1,000-5,000	5,000-20,000	>20,000	

図13-2　地域間におけるグローバルなデジタル交流の推移

出所：McKinsey Global Institute, *Digital Globalization: The New Area of Global Flows* (March, 2016) を基に筆者作成。

　第2は，「ヒト」の越境移動についてのデータである。この点について頻繁に参照されるのが，①国際移民や②海外旅行者数に関するデータである。①国際移民（本来の居住国を離れて移動する人）は，2019年に2.7億人を超えた。この数も，コロナ禍の影響を除けば，年々増加傾向を示しており，移住先としては欧州や北米といった先進国地域が過半を占めてきた。移民の数は世界人口のわずか3.5%を占めるに過ぎないが，その割合は2000年の2.8%に比べれば上昇している。

　②海外旅行者数も，2018年には1995年の約3倍の15億人に迫る勢いを見せていた。日本に限っていえば，COVID-19発生前の2019年には過去最高の3,200万人もの外国人が訪日した。このような人の移動には，留学，ビジネス，観光などの幅広い目的が含まれており，それらを通して，異なる国籍や文化を持った人々が，国境を越えて色々な学問的・経済的・社会的交流を行っていたことは想像に難くない。

　第3に，「情報」に関するデータを見てみよう。図13-2は，データ通信における転送速度の単位（Tbps）から，世界の主要地域（大陸）間で展開されるインターネットを介した情報の流れと量を図式化したものである。これによると，2005年には北米と欧州，北米とアジアの間でのみ顕著であったデジタルデータ（情報）の流通が，わずか10年間後には，より多くの地域間での流通に変貌し，

しかもデータ量は約45倍に激増したことがわかる。ちなみに，この調査対象となった2014年の世界におけるインターネット人口は約30億人（普及率約40%）であったのに対し，2021年の同人口は49億人（同60%）であった。海外の動画視聴やウェブサイトの閲覧を繰り返している皆さんの日常を振り返るまでもなく，情報のグローバル化は，今や，とどまる所を知らないといえよう。

グローバル化が冷戦後に進んだのはなぜか？

以上のように複数のデータからも，グローバル化が「現実」のものであることが確認できる。もっとも，グローバル化は今に始まった現象ではない。その起源を，大航海時代（航海技術を備えた欧州の国々がアジア，アフリカ，アメリカ大陸に進出した15世紀半ばに始まる時代）にまで遡ることも可能である。だが，現代の，とくに冷戦後のグローバル化は，それ以前には見られなかった原因を伴う新しい現象であった。

第1は，輸送と情報通信技術の発展とそれに伴う輸送と通信コストの低下である。当然ながら，さまざまな要素が越境するためには，その手段としての輸送と通信インフラが欠かせない。「帆船」が鍵を握った大航海時代の例を挙げるまでもなく，いつの時代でも，このような手段は越境移動に不可欠なものであった。とはいえ，こうした手段の現代の発展ぶりには，目を見張るものがある。なぜなら現代では，輸送手段としての船舶や航空機，通信手段としての電信電話やインターネット，さらにはコンピューターといった諸技術の目覚しい発展により，それらを利用するコストが劇的に低下したからである。たとえば，貿易の増進に大きく貢献する海運コスト（港湾と海上輸送の1トン当たりのコスト）は，1950年から2000年にかけて65%も安くなった。人の移動や海外投資を促す航空運賃については，1950年から2000年にかけて約8割も減少している。越境的通信に（かつて）不可欠であった国際電話の使用料金は，インターネットの登場により，1990年代後半には事実上ゼロになった。とりわけ，冷戦後に起きた「情報通信革命」による通信コスト減の影響は甚大である。これにより，越境的ネットワークの密度と速さが増強され，さまざまな分野でのグローバル化が加速したからである。

第2は，冷戦終結により，新しい市場と利潤を求める資本主義経済の論理が世界に拡大したことである。言うまでもなく，資本主義経済自体は，冷戦後の産物ではない。近代的な資本主義経済システムは，15世紀末の欧州で誕生したと考えられている。とはいえ，それが世界中に拡大するには長い時間がかかった。たと

えば，第2次世界大戦後の冷戦期においては，資本主義陣営（米国率いる西側）と，それに対抗する共産（社会）主義陣営（ソ連率いる東側）とが激しく対立しており，資本主義経済は世界を席巻してはいなかった。ゆえに，社会主義的な経済運営（生産手段を国有とし，市場原理ではなく政府の計画管理の下で生産活動を行う）の「失敗」を決定づけた冷戦終結は，資本主義経済の世界大の拡張に大きく寄与したのである。実際に，「東側」を構成していたソ連や東欧諸国は市場経済への移行を図る一方，1970年代末から改革開放を掲げていた中国も貿易や投資の自由化をさらに推し進めたことにより（ただし政治的には共産党の一党独裁体制を維持），資本主義経済の論理が適用される空間が格段に広がったのである。

　第3は，第1，第2とも関連するが，グローバル化を促進する政府の政策である。グローバル化に繋がるような技術革新であれ，貿易や投資を含む経済活動であれ，これらの活動に直接従事するのは，基本的には企業や個人である。しかし，政府は，このような民間主体による活動を支え，場合によっては促進するような政策を追求してきた。本章第8章で論じた自由貿易政策はその典型例であろう。国際金融システムを管理する各国政府の取り組みもまた，カネの越境移動の維持・拡大にとって欠かせないものであった（第9章）。とりわけ，第2次世界大戦後に，GATT やブレトン・ウッズ体制を先導してきた米国政府の政策が，グローバル化の拡大にとって重要であったことはいうまでもない。1980年代の米（および英）の国内政策として追求され始めた「新自由主義的経済政策」（緊縮財政，規制緩和，法人税引き下げ，金融自由化，公営企業の民営化等による市場原理を強調する政策）は，日本のような他の先進国によっても採用されたのみならず，途上国に対しても適用される（世銀や IMF による融資条件として途上国に課された）ことで，経済のグローバル化を後押しした。さらに，経済外交に力を入れた1990年代のクリントン（Bill Clinton, 1946〜）米政権は，NAFTA や WTO の成立に加え，中国の WTO 加盟交渉を積極的に進めるなど，経済グローバル化の立役者となった。加えて，同政権下で，次世代産業としての情報通信産業の育成が図られ，「情報スーパーハイウェイ構想」の名の下に全米に整備されたインターネットが米国から世界に普及していった点も重要である。つまり，クリントン政権の情報通信政策は，冷戦後に顕著となる情報のグローバル化にも大きく貢献したのである。

2　グローバル化と国際関係理論

　では，国際関係論は，グローバル化という現象に，どのようにアプローチしてきたのだろうか。本節では，リアリズム（第2章），リベラリズム（第3章），コンストラクティビズム（第5章）の視座を簡単に説明しよう。

リアリズム

　まずリアリズムは，グローバル化に対して最も否定的，またはその影響力に懐疑的な見方を示す学派といえる。本来的に，グローバル化は，主権国家の役割を低下させ，「国際」（無政府）と「国内」（有政府）の厳格な区別を曖昧にしかねない現象であるがゆえに，国家（とくに大国）中心主義と国際システムのアナーキー（無政府）性（国際と国内領域の違い）を強調するリアリズムの基本的前提とは相容れない面がある。しかしリアリズムは，たとえグローバル化が進行したとしても，世界が完全にグローバリズムに席巻されてしまうようなことにはならず，依然として主権国家や国民国家の存在は健在であり，国家のパワーも重要であり続けると考える。主な論点を3つ挙げよう。

　第1に，グローバル化が進展する国際関係においても，大国のパワーの重要性は変わらない。リアリズムにとっては，グローバル化ですら，大国が自国のパワーや利益を増すために推進する現象として理解される。実際に，グローバル化は，先述のように，冷戦後に超大国となった米国が「政策」として意識的に追求し，主導したものでもあった。このような理解は，後述するグローバル・ガバナンスを捉える場合にも適用される。世界は，グローバル化によって引き起こされるさまざまな問題を解決するために，国際制度の活用を含むさまざまな国際協調の枠組みを構築するようになるが，リアリズムは，そのような国際制度を「大国の利益とパワーを反映しただけの2次的現象」と考え，国際制度の独自の役割を「軽視」するのである。

　第2に，グローバル化（経済的相互依存）は，国家に利益だけではなく，リスクをももたらすので，グローバル化の高まりは，常に協調的で平和な世界を導くとは限らない。リアリズムによれば，グローバル化には，国家間に「平等な相互依存」ではなく，「不平等な相互依存」，より厳密には，一方が他方に依存してしまう「支配―従属関係」に陥るリスクが伴う。このような不平等な相互依存で優位

にある側（国）は，劣位な側（国）の弱み（脆弱性）につけ込んで，後者に過大な政治的要求をしたり，ときには後者の安全保障を脅かしたりすることさえありえる。とくに，天然・希少資源（石油，ガス，レアアースなど）や高付加価値製品（半導体や医療品など）といった重要産品を他国に依存し過ぎることは，国家の経済や安全にとって望ましいことではない。同様に，経済的相互依存による利得配分が「平等」ではなく，相手に優位に配分される場合にも，国家にとってはリスクとなる。なぜなら，そのような優位は，相手の国力（軍事力を含む）の増強に寄与し，やがては自国の安全を脅かすことにもなりかねないからである。たとえグローバル化が進もうとも，アナーキーな国際システムが変わらない限り，安全保障を懸念し続ける国家が，相手との「相対利得」（自他の間の利得差）を考慮し，場合によっては相互依存から得られる「絶対利得」（自分にとっての純増分の利得）の追求を抑制，断念することは避けられない。このように，グローバル化は，常にバラ色の国際関係を保障するとは限らず，場合にっては不和や対立にも繋がる，とリアリストは考えるのである。

　第3に，グローバル化は，国民国家を支えているナショナリズムを消滅させるどころか，逆に，それを刺激し，強化することさえありえる。グローバル化の進展は，人々が，ナショナルなアイデンティティや国家への忠誠を弱め，コスモポリタン（地球市民）としてのアイデンティティやグローバル社会への忠誠を強める世界の誕生を予感させる。だが，リアリズムは，それとは逆の結果に着目する。すなわち，グローバル化が進むと，人々は，自国の主権や国民としてのアイデンティティが「脅かされた」と感じ，グローバル化に「抵抗」するようになるのである。たとえば，文化的に異なる「他者」との接触の増大により，「多文化共存」ではなく，「他文化との軋轢」（排外主義）を助長してしまうことなどは，こうした動きの典型例である。リアリズムによれば，グローバル化の行き過ぎは，先進民主主義国においてすら，国家主権の回復やナショナリズムの高揚というグローバル化とは真逆の結果を招くのである。

リベラリズム

　これに対してリベラリズムは，グローバル化という現象を，より積極的に，かつ真正面から考察する視座を提供する。要点は2つある。第1は，リベラリズムは，早くから，グローバル化に近い現象を理論化してきた点である。その典型例が，1970年代の相互依存論（第3章第3節）である。その代表論者であるコヘイ

ン（Robert Keohane, 1941〜）とナイ（Joseph Nye Jr., 1937〜）は21世紀に，相互依存の概念を拡大することで，グローバル化の概念を提示した。すなわち，「相互依存関係のネットワークがいくつもの大陸にまたがって広がっている世界の状態」（グローバリズム）の拡大として，グローバル化を定義したのである。グローバル化が進展する国際関係においても，相互依存論で指摘された，①争点の非階層化（軍事安全保障問題が最上なのではなく，経済や環境など他の争点の重要性も高まる），②非国家主体の活躍，③軍事力の効用の低下（交渉やルール設定など非軍事的手段に依拠した問題解決）が，継続，拡大すると考えられた。

　第2は，リベラリズムが率先してきた国際制度（レジーム）論が，グローバル化する世界の「管理」を論じる「グローバル・ガバナンス論」の土台を提供することになった点である。グローバル・ガバナンスにおいては，国際レジームがガバナンスを実現するメカニズムとして重視される。この場合の国際レジームには，従来のリベラリズムが着目した国家政府をメンバーとする公的（public）レジームのみならず，非国家主体をメンバーとする私的（private）レジームも含まれることになるが，国際関係論のさまざまな学派のうち，リベラリズムがグローバル・ガバナンス論の発展に最も大きく貢献したことは間違いなかった。

コンストラクティビズム

　コンストラクティビズムは，おおよそ，次のようにグローバル化にアプローチする。一般的にグローバル化は，経済のグローバル化，すなわちモノやカネといった物質的要素の流れとして捉えられがちであるが，コンストラクティビズムは，その過程が観念的要素の拡散過程でもあることに，より関心を寄せる。具体的には，グローバル化は，西洋的な近代合理主義の文化的価値観や米国のポピュラー・カルチャー（ハリウッド，ディズニー，ヒップホップ，マクドナルドなど）が支配的になる過程，あるいは「人権尊重」のようなグローバルな規範や適切な行動基準が拡散してゆく過程として理解されるのである。

　加えて，コンストラクティビズムの視点は，グローバル・ガバナンス論においても活用される。たとえば，コンストラクティビズムが提起する「規範起業家」や「知識共同体」という概念は，グローバル・ガバナンスにおいて重視される非国家主体の働きを明快にすることにも役立つ。さらに，コンストラクティビズムが国際関係の動因として強調してきた規範，ルール，知識，正統性，間主観性といった観念的要素は，グローバル・ガバナンスのメカニズムとして重要な国際制

度やガバナンスに関与する主体の「役割」や「共通利益」を「構成」する要因として不可欠なものでもある。

3　グローバル・ガバナンス——誰がどのように地球を管理するのか？

グローバル・ガバナンスの誕生

　1990年代に入ると，「グローバル・ガバナンス」という言葉が国際関係論の研究者の間のみならず，国際問題に携わる実務家の間でも急速に広まるようになった。その理由は，米ソ冷戦が終了し国際協調の雰囲気が高まったことに加え，国家（政府）だけでは十分に対処できないようなグローバルな諸問題（地球環境問題，経済格差，感染症，内戦や越境テロなど）に関心が集まったからである。このような諸問題の解決には，「グローバル政府（global government）」を作って対応するのが良いのではないか，と思う人もいるかもしれない。だが，世界中のほとんどの人々が依然として国家に属している現実を踏まえても，それはかなり非現実的なシナリオである。このため，世界は，「政府無きガバナンス（governance without government）」（Rosenau 1992）としての「グローバル・ガバナンス」をめざしたのである。

　この点を上手く説明したのが国際政治学者のロズノー（James Rosenau, 1924〜2011）である。彼によると，1990年代までに生じたさまざまな地球規模での変動によって，国家政府の権力や権威（authority）は世界中で再配置され，「ガバナンス」の機能のいくつかは「政府（ガバメント）」に起源をもたない活動によって担われるようになった。そこで彼は，「政府」を「正式に決定された政策の執行を確保するために行われる，公的権威や警察権力によって維持される活動」と定義する一方，「ガバナンス」（「統治」と訳す場合もある）を「法的または公的な決定を伴うとは限らない，共有された目標によって維持される活動であり，目標達成への障害を克服し，その実現を確保するために警察権力に必ずしも依存しない活動」と定義し，前者と後者を明確に分けたのである。従来は，政府無きところにガバナンスは考えられなかった。しかし，現代の世界は必ずしもそうではない。ロズノーは，このような概念定義によって，政府無き（つまりアナーキーな）グローバル領域に広がるガバナンスを的確に捉える視点を提供したのである。

グローバル・ガバナンスの定義

　では，グローバル・ガバナンスとは一体どのようなものなのか。ここでは，グローバル・ガバナンスが語られ始めたばかりの1995年に公表され，最も包括的で代表的な定義となったグローバル・ガバナンス委員会（国連が主導し，緒方貞子（1927〜2019）を含む世界の有識者によって構成された委員会）の報告書『地球リーダーシップ』を参照してみよう。それを踏まえると，グローバル・ガバナンスとは，「公的，私的を問わない個人や機関が，共通事項を管理するために用いる多くの方法の集まりである。対立的で多様な利害関係を調整したり，協調的な行動を行ったりする継続的な過程である。遵守を強制する権限を与えられた公式の制度やレジームに加え，人々や制度が同意した，あるいは彼らの共通利益に適うと認識される非公式の取り決めをも含むもの」と定義できる。

　この定義には，グローバル・ガバナンスを特徴づける3つの側面が含まれている。第1は，グローバル・ガバナンスの「目標」として，グローバル社会にとっての「共通事項の管理」や「共通利益の実現」がめざされている点である。これらは，「地球公共財の提供」や「地球益の実現」と，言い換えられるものでもある。もっとも，世界政府が無い以上，共通事項や地球益，地球公共財といったものが具体的に何を指すのかを決めるのは，必ずしも容易ではない。だが，ここ数年，さまざまな問題領域（安全保障，経済，開発，環境，人権，保健衛生など）に関わる共通事項の管理や公共財の提供が模索され，試みられてきたことは確かであった。とりわけ，2000年9月に国連で採択された「ミレニアム開発目標（MDGs）」およびその後継として2015年9月に国連で採択された「持続可能な開発目標（SDGs）」（第10章）は，それ自体が，グローバル・ガバナンスが想定する目標に相当するものであると言えよう。そして実際に，日本を含む世界各地で，SGDs に向けたいろいろな取り組みが行われてきたのである。

　第2は，グローバル・ガバナンスの「主体」として，公私を問わない，多様な主体を含めている点である。既述のように，国内においても，ガバナンスの主たる責任を負うのは，政府や行政機関とされてきた。世界政府を欠く国際領域においても，国際の平和や安定といった「国家間ガバナンス」に等しい状況を作る主役は，国際条約を結んだり，国際会議に出席したりすることのできる政府であった。グローバル・ガバナンスは，ガバナンスの担い手に，公的主体（政府や政府を加盟国とする国際機関）のみならず，私的主体（それら以外の非国家主体）をも明確に組み込むことで事実上の全員参加型のガバナンスを構想したのである。グ

ローバル・ガバナン
スに関与する主な主
体を整理すると，表
13-1のように纏め
ることができる。

第3は，第2とも
関連するが，グロー
バル・ガバナンスを
実践するための「方
法」として，公式
（公的）のみならず，
非公式の（私的）レ
ジーム（取り決め）

表13-1　21世紀のグローバル・ガバナンスにおける主体の拡散

	私的主体 （企業）	公的主体	私的主体 （市民社会）
脱国家レベル	多国籍企業	国際機関	グローバル NGO
国家レベル	国内企業	↖↗ ←21世紀の中央政府→ ↙↘	国内の NGO/NPO
下位国家レベル	地元企業	州政府／地方自治体	地方団体

注：表の中心に位置するのは，国家レベルに属し，かつ公的主体でもある国家（中央政府）である。かつてはガバナンス主体としての権威をほぼ独占していた国家であるが，その権威は次第に相対化され現代においては，脱国家レベルや下位国家（地方レベルを指す）レベルの公的，私的主体にもガバナンスを担う権威が拡散することになった。
出所：ナイ／ウェルチ（2017）の表10-1（424頁）を参考に筆者が作成。

も含めている点である。「公的レジーム」とは，国家という公的主体が，自分たちの活動を規律し，協調を達成するために展開するルールや規範のセットを指す。これらのルールや規範は，法的拘束力をもつ国際条約に明記されることが多く，逸脱行動を監視したり罰したりする強い措置を伴うことも少なくない。これに対して「私的レジーム」とは，企業やNGOなどの私的アクターが，自分たちの活動を規律し，協調を達成するために展開するルールや規範のセットを指す。これらのルールや規範は，法的拘束力をもたないのが普通である。ゆえに，私的レジームでは，「名指しと恥辱（naming and shaming）」とも呼ばれる社会的措置（逸脱者や逸脱行為の公表や非難，レジームからの除名や認証取り消しなど）や市場メカニズム（ルールや規範を遵守している企業が消費者や投資家に高く評価され，利益を高められること）に訴えて，ルールや規範の遵守が図られることが多い。

このように，グローバル・ガバナンスでは，図13-3に示すように，公的レジーム（①）のみならず私的レジーム（②③⑥）の役割も重視され，結果として，公私のレジーム（主体）が協働して混合（ハイブリッド）レジーム（④⑤⑦）を形成するような例も出てきたのである。紙幅の関係上，すべてを詳しく説明はできないが，とくに注目すべきは，NGOと他の主体との関係であろう。かつてのNGOは，国家や企業と「対立」することが多かったが，グローバル・ガバナンスにおいては，むしろ積極的にこれらと「協調」し，共同でレジームを構築して（④⑥⑦），グローバルな目標を追求することが多くなったのである。

グローバル・ガバナンスの事例

　以上の定義を踏まえ，ここではグローバル・ガバナンスの具体例として，(1)国連グローバル・コンパクト（UNGC）と(2)対人地雷全廃レジームを紹介しよう。いずれの例も，公的・私的レジームの混合によるガバナンスの例である。前者は国家（より正確には国際機関）と企業の混合レジーム（図13-3の⑤）であり，ビジネス（経済）と人権分野に関わるガバナンスを追求するものである。後者は，国家と NGO の混合レジーム（図13-3の④）であり，軍事安全保障と人権分野に関わるガバナンスを追求するものである。

　まず，(1)UNGC とは，1999年にアナン（Kofi Annan, 1938〜2018）国連事務総長が「グローバル市場に人間の顔を与える」ために，企業が国連との間にグローバルな盟約（コンパクト）を結ぶよう世界の企業経営者に求めたのをきっかけとして始まった。この背景には，グローバル化により途上国で活動を拡げる先進国の多国籍企業が現地の人権や環境を脅かし，利益をむさぼっているのではないか，との批判があった。後述（第4節）のように，事実，1990年代には，多国籍企業が途上国で操業する工場での過酷な労働実態などが明るみになっていた。そこで国連は，「人権・労働・環境・腐敗防止」という4つの柱からなるグローバル・コンパクト（GC）10原則（2004年までは「腐敗防止」を除く9原則）を策定し，これらに賛同する企業に UNGC への参加資格を与え，それらの企業の営利活動と人権や環境といったグローバルな利益との調和を図ろうとしたのである。

　この原則を企業に守らせるメカニズムには，私的レジームとしての性格が明確に表れている。そもそも，UNGC への参加は法的義務ではない。つまり，各国政府などの公的権威から企業に強制されるものではない。参加を希望する企業は，国連事務総長宛の宣誓書や企業概要等を記した文書を UNGC 本部に送付し，審査を受けるだけでよい。その門戸は広く，企業だけでなく自治体や大学などの団体も参加可能である。参加が承認された後は，(1)GC 原則を守り続ける意思表明，(2)実施状況，(3)成果測定を記した報告書を毎年，UNGC 本部に提出すればよい。報告書はあくまでも「自己申告」であり，その内容の誤りなどについて法的制裁（罰金や禁固刑）が課されることはない。ただし，提出を怠った企業は除名されることになっている。さらに，報告書は UNGC 本部のウェブ上で公開される。したがって，「社会的評判」を気にする企業にとっては，GC 原則を守り，正直な報告を行うことが事実上の義務になっているのである。なぜなら，GC 原則の不遵守や嘘の報告が発覚した場合には，NGO や市民からの「名指しと恥辱」を受

け，企業イメージに傷がつき，その経営に悪影響を及ぼしかねないからである。

ちなみに，GC 原則は，加盟企業の活動を制約するものではあるが，それらの由来となる宣言や条約は（企業ではなく）「国家」によって合

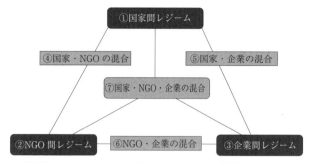

図13-3　グローバル・ガバナンスにおける多様なレジーム

出所：山本（2008），図13-1（349頁）および Abbott and Snidal (2010), p. 322 を基に筆者作成。

意されたものである点は興味深い。具体的には，世界人権宣言，労働に関するILO 宣言，環境と開発に関するリオ宣言，腐敗防止に関する国連条約である。このように，本来は公的レジームに属するルールや規範が，国連を介する形で，民間企業に向けた行動原則に翻訳されているところに，公的と私的レジームの混合としての UNGC の性格が表れているのである。これにより，UNGC は，国連が推進する SDGs や「責任投資原則」（アナン事務総長の呼びかけで2006年から始められた「私的」原則であり，環境・社会・企業統治の観点で優れた企業への優先的投資を推奨）とも結びつき，グローバル・ガバナンスの担い手としての企業の役割をさらに拡大・強化してゆくのである。

結果として，わずか47企業の参加で始まった UNGC は，今や世界165カ国の約15,500もの企業・団体が参加する規模になった。世界各国にローカルネットワークが作られ，GC 原則履行への支援や勉強会などを通じ，加盟企業・団体間の自主的な相互交流が図られている。日本ではグローバル・コンパクト・ジャパン・ネットワークが，日本の多くの大企業や数校の国立・私立大学を含む正会員（475企業・団体）どうしの交流を図り，持続可能な世界の実現にむけて活発な活動を行っているのである。

次の事例は，(2)対人地雷全廃レジームである。これは，1997年12月に調印された「対人地雷の使用，貯蔵，生産および移譲の禁止ならびに破壊に関する条約」（オタワ条約）を中心とするレジームを指す。同条約を結んだ主体は国家であるため，一見すると純粋な公的レジームのように思えるかもしれない。だが，実際には，その成立から実施に至るまで NGO がつくる私的レジームも深く関与してい

るため，公私混合のレジームとして性格づけられるのである。

　対人地雷は，地上や地表面下に設置して，これに触れた人を殺傷することを目的とした無差別兵器である。地雷は，家の周りや学校，畑など，人々がふだん生活する場所にまで埋められることもあり，紛争時のみならず紛争後も，多くの一般市民を死傷させていた。ところが，安価で（安いものは1個あたり数百円），一度埋設すれば半永久的に効力をもつ地雷は，無人の防衛兵器として各国政府（とくに軍部）から重宝がられ，長らく規制されていなかった。実際に，日本の自衛隊も海岸防衛の観点から，約100万個の地雷を保有していた。

　その流れを変えたのが，対人地雷の「非人道性」を問題視し，その全面禁止をめざす NGO の世界的ネットワーク「地雷禁止国際キャンペーン（International Campaign to Ban Landmines：ICBL）」である。ICBL は，1992年に米英独仏にある6つの NGO によって形成された私的レジームであり，当時，急速に広がり始めたインターネットを駆使して，グローバルな運動を展開した。その後，ICBL の理念に賛同する世界中の NGO を引き付け，現在では約100カ国から1,000近くもの NGO が集結するネットワークを形成している（2011年にクラスター爆弾連合（Cluster Munition Coalition：CMC）と合併し，現在は ICBL-CMC として活動）。1997年7月には日本でも「対人地雷禁止日本キャンペーン（Japan Campaign to Ban Landmines：JCBL）」が設立され，現在でも，約30団体が ICBL-CMC に加盟している。

　ICBL は，当初，特定通常兵器使用禁止・制限条約という国連の枠組みでの地雷禁止をめざした。だが，軍部の意向や軍事合理性を優先する政府どうしの外交交渉に頼るこの枠組みでは，その目的は達成できそうになかった。そこで ICBL は1996年に，対人地雷全廃に賛同する中核国（カナダ，ノルウェー，オーストリア，ベルギー，メキシコ，南アなど）と協働し，「オタワ・プロセス」という新たな国際交渉の場を誕生させたのである。それと同時に ICBL は，無実の市民が地雷被害にあっているひどい実態や不条理を，メディアを通して各国の世論に訴え，地雷全廃に向けた機運を高めることにも尽力する。つまり，ICBL は，「対人地雷は非人道兵器であり全廃すべき」という「規範」や「言説」を用いて新たなレジームの形成を試みたのである。結果的に，当初は地雷全廃に「反対」していた日英仏伊といった主要国の政府も方針転換し，オタワ条約は122カ国もの賛同を得て成立することになった。米中露といった軍事大国の加入には成功しなかったものの，国家の安全保障政策に直結する特定兵器の廃絶を規定した条約が，人権

を重視する NGO 主導によって実現したことの意義はきわめて大きかった。

　さらに重要なのは，レジーム形成に寄与した ICBL が，その次の段階である，レジームの運営にも貢献した点である。ICBL は，各国別の地雷使用，生産，輸出入，貯蔵，除去，被害者援助などに関する詳細な年次報告書「Landmine Monitor Report」の作成に加え，条約締結国政府や国連機関（国連 PKO 局地雷対策サービス部など）とも協力して，実際の地雷除去活動や被害者支援にも携わったのである。たとえば，ICBL に加わる日本の JCBL は，地雷除去支援に年間数十億円（2019年は約40億円）を拠出する日本政府と協力しながら，世界各地でその任務を遂行してきたのである。

　このレジームのおかげで，条約締約国による数千万個の保有地雷の廃棄（日本は2003年に廃棄作業完了）や埋設地雷の除去が進み，対人地雷の被害者数も1990年代前半の年間約2万人から2013年には約3,000人に減少するに至った。このような成果は，軍事合理性を重視する国家間のレジームに頼るだけでは到底達成できなかったであろう。それは，安全保障という国家の「聖域」に人道規範を持ち込んだ私的レジームが，公的レジームと一緒になって新しいレジームを形成・運営したことにより初めて可能になったのである。対人地雷全廃レジームが，グローバル・ガバナンスにおける公私混合レジームの好事例と評価されるゆえんは，まさにここにある。そして，この斬新な試みは，クラスター爆弾など他の兵器の規制にも応用され，「兵器ガバナンス」とも呼ばれるグローバル・ガバナンスの新分野の形成にも繋がるのである。

4　反グローバル化の高まりとグローバル・ガバナンスの動揺

グローバル化に抵抗する人々

　とはいえ，以上のような，冷戦後におけるグローバル化とグローバル・ガバナンスの「前進」は，一辺倒に進んだのではなかった。グローバル化の進展は，それがもたらす「負」の効果を意識した人々による「反グローバル化運動」にも繋がったのである。この運動に加わった人々の主張や立場はさまざまであるが，単純化すれば，①1990年代後半に勃興する左派主導の運動と②2010年代に顕在化する右派主導の運動とに区別できる（Horner et al. 2018）。

　第1の左派主導の運動（①）では，グローバル化で恩恵を受けるのは，もっぱら北半球に位置する先進国の多国籍企業や投資家であり，南半球に位置する途上

国やそこに住む人々は，こうした先進国の貪欲な「資本家」たちに「搾取」される被害者として位置づけられた。たとえば，1997年に発覚した，スポーツ用品大手のナイキ（本社：米国）の下請け工場での児童労働問題（インドネシアやベトナムの工場で就労年齢に達していない少女達が低賃金で強制労働をさせられていた）は，同社製品の世界的な不買運動にまで発展し，こうした問題意識を強めるきっかけになった。多国籍企業は，途上国の労働者だけでなく環境にも悪影響を及ぼす（規制の緩い途上国で公害問題や乱開発などを引き起こす）点も批判の的となった。

　さらに，この運動では，IMF，世界銀行，WTO といった経済系の国際機関にも疑いの目が向けられた。先進国（とくに米国）政府の強い影響下にあるこれらの機関は，途上国を犠牲にして自分たち（および先進国政府の背後にいる資本家）に都合の良いグローバル化を推進する勢力と同一視されたのである。たとえば，IMF や世界銀行が経済支援の条件としてアフリカやアジアなどの途上国に押し付けた新自由主義的政策によって，これらの国々の一部に経済的混乱や貧困がもたらされたことは，このような見方に説得力を与えた（スティグリッツ 2002）。

　こうした左派主導の反グローバル化運動の力を最初に見せつけたのが，「シアトルの戦い」である。1999年11月30日から12月3日にかけて，米シアトルではWTO 閣僚会議が開催された。会議ではさらなる貿易自由化にむけた合意がめざされていたが，シアトルに経済グローバル化に反対する約4万名もの NGO や市民が集結し，会場付近は大混乱に陥った。結局，各国の利害が一致しなかったこともあり，会議は実質的な合意なしに終了したが，前例のない反グローバル化運動の規模に世界は衝撃を受けた。シアトルの戦いは，参加者から見れば「成功」と受け止められ，その後も，ワシントン D.C.（2000年4月）やプラハ（同年9月）で開催された IMF と世界銀行の会合，ジェノバ（2001年7月）で開催された G8首脳会合など，グローバル化推進の手先と見なされた複数の国際会議の開催地で，同様の大規模抗議活動が頻発するようになったのである。同様に，「もう1つの世界は可能だ！」をスローガンに，2001年の初開催以降，毎年，数万人規模の参加者を集めてきた「世界社会フォーラム」も，北（先進国）主導の新自由主義的グローバル化に反対し，南（途上国）からのオルターナティブ（代替秩序）を模索する左派主導の運動として有名である。

　これに対して，第2の2010年代から強まる右派主導の反グローバル化運動（②）では，グローバル化で恩恵を受けるのは，先進国の多国籍企業や投資家のみならず，あるいはそれ以上に，途上国の労働者や移民でもあることが強調され，

グローバル化の被害者は「先進国に住む自分たち」となった。左派の運動では，先進国の資本家が主な攻撃対象となり，より公正で平等な世界を実現するために途上国を中心にした労働者や農民とのグローバルな連帯が謳われたが，右派の運動では，自分たちの仕事や国民としてのアイデンティティを脅かす途上国（新興国）の労働者や移民に怒りの矛先が向けられ，（失われた）国家主権の回復や自国（民）中心主義が叫ばれたのである。

　このような反グローバル化運動の「右旋回」は，2016年の Brexit（英国の EU 離脱）決定（6月）と米大統領選挙におけるトランプ（Donald Trump, 1946～）当選（11月）によって決定的になった。Brexit は，同月の英国における国民投票で決定したものであり，EU 圏（とくに貧しい東欧諸国）からの移民に対する反発，超国家組織である EU からの規制に対する不満，中東からの移民・難民受け入れに伴うテロへの恐怖などが，離脱支持の理由とされた。離脱運動を率いた右派の英独立党党首ファラージ（Nigel Farage, 1964～）は，国家主権の回復を叫び，不況や過疎に苦しむ地方を中心に支持を集めた。同様に，共和党の大統領として当選したトランプは，自国中心主義の「アメリカ第一」をスローガンとし，反自由貿易や反移民を公然と訴え，衰退産業を抱える州や南部・中西部などで票を稼ぎ，「グローバリスト」とのレッテルを貼られた民主党ヒラリー（Hillary Clinton, 1947～）候補に勝利した。トランプは，さまざまな社会階層のなかでも，白人・男性・非熟練労働者層から，より高い支持を得た。

　当時の世界経済は，2008年の世界金融危機や，その翌年に始まるユーロ圏での公的債務危機から立ち直っていたが，先進国のすべての人々が，グローバル化の恩恵を感じていたわけではなかった。それを象徴するのが，世界の所得分布の変化を示す図13-4である。「象の曲線」に似たカーブを描くこのグラフが示すように，過去数十年で所得が伸びたのは，新興国の人々と先進国の一握りの超富裕層にほぼ限られ（とくに後者は異様な所得上昇を享受），先進国に住む多くの人々の所得は低迷していたのである。もちろん，この要因の1つとして，デジタル化を含む技術革新による非熟練労働の低賃金化があるのは否めない。だが，海外投資や輸入品増加による自国の雇用喪失も有力な要因であることは間違いなかった。たとえば，米国について言えば，中国からの輸入増で1999年から2011年までに約200万人の米国人の雇用が失われた，との試算もあった。そして，失職した非熟練労働者には魅力的な再雇用先はあまりなく，絶望から薬物やアルコール中毒になる人々も少なくなかった。「われわれはグローバル化で損をしている」，という

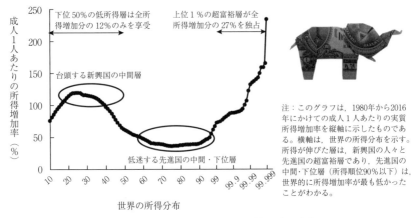

図 13-4　象の曲線に似た世界の所得分布の変化

出所：Alvaredo, et al.（2018）を基に筆者作成。

コラム13　「日本のトランプ」が登場しないのはなぜか？

　日本も他の先進国と同じくグローバル化に関与してきたが，なぜ，日本では，反グローバル化を掲げて人気を得るような政治家が登場しないのだろうか。日本研究者のリンド（Lind 2018）は，その主因として2点挙げる。

　第1は，日本は，欧米に比べて国内市場の開放度が低く，政府が日本の産業を外国との競争から守る政策を取ってきたからである。確かに日本は GATT／WTO 加盟などを経て，関税率や輸入制限量を劇的に低下させてきたが，とくに農業やサービス部門は，さまざまな非関税障壁により，外国勢との競争から免れているという。また，日本の所得格差が，比較的手厚い社会保障制度により2000年代後半以降は縮小傾向（再配分後所得ジニ係数）にある点も一理あるかもしれない。

　第2は，日本政府が，移民や難民の受入れを厳しく制限しているからである。この方針は，日本国民の世論を反映したものでもある。人手不足緩和の一環として，2013年から外国人労働者の受入れを拡大したものの，現在でも日本の総人口に占める外国人居住者はわずか2％に過ぎない。

　つまり，日本社会は，グローバル化の「反動」が起きるほどのグローバル化はしていない，というのである。これでは，日本にトランプのような政治家が登場しないのも当然なのかもしれない。ただし日本が，このような「閉鎖的な現状」のまま，自力で，第4次産業革命（AI や IoT，ビッグデータを活用した技術革新）や人口減を乗り越えることができるのかどうかはわからない。

政治家の主張に共感する層は確実に存在していたのである。

　加えて，グローバル化の象徴である人の移動，すなわち移民の流入も欧米では顕著であった。英国では1997年以降，それまでの過去半世紀に受け入れていた人数の２倍以上の移民を受け入れるようになり，2004年にＥＵ加盟を果たした東欧からの移民が殺到した。2015年には，中東での戦禍を逃れた数百万人の難民が欧州に押し寄せる難民危機が発生した。米国でも，移民の受入れは増加し，1970年には人口の約５％にすぎなかった移民の数は2015年には13.5％に上昇していた。トランプ大統領誕生時の不法移民も，1990年の３倍近い1,000万人を超えていた。文化的に異なる人々の増加に不安（自分たちの職や社会保障が奪われる不安を含む）を感じ，移民排斥や人種差別を肯定するようなナショナリスティックな政治家（「ポピュリスト政治家」とも呼ばれる）の言動に引き寄せられる層は，確かに存在していたのである。

岐路に立つグローバル・ガバナンス？

　このような右派主導の反グローバル化の動きは，グローバル化のみならず，グローバル・ガバナンスの維持にとっても脅威となった。左派主導の運動には，多国籍企業に人権や環境配慮型の行動を促すような，グローバル・ガバナンスの実現にも貢献しうる側面もあったが，ナショナリズム色の強い右派主導の運動は，グローバル・ガバナンスにとって不可欠な国際レジーム（機関）やグローバルな協調主義にも真っ向から挑戦したからである。その典型例がトランプ大統領であった。2018年９月の国連総会の場で，「われわれはグローバリズムを拒絶し，愛国主義を擁護」し，「グローバル・ガバナンスよりも……（国家の）独立を選択」し，「米国の主権を……グローバルな官僚機構に譲り渡すようなことは決してしない」と明言したトランプは，貿易・環境・人権・保健・核管理など多分野の国際的枠組み（TPP や WTO・パリ協定・国連人権理事会・WHO・イラン核合意や中距離核戦力全廃条約など）から撤退したり，それらを攻撃したりして，各分野のガバナンスに打撃を与えたのである。「反多角主義」を鮮明にした彼の外交は，まさにリアリズムが指摘したような，グローバル化の反動としてのナショナリズムの強さを物語った。

　他章（第10章，11章）でも論じたように，グローバル・ガバナンスを支える国際レジームのいくつかは，新興国台頭を受けて，すでに動揺（変化）し始めていた。ゆえに，トランプ外交は，その動揺をさらに深刻化させ，グローバル・ガバ

ナンスの存続を危うくさせかねないものであった。ただし，リアリズムがいうように，国際レジームが大国のパワーと利益を反映するものであるとするならば，米国が，自国中心主義となり，グローバルな公共財の提供から手を引くようになったのは，ある意味，当然でもあった。グローバル化によって変化しつつある大国間の力配分構造（米国の力の衰退と中国の台頭）は，新興国が自分の利益や価値観を反映した新たなレジームを作る動機と機会を高めるのみならず，衰退国が自分の負担を軽くし，自分が不利にならないようなレジームを追求する動機と機会をも提供するからである。トランプの米国は，このような構造に導かれていたともいえよう。

　他方で，2021年に就任したバイデン（Joseph Biden, 1942～）大統領は，「米国は戻ってきた」を合言葉に，トランプが離脱した多くの国際レジームに復帰したので，米国政府からのグローバル・ガバナンスへの挑戦は和らいだといえる。ただし，「中間所得層のための外交」を公言するバイデン政権においても，経済のグローバル化については，それをさらに加速させるような方向性は見えない。トランプ政権下で課された中国との貿易・投資を制限する措置の多くは継続されており，米中間の「経済的切り離し（economic decoupling）」は今後も進んでゆく気配すらある。加えて，2022年2月開始のロシアによるウクライナ侵攻は，ロシアとの経済的相互依存がいかに危険であるかを知らしめた。ここ数年，欧州や日本は，ロシア産天然ガスの輸入を積極的に進めてきたが，それによってロシアが得た利益は同国の軍備増強にも寄与し，かつそれによって生じた欧州や日本のロシアに対する「脆弱性」は，ロシアに前者を「脅す」ための有力な手段を提供したからである。権威主義国家や安全保障上懸念のある国家との経済的相互依存は，できる限り減らす，もしくは解消した方が良いのではないか。なぜなら，それは必ずしも平和に繋がらないから。このようなリアリズム的な認識が，グローバル化のリスクを実感させた COVID-19 パンデミックを経てウクライナ戦争に直面した世界，とくに西側世界で，広まりつつある。

　かつて，一般の人々にとって国際政治や国際関係は遠くの話であった。ビリヤードボール・モデル（第1章第1節）が象徴するように，はるか昔の国家は貴族の所有物であり，そこで行われる外交は限られた指導層のみが牛耳り，一般の人々は「無意味な存在（nobody）」に過ぎなかった。しかし，国民主権を前提とする民主国家の誕生と成熟により外交も民主化されると，一般の人々の利益や意

見も自国政府，場合によっては，他国政府の政策にまで影響を及ぼすようになった。このとき，一般の人々は，対外政策においても考慮される「誰か（anybody）」になった。そして，グローバル・ガバナンスの時代になると，一般の人々も，ガバナンスの積極的な担い手として，つまり「相当な人物（somebody）」として位置づけられるようになった。いうまでもなく，そこには，本書の読者の皆さんも含まれている。本書を読んで，国際関係が，どこまで身近に感じられるようになったのかはわからない。しかし，私たちが，国際関係から影響を受けると同時に，国際関係に影響を与えうる存在（主体）でもあることは，今や，動かし難い事実なのである。

参考文献

グローバル・ガバナンス委員会（京都フォーラム訳）『地球リーダーシップ——新しい世界秩序をめざして』日本放送協会出版，1995年。

スティグリッツ，ジョセフ・E.（鈴木主税訳）『世界を不幸にしたグローバリズムの正体』徳間書店，2002年。

ナイ・ジュニア，ジョセフ・S／ジョン・D・ドナヒュー編（嶋本恵美訳）『グローバル化で世界はどう変わるか——ガバナンスへの挑戦と展望』英治出版，2004年。

ナイ・ジュニア，ジョセフ・S／デイヴィッド・A・ウェルチ（田中明彦・村田晃嗣訳）『国際紛争——理論と歴史〔原書第10版〕』有斐閣，2017年。

山本吉宣『国際レジームとガバナンス』有斐閣，2008年。

Abbott, Kenneth W., and Duncan Snidal, "International Regulation without International Government: Improving IO Performance through Orchestration," *The Review of International Organizations*, 5, 2010.

Alvaredo, Facundo, et al., "The Elephant Curve of Global Inequality and Growth, *AEA Papers and Proceedings*, 108, 2008.

Baylis, John, Patricia Owens, and Steve Smith, eds., *The Globalization of World Politics: An Introduction to International Relations*, Eighth Edition, Oxford University Press, 2020.

Horner, Rory, et al., "Globalisation, Uneven Development and the North-South 'Big Switch,'" *Cambridge Journal of Regions, Economy and Society*, 11, 2018.

Katsumata, Hiro, and Hiroki Kusano, eds., *Non-Western Nations and the Liberal International Order: Responding to the Backlash in the West*, Routledge, 2023.

Lind, Jennifer, "Nationalist in a Liberal Order: Why Populism Missed Japan," *Asia-Pacific*

Review, 25, 2018.

Rosenau, James N., "Governance, Order, and Change in World Politics," In James N. Rosenau and Ernst-Otto Czempiel, eds., *Governance Without Government: Order and Change in World Politics*, Cambridge University Press, 1992.

（さらに読み進めたい人のために）

大芝亮・秋山信将・大林一広・山田敦編『パワーから読み解くグローバル・ガバナンス論』有斐閣，2018年。

＊グローバル・ガバナンスの「理論」と「争点」を，「理論」「安全保障」「政治経済」「社会」の4部構成から包括的に紹介する教科書。ここ数年で顕著になったパワー・シフトとの関係を真正面から扱う点に，本書の大きな特徴がある。

吉川元・首藤もと子・六鹿茂夫・望月康恵編『グローバル・ガヴァナンス論』法律文化社，2014年。

＊経済・政治・社会・法秩序の各領域で進むグローバル化の基層を確認し，グローバル化と地域主義やトランスナショナル関係の動向を踏まえ，人権・環境・安全保障・正義などの分野で求められるグローバル・ガバナンス像を探求。

納家政嗣・上智大学国際関係研究所編『自由主義的国際秩序は崩壊するのか——危機の原因と再生の条件』勁草書房，2021年。

＊グローバル・ガバナンスとも関係する自由主義的国際秩序の危機について論じた最近の研究書。この秩序の思想的背景や国際公共圏との関係性，この秩序下における主要国の行動などを多面的に検証し，日本のようなミドルクラス国家の役割も考える。

西谷真規子・山田高敬編『新時代のグローバル・ガバナンス論』ミネルヴァ書房，2021年。

＊多主体性，多争点性，多層性（国際，地域，国家，地方レベルの相互作用），多中心性（権威の多元性）を特徴とする現代のグローバル・ガバナンスを，国際関係論の理論と実例から概説する教科書。本章を読んだ後に是非，手に取って欲しい。

古谷旬『グローバル時代のアメリカ——冷戦時代から21世紀（シリーズ　アメリカ合衆国④）』岩波書店，2020年。

＊本書は，ベトナム戦争後の1970年代から21世紀にかけてのアメリカ現代史を，政府，産業界，市民社会，国際関係の4分野に注目して跡付けた新書である。冷戦後に唯一の超大国となった米国が体現した「グローバル化の光と影」を知る上で，有益な著書。

（草野大希）

人名索引

事項索引

執筆者紹介 (＊は編者)

＊**草野大希**（くさの・ひろき） はじめに，序章，第1章．第13章

　　編著者紹介参照。

＊**小川裕子**（おがわ・ひろこ） はじめに，序章，第10章

　　編著者紹介参照。

＊**藤田泰昌**（ふじた・たいすけ） はじめに，序章，第1章

　　編著者紹介参照。

西田竜也（にしだ・たつや）　**第2章**

　2009年　ハーバード大学大学院公共政策研究科博士課程修了。博士（公共政策）。
　現　在　東海大学政治経済学部教授。
　著　作　『アジア共同体構築への視座——政治・経済協力から考える』共編著，中央経済社，
　　　　　2018年。
　　　　　「二極か一極か——アジア太平洋地域の国際システムにおける構造的変化」日本国際政
　　　　　治学会編『国際政治』第201号，2020年。
　　　　　『アジアの平和とガバナンス』分担執筆，有信堂高文社，2022年。

山越裕太（やまこし・ゆうた）　**第3章**

　2013年　上智大学大学院グローバル・スタディーズ研究科博士後期課程満期退学。博士（国際関
　　　　　係論）。
　現　在　神戸学院大学法学部准教授。
　著　作　『帝国の遺産と現代国際関係』分担執筆，勁草書房，2017年。
　　　　　「ヘルス・ガバナンスの胎動と国際連盟保健機関——機能的協力，国際機構の併存，世
　　　　　界大恐慌」『国際政治』193号，2018年。
　　　　　「世界保健機関の内的変容と課題——財政，ネットワーク，新型コロナウイルス感染症」
　　　　　『広島平和研究』8号，2021年。

中村長史（なかむら・ながふみ）**第4章**

　2016年　東京大学大学院総合文化研究科博士課程単位取得退学。修士（学術）。
　現　在　東京大学大学院総合文化研究科・教養学部附属教養教育高度化機構特任講師。
　著　作　『時政学への挑戦』共著，ミネルヴァ書房，2021年。
　　　　　『E・H・カーを読む』共著，ナカニシヤ出版，2022年。
　　　　　『地域から読み解く「保護する責任」』共編著，聖学院大学出版会，2023年。

政所大輔（まどころ・だいすけ）**第5章**

　2015年　神戸大学大学院法学研究科博士課程後期課程修了。博士（政治学）。
　現　在　北九州市立大学外国語学部准教授。
　著　作　*EU-Japan Security Cooperation: Trends and Prospects*, 共著, Routledge, 2018.
　　　　　"International Commissions as Norm Entrepreneurs: Creating the Normative Idea of the Responsibility to Protect," *Review of International Studies*, 45 (1), 2019.
　　　　　『保護する責任——変容する主権と人道の国際規範』勁草書房，2020年。

板山真弓（いたやま・まゆみ）**第6章**

　2009年　東京大学大学院総合文化研究科博士課程単位取得退学。博士（学術）。
　現　在　国士舘大学大学院政治学研究科・政経学部准教授。
　著　作　『日米同盟における共同防衛体制の形成——条約締結から「日米防衛協力のための指針」策定まで』ミネルヴァ書房，2020年。
　　　　　「1970年代における6条事態への対処構想——日米共同統合有事計画概要（CJOEP）に注目して」『防衛学研究』63，2020年。
　　　　　「日米同盟と信頼——防衛協力の歴史的展開に注目して」『国際安全保障』49（2），2021年。

中内政貴（なかうち・まさたか）**第7章**

　2008年　大阪大学大学院国際公共政策研究科博士後期課程修了。博士（国際公共政策）。
　現　在　上智大学総合グローバル学部教授。
　著　作　『資料で読み解く「保護する責任」——関連文書の抄訳と解説』共編著，大阪大学出版会，2017年。
　　　　　『地域から読み解く「保護する責任」——普遍的な理念の多様な実践に向けて』共編著，聖学院大学出版会，2023年。
　　　　　『外交・安全保障政策から読む欧州統合』共編著，大阪大学出版会，2023年。

冨田晃正（とみた・てるまさ）**第8章**

　2014年　東京大学大学院総合文化研究科博士課程修了。博士（学術）。
　現　在　埼玉大学人文社会科学研究科准教授。
　著　作　「トランプ大統領を巡る労組の分析」『アメリカ研究』55，2021年。
　　　　　「米国通商史におけるトランプの逸脱と連続性」『国際安全保障』49（2），2021年。
　　　　　『いまアメリカの通商政策に何が起こっているのか？』ミネルヴァ書房，2022年。

杉之原真子（すぎのはら・まさこ）**第9章**

2014年　コロンビア大学大学院政治学部博士課程修了。Ph.D.（Political Science）.
現　在　フェリス女学院大学国際交流学部教授。
著　作　『専門性の政治学——デモクラシーとの相剋と和解』第8章執筆，ミネルヴァ書房，
　　　　2012年。
　　　　「対内直接投資の政治学」『年報政治学』2017年 I 号。
　　　　「対米直接投資規制の決定過程から見るエコノミック・ステイトクラフト」『国際政治』
　　　　205，2022年。

井口正彦　**第11章**

2012年　東京工業大学大学院社会理工学研究科博士後期課程満期単位取得退学。博士（学術）。
現　在　京都産業大学国際関係学部准教授。
著　作　*Divergence and Convergence of Automobile Fuel Economy Regulations: A Comparative
　　　　Analysis of EU, Japan and the US,* Springer, 2015.
　　　　『公共論の再構築——時間／空間／主体』共著，藤原書店，2020年。
　　　　Sustainability and the Automobile Industry in Asia: Policy and Governance, 共編著，
　　　　Routledge, 2020.

赤星　聖（あかほし・しょう）**第12章**

2016年　神戸大学大学院法学研究科博士課程後期課程修了。博士（政治学）。
現　在　神戸大学大学院国際協力研究科准教授。
著　作　『国内避難民問題のグローバル・ガバナンス——アクターの多様化とガバナンスの変化』
　　　　有信堂，2020年。
　　　　『新時代のグローバル・ガバナンス論——制度・過程・行為主体』共著，ミネルヴァ書
　　　　房，2021年。
　　　　『日本の経済外交——新たな対外関係構築の軌跡』共著，勁草書房，2023年。

《編著者紹介》

草野大希（くさの・ひろき）

2005年　上智大学大学院外国語学研究科博士後期課程単位取得満期退学。博士（国際関係論）。
現　在　埼玉大学大学院人文社会科学研究科／教養学部教授。
著　作　『アメリカの介入政策と米州秩序——複雑システムとしての国際政治』東信堂，2011年。
　　　　「ウィルソン的リベラル介入主義の再考——現代のリベラル介入主義におけるウィルソン主義
　　　　の展開」『国際政治』198，2020年。
　　　　"Denial of History? Yasukuni Visits as Signaling," Taisuke Fujita との共著，*Journal of East
　　　　Asian Studies,* 20 (2), 2020.

小川裕子（おがわ・ひろこ）

2007年　東京大学大学院総合文化研究科博士課程修了。博士（学術）。
現　在　東海大学政治経済学部教授。
著　作　『国際開発協力の政治過程——国際規範の制度化とアメリカ対外援助政策の変容』東信堂，
　　　　2011年。
　　　　"Normality of International Norms: Power, Interests, and Knowledge in Japan's ODA Politics,"
　　　　Journal of International Development Studies, 28 (3), 2019
　　　　「目標による統治は可能か？——SDGs の実効性と課題」『国連研究（特集：持続可能な開発目
　　　　標と国連——SDGs の進捗と課題）』22，2021年。

藤田泰昌（ふじた・たいすけ）序章，第 1 章

2008年　上智大学大学院外国語学研究科博士後期課程修了。博士（国際関係論）。
現　在　長崎大学経済学部准教授。
著　作　『グローバル・ガヴァナンス論』分担執筆，法律文化社，2014年。
　　　　『帝国の遺産と現代国際関係』分担執筆，勁草書房，2017年。
　　　　Handbook of Research on Socio-Economic Sustainability in the Post-Pandemic Era, 分担執
　　　　筆・共著，IGI Global, 2023.

学問へのファーストステップ⑤
国際関係論入門

2023年6月30日　初版第1刷発行　　　　　　〈検印省略〉

定価はカバーに
表示しています

		希子昌	大裕泰	野川田	草小藤
編著者					

発行者　　杉　田　啓　三
印刷者　　坂　本　喜　杏

発行所　　株式会社　ミネルヴァ書房
607-8494　京都市山科区日ノ岡堤谷町1
電話代表　(075)581-5191番
振替口座　01020-0-8076番

© 草野・小川・藤田ほか, 2023　冨山房インターナショナル・新生製本

ISBN 978-4-623-09577-3

Printed in Japan

──────────── ミネルヴァ書房 ────────────

https://www.minervashobo.co.jp/